Esteban Buch
Beethovens Neunte

Esteban Buch

Beethovens Neunte

Eine Biographie

Aus dem Französischen
von Silke Hass

Propyläen

Veröffentlicht mit Unterstützung des französischen Ministeriums für Kultur – Centre National du Livre und der Maison des Sciences de L'Homme, Paris.
Der Verlag dankt Frau Dr. Angelika Kraus, Frau Friederike Grigat, M.A., und den Mitarbeiterinnen des Beethoven-Hauses in Bonn für die freundliche Unterstützung bei den umfangreichen Recherchen zur deutschen Übersetzung.

Titel der französischen Originalausgabe:
La Neuvième de Beethoven.
Une histoire politique
© Éditions Gallimard, 1999
© 2000 by Econ Ullstein List Verlag GmbH & Co. KG,
Berlin · München
Propyläen Verlag
Alle Rechte vorbehalten
Satz: Utesch GmbH, Hamburg
Druck und Verarbeitung: Bercker Graphischer Betrieb GmbH, Kevelaer
ISBN 3 549 05968 X
Printed in Germany 2000

Inhalt

EINLEITUNG
Die Verfassungen der Freude 7

ERSTER TEIL
Die Geburt der modernen Staatsmusik 19

God Save the King und *Marseillaise* 21
Die *Ode an die Freude* und die *Kaiserhymne* 42
Beethoven und das »Europäische Konzert« 69
Die *IX. Sinfonie* 96

ZWEITER TEIL
Die politische Rezeption der *Ode an die Freude* 127

Der Kult der Romantiker 129
Das Beethoven-Fest in Bonn 1845 161
Die *Neunte* in der Zeit der nationalistischen
Bewegungen 191
Der hundertste Todestag 1927 222
Von Bayreuth bis Auschwitz 254
Von der Stunde Null bis zur Europahymne 281
Die Hymne der Apartheid und des Mauerfalls 309

EPILOG
Kritik und Zukunft eines Traums 338

Anmerkungen 345

Personenregister 377

Einleitung

Die Verfassungen der Freude

Einer der ersten Kritiker der *Ode an die Freude* – er störte sich an ihrer erhabenen Strenge – sagte, Komponieren sei für den tauben Beethoven am Ende seines Lebens nichts anderes gewesen als Träumen. Vielleicht hatte er damit sogar recht. Dieser Traum jedoch, anstatt bei dem Komponisten eine Entfremdung von der realen Welt der Klänge erkennen zu lassen, war vielmehr eine Art politische Phantasmagorie, das Projekt, ein Monumentalwerk zu schaffen, das zu einer Darstellung der idealen Macht, ja zu einer Machthandlung selbst werden sollte; dies läßt sich ganz konkret hinsichtlich der kompositorischen Technik und der geradezu strategischen Entstehungsgeschichte des Werkes verdeutlichen. Schillers Gedicht *An die Freude* ist hier das erste Indiz: Der 1785 geschriebene Text war sehr bald gleichsam ein Manifest der Aufklärung geworden, und Beethoven hatte bereits in seiner Jugend die Absicht, ihn zu vertonen. Das gleiche gilt für die rein musikalische Ebene. In der *IX. Sinfonie d-Moll* opus 125, die Beethoven 1824 in Wien komponierte, verknüpft sich die seit der *Eroica* ausgearbeitete Expansion der sinfonischen Form mit einer ungeheuer vielfältigen Tonsprache, die bald militärische, bald religiöse Anklänge hat und schließlich auch an das Ritual der geistlichen oder profanen Hymne erinnert, mit der die Menschen im Chor ihre Zusammengehörigkeit zelebrieren.»Alle Menschen werden Brüder«, heißt der bekannteste Vers dieses Werkes, in dem die menschliche Stimme zum ersten Mal in der Instrumentalmusik zu hören war.

Hier beweist sich einerseits Beethovens Kenntnis des barocken Erbes, das den Herrscher im Himmel mit dem Herrscher im Diesseits gleichsetzte, und andererseits sein Erleben der Revolution, mit der das Volk zu einem wahren dichterischen Sujet geworden ist. Die *IX. Sinfonie* entstand wohlgemerkt mitten in der Restaurationszeit, am Ende einer Epoche, in der die neuzeitliche Programmusik mit politischer Zielrichtung ihren Ursprung hat. Das Phänomen der Nationalhymne, die das subjektive Verhältnis zur nationalen Einheit ausdrücken soll, wurde im 18. Jahrhundert mit dem *God Save the King* begründet. Inspiriert an den Schriften Rousseaus, legten bald darauf die Riten des revolutionären Frankreich den Grundstein zu einer neuen Politik der Symbolik. Diese folgte dem Vorbild der *Marseillaise* und prägte so den Mythos einer vereinigten Stimme der Nation. Der konterrevolutionäre österreichische Staat sollte diese neue Form des patriotischen Gesangs bald für sich reklamieren: Joseph Haydn erhielt von einem hohen Polizeibeamten den Auftrag, eine kaiserliche Hymne zu komponieren. Und Beethoven selbst stellte später in seiner Kantate *Der glorreiche Augenblick*, die er 1814 für Metternichs »Europäisches Konzert« geschrieben hatte, eine Verbindung zwischen der Stimme des Volkes und dem sublimen Barock her. Ziel dieser Tonsprache war unter anderem, eine Opposition zum Ausdruck zu bringen, ja sogar die Revolte oder Revolution zu propagieren; sie konnte aber auch in Gestalt einer Staatsmusik dazu beitragen, die Legitimität der herrschenden Macht zu sichern und die bestehende Ordnung zu fördern. Es handelt sich also um eine Musik, die als Darstellung einer politischen Haltung oder Verlautbarung anerkannt war und deren Erschaffung oder Interpretation von der Staatsregierung veranlaßt wurde.

Beethoven ist es gelungen, mit seiner Komposition der *IX. Sinfonie* in so monumentalen Dimensionen zu träumen, da ihm die Entwicklung der Tonkunst erlaubte, die erzählerische Wirkungskraft der Instrumentalformen voll auszuschöpfen, und er die politische Programmusik und die Staatsmusik sehr genau kannte. Dazu wußte er, was ein großer Komponist im Leben der Nationen bedeutet. Mit der Entstehung der britischen Hymne setzte das Werk Georg Friedrich Händels in England die Vorstellung durch, daß ein Komponist mit der Identität eines ganzen Volkes verknüpft werden konnte. Als Haydn die österreichische Hymne komponierte, handelte er als getreuer Diener des Kaisers, »Vater seiner Untertanen«, wobei er selbst zugleich als »Vater der Harmonie« geehrt wurde. Beim Wiener Kongreß sicherte sich Beethoven, der ja bereits als bedeutendster Komponist seiner Zeit galt, unter den Mächtigen des Landes den Rang einer wahrhaftigen Persönlichkeit des öffentlichen Lebens. Die Uraufführung seiner *IX. Sinfonie* wurde überschwenglich gelobt und er als bürgerlicher, man kann fast sagen metaphysischer Held gefeiert. Für seine Bewunderer verkörperte er die nationale Größe noch authentischer als die Herrscher der realen Macht. Mit seinem Tod am 26. März 1827 überschritt er die Schwelle zur Unsterblichkeit und startete zum Wettlauf in die Apotheose. Seine Biographen sowie ungezählte Gedenkfeiern, gleichgültig von welcher politischen Richtung, krönten ihn zum größten Komponisten der Neuzeit.

Der Weg dahin verlief jedoch nicht ganz ohne Hindernisse. Der Wiener Kongreß, zum Beispiel, wird allgemein nur als die unrühmlichste Station seiner Biographie genannt, an der er die schlechtesten Werke seiner Karriere komponiert haben soll. Im Zuge des Niedergangs der Aristokratie konnte es keine härtere Kritik geben als die, der »offizielle Komponist« des einen oder anderen Regimes gewesen zu sein, und noch speziell der Metternichs, Inbegriff all dessen, was den Fortschritt hemmte. Die *Ode an die Freude* allerdings, die er komponierte, als seine Bewunderer noch nicht so zahlreich waren, ließ ihn lobenswerter und seine Distanz zur politischen Macht deutlicher erscheinen. Die Staatsmusik rückte in den Hintergrund seines Œuvre, während die *IX. Sinfonie* als eine Verherrlichung der Freiheit schlechthin begrüßt wurde – und die Freiheit existiert ja erklärtermaßen unabhängig von der Politik. Diese Werturteile sind vom ästhetischen Standpunkt her schwer anfechtbar, indessen erkennt man darin zwangsläufig auch die Ideologie, daß der Künstler dem Volk oder der Nation verbunden sein muß, sich aber von der Macht fernzuhalten hat. Das gilt für reaktionäre oder diktatorische Staatsformen ebenso wie für liberale oder demokratische; letztere könnte man eventuell als Garanten des künstlerischen Ausdrucks betrachten, jedoch niemals als dessen Inspiratoren oder Interpreten.

Die Frage nach Beethovens Verhältnis zur Macht seiner Epoche erstreckt sich folglich bis hin zur Frage nach dem Verhältnis seiner Person zur Nachwelt. »Alles, was der Staat berührt, das tötet er«, schrieb Romain Rolland, um die Einverleibung des Komponisten in den »offiziellen Hader des Ruhms«[1] zu kritisieren. Aber gerade zur Unterstützung solcher Thesen wurde Beethoven von den Politikern und staatlichen Institutionen des Bürgertums geehrt. Im Leben und Werk dieses großen, tauben Künstlers, der fähig war, sein körperliches Gebrechen und zugleich die Prinzipien der Musik des Ancien régime zu überwinden, haben die bürgerlichen Staaten einen Komponisten gefunden und zurechtgefeilt, der ihrem Kampf- und Fortschrittsideal entsprach; ihrem Ideal vom freien Willen und Streben nach einer universellen Versöhnung. In diesem Spannungsfeld zwischen öffentlicher Berufung und privatem Rückzug – jeweils von der letzten Sinfonie und den letzten Quartetten symbolisiert –, entscheidet sich die Frage nach der politischen Metapher in Beethovens Gesamtwerk. Angesichts der

»Heiligsprechung« des Komponisten werden die Stimmen rar, die an sein Verhältnis zur Staatsmusik erinnern, darunter beispielsweise Thomas Bernhard, der den »Marschmusikstumpfsinn selbst in seiner Kammermusik«[2] stigmatisierte; oder aber einige Nationalsozialisten, die in seiner Staatsmusik ganz im Gegenteil die geeigneten Argumente fanden, ihn zu glorifizieren. Meist bleibt dieser Aspekt jedoch unbeachtet, als hieße es, möglichst große Scharen und Eliten um seinen Sockel zu versammeln.

Die *IX. Sinfonie* ist folglich das Werk, das am stärksten zum besonderen öffentlichen Status seines Autors beigetragen hat. Sie galt deshalb nicht immer als die beste seiner Kompositionen. Freude darzustellen ist eine der größten Herausforderungen für den Künstler; dabei schließt der Erfolg ein Scheitern keineswegs aus. 1855 schrieb Richard Wagner an Franz Liszt, daß er das Finale für den schwächsten Teil der *Neunten* hielt, ebenso wie das *Paradies*, so fügte er hinzu, die am wenigsten gelungene Passage der *Göttlichen Komödie* sei.[3] Das hinderte ihn aber nicht daran, um jenes Werk gleichsam eine musikalische Theologie aufzustellen, die seine eigenen Traumvorstellungen von der Erlösung widerspiegelten. Wagner und andere relativierten ihr Urteil, um an der Entfaltung des Mythos mitzuwirken. Denn trotz aller Diskussionen um den ästhetischen Wert bleibt die *Ode an die Freude* bis heute die überzeugendste musikalische Umsetzung einer Utopie. Genau diese Utopie beherrschte nicht nur das Individuum und sein Schicksal, sondern auch die politischen Programme, welche die gesamte Rezeption der *IX. Sinfonie* seit ihrer Erschaffung bis heute durchdringen. Ein Kommentar, ein Zitat, ein umgearbeiteter Text, ein Arrangement, ein Konzert zu einem besonderen Anlaß, eine Gedenkfeier oder auch nur einige Bemerkungen im Verlauf einer Biographie oder Analyse, die jedem bereits bekannt sind: Alles war dazu geschaffen, ein politisches Konzept zu formulieren, als sei dies das höchste Gesetz des Werkes, die Offenbarung seines tieferen Sinns oder der triftigste Grund, es zu spielen oder zu hören.

Die »Würdigung« oder der »Gebrauch« eines Kunstwerkes zu ideologischen Zwecken wird jedoch von vielen kategorisch abgelehnt; für sie darf die Musik nur jenseits oder am Rand der Politik existieren. Die Musik stellt für sie eine universelle Sprache dar, in der die Menschen Schutz vor den Worten und dem weltweiten Elend suchen. Und die *Neunte* ist und bleibt ja zunächst ein »absolutes« Musikwerk, ein fester Bestandteil des klassischen Repertoires; dahingehend bietet das profane Konzertritual jedem die Möglichkeit, zugleich mit sich allein und miteinander zu sein, im Namen eines Prinzips, das den ästhetischen Genuß zu einem quasi geheiligten Erlebnisraum der individuellen Freiheit werden läßt. Ob nun vehement die Eigenständigkeit der absoluten Musik verfochten wird oder soziale und historische Aspekte in einer Werkanalyse abgelehnt werden, es stellt sich immer die Frage nach der sozialen Rolle der Kunst. Und genau dieser Spielraum in der Auffassung vom künstlerischen Ausdruck – zwischen Sprache und Form, zwischen dem Hören des Leidens und der Kontemplation der Schönheit – hat Beethovens *Neunte* zu einer Art musikalischem Fetisch des Westens werden lassen.

Jeder mag es selbst beurteilen. Die Komponisten und Musiker der Romantik haben sie zum Symbol ihrer Kunst gemacht. Bakunin träumte zwar davon, die Bourgeoisie auszurotten, hätte aber einzig vor der *Ode an die Freude* haltgemacht. Die deutschen Nationalsozialisten bewunderten die heroische Kraft dieser Musik; die Anhänger der französischen Republik erkannten in ihr die drei Grundprinzipien der Revolution. Die Kommunisten hörten in ihr das Evangelium einer klassenlosen Gesellschaft; die Katholiken das Evangelium schlechthin; die Demokraten die Demokratie. Hitler feierte seinen Geburtstag mit der *Ode an die Freude* als Untermalung, und doch wurde ihm gerade diese Musik bis in die Konzentrationslager entgegengestellt. Die *Ode an die Freude* erklingt regelmäßig zu den Olympischen Spielen, und vor gar nicht langer Zeit erklang sie in Sarajevo. Sie war die Hymne der rassistischen Republic of Rhodesia, heute ist sie die Hymne der Europäischen Union.

Diese kurze Aufzählung mag die Ausmaße des Konsens verdeutlichen. Sie zeigt auch, daß dieser Konsens eventuell Probleme aufwerfen kann, vor allem ein moralisches Problem, das die Würdigung des Werkes durch die Nationalsozialisten symbolisiert, ohne die Problematik damit erschöpfen zu wollen. Auf einer ganz anderen Ebene kann man sich die Frage stellen, wie es dazu kommt, daß die *Neunte* mitunter in Gestalt einer Staatsmusik wiederverwendet wird. Das Verhältnis der *Ode an die Freude* zu jeder Form »offizieller Kultur«, sei es unter dem Vorzeichen der Autonomie der Kunst oder aufgrund des Widerspruchs zwischen Staat und Utopie, kann als ein gewisser Mißbrauch ihres eigentlichen Sinngehalts, ja als eine Art Verrat empfunden werden: So bedeutet die Europahymne für die Philosophin und begeisterte Musikliebhaberin Agnès Heller »den Tod der *IX. Sinfonie*«[4]. Es handelt sich hier nicht um ein beliebiges Beispiel, denn wenn die Europahymne auch eine zweitrangige Erscheinung in der Rezeption des Werkes darstellt, konzentrieren sich in ihr doch eine ganze Reihe Fragen hinsichtlich der direkten Einverleibung von Musik innerhalb eines politischen Projekts. Und nicht nur weil die Europahymne aus der *Ode an die Freude* eine Staatsmusik macht, sondern auch weil sie diese mit einer gewissen »europäischen« Identität verknüpft.

Auf den ersten Blick gesehen, ist diese Tatsache nicht weiter erstaunlich. Besagte Hymne beruft sich ja auf eine Rezeptionsgeschichte, in der die Gestalt Beethovens und Europa seit jeher miteinander verschmelzen und die zudem wesentlich zum historischen Werdegang der *Neunten* beigetragen hat – ohne jedoch der Angelpunkt der politischen Rezeption zu sein, die das vorliegende Buch im übrigen nicht vollständig erforschen will. In der Tat betrafen die Erörterungen zu Beethoven zunächst den europäischen Kontext im 19. Jahrhundert: Im Jahr 1845 ließ Europas Kulturelite sein Denkmal in Bonn errichten und prägte somit einen Wendepunkt in der Entstehung eines internationalen Kults der Musik. 1927 versammelte sich in Wien eine gleichfalls überwiegend europäische Elite, zu der mehrere Staatschefs zählten, um Beethovens hundertsten Todestag zu feiern. Der Zusammenhang zwischen Beethoven und einer gewissen »europäischen Gemeinschaft« – die bereits durch das gemeinsame Repertoire und die dem Konzertritual verpflichteten Interpreten geboten war – erhielt in der Gedächtnisfeier seine spezifisch politische Grundlage.

Jene Würdigungen verherrlichten allerdings nur selten die »europäischen« Merkmale des Komponisten. Der Beethoven-Kult in Österreich und Deutschland beinhaltete vor allem nationalistische Forderungen und diente dazu, gegen die Einflüsse ausländischer, das heißt italienischer oder französischer Kunst zu polemisieren. Diese nationale Dimension wurde schon sehr früh als Gegenpol eines anderen, für die entstehende Moderne nicht weniger entscheidenden Elements eingesetzt, nämlich die Menschheit. Selbstverständlich galt diese Doppelfunktion nicht nur für den Schöpfer der *IX. Sinfonie*. Während man in Frankreich, wo die Nation als Inbegriff einer weltumfassenden Idee angesehen wurde, von einer Menschheit träumte, die in die »Hymnen der Freiheit« einstimmen sollte, glorifizierten die Deutschen die universelle Wirkungskraft einer spezifisch nationalen Musik. Im Spannungsfeld zwischen diesen beiden Polen sollte der Beethoven-

Mythos wachsen und gedeihen. Und wenn der Kult auch in den meisten westlichen Ländern Anhänger fand, blieben Deutschland und Frankreich doch die treibenden Kräfte. In Paris bezeichnete man die *Ode an die Freude* am Ende des 19. Jahrhunderts sogar als eine »*Marseillaise* der Menschheit«; in Deutschland dagegen rühmte man sie als typisch germanisch. Die Gleichung taucht auch in umgekehrter Form auf: Die deutschen Kommunisten beriefen sich im Namen der Proletarier aller Länder auf sie; in Frankreich wurde sie dem landeseigenen historischen Kulturerbe angegliedert, wie etwa bei François Mitterrands Besuch des Pantheon im Jahr 1981.

Sonderbarerweise fehlt der Faktor Europa in dieser zweifachen, das heißt nationalen und universellen Tradition. Beim Bonner Beethoven-Fest im Jahr 1845 wurde die europäische Dimension dem weltumspannenden Projekt untergeordnet und zugleich durch die nationalistischen Tendenzen sabotiert. Fast ein Jahrhundert später in Wien wurde die gleiche Dimension von der globalen Bedeutung des Ereignisses gesprengt und griff auf die »zivilisierten Länder«, die den Ersten Weltkrieg planten, über. In beiden Fällen waren diese Umstände von der Problematik des »europäischen Gedankens« an sich bedingt, da er sich von der objektiven Gründung eines Kulturraums auf kontinentaler Ebene stark unterschied. Er war ein weit zurückliegendes Produkt der Vergangenheit; man hatte ihn seit dem Zeitalter der Aufklärung mit dem Ancien régime gleichgesetzt, das von den revolutionären und nationalistischen Strömungen zerstört und vom Wiener Kongreß kurz wiederbelebt worden war. Erst mit dem Verfall von Europas weltweiter Vormachtstellung wurde das politische und ideologische Projekt verwirklicht. So gewann die Europahymne, komponiert von dem »großen Europäer« Beethoven, auch erst in den zwanziger Jahren des 20. Jahrhunderts eine tatsächliche Bedeutung. Und diese kristallisierte sich allmählich mit der Gründung der Institutionen nach dem Zweiten Weltkrieg heraus, während die Entkolonialisierung und die Kritik an Europas kultureller Egozentrik ermöglichten, Europa als spezielle Realität und nicht mehr als eine einfache Gestalt des Universellen zu erfahren. Die Bestimmung der Europahymne im Jahr 1972 ist allerdings untrennbar verbunden mit dem stetigen Anwachsen westlicher Wertmaßstäbe, widergespiegelt von den Grenzen Europas, die während des Kalten Krieges ganz Osteuropa abgespalten hatten. Ob die *Ode an die Freude* tatsächlich Chancen hat, ein Fixpunkt des europäischen Gedächtnisses zu werden, bleibt den Zwängen unterworfen, die aus ihrem hybriden Charakter – auf halber Strecke zwischen national und universell – hervorgehen; diese Zwänge haben die ideologische Prägung ihrer Rezeption definiert und definieren sie noch immer.

Die Rezeption an sich wurde im Laufe des 20. Jahrhunderts von der schlichten Tatsache beeinflußt, daß Beethoven und seine Musik mehr und mehr in der Vergangenheit versinken. Die politischen Deutungen seines Werkes werden stets mit seinem wachsenden Anachronismus konfrontiert sein, da sich unsere Lebensumstände ja sehr schnell, manchmal sogar schwindelerregend schnell wandeln. Kein Wunder also, daß die Deutungen von seiten all derer, die sich auf die Revolution berufen, häufig sehr konservativ klingen, besonders die kulturellen Eliten, die künftig auf die avantgardistischen Impulse einer ständigen ästhetischen Erneuerung reagieren müssen. Die kühnsten Komponisten und Musiker der Romantik hatten Beethoven zu ihrem Idol und Vorbild auserkoren; bei der Hommage zu Beethovens hundertstem Geburtstag saßen sie nicht mehr im ersten Rang, sondern Politiker neben Musikwissenschaftlern und einigen Vertretern der akademischen Komponistengarde; nach dem Zweiten Weltkrieg mußten die zeitgenössischen Komponisten feststellen, sofern sie sich überhaupt für Beethoven interessierten, daß er vielmehr eine Ikone der Massenkultur als eine Quelle für ihre eigenen künstlerischen Erfahrungen war. Für seinen *Beethoven* aus dem Jahr 1987 verwendete Andy Warhol eine Darstellung, die überall und jederzeit wiedererkennbar ist und somit andeutet, daß der Komponist in gewissem Sinne mehr Gemeinsamkeiten mit Marilyn Monroe als mit John Cage hat. An diesem Beispiel zeigt sich, daß der Beethoven-Mythos zunehmend banalisiert wird. Jenem Mythos waren ja schon die Romantiker verfallen, obwohl sie ihn ins Leben gerufen hatten, und insbesondere seit Nietzsche erscheint sogar der Komponist als Mensch irgendwie suspekt.

Andy Warhol gehört wohlgemerkt zu unserer Epoche. Solange Beethovens Werke aufgeführt werden, bleibt natürlich der ästhetische Genuß, den sie verschaffen, erklärtermaßen zeitgenössisch. Diese Erfahrung machen Musikliebhaber alltäglich und auf der ganzen Welt. Daneben kann sein Status als Kultfigur der klassischen Musik als Anreiz für das künstlerische Schaffen und als historisches Forschungsobjekt dienen. Bleibt die Frage, ob der unsterbliche Beethoven nicht schon gestorben ist oder sich zumindest in Todesgefahr befindet. Wie auch immer die Antwort lauten mag, eine Untersuchung über das Verhältnis der *Ode an die Freude* zur Politik ist es sich schuldig, dieser Entwicklung Rechnung zu tragen, sofern sie etwas anderes beabsichtigt, als die herkömmlichen, bereits ausgetretenen Pfade zu begehen.

Erster Teil

Die Geburt der modernen Staatsmusik

God Save the King und *Marseillaise*

Am 14. Oktober 1738 veröffentlichte die englische Zeitschrift *Common Sense* einen Artikel über Händels Oratorium *Das Alexanderfest*, das die Macht des Musikanten Timotheus über Alexander den Großen schilderte. Der Autor des Artikels behauptete – in Anlehnung an Platon und andere griechische Klassiker, die den Tonarten und Rhythmen einen jeweils eigenen Ausdruck zugesprochen hatten –, daß die Musik aufgrund ihres direkten Einflusses auf die menschlichen Emotionen auch auf das Handeln einwirken könne; und insbesondere auf das Handeln der Mächtigen dieser Welt. Diese Ethik der Musik dehnte er dann vom Individuum auf die Nationen und das England seiner Epoche aus:

> Die Schweizer, die ja nicht zu den temperamentvollsten Völkern zählen, besitzen heutigentags eine Melodie, die ihnen eine solche Vaterlandsliebe einflößt, daß sie, sobald diese aus einer ihrer Querpfeifen erklingt, so schnell als möglich in ihre Heimat zurückeilen … Würde hier eine derartige Melodie komponiert, wäre die Nation gezwungen, den Pfeifer zu entlöhnen. Ich empfehle dem gelehrten Doktor Green [sic] ganz ernsthaft, sich dieser Sache anzunehmen. – Wenn ich mich hier an erster Stelle an Doktor Green wende, so nicht etwa, weil ich nicht genug Vertrauen in Mr. Handels Fähigkeiten setze; doch da Mr. Handel das Schicksal hat, deutscher Herkunft zu sein, wäre es möglich, daß er seiner Komposition unwillkürlich gewisse Modula-

21

tionen beimischt, die den Gesinnungen eine deutsche Tendenz verleihen könnten, was auf Kosten der nationalen Belange ginge, die ich hier unterstützen möchte.[1]

Viele begeisterten sich im 18. Jahrhundert für das erstaunliche Phänomen des »Kuhreigens«, jenes einfache Hirtenlied, das durch seine Verwurzelung in den alten Bräuchen und in der Erinnerung jedes einzelnen zu vaterländischen Gefühlen anregen konnte. Jean-Jacques Rousseau erwähnte das Lied in seinem *Dictionnaire de musique* lobend und fügte hinzu, daß »die Musik in diesem Fall nicht wirklich als Musik wirkt, sondern als mahnendes Zeichen«[2]:

Diese Bewunderung für den Kuhreigen führte so zur bewußten Überlegung, eine patriotische Symbolik zu schaffen. Der Text in *Common Sense* vermittelte, daß eine solche Melodie wie jedes beliebige andere Werk aus dem Nichts ersonnen werden könne und daß es genüge, sich zu diesem Zweck an die Komponisten von Staatsmusik zu richten; beispielsweise an Maurice Greene, den Organisten der St. Paul's Cathedral und königlichen Hofkapellmeister, oder an Georg Friedrich Händel, der zahlreiche Kompositionen für den Kurfürsten von Hannover geschrieben hatte – unter anderem *Zadok the Priest* anläßlich dessen Krönung zum englischen König Georg II. im Jahr 1727. In diesem Oratorium wurde die Stimme des Volkes durch die Anrufung »God save the King, long live the King!« verkörpert.

Jene »Anthems« von Händel und Greene, die vor allem Anklänge an Italiens »kosmopolitische lingua franca jener Zeit«[3] enthielten, besaßen jedoch wenig Ähnlichkeit mit der schweizerischen Melodie. Für den Autor des Artikels in *Common Sense* zählte aber nicht die stilistische Frage, sondern die Frage nach der Herkunft des Komponisten; sie wurde hier zum Schlüssel der »patriotischen« Tendenz, indem sie die

Tradition mit der Vererbung und die Vererbung mit der Tradition verknüpfte. Es war eine innerstaatliche Angelegenheit, und die Nation sollte als virtueller Auftraggeber besagter Melodie auftreten. Mit seiner Idee von einem englischen Kuhreigen ging der Autor aber noch über das Vorbild hinaus: In seiner Vorstellung sollte jene Melodie zur Eröffnung der Parlamentssitzungen gespielt werden anstelle der üblichen Gebete, die sich als unpassend erwiesen hatten. Selbst wenn es sich um ein Instrumentalstück und nicht um einen kollektiven Gesang handelte, kann sein Vorschlag als die erste Theorie einer vom Staat befohlenen Nationalhymne aufgefaßt werden.

Die Epoche begünstigte diese Art hypothetischer Projekte. In der Folge entstanden die wichtigsten Musikwerke im Rahmen der englischen Politik: 1739 der *Dead March* aus Händels Oratorium *Saul*, der Trauermarsch für offizielle Anlässe; im darauffolgenden Jahr das *Rule Britannia* von James Thomson und Thomas Arne; 1742 der *Halleluja-Chor* aus dem *Messias*; drei Jahre später das *God Save the King*, das allerdings zu diesem Zeitpunkt noch niemand als »National-Anthem« bezeichnete. Händel, seit 1727 unter dem Namen Handel in England eingebürgert, wurde von den Dichtern als ein »English Orpheus« verherrlicht, und seine Büste schmückte nun dank eines Impresarios die Vauxhall-Gardens. Seine Oratorien in englischer Sprache setzten das Volk Israel in Szene, das vom Publikum gern als eine bildhafte Darstellung der englischen Nation wahrgenommen wurde. In dieser sich wandelnden Kultur konnte ein bedeutender Komponist so erstmals und trotz seiner Herkunft zu einer Art »Katalysator der nationalen Einheit« werden.[4] Die Diskussionen um die Musik in Verbindung mit Politik und Moral fanden in der Presse statt. Diese vertrat den »Gemeinsinn« und richtete sich an eine Elite, die mit den modernen Begriffen von Freiheit und öffentlicher Meinungsäußerung auch den entscheidenden Stellenwert nationaler Identität entdeckte.

Der Artikel aus dem Jahr 1738 galt folgerichtig als eine Vorwegnahme des *God Save the King* – sieben Jahre bevor das Lied tatsächlich in London zu hören war. Dieses Ereignis war aber weder Händel noch Greene oder dem Programm aus *Common Sense*[5] zu verdanken. Es stand in direktem Zusammenhang mit den Jakobiten-Aufständen; ihr Anführer, Charles Edward Stuart, war im Sommer 1745 an der Spitze einer Armee von »Highlanders« in Schottland gelandet und hatte einen Vorstoß gen Süden eingeleitet, um die Krone im Namen der 1688 gestürzten Dynastie zurückzufordern. Für Georg II., der überstürzt aus seinem Kurfürstentum Hannover nach England zurückgerufen wurde, stellte diese Offensive keine große Gefahr dar. Doch in London herrschte vorübergehend Panikstimmung. Und in ganz England organisierte sich eine Gegenbewegung, um das protestantische Herrscherhaus vor den »Vertretern des Papstes« zu schützen, die von Frankreich, dem absolutistischen katholischen Erbfeind, stillschweigend gefördert wurden. Dieser Aktivismus, ein erstes Vorzeichen darauf, daß die Nation bald den Angriffen Napoleons – siegreich – entgegentreten sollte[6], war von einer neuen Propaganda begleitet, an der sich auch Händel mit einem Lied für die Londoner Freiwilligen, *Stand round my brave boys*, beteiligte. Am 28. September 1745 sang die Truppe des Theaters »Drury Lane« am Schluß der Vorstellung einer Komödie von Ben Johnson das Lied *God Save the King*. Diese Melodie eines unbekannten Autors war bereits in der Zeit der Glorreichen Revolution zu Ehren der Stuarts erklungen. Und dann hatte man sie im verborgenen für die »Pretenders« gesungen, die sie nun eigentlich bekämpfen sollte.[7] Vielleicht wollte Thomas Arne, der Musikdirektor jenes Theaters – selbst wenn er lediglich aus einem gemeinsamen Erbe schöpfte – genau diese programmatische Sinnverschiebung zu Gehör bringen. Die prokatholische Bedeutung geriet allerdings schnell in Vergessenheit; und nach der Niederlage des »Young Pretender« im Februar 1746 überdauerte in der protestantischen Tradition einzig jene erste öffentliche Aufführung des *God Save the King* zugunsten der Hannoverschen Dynastie: ein Arrangement für drei Solostimmen, Chor und Generalbaß. Hier die erste Strophe:

> God save our noble King,
> God save great George our King,
>   God save the King.
> Send him victorious
> Happy and glorious,
> Long to reign over us,
>   God save the King.

Das *God Save the King* beginnt mit dem gleichen Bibelvers, der in *Zadok the Priest* die Stimme des Volkes verkörperte; doch hier wird er nun vom Subjekt des Gesangs selbst formuliert. Es handelte sich aber noch immer um ein Gebet: Es ist die Bitte eines »Wir«, das von der Allgemeinheit zum Heil »unseres« Königs an Gott gerichtet ist und so das kollektive Heil erfleht. Die zweite Strophe lautet:

> O Lord our God arise,
> Scatter his enemies
>   And make them fall:
> Confound their politicks,
> Frustrate their knavish tricks,
> On him our hopes are fix'd
>   O save us all.

Angesichts der politischen und militärischen Bedrohung für die gesamte Gemeinschaft wird Gott angerufen, damit er dem König Schutz gewähre – dies war 1745 als eine unmittelbare Anspielung auf die Jakobiten-Aufstände zu verstehen. Die dritte Strophe lautet:

> The choicest gifts in store
> On him be pleased to pour,
> Long may he reign.
> May he defend our laws,
> And ever give us cause,
> With heart and voice to sing,
> God save the King.

Diese dritte Strophe wurde als einzige erst 1745 verfaßt. »With heart and voice to sing«: Die britische Nation, die nur dann von der göttlichen Vorsehung geschützt wird, wenn ihr König seiner verfassungsgemäßen Mission treu bleibt, kommt in der »Stimme« und dem »Herzen« jedes einzelnen öffentlich zum Ausdruck. Indem das *God Save the King* Gott anfleht, den König als Garanten der Gesetze zu bewahren, nennt es den Grundsatz, der die alte Doktrin vom Gottesgnadentum der Monarchie ersetzte und sowohl die Glorreiche Revolution als auch die Hannoversche Dynastie inspiriert hatte. Aufgrund der Krisensituation bekam das Lied »Dringlichkeitscharakter«, war aber zugleich die musikalische und poetische Synthese einer vielschichtigen politischen Kultur.

Und bedingt durch das Zeitgeschehen wurde das Lied entsprechend begeistert aufgenommen, wie ein Artikel im *Daily Advertiser* bezeugt:

Am vergangenen Samstag abend war das Publikum im königlichen Theater »Drury Lane« höchst angenehm überrascht, das Anthem *God Save our Noble King* zu hören, das die Truppe des Hauses dort vorgetragen hat. Es erntete allgemeinen Beifall und mußte infolge anhaltender Hurra-Rufe wiederholt werden, was nur zu gut den berechtigten Abscheu bekundet, den die Intrigen unserer ruchlosen Gegner und die despotischen Umtriebe der Macht des Papstes erregen.[8]

Einige Tage später wurde das *God Save the King* auch im Theater am Covent Garden gesungen; diesmal das Arrangement eines jungen Schülers von Thomas Arne, Charles Burney, dem wir auch die ersten musikhistorischen Studien verdanken. Im Oktober erschien der Liedtext in *The Gentleman's Magazine*, der ersten Zeitung, die Parlamentsdebatten veröffentlichte, und bald darauf auch in *The London Magazine*. Mit diesen Veröffentlichungen gelangte das Lied an einen entscheidenden Wendepunkt: Das Publikum gab sich nun nicht mehr damit zufrieden, die neue Melodie nur zu hören, nein, es stimmte in den Gesang ein. In seiner Funktion als politisches Manifest und nun auch als »Handelsobjekt« kam das *God Save the King* dank des Theaters und der Presse zum eigentlichen Durchbruch. Diese neuartige Liedgattung bezeichnete man mit dem Begriff »Anthem«, dessen Bedeutungsverlagerung in den spezifisch politischen Bereich ohne Zweifel beweist, »wie eng in Großbritannien die nationale Identität mit der Religion verbunden war«[9]. Von da an vertrat die Öffentlichkeit jene patriotischen Inhalte und verlieh ihnen einen sakralen Charakter.

Allerdings sollte das *God Save the King* zunächst nicht in Form eines wirklichen Kollektivgesangs zur Geltung kommen. Es sind uns beispielsweise aus der Zeit Georgs II. keinerlei Hinweise auf Singkreise und noch weniger auf gemeinschaftliche öffentliche Gesänge überliefert, die man in irgendeiner Weise einer bürgerlichen Religion hätte zuordnen können. Ab 1749 erklang die Melodie zumindest bei den öffentlichen Auftritten des Königs, also im Rahmen eines gewissen Zeremoniells, was jedoch auf eine recht seltene Verwendung schließen läßt. Noch dazu war diese Verwendung zu keiner Zeit mit einer ausdrücklichen Verbindlichkeitserklärung verbunden, da die Engländer ja in solchen wie in allen Dingen die Tradition für sich selbst sprechen lassen.[10] Das *God Save the King* wurde also nicht etwa über Nacht aufgrund der Jakobiten-Aufstände zur Nationalhymne bestimmt, sondern erst ganz allmählich im Verlauf der Herrschaft des 1760 gekrönten Königs Georg III.

Die Verbreitung im Ausland entwickelte sich ähnlich. Ab 1760 diente die Melodie in Amerika als Untermalung bei Theatervorstellungen. Auf diesem Umweg wurde sie von den aufrührerischen Siedlern übernommen, die ihre Revolution zu entsprechend neuen Texten wie *God Save great Washington* oder unter dem einfachen Titel *America* besangen.[11] Auch in der Alten Welt war sie sehr geschätzt, wobei die zahlreichen verschiedenen Fassungen dem monarchischen Original im allgemeinen treu blieben, der Text aber je nach Funktion variierte. Die älteste dieser Übersetzungen stammt höchstwahrscheinlich aus dem Jahr 1763 und war in der niederländischen Zeitschrift *La Lire maçonne* erschienen. 1782 schrieb der Student August Niemann in Kiel die erste deutsche Umdichtung zu Ehren des Kaisers Joseph II. So wurde das *God Save the King* dem Geist der Aufklärung angepaßt und kam zudem dank der Freimaurerlogen schnell in Umlauf.

Georg III. war der erste Sproß der Hannoverschen Dynastie, der in England geboren wurde und der diese Tatsache auch seit seiner Krönung ganz besonders hervorhob. Dies deutete auf eine Tendenz hin, die sich aufgrund der amerikanischen Unabhängigkeitserklärung und des damit verbundenen Krieges klar abzeichnen sollte – ein harter Schlag für England, dessen indirekte Folge paradoxerweise darin bestand, die britische Identität dank »eines bewußter und offizieller gestalteten Patriotismus« zu stärken.[12] Daß Händel nun anerkanntermaßen und endgültig zum Symbol nationaler Größe wurde, hing mit ebendieser Tendenz zusammen. Sein Weltbürgertum wirkte sich nicht mehr nachteilig auf seine Karriere aus, sondern garantierte noch zusätzlich, daß er über jegliche Parteienkämpfe erhaben war. Als logische Folgerung aus dem Verlust der amerikanischen Kolonien lobte man in ihm »die harmonische Kraft Europas«.[13] Ein Reverend »entdeckte« 1780, daß der Brauch, beim Singen des *Halleluja-Chors* sowie beim *Dead March* und dem *God Save the King* aufzustehen, wohl durch Georgs II. begeisterte Reaktion auf die Erstaufführung des *Messias* entstanden war. Diese Anekdote mag frei erfunden sein, ist aber der beste Beweis dafür, wie engagiert sich die englischen Monarchen für den Kult des 1759 verstorbenen Komponisten eingesetzt haben, in die Geschichte eingegangen.[14]

Mit einem großen Festspiel zu Händels hundertstem Geburtstag im Jahr 1784 erreichte dieser Kult einen Höhepunkt. Ein fünftägiges Konzertprogramm, unter Mitwirkung von über fünfhundert Interpreten – eine stolze Zahl für jene Epoche –, wurde mit *Zadok the Priest* eröffnet und vom *Messias* in Westminster gekrönt. Manche hegten jedoch Bedenken gegen ein so aufwendiges Ereignis: Ein Dichter bemerkte ironisch, daß sich Tausende in ihrem »Gedenkfeier-Wahn« von einem sonderbaren Gemisch aus Musik und Religion blenden ließen und zu Ehren Händels anstatt zu Ehren des Messias in tiefer Andacht verharrten.[15] Dem Mißfallen aller Puritaner zum Trotz konnten sich aber bei diesem Anlaß die Adligen vom »Concert of Antient Music« um Händel versammeln, dessen Werke nun nahezu zwei Drittel ihres Repertoires bildeten, und überdies die Bürgerlichen, die dank vieler örtlicher, stark religiös orientierter Musikfestspiele bereits in die Kunst des Oratoriums eingeweiht waren. König Georg III., »der höchste Händelianer der Nation«, trat als Schirmherr dieser konservativ geprägten Veranstaltung auf und beharrte damit auf seinem Entschluß, den Begriff von der britischen Nation neu zu definieren.[16] Das zumeist private Vergnügen an einer Musik, die angeblich höhere Werte als die mondänen Lustbarkeiten besaß, wurde ähnlich wie eine Morallehre auf die Gesellschaft übertragen. Der König höchstpersönlich beauftragte Charles Burney, jene »Great Commemoration«[17] von 1784 in einem Festbericht zu verewigen. Damit schuf er ein erstes Zeugnis des Komponisten-Kults. Im Rahmen der Entstehung der Nationalhymnen sollte dieser Kult den neuen Wertmaßstab der Musik innerhalb der modernen Staatsauffassung fixieren.

Während der Französischen Revolution entwickelte sich diese Musikgattung dann zu ungeahnter Blüte. »Die ersten Gesänge aller Nationen waren Kirchenlieder oder Hymnen«, schrieb Rousseau in seinem *Wörterbuch*, in dem er auch den Kuhreigen gepriesen hatte.[18] Für die Revolutionäre war ein republikanisches Fest ohne Hymnen gar nicht vorstellbar, denn diese hatten ja die Aufgabe, die sogenannte vereinigte Stimme der Nation einzuführen. Wie auch in England bedeutete diese Stimme ein »Wir«, aber ein anderes als im Fall der bis dahin üblichen monarchischen Staatsmusik. Dieses andere »Wir« erschien als ein politisches Subjekt, das Volk. Das mag vielleicht zusammenfassen, was das *God Save the King* und die *Marseillaise*, die Vorbilder aller modernen Nationalhymnen, gemein haben.

Diese Revolutionsgesänge, deren Zahl sich in Frankreich rasch vermehrte, unterschieden sich stark von dem englischen Bittgebet, das ja in der Tradition verankert war. Ihr erklärtes

Ziel war, mit dem Ancien régime zu brechen. Damit entsprachen sie dem einschneidenden historischen Augenblick, den man für den Beginn eines neuen Zeitalters in der Weltgeschichte hielt. An die Stelle der königlichen Herrschaftsgewalt trat nun die Volksherrschaft, die kraft eines Gesetzes und als Ausdruck des Willens der Allgemeinheit die »einheitliche und unteilbare« Republik begründen sollte. Und die vereinigte Stimme der Nation knüpfte direkt an diese »revolutionäre Religion der Einheit« an.[19] Es war aber kein leichtes, ein ganzes Volk im Einklang singen zu lassen. Während ihrer Entstehungsphase schwankten die revolutionären Hymnen zwischen der Einführung einer kollektiven Stimme innerhalb der von professionellen Komponisten geschaffenen Vokalmusik und den Versuchen, die Menschen selbst zum Singen anzuregen. Diese verschiedenen Erscheinungsformen waren oft auf praktische Umstände zurückzuführen, trugen aber auch die Spuren der politischen Diskussionen über die Volksbeteiligung im allgemeinen, womit sie sich als richtungweisend für die künftige Demokratie erwiesen.

Das Konzept von einem Volk, das die angestrebte Freiheit gemeinsam besingt, wurde bereits vor der am 14. Juli 1790 gefeierten »Fête de la Fédération« in der Presse eindeutig formuliert. Während man auf dem Champ-de-Mars die Vorbereitungen für das Fest traf und das Lied *Ça ira* allseits wie ein Signal ertönte, das alle zusammenrief, schlug eine Zeitung vor, es solle »eine französische Hymne an die Freiheit, vertont von einem berühmten Komponisten, gesungen werden«, und fügte hinzu, daß ihr »das Tedeum der bürgerlichen Eidesleistung vorangehen« und »die Zeremonie mit der Hymne schließen« könne.[20] Am 8. Juli, als der Tag näher rückte, an dem »zu gleicher Stunde vierundzwanzig Millionen Menschen die Freiheit geloben« sollten, wurde der gleiche Gedanke von der *Chronique de Paris* aufgegriffen. Nun wollte man das lateinische Tedeum ganz aus dem Programm streichen, denn »Tyrannen hatten es singen lassen«, und »es wurde im Namen des Verbrechens gesungen, es wurde im Namen kindischer Scherze gesungen«. Der Autor des Artikels regte zur Komposition eines »Lobgesangs« an, der »so schlicht und energisch wie der Eid, so majestätisch und groß wie der 14. Juli« sein sollte: »Der Vortrag muß einfach sein! Knaben, *deren Haar nicht geschoren sein darf*, Mädchen, so unverdorben wie die Freiheit, so aufregend wie die Freiheit und schön wie die Freiheit, sollen die Hymne auf den Gott der Freiheit anstimmen. Ein Chor wird den Refrain singen, ein Chor aus vierundzwanzig Millionen Menschen.«[21]

Das ganze Projekt von einer vereinigten Volksstimme und jenem Chor aus vierundzwanzig Millionen Stimmen war demnach in den Artikeln aus dem Jahr 1790 bereits vorhanden. Dabei wurde weitgehend mit der Tradition gebrochen: hinsichtlich der Sprache, denn das Französische trat nun an die Stelle des Lateinischen; die Inhalte hatten sich gewandelt, von der Anrufung des christlichen Gottes zur Anrufung der Freiheit oder gar eines Freiheitsgottes; stilistisch betrachtet handelte es sich hier um einen »Lobgesang« nach klassischem Vorbild, der sich vor allem durch Würde und Schlichtheit auszeichnete; schließlich veränderte sich auch die grundsätzliche Erscheinungsform, indem die Trennung zwischen Musikern und Nichtmusikern aufgehoben und ein kollektives Subjekt des Gesanges eingeführt wurde, welches durch das Miteinander aller Individuen als gemeinsame Volksstimme auftrat. Jeder Mensch hatte gar einen Eid zu leisten, wozu das nunmehr klassische »heilige Theater des Gesellschaftsvertrags« (Rousseau) und Davids Bild *Der Schwur der Horatier* aus dem Jahr 1784 am Anfang standen. Und seit dem denkwürdigen Schwur im Jeu de Paume sollte er bald in alle Riten der Revolution eingehen.[22] Ein so radikal neues Projekt blieb auch unter den Zeitgenossen nicht unbemerkt: »Ein Volk, das sich regeneriert und den Sieg der Freiheit errungen hat, die es nun feiert, muß eine neue Sprache sprechen«, hieß es in der *Chronique de Paris*.[23]

Doch im Jahr 1790 wurde diese neue Sprache noch von niemandem gesprochen. Im Anschluß an eine von Talleyrand gelesene Messe und den feierlichen Schwur, den Ludwig XVI. und der Präsident der Nationalversammlung ablegen mußten, lauschte das Volk ganz wie in der Vergangenheit einem Kirchengesang in lateinischer Sprache mit Melodien im harmonisierten Cantus planus. Das *Te deum* von François-Joseph Gossec wurde von professionellen Sängern und Schülern der École Royale de Chant vorgetragen; die Chorleitung besorgte der Komponist, der »Sänger der Religion«, wie ihn der *Moniteur* nannte.[24] Und die Zuhörerschaft wurde nicht gebeten, in den Gesang einzustimmen. Zugleich aber war jenes im Freien gesungene und gespielte *Te deum* nicht mehr das geistliche Werk aus der Zeit des Ancien régime. Zur Verstärkung des großen Chors und Blasorchesters kam ein riesiges Arsenal an Schlaginstrumenten hinzu, und am Schluß wurden mehrere Salven abgefeuert. Bis zum »Chor aus vierundzwanzig Millionen« war es noch ein weiter Weg.

Allerdings hatte sich der Dichter Marie-Joseph Chénier zu jenem Zeitpunkt schon der Idee der *Chronique de Paris* angeschlossen und eine *Hymne pour la Fête de la Fédération* geschrieben. Chéniers Absicht war aber nicht, das Volk mitsingen zu lassen; sein Text war ohnehin kaum zum Singen geeignet, weder für das Volk noch für professionelle Interpreten. Ein Jahr später vertonte besagter Gossec dennoch drei Strophen jenes Textes. Zwischen seinem so entstandenen *Chant du 14 juillet* und dem *Te deum* gab es tatsächlich kaum noch Parallelen: Keinerlei Cantus planus und instrumentales Zwischenspiel mehr, dafür aber eine kurze Einleitung, gefolgt von einer einzigen Melodie mit einem sehr einfachen harmonischen Gefüge und einer Begleitung, deren Fanfarenklang stark an Militärmusik erinnerte. Dieses Werk, in dem noch immer »der Gott des Volkes und der Könige« besungen wurde, kündigte die späteren Revolutionsgesänge von Gossec, Méhul, Lesueur oder Cherubini an. Die Hymnen standen ganz offensichtlich unter dem Einfluß der Opern Glucks. Zugleich gab es erhebliche Unterschiede zur Opernform, nämlich die Besetzung für Blechblasinstrumente, die Elemente aus der Militärmusik, die Notwendigkeit verständlicher Gesangstexte, die Aufführung im Freien und schließlich die performatorische Funktion innerhalb einer Liturgie, an der die Zuhörer beteiligt waren. Sehr verschiedene Elemente haben auf diese neuen Formen eingewirkt, von der Militärmusik über die Pastorale und den »schrecklichen Elan«, wie es der Komponist Grétry ausdrückte[25], bis hin zu einem gewissen sakralen Erbe, und nicht zu vergessen die Einflüsse freimaurerischer Werke; alle entsprachen den ideologischen Schwankungen des revolutionären Kults im Rahmen des Klassizismus, den David in der bildenden Kunst vorantrieb und der sich als offizielle Kunstgattung der Republik durchsetzen sollte.

Mit der Kriegserklärung am 20. April 1792 veränderte sich die Situation schlagartig; das zivile Zeremoniell sah sich vor neue Aufgaben gestellt, und mit der *Marseillaise* entstand so auch ein neues Modell politisch orientierter Programmusik. Der Bezug zwischen den beiden Ereignissen wurde nicht nur im allgemeinen Tenor, dem Titel und den Umständen deutlich, die Rouget de Lisle am 25. April 1792 zur Komposition des Stückes angeregt hatten, sondern gleichfalls im Text des *Kriegsliedes der Rheinarmee*; er war ein Apell an die Straßburger Bevölkerung: »Aux armes, citoyens ! L'étendard de la guerre est déployé; le signal est donné. Aux armes! il faut combattre, vaincre ou mourir. Aux armes, citoyens! Si nous persistons à être libres, toutes les puissances de l'Europe verront échouer leurs sinistres complots.«[26] [Greift zu den Waffen, Bürger! Die Kriegsfahnen wehen; das Signal ertönt. Greift zu den Waffen! Wir müssen kämpfen, siegen oder sterben. Greift zu den Waffen, Bürger! Wenn wir an unserer Freiheit festhalten, werden wir die erbärmlichen Verschwörungen aller Mächte Europas niederschlagen.] Dieser exemplarische Revolutionsgesang hat seine öffentliche Karriere wohlgemerkt als offizielles Auftragswerk begonnen. Da Straßburgs Bürgermeister Dietrich, ein wohlhabender Protestant adliger Herkunft und Freund der Philosophen, das allgemein beliebte *Ça ira* verabscheute, ließ er eine neue Melodie schreiben. Wenige Tage nachdem die in Auftrag gegebene Komposition vollendet war, wurde sie von der Militärkapelle der Straßburger Nationalgarde auf dem Exerzierplatz gespielt. Eine Bemerkung von Madame Dietrich erklärte sehr treffend, welchen stilistischen Eindruck jenes Stück hinterließ: »Es klingt nach Gluck, aber besser, lebendiger und flotter.«[27] Die *Marseillaise* bildete also keinerlei Gegensatz, weder zu Gossec noch zum *Ça ira*, sie hatte etwas Exzentrisches: im geographischen Sinn, da sie vom Rand des Geschehens zum Triumph in Paris gelangte; im biographischen Sinn, denn ihr Autor war einerseits ein Amateur und andererseits auch nicht; hinsichtlich des institutionellen Rahmens, denn der Auftrag hatte zwar offiziellen Charakter, aber auch nicht; im stilistischen Sinn, denn dank dieses besseren »Gluck« konnte das Volk bald direkt an den offiziellen Anlässen beteiligt werden – wenn die Komposition zu diesem Zweck auch zuvor speziell arrangiert werden mußte.

Kein anderes Lied hat sich so stark verbreitet wie die *Marseillaise*, sei es in der Originalfassung oder als Melodie für neue Texte; allein in Frankreich zählen wir fast zweihundert verschiedene Fassungen, die immer wieder auf den Ursprungstext verweisen und zugleich als eine Art Legitimation gedient haben. Dementsprechend bot sie den Organisatoren der Revolutionsfeiern ein neues Vorbild; ihr Ziel war ja, die abstrakte Verherrlichung der universellen Freiheits- oder Gleichheitsidee mit patriotischen und kriegerischen Inhalten zu verknüpfen. Diese Inhalte richteten sich gegen einen außenstehenden Feind, der sich zumeist im Begriff »Europa« konzentrierte. Angeblich wurde das Lied sehr bald direkt in die militärischen und politischen Vorgänge eingegliedert, nicht etwa von seiten der Obrigkeiten, sondern spontan vom Volk. Dies kam symbolhaft in dem vielzitierten Freiwilligenbataillon aus Marseille zum Ausdruck, das am 10. August 1792 singend in den Tuilerien aufmarschierte. In jenem Sommer erklang die *Marseillaise* überall in Paris, in den Straßen, den Konzertsälen und im privaten Bereich. Im Oktober bezeichnete die Zeitung *Feuille villageoise* sie als eine »Nationalhymne«, und da sie »so viele große Gedanken« vereine, hieß es weiter, dürfe sie »nur mit einer Art religiöser Andacht gesungen werden«.[28] Die religiöse Konnotation ging konform mit der Einverleibung in die Staatsriten. Gleich im Anschluß an den Sieg bei Valmy schlug der Kriegsminister vor, die *Marseillaise* von der belgischen Armee singen zu lassen; am 14. Oktober 1792 ertönte sie erstmalig bei den offiziellen Feiern der Republik. Am 10. August 1793 fand das Fest der republikanischen Einheit und Unteilbarkeit statt, die erste der großen von David organisierten Feiern, in deren Rahmen er dem Konvent einen Plan darlegte, der die Beteiligung der Bevölkerung am Gesang vorsah.[29] Zu diesem Anlaß komponierte Gossec allerdings mehrere Hymnen nach dem üblichen Muster. Erst unter der Vormacht Robespierres entfaltete sich die Idee eines massiven Volksgesangs. Bei der Feier des Höchsten Wesens sollte sich dann der »Chor aus vierundzwanzig Millionen Stimmen«, den man sich 1790 erträumt hatte, nahezu verwirklichen.

Der Urheber dieser technischen Glanzleistung war natürlich David, wobei er lediglich dem Geist des »Systems der Nationalfeiertage« folgte, dessen Theorie Robespierre am 18. Floreal II dargelegt hatte. Der ausdrückliche Hinweis, die Bevölkerung zu beteiligen, stammte wohl von Robespierre selbst. Er befahl vier Tage vor dem Fest, die ursprünglich vorgesehene Hymne von Marie-Joseph Chénier durch eine andere zu ersetzen, die vom ganzen Volk im »Nationalen Garten« der Tuilerien gesungen werden sollte.[30] Am kommenden Tag bestimmte der Wohlfahrtsausschuß die *Hymne à l'tre Suprême* [Hymne auf das Höchste Wesen] von Théodore Desorgues in einer Vertonung von Gossec zum offiziellen Gesang und ordnete an, die Partitur in alle Departements weiterzuleiten, damit die Feierlichkeiten möglichst einheitlich vonstatten gehen könne:

Die Staatsgewalt gab so den Auftrag, die Idee eines simultanen Kollektivgesangs in ganz Frankreich praktisch umzusetzen: »Das freie französische Volk wird dem unterjochten Deutschland und Italien beweisen, daß es auch das Genie dieser Kunst beherrscht, es diese aber nur dem Singen der Freiheit weiht«, sagten die begeisterten Musiker.[31] Zwei Tage vor der Feier erhielten die Mitglieder des 1793 gegründeten Institut national de Musique den Auftrag, die Bevölkerung mit Desorgues' Hymne und auch mit Chéniers Versen zur Melodie der *Marseillaise* vertraut zu machen, die beide auf dem Champ-de-Mars gesungen werden sollten. David hatte geplant, die ersten beiden Strophen von zweitausendvierhundert Männern und Frauen zu beiden Seiten der auf der Anhöhe plazierten Autoritäten vortragen zu lassen; die Refrains sollten jeweils von allen anwesenden Männern und Frauen wiederholt werden; die letzte Strophe dagegen war allen auf der Anhöhe vorbehalten, und der Refrain wiederum sollte von der gesamten Volksmenge angestimmt werden. Am Ende, so sagte David, »verschmelzen die Gefühle aller Franzosen in einem Bruderkuß: Sie haben nur noch eine Stimme, deren allgemeiner Ausruf, *Vive la République*, sich zu Gott erhebt.« Und dabei handelte es sich um einen Schwur, den alle gemeinsam leisten mußten – oder besser gesagt, alle Männer, denn die Frauen beschränkten sich darauf, das Versprechen ihrer Söhne, Väter und Ehemänner zu bekräftigen:

Avant de déposer nos (vos) glaives triomphants,
Jurons, jurons (Jurez, jurez)
D'anéantir le crime et les tyrans.[32]

[Bevor wir (ihr) unsere (eure) siegreichen Schwerter niederlegen (niederlegt),
Geloben wir, geloben wir (Gelobt, gelobt),
Den Frevel und die Tyrannen zu vernichten.]

Vier Jahre nachdem die Zeitungen das Projekt von einem Chor aus vierundzwanzig Millionen Franzosen in Umlauf brachten, war es nun bei der Feier des Höchsten Wesens Wirklichkeit geworden: »Ein Schauspiel, das den Blicken des Universums und jahrhundertelanger Erinnerung würdig ist, eine Familie von fünfundzwanzig Millionen Brüdern, die gemeinsam den Anbruch des Tages überflügeln, um ihre Seele und ihre Stimme zum Vater der Natur zu erheben.«[33] Tausende waren natürlich noch lange nicht fünfundzwanzig Millionen; doch versinnbildlichte jene stimmungsvolle Gemeinschaft die mystische Gründung einer Nation dank einer Melodie, die um den Preis einer unerbittlichen Vereinfachung zum Schlußstein des republikanischen Pakts geworden war. Mit dem Schwur zur Melodie der *Marseillaise* besaßen die Franzosen nunmehr eine vereinigte Stimme, die zugleich Stimme, Gesang und Aufschrei war: eine politische Stimme sowie religiöse Botschaft, ein liturgischer Gesang sowie kriegerischer Marsch – der »*allgemeine Aufschrei*« der Nation, wie David es ausdrückte.

Die Rezeption der *Marseillaise* jenseits der französischen Landesgrenzen trug direkt zu ihrem neuen Status als Symbol der Republik bei: Um dieses Symbol versammelten sich die englischen, deutschen, österreichischen, italienischen oder polnischen Republikaner, indem sie den Liedtext übersetzten, die gedruckten Fassungen in Umlauf brachten und das Lied bei ihren mehr oder weniger geheimen Zusammenkünften sangen. 1794 gelangte die Partitur nach Buenos Aires, wo sie zum Vorbild aller lateinamerikanischen Revolutionsgesänge wurde, mit denen sich die Völker von der spanischen Krone befreien wollten. So begann das Lied seine Reise durch das 19. Jahrhundert, in dessen Verlauf man es als ideale republikanische Hymne anerkannte; und indem es indirekt zu so unterschiedlichen Liedern anregte wie die belgische Nationalhymne *Brabançonne* oder die *Internationale*, wurde es zum Brennpunkt eines ausgedehnten Netzes politischer Programmusiken.

Das sakrale Gepräge der Republik schützte die *Marseillaise* jedoch nicht davor, für antirepublikanische oder antifranzösische Zwecke »ausgeschlachtet« zu werden. Schon im Jahr 1792 erschien eine deutsche Übersetzung unter dem Titel *Schlachtlied der Deutschen* – ein eindeutiger Rückschlag auf den ersten französischen Titel. In Valmy bestand der preußische Kronprinz darauf, daß man ihm die Partitur dieser Musik bringe, und der Legende zufolge soll er dem, der ihm das Notenmaterial und den Text reichte, gesagt haben: »Den Text hätten sie gerne behalten können.«[34] In Mainz sang und spielte man die *Marseillaise* sogar noch acht Monate nachdem die Preußen die Stadt eingenommen hatten; vor sechstausend Mann, die zur Heerschau angetreten waren und vor »mehr als hundertfünfzig preußischen Offizieren aller militärischen Dienstgrade, darunter Generäle, die sie bis zu dreimal wiederholen ließen, ohne scheinbar der verdrießlichen und peinlichen Lage gewahr zu werden, in die das Lied die anwesenden Emigranten stürzte.«[35] Und 1798 schrieb ein gewisser Karl Herklots anläßlich der Krönung des Königs Friedrich Wilhelm III. von Preußen ein Gedicht zur Melodie der gleichen *Marseillaise*.

Ähnlich erging es der Hymne *God Save the King*. 1790 veröffentlichte ein Student auf dem Kontinent einen Gesang zu Ehren des Königs von Dänemark und Norwegen, wobei er die Melodie des englischen »Volksliedes«, wie er es nannte, verwendete. In diesem neuen Lied erschien der König nicht als Garant der Gesetze, sondern als »Vater des Volkes«. Drei Jahre später veränderte Balthasar Gerhard Schumacher diese Fassung für Friedrich Wilhelm II., den König von Preußen. Das umbenannte Lied, *Heil Dir im Siegerkranz*, wurde am 5. Mai 1795 erstmals öffentlich im Berliner Nationaltheater vorgetragen.[36] Die Gelegenheit war günstig, denn der König feierte seinen Geburtstag, und seine Truppen hatten soeben, wenn auch nur vorübergehend, über Napoleons Armee gesiegt; der Siegerkranz in der ersten Strophe war eine Anspielung auf diesen Erfolg:

> Heil Dir im Siegerkranz,
> Herrscher des Vaterlands,
>   Heil, König, Dir!
> Fühl in des Thrones Glanz,
> Die hohe Wonne ganz
> Liebling des Volks zu sein,
>   Heil, König, Dir!

Das leicht abgewandelte *God Save the King* wurde so der deutschen Realität angeglichen und bald auch in anderen Staatsgebieten, etwa in Bayern zu Ehren Maximilians I., den

Napoleon 1806 auf den Thron erhoben hatte, verwendet. Und während der Freiheitskriege zwischen 1813 und 1815 übernahm man das *Heil Dir im Siegerkranz* schließlich als preußische Staatshymne. Hannover, Sachsen, Braunschweig, Weimar und Luxemburg folgten jenem Beispiel, so daß die Melodie der britischen Hymne, deren Ursprung dabei zweifellos in Vergessenheit geraten mußte, im Verlauf des 19. Jahrhunderts zum Symbol der deutschen Staaten wurde. Die nationalistische Tendenz war bisweilen sehr kraß: Der gleiche Niemann, der den Text für Joseph II. umgedichtet hatte, schrieb 1796 eine neue Fassung, in der die Figur des Vaterlands an die des Königs trat: *Heil Deutschland, Heil!* Selbst in Rußland übernahm der Zar die Melodie als offizielle Hymne. Diese Logik beruhte aber weniger auf nationalen als vielmehr auf dynastischen Interessen; ihnen war es zu verdanken, daß sich die englische Hymne auf dem Kontinent verbreitete, jedoch in Staaten, deren öffentlicher Bereich polizeilich streng überwacht war. So könnte man sagen, daß mit den Übertragungen und Varianten des *God Save the King* eine eigenständige Gattung politischer Programmusik geschaffen wurde: ein patriotisches oder staatstreues Manifest, dessen Inhalte eng mit den Dynastien verknüpft waren, die nach Napoleons Niedergang in Wien das »europäische Konzert« besiegeln sollten.

Die *Ode an die Freude* und die *Kaiserhymne*

Friedrich Schiller schrieb am 11. Juli 1785 an Christian Gottfried Körner, der ihn zu sich eingeladen hatte: »Niemals habe ich die Antwort gebilligt, womit der große Rousseau den Brief des Grafen Orlow abfertigte, der aus freiwilligem Enthusiasmus dem flüchtigen Dichter eine Freistätte anbot. In eben dem Maße, als ich mich gegen Rousseau kleiner fühle, will ich hier größer handeln, wie er. Deine Freundschaft und Güte bereitet mir ein Elysium...«[1] In der Tat hatte Rousseau etwa zwanzig Jahre zuvor mit folgenden Worten auf das Angebot des russischen Adligen geantwortet, der ihn auf seinem Landgut aufnehmen wollte: »Sie werden gewiß einen Literaten erwarten, der ausgezeichnet vorzutragen versteht und den Preis Ihrer großzügigen Gastfreundschaft mit geistreichen Plaudereien begleicht, doch werden Sie sich nur einem ganz einfachen Manne gegenüber sehen, den sein kauziges Wesen und die Schicksalsschläge recht eigenbrötlerisch gemacht haben; und dessen einzige Unterhaltung ist, da er den lieben langen Tag mit Botanisieren verbringt, in den Pflanzen den seinem Gemüte so wohltuenden Frieden zu finden, den ihm die Menschen versagt haben.«[2] In Schillers Brief klingt die Bewunderung für den Autor der *Abhandlung über den Ursprung der Sprachen* mit, zugleich aber spürt man ihre unterschiedlichen Persönlichkeiten und philosophischen Auffassungen. Während die Kultur für Rousseau den unwiderruflichen Verlust des Glücks bedeutete, hielt Schiller an seinem Traum vom Elysium fest, vom Menschen, den die ästhetische Erziehung vervollkommnet. Bald nach jenem Brief an Körner verließ der Autor der *Räuber* Mannheim, um sich bei seinem Freund in Dresden niederzulassen. Sein 1785 entstandenes Gedicht *An die Freude*, das im darauffolgenden Jahr in der Zeitschrift *Rheinische Thalia* erschien, versteht sich als ein Beweis der Freundschaft für Körner und dessen Familie. Hier nun die ersten Strophen dieser Originalfassung[3]:

> Freude, schöner Götterfunken,
>   Tochter aus Elysium,
> Wir betreten feuertrunken
>   Himmlische, dein Heiligtum.
> Deine Zauber binden wieder,
>   was der Mode Schwert geteilt;
> Bettler werden Fürstenbrüder,
>   wo dein sanfter Flügel weilt.
>
>   CHOR
> Seid umschlungen Millionen!
>   Diesen Kuß der ganzen Welt!
> Brüder – überm Sternenzelt
> muß ein lieber Vater wohnen.
>
> Wem der große Wurf gelungen,
>   eines Freundes Freund zu sein;
> wer ein holdes Weib errungen,
>   mische seinen Jubel ein!
> Ja – wer auch nur *eine* Seele
>   *sein* nennt auf dem Erdenrund!
> Und wers nie gekonnt, der stehle
>   weinend sich aus diesem Bund!

CHOR
Was den großen Ring bewohnet
huldige der Sympathie!
Zu den Sternen leitet sie,
wo der *Unbekannte* thronet.

Freude trinken alle Wesen
an den Brüsten der Natur,
Alle Guten, alle Bösen
folgen ihrer Rosenspur.
Küsse gab sie *uns* und *Reben*,
einen Freund geprüft im Tod.
Wollust ward dem Wurm gegeben,
und der Cherub steht vor Gott.

CHOR
Ihr stürzt nieder, Millionen?
Ahndest du den Schöpfer, Welt?
Such ihn überm Sternenzelt,
über Sternen muß er wohnen.

Schiller hat der unwiderstehlichen Schlagkraft des damaligen Zeitgeschmacks, durch den die sozialen Ungleichheiten nur noch krasser hervorgehoben wurden, die Kraft der Freude entgegengesetzt. Diese ist Zeichen der Zugehörigkeit zur menschlichen Gemeinschaft und kommt in Freundschaft oder Liebe zum Ausdruck. Sie ist auch ein übersinnliches Naturgesetz. Das Hohelied der Natur beinhaltet folgerichtig die Anrufung Gottes, die vom Chor vertieft wird, indem er die Frage stellt: »Ihr stürzt nieder, Millionen?«, und so dazu ermahnt, den Blick ins Gottesreich zu richten. In der letzten Strophe aus der Fassung von 1785 stellt Schiller ein wahres Programm auf:

Rettung von Tyrannenketten,
 Großmut auch dem Bösewicht,
Hoffnung auf den Sterbebetten,
 Gnade auf dem Hochgericht!
Auch die Toten sollen leben!
 Brüder trinkt und stimmet ein,
Allen Sündern soll vergeben,
 Und die Hölle nicht mehr sein.

Das Gedicht *An die Freude* entspringt einer Tradition aus dem 18. Jahrhundert, die von Gesängen zum Lobe der Freude, den Trinkliedern, geprägt wurde. Schiller war einer der ersten Dichter, die mit der Freude ein Weltgefühl[4] verknüpft haben; so spielt das irdische Glück der Menschheit eine wesentliche Rolle in seinem Text. Damit schließt er an die sozialen und politischen Inhalte seines zeitgleichen Dramas *Don Carlos* an, in dem die Person des Marquis von Posa einen kosmopolitischen Freiheitsgedanken verkörpert. Wohlgemerkt taucht das Wort Freiheit im Gedicht *An die Freude* nicht auf. Die Hypothese, der zufolge es nur eine politisch gemilderte Fassung einer Ode *An die Freiheit*[5] sei, läßt sich allerdings nicht untermauern. Im Drama jedoch wird der Begriff der Freiheit sowohl zu einer Grundlage der Natur als auch zum Pfand für den »verlornen Adel« der Menschheit und steht mitunter in Formulierungen, die der *Ode an die Freude* sehr ähnlich sind:

Sehen Sie Sich um
in seiner herrlichen Natur! Auf Freiheit
Ist sie gegründet – und wie reich ist sie
Durch Freiheit! Er, der große Schöpfer, wirft
In einen Tropfen Tau den Wurm, und läßt
Noch in den toten Räumen der Verwesung
Die Willkür sich ergetzen [...][6]

Dieser Freiheitsidee, die in der *Ode an die Freude* mitschwingt, waren etwaige direkte politische Interpretationen des Textes zuzuschreiben, welche allerdings erst im 19. Jahrhundert wirklich zum Tragen kamen. Zu Schillers Lebzeiten wurde vor allem über die religiösen Aussagen debattiert, etwa über die als unchristlich aufgefaßten Verse: »Allen Sündern soll vergeben,/Und die Hölle nicht mehr sein.« 1793 ergriff Wieland im *Neuen Teutschen Merkur* Schillers Partei; und wenn er sich auch sehr wohlwollend äußerte, da Schiller ihm geholfen hatte, sich in Weimar zu etablieren, so kritisierte er als guter Freimaurer, für den Toleranz die erste Regel war, daß der vereinsamte Mensch vom Freudengenuß[7] ausgeschlossen sei. Vom erdverbundenen Loblied auf Wein und Freundschaft zum kosmischen Lyrismus einer Schriftstellergeneration an der Schwelle der Romantik: Zahlreiche Autoren, wie der Dichter Magenau, erkannten in diesem Text ein Zeichen: »Auf die Bowle Punsch hatten wir Schillers Lied *An die Freude* aufgespart [...] Dampfend stand die Bowle auf dem Tische, und nun sollte das Lied beginnen, aber Hölderlin begehrte, daß wir erst an der kastalischen Quelle uns von allen unseren Sünden reinigen sollten.«[8] Wie beliebt das Gedicht unter den deutschen Intellektuellen war, bestätigte Schiller in einem Brief an Körner vom 21. Oktober 1800, in dem es heißt, daß die Ode »die Ehre erhalten [hat], gewissermaßen ein Volksgedicht zu werden«[9].

Und doch nahm Schiller die Ode damals nicht in eine Gedichtsammlung auf, weil sie, wie er sagte, »einem fehlerhaften Geschmack der Zeit entgegenkam«, in der er sie geschrieben hatte.[10] Drei Jahre später jedoch revidierte er dieses Urteil und überarbeitete den Text für eine neue, endgültige Ausgabe. Die letzte Strophe wurde gestrichen und ein Vers aus der ersten Strophe, »Bettler werden Fürstenbrüder«, durch »Alle Menschen werden Brüder« ersetzt: Dies ist der vielleicht bekannteste Vers aus seinem gesamten Werk. Für manche Kommentatoren wurde Schillers politische Entwicklung in solchen Textänderungen deutlich erkennbar. Die Nationalversammlung in Paris hatte ihn im Jahr 1792 in Anerkennung der *Räuber* zum französischen Bürger ernannt, doch in seiner Eigenschaft als Berater am Hofe des Herzogs von Sachsen-Weimar, einem »Vertreter des aufgeklärten Absolutismus«, der Schiller überdies 1802 adelte, war er doch kaum geneigt, mit der Revolution zu sympathisieren. Auch wenn die Streichungen von 1803 die politische Aussage des Textes dämpfen, wurde er dennoch zugleich zu einem Manifest des universellen Ideals der Brüderlichkeit, das sowohl der Aufklärung als auch der Französischen Revolution gemein war.

Schiller, der zwar selbst keiner Freimaurerloge angehörte, identifizierte das Gedankengut seines Marquis von Posa[11] mit genau diesem Ideal der Freimaurer, die nicht zuletzt den Hauptbeitrag zur Verbreitung des Gedichts *An die Freude* geleistet haben – und vor allem auf dem Umweg über die Musik. Viele Komponisten griffen das Gedicht unmittelbar auf, angefangen bei Johann Christian Müller, der seine Partitur 1786 in Leipzig veröffentlichte. Die ersten, strophisch angelegten Fassungen waren meist Kunstlieder im galanten Stil der »Empfindsamkeit«. Wenn manche, wie Johann Friedrich Reichardt, eine Form wählten, die Ähnlichkeiten mit der Kantate aufzeigte, so betonten sie damit lediglich ihren Anspruch, ernste Musik zu komponieren. Ludwig van Beethoven, der kein Freimaurer war, dessen damaliger Lehrer Christian Gottlieb Neefe aber einer Loge angehörte, äußerte 1792 in Bonn erstmals sein Vorhaben, Schillers Gedicht in Musik zu setzen. Von dieser Vertonung wissen wir nur, daß sie offenbar den gesamten Text enthielt; dies geht aus dem Brief eines Freundes des Dichters hervor.[12] geschildert hat. In Berlin dagegen erschien 1799 eine dem Gedicht *An die Freude* gewidmete Liedersammlung, in der auch folgende ungezeichnete Melodie enthalten war; sie wurde später Johann Gottlieb Naumann, einem Freund des Freimaurers Körner und Autor vieler freimaurerischer Lieder, zugeschrieben.

Im Jahr darauf wurde die gleiche Melodie in Berlin veröffentlicht, noch immer anonym, jedoch in der englischen Übersetzung, versehen mit der Bezeichnung »a masonic song«. Im Unterschied zu den vorangegangenen Fassungen war diese Melodie sehr einfach gestaltet und von einem Liebhaberkreis, im allgemeinen den Mitgliedern der Logen, leicht zu singen; aber auch von allen übrigen, etwa vom Bürgertum, das zunehmend Interesse an der – strenggenommen gelehrten – Vorstellung von Volksmusik zeigte. Schillers Gedicht trat folglich in Gestalt eines freimaurerischen Liedes, das vielen, für ein bürgerliches Publikum bestimmten Sammlungen vorangestellt wurde, aus dem engeren Kreis der Intellektuellen heraus. Bald nach Schillers Tod im Jahr 1805 verkündete eine Berliner Musikzeitschrift, daß die *Ode an die Freude*, von allen geschätzt und von »Tausenden« mit Begeisterung gesungen, zu einem Volksgesang geworden sei[13]. Dies geschah in einer Zeit, als Mozarts *Zauberflöte* die Synthese einer kultivierten und zugleich allen zugänglichen Kunst darstellte. Auch Joseph Haydn, der bereits seit 1780 Melodien zu populären Gedichten geschrieben hatte, darunter *Gegenliebe* von Gottfried August Bürger, begann sich ganz entschieden für diesen »volkstümlichen Stil« einzusetzen, »der nichts von seinem Kunstanspruch aufgibt«[14]; er kennzeichnet seine letzten großen Werke. 1794 vertonte der junge Beethoven seinerseits das Gedicht *Gegenliebe* und zuvor ein weiteres Gedicht Bürgers, *Seufzer eines Ungeliebten*, in dem das trostlose Dasein eines einsamen Menschen beschrieben wird (WoO 118). Mit einer einfachen und sangbaren Melodie eröffnete er innerhalb seines Werkes eine Reihe von Volksweisen, die sich mit dem

Begriff vom Glück auseinandersetzten und deren krönenden Abschluß die *Ode an die Freude* aus dem Jahr 1824 bilden sollte. Hierin verbirgt sich eine gewisse Ironie, denn nach Schillers Meinung hatte sich der von den Freuden der realen Welt allzu ergriffene Dichter Bürger »nicht selten mit dem Volk [vermischt], zu dem er sich nur herablassen sollte«[15].

Daß Beethoven 1792 nach Wien reiste, war im wesentlichen auf eine Begegnung mit Haydn zurückzuführen; letzteren hatte nicht etwa irgendein bescheidenes Lied beeindruckt, sondern die ersten Abstecher des jungen Komponisten in die Domäne der Monumentalmusik mit politischem Programm. Haydn war soeben von seinem ersten Englandaufenthalt zurückgekehrt, und sein Interesse galt vor allem der großen Musik nach Händelschem Vorbild. Beethoven hatte tatsächlich 1790 zwei entsprechende Werke für Solo, Chor und Orchester zu Textbüchern von Anton Averdonck geschrieben: die *Trauerkantate auf den Tod des Kaisers Joseph des Zweiten* und die *Kantate auf die Erhebung Leopolds des Zweiten zur Kaiserwürde* (WoO 87 und 88). Er komponierte diese Werke im Auftrag einer Lesegesellschaft, die eine Gruppe Intellektueller in Bonn versammelte, wo der Kurfürst Maximilian Franz, ein Bruder jener beiden Kaiser, eine sehr liberale Politik führte, gekennzeichnet durch den Aufschwung der Universität und die Verbreitung der französischen Philosophen. Die Seele dieser Gruppe war Professor Eulogius Schneider, der sich bald darauf den Revolutionären in Straßburg anschloß, auf die Gefahr hin, während der Schreckensherrschaft geköpft zu werden. Diese Kantaten von Beethoven, deren Text ein modellhaftes Bild der »Vertreter des aufgeklärten Despotismus« entwirft, sollten bei diversen Feierlichkeiten der Lesegesellschaft aufgeführt werden. Die erste, Joseph II. gewidmet, ist die bekannteste, vor allem aufgrund ihres einleitenden Trauerchors in c-Moll, der unter Glucks Einfluß steht und das Beethovensche tragische Pathos ankündigt. Im zentralen Teil, einer Arie für Sopran und Chor, wird der Weg der Menschheit ans Licht beschrieben. Selbst wenn der Gesang inhaltlich abstrakt bleibt und sich die Melodie in F-Dur auch nicht in direkt miteinander verbundenen Stufen entwickelt, wie es in *Gegenliebe* der Fall war, setzte Beethoven hier zum ersten Mal einen kollektiven Gesang in Szene, der sich nach antikem Vorbild durch »edle Schlichtheit« auszeichnet. Und die Kantate für Leopold II. schließt wiederum – nach einem dreifachen Gruß an den Monarchen, »Heil! Heil! Heil!« – mit einem Kollektivgesang, in dem ein Vers von Averdonck auf Schillers Frage: »Ihr stürzt nieder, Millionen?«, mit einer Art Befehl zu antworten scheint: »Stürzet nieder, Millionen, an dem rauchenden Altar!« Diesem Fugato nach Händelschem Vorbild folgt dann die Apotheose in D-Dur. Es handelt sich um eine »jubilierende« Musik in der barocken Tradition der großen Staatsmusik, die die politische Macht verherrlicht, in diesem Fall den Kaiser des Heiligen Römischen Reichs Deutscher Nation.

Mit diesen Kantaten aus der Bonner Zeit, die aus unerfindlichen Gründen nicht aufgeführt wurden, trug der junge Beethoven dazu bei, eine Regierungsform zu legitimieren, in der der Monarch oft als »Diener des Staates« und »Wohltäter des Volkes« dargestellt erscheint. Im Rahmen der Entwicklung dieser Symbolik erkennt man, welche Rolle manchen Intellektuellen zukam, beispielsweise dem Freimaurer Joseph von Sonnenfels, der schon 1771 in seiner Abhandlung *Über die Vaterlandsliebe* für einen »laizistischen Kult, angeregt von den antiken Religionen«, eintrat, »um die staatliche Autorität zu stärken«; und der unter Joseph II. seinen Studenten an der Wiener Universität erklärte, daß alle Untertanen des Kaisers künftig »Bürger« seien.[16] Natürlich hatten die Begriffe »Bürger« und »Patriotismus« in diesem Zusammenhang nicht die revolutionäre Bedeutung, die sie in Frankreich erlangen sollten. Die Zensurbehörde wurde damals von einem allgemein bekannten Vertreter der Aufklärung, dem Baron Gottfried van Swieten, geleitet, und die Polizei, unter der Führung von Graf Johann von Pergen, erhielt erstmalig die Aufgabe einer politischen Polizei. Diese autoritären Maßnahmen weisen dennoch auf das Gewicht hin, das man der Errichtung eines gewissen Konsens beilegte, gemäß den Leitideen von Menschlichkeit und Brüderlichkeit, zu deren Verbreitung die Freimaurerlogen entscheidend beigetragen haben und deren beste musikalische Verkörperung ohne Zweifel der Sarastro aus der *Zauberflöte* ist. Die gleiche Elite forderte überdies den moralischen Wertmaßstab einer einstigen Musikkultur, deren Größe einen Schutzwall gegen eine beklagte Dekadenz der Künste bilden sollten. In jener Zeit unternahm man in Wien die ersten Versuche, regelmäßige Aufführungen eines Repertoires zu organisieren, zu dem die Meisterwerke der Vergangenheit und einige neue, dieser Tradition würdig erachtete Werke zählten. Im Jahr 1786 gründete Gottfried van Swieten gemeinsam mit Schwarzenberg, Lobkowitz, Dietrichstein, Apponyi und weiteren Angehörigen des Hochadels die »Gesellschaft der associierten Cavaliers«, die den zumeist von Zeitgenossen wie Mozart arrangierten Oratorien Händels gewidmet war. Dies stellte im Gegensatz zu England nicht etwa eine Reaktion auf die Entfaltung des Freihandels dar, vielmehr eine Reaktion auf die Rührseligkeit des galanten Stils. Wie beharrlich am traditionellen Regime festgehalten wurde, verrät insbesondere die Karriere des Österreichers Joseph Haydn, dem Kapellmeister des ungarischen Fürsten Esterhazy, in dessen Dienst er häufig fern der Hauptstadt weilte. Der Aufschwung des Druckwesens ermöglichte ihm jedoch, zu internationaler Anerkennung zu gelangen, die man sogar »europäisch« nennen könnte, sofern man darunter versteht, daß er gleichzeitig in Paris, London, Berlin und Wien gewürdigt wurde. 1791 und 1794 hatte Haydn Gelegenheit, die Unterschiede der englischen Realität vor Ort schätzen zu lernen. Ihn empfingen nicht nur der kommerzielle Erfolg, sondern auch diverse Ehrungen, wie die Verleihung der Doktorwürde in Oxford und ein persönlicher Kontakt zur königlichen Familie. Charles Burney konnte so ohne weiteres prophezeien: »Haydns Schöpfungen werden sicher *überall in ganz Europa* Bewunderung und Nachahmung finden, so wie die Händels nur in England.«[17] Diese Reisen hatten aber auch einen wichtigen Anteil am Ruf des Komponisten in Österreich selbst, wo er künftig als »großes Genie« gefeiert wurde, auf das »sein Vaterland stolz sein kann«[18].

Haydns erste Rückkehr nach Wien im Jahr 1792 erfolgte zu gleicher Zeit wie zwei Ereignisse, die die politische Landschaft Österreichs der kommenden Jahrzehnte tiefgreifend verändern sollten. Zum einen prägten der plötzliche Tod Leopolds II. und die Krönung Franz' II. den Beginn einer neuen Politik, die das Ende der aufgeschlossenen Regierung unter Joseph II. bedeutete. Durch Frankreichs Kriegserklärung, zum andern, setzte eine lange Phase der Feindseligkeiten ein, die eine allgemeine Instabilität in allen Hoheitsgebieten Habsburgs zur Folge hatte und so die reaktionären Tendenzen der neuen Regierung noch verstärkten. Der Verlust der fortschrittlichen Kräfte hatte schwerwiegende Auswirkungen auf das kulturelle Leben in Wien, wo die aus dem Josephinismus hervorgegangene Elite nun von einer neuen, vom Klerus beherrschten, konservativen Strömung zurückgedrängt wurde. Im Mittelpunkt dieser Neuverteilung stand das umorganisierte Polizeiministerium – mit erweitertem Geheimdienst, einer Zensurbehörde mit direkten Befugnissen und regelmäßigen ideologischen Interventionen im Schulunterricht. Diese Veränderungen wurden ab 1793 unter der Leitung des speziell abberufenen Grafen von Pergen und des Grafen Franz Joseph von Saurau vorgenommen, dem Vizepolizeiminister und Vertrauten des neuen Kaisers. Im folgenden Jahr zeichnete sich Saurau besonders durch die Zerschlagung der sogenannten »Jakobinerverschwörung« aus, infolgedessen sowohl erklärte Republikaner als auch Josephiner, darunter ein enger Freund van Swietens, festgenommen wurden. Saurau war sehr daran gelegen, den Prozeß der Angeklagten als sensationelle Propagandaaktion zu arrangieren, selbst wenn die »nicht viel mehr getan hatten als die Marseillaise zu singen und um die Bäume der Freiheit herumzutanzen, die in Graz und Wien hier und dort gepflanzt worden waren«.[19] Die österreichischen »Jakobiner« verzeichneten *ihren* größten propagandistischen Erfolg in der Tat mit dem *Eipeldauerlied*, das unter dem Einfluß der französischen Revolutionslieder entstanden war.

Die Staatsdiener von Franz II. mußten sich allerdings damit abfinden, daß eine Rückkehr zu den ehemaligen absolutistischen Praktiken unmöglich war. »Natürlich schworen einige den aufklärerischen Prinzipien ab, sobald sie verstanden hatten, daß diese in Regierungskreisen nicht mehr in Ansehen standen. Lorenz Leopold Haschka, vorher der Hofsänger der gemäßigten Monarchie, befleißigte sich nun, den kriegerischen Enthousiasmus gegen Frankreich zu schüren. Aber im Ganzen hatten die Regierungen von Joseph II. und Leopold II. eine zu wichtige Entwicklung des politischen Bewußtseins eingeleitet, als daß die neue Orientierung nur passiv oder fatalistisch akzeptiert worden wäre.«[20] Diese Situation, in der politische Meinungsäußerungen nur geduldet waren, wenn sie mit der offiziellen Politik übereinstimmten, spiegelte sich in den neuen Formen tendenziöser Musik wider, zu deren Verbreitung das ganze Wiener Künstlermilieu mobilisiert wurde. Zahlreiche Theaterstücke, die Habsburg und den österreichischen Patriotismus in der Zeit der Koalitionskriege verherrrlichten – von der Presse stets angekündigt und meist zu wohltätigen Zwecken geschrieben, die mit dem Krieg in Zusammenhang standen – konnten jedoch relativ unabhängig vom Staat existieren, und vor allem unabhängig vom Machtbereich des kaiserlichen Hofkapellmeisters Antonio Salieri. Entsprachen sie auch im allgemeinen den klassischen Formen der profanen Kantate oder Bühnenmusik, so wurde mit manchen Stücken versucht, den einzelnen Menschen für die nationale Gemeinschaft zu gewinnen. Im Januar 1794 gab man im Burgtheater eine Trauerkantate von Therese von Paradis zu Ehren Ludwigs XVI.; einige Wochen später präsentierte Franz Xaver Süßmayr – der Schüler Mozarts, der das *Requiem* zur vollen Partitur auskomponiert hatte – in Prag eine Kantate zum Geburtstag des Kaisers. Am 19. September 1796 feierte man im kaiserlichen Palais die Rückkehr des Erzherzogs Karl aus den Schlachten der Rheinarmee mit einem Konzert, bei dem neben der *Sinfonie Nr. 94* von Haydn Süßmayrs Kantate *Retter in Gefahr* zu hören war. Zu gleicher Zeit entstand die Kantate *Österreich über alles*, die Joseph Weigl, Haydns Patensohn, zu einem Textbuch von August von Kotzebue geschrieben hatte; bei der Aufführung wurde das Publikum im Leopoldtheater gebeten, in den Schlußchor einzustimmen.[21] Im selben Jahr behandelte Haydn den Krieg auch in seiner *Missa in tempore belli*, die mit einem *Agnus Dei* endet, für das der Komponist Pauken wünschte, die klingen sollten, als ob man den Feind schon aus der Ferne kommen hört.

Die repressiven Maßnahmen sicherten der Regierung jedoch keineswegs die Kontrolle über jegliche Kritik. 1796, in der Zeit des Italienfeldzugs, rief der vom Außenminister Franz von Thugut geführte Konfrontationskurs gegen Frankreich eine Welle der Unzufriedenheit unter einem Teil der adligen Elite hervor. Das war um so heikler, da die Aufrührer über einen Vertreter in der Dynastie verfügten, den Erzherzog

Karl, der einem eventuellen Sieg der Österreicher trotz seiner militärischen Erfolge sehr skeptisch gegenüberstand.²² Karls öffentliches Ansehen stand überdies im krassen Gegensatz zur Unbeliebtheit seines Bruders, des Kaisers, den die Zeitgenossen oft als eine recht farblose Persönlichkeit schilderten. Der wachsende Druck, den die bedeutenden Mitglieder der Elite mit Unterstützung eines Teils der Bevölkerung auf die Regierung ausübten, veranlaßte Baron Thugut im Juli 1796 zu folgenden Worten: »Ich fürchte Wien immer mehr als die geballte Wut des Feindes und von dort wird unser Ruin kommen. Ich nehme mir vor, mich darüber morgen mit M. de Saurau darüber zu beraten, weil schließlich die öffentliche Verwaltung auf Mittel und Wege sinnen müßte die Meinung zu lenken, vor allem an öffentlichen Orten.«²³ Bei einer Zusammenkunft zwischen Saurau und Thugut wurden verschiedene Beschlüsse gefaßt: Es galt, Rückhalt bei der Kirche zu suchen und den Krieg gegen Frankreich von den Kanzeln zu predigen; zur Verteidigung des Landes sollte in Wien ein Freiwilligenbataillon gebildet werden; zu guter Letzt wurde beschlossen, bei Joseph Haydn die Komposition einer Hymne zu Ehren des Kaisers in Auftrag zu geben, mit einem Text von Lorenz Leopold Haschka.²⁴

Der Aufruf an die Freiwilligen regte den Dichter Friedelberg zu seinem *Abschiedsgesang an Wiens Bürger* an; sechs Monate später, infolge einer Masseneinberufung, die Saurau verordnet hatte, während Bonaparte gegen Wien vorrückte, entstand ein *Kriegslied der Österreicher*, das mit dem Vers »Ein großes deutsches Volk sind wir« begann. Beethoven, ein neues Gesicht im Wiener Kulturleben, vertonte diese beiden Texte mit einfachen, von einem Solisten vorgetragenen Melodien, auf die ein kriegerisch klingender Männerchor im Unisono antwortete (WoO 121 und 122).

Jene antifranzösischen Lieder mit ihren eingängigen Ritornellen für Klavier sollten vor allem die Zivilbevölkerung zum Patriotismus anspornen; die nationalistischen und egalitären Parolen – »Unser Wien empfängt uns wieder, ruhmbemach' nun Fürsten gleich« – zeigten dennoch Spuren des emotionellen Modells der *Marseillaise*, das hier auf die Interessen Habsburgs zugeschnitten war. Was Haydns Hymne anbelangt, so ist anzunehmen, daß ihn die Erfahrung des Polizeivizeministers mit der »Jakobinerverschwörung« auf die Idee gebracht hatte, eine Konter-*Marseillaise* zu schaffen, ein propagandistisches Mittel, um den Franzosen auf symbolischer Ebene entgegenzutreten. Sein Vorbild war jedoch nicht die Hymne des französischen Feindes, sondern die der britischen Alliierten. Während Saurau das Lied von Rouget de Lisle mit keinem Wort erwähnte, nahm sich Haydn *God Save the King* zum Vorbild. Anders als im Fall dieser beiden Vorläufer entstand die österreichische Hymne nicht direkt im Volk, um anschließend von den staatlichen Riten übernommen zu werden: Hier hatte ein hoher Staatsbeamter die Initiative ergriffen, das Ritual eines Kollektivgesangs einzuführen. Die Kaiserhymne war die allererste, als solche geplante Staatsmusik. Paradoxerweise unterschied sie sich von den traditionellen Formen der Staatsmusik, das heißt von der Kirchenmusik für offizielle Zeremonien, dadurch, daß ihr neuartiger politischer Inhalt eben gerade von jenen anerkannt wurde, die dessen Entfaltung so energisch bekämpften. Und tatsächlich stand dieser Inhalt nicht im Dienste einer nationalen Zugehörigkeit im aktuellen Sinn. Er diente dazu, die Treue zum österreich-ungarischen Kaiser auszudrücken, dem Kaiser des Heiligen Römischen Reichs Deutscher Nation, der sich 1806, kurz vor dem Niedergang seines Reichs, den Titel Kaiser Franz I. von Österreich beilegte. Als Oberhaupt eines Staates, der auf übernationalen Prinzipien basierte, versuchte er den nationalistischen Strömungen erbittert entgegenzuwirken. Die Spannungen zwischen einer »österreichischen« Identität, die ursprünglich die Treue zum Haus Habsburg bedeutete, und dem Zugehörigkeitsgefühl zur kulturell definierten »deutschen« Nation kamen darin zum Ausdruck, daß beide Identitäten in den damaligen tendenziösen Musikformen nebeneinander existierten. Hier handelte es sich um das Symptom eines Konflikts, der bis heute in der österreichischen Geschichte ausgetragen wird.

So komponierte Haydn zwischen Oktober 1796 und Januar 1797 seine Hymne *Gott erhalte Franz den Kaiser* zu einem Text von Lorenz Leopold Haschka.

Der Dichter befolgte die Anweisungen des Grafen Saurau und orientierte seinen Text an der deutschen Vorlage von *God Save the King*, was sich auch gleich in den ersten Versen bemerkbar macht:

> Gott! erhalte Franz den Kaiser,
> Unsern guten Kaiser Franz!
> Lange lebe Franz der Kaiser
> In des Glückes hellstem Glanz!
> Ihm erblühen Lorbeer-Reiser
> Wo er geht, zum Ehren-Kranz!
> Gott! erhalte Franz den Kaiser,
> Unsern guten Kaiser Franz!

Die zweite Strophe entwirft das Bild des »guten Souveräns«, Relikt des aufgeklärten Absolutismus, den Haschka unter Joseph II. mit Vorliebe besungen hatte:

> Laß von seiner Fahnen Spitzen
> Strahlen Sieg und Fruchtbarkeit!
> Laß in Seinem Rathe Sitzen
> Weisheit, Klugheit, Redlichkeit;

Und mit Seiner Hoheit Blitzen
Schalten nur Gerechtigkeit!
Gott! erhalte Franz den Kaiser,
Unsern guten Kaiser Franz!

Wie in der englischen Hymne ist in der dritten Strophe die Rede vom Gesetz; doch nicht von »unseren Gesetzen«, sondern von Gottes Gesetz, das auf dem Umweg über den Willen des Herrschers zu dem der Menschen wird:

Ströme Deiner Gaben Fülle
Über ihm, Sein Haus und Reich!
Brich der Bosheit Macht; enthülle
Jeden Schelm- und Bubenstreich!
Dein Gesetz sey stets Sein Wille;
Dieser uns Gesetzen gleich!
Gott! erhalte Franz den Kaiser,
Unsern guten Kaiser Franz!

Musikalisch betrachtet ist die von Haydn in London geschriebene und vielleicht auch dort arrangierte Hymne *Gott erhalte* der englischen Hymne sicher sehr ähnlich: eine langsame, leicht sangbare Melodie in G-Dur. Auch wenn sie zur profanen Gattung des Lieds gehört, läßt sie sich ohne weiteres mit einer gewissen religiösen Tradition vereinbaren – eine stilistische Verwandtschaft, die im übrigen durch ihre spätere Verwendung in den englischen Gottesdiensten bestätigt wird.[25] Die Kaiserhymne hat demnach kaum Ähnlichkeiten mit der *Marseillaise* und deren Tonsprache, die ja damals dem Krieg und dem damit einhergehenden Pathos verschrieben war und die Haydn eigentlich hervorragend beherrschte. In diesem Sinne erfüllte der Komponist alle Bedingungen von Sauraus Auftrag: Seine Hymne ist durchaus als eine Konter-*Marseil-*

laise zu verstehen, insoweit sie das »Wir« der Nation nicht nach einem theatralischen Schema, sondern nach dem englischen Vorbild als einen Ausdruck der Treue zum Monarchen, unter dem Schutze der Religion, darstellt. Während die englische Hymne jedoch im Dreivierteltakt und asymmetrisch geschrieben ist, steht Haydns Lied im Viervierteltakt, mit den für den klassischen Stil typischen viertaktigen Satzstrukturen. Ein zweites Motiv im fünften Vers entfaltet einen ausdrucksvollen Lauf, der zwar sehr einfach bleibt, doch keine Entsprechung in *God Save the King* aufweist; letztere Komposition war ja in der barockspezifischen emotionellen Monothematik verhaftet. Der Refrain dagegen hat Ähnlichkeit mit dem der *Marseillaise*.[26] Die Kaiserhymne und das revolutionäre Lied folgen beide den gleichen emotionellen und hauptsächlich dynamischen Regeln. Damit erweist sich Haydn sehr wohl als Zeitgenosse von Rouget de Lisle und nicht als der des anonymen englischen Autors. Man könnte sogar behaupten, daß die Konter-*Marseillaise* aus dem Verdacht hervorgegangen ist, die Untertanen des Kaisers hätten sich ebensogut in einer republikanischen Tonsprache wiedererkennen können, und daß ihnen daher etwas Besseres geboten werden mußte.

Bei den Feierlichkeiten anläßlich des neunundzwanzigsten Geburtstags von Franz II., am 12. Februar 1797, wurde die Hymne *Gott erhalte Franz den Kaiser* zum ersten Mal öffentlich gesungen. Graf Saurau hatte alles sorgfältig vorbereitet. Der Auftritt des Kaisers in seiner Loge im Wiener Burgtheater sollte den Höhepunkt der Feier darstellen, die aber gleichzeitig im ganzen Kaiserreich veranstaltet wurde. Saurau richtete unter anderem folgendes Schreiben an die Prager Autoritäten:

Hochgebohrner Graf!
Es wird Euer Excellenz bekannt sein, welche Wirkung das bekannte englische Volkslied: God save the King, auf das

Volk hervorgebracht, und wie sehr dasselbe seit so langer Zeit den Nationalgeist zur gemeinschaftlichen Vertheidigung gegen auswärtige Feinde in thätiger Spannung erhalten habe.
Das hier beiliegende Lied, verfaßt von Haschka, und in Musik gesetzt von dem berühmten Hayden, wird am 12. Hornung, als dem Geburtstage des Kaisers in allen Theatern Wiens von dem Volke gesungen werden, und ich gebe mir die Ehre Euer Excellenz ein Exemplar davon im Vertrauen anzuschließen, damit das Lied, wenn Sie es für gut befinden, an dem nämlichen Tage auch in Prag könne gesungen werden, und die Wünsche des ganzen Volkes an dem nämlichen Tage für die Erhaltung seiner Majestät erschallen.[27]

Bei dem Ausdruck »wenn Sie es für gut befinden« handelte es sich natürlich um eine reine Höflichkeitsfloskel. Das Ereignis wurde systematisch geplant, wobei die regionalen Obrigkeiten nicht nur die Aufgabe hatten, die Aufführung der Hymne zu gewährleisten, sondern auch die, sie an alle Provinzen weiterzuleiten, damit jeder örtliche Kapellmeister sie ebenfalls einstudieren konnte. Zu diesem Zweck mußte ihr Text in die wichtigsten Landessprachen der weitläufigen Hoheitsgebiete Habsburgs übersetzt werden: Ungarisch, Tschechisch, Italienisch, Polnisch, Serbisch, Lateinisch. Die Hymne *Gott erhalte* wurde dann gleichzeitig in Wien, Prag, Graz, Innsbruck, Krakau, Ofen, Pest, Brünn, Judenburg, Loeben, Triest und vielen weiteren Städten der Dynastie uraufgeführt. Sie wurde meist in den Schauspielhäusern gesungen, entweder am Anfang oder am Ende einer Vorstellung. In Innsbruck setzte man sie am Schluß eines großen Konzerts im Saal der Universitäts-Bibliothek in Szene; in Prag folgte sie auf das *Nationallied der Böhmer*; in Triest wurde sie im Beisein des Erzherzogs Ferdinand, dem Bruder Franz' II., gesungen; und in Judenburg sang man sie zu einem christlichen Bühnenstück: »Als der Vorhang aufgezogen wurde, traten unter Musik und Gesang Schäfer und Schäferinnen hervor, welche Opfer auf den Altar niederlegten, und dann das Nazional-Lied anstimmten.«[28] In der Hauptstadt war die Zeremonie dank der Anwesenheit des Kaisers, der im Burgtheater jubelnd empfangen wurde, besonders glanzvoll. Dort spielte und sang man *Gott erhalte* nach einer Orchesterpartitur, die Haydn eigenhändig arrangiert hatte. »s' Theater is noch nie so gsteckt voll gewesen, und weil einige zum Singen nicht recht gsehn habn, so habn s' sogar Lichtl anzunden, wie bei der Johannesandacht, und habn dadurch zeign wolln, daß unser Kaiser Franz wirklich unser Schutzpatron ist«[29], hieß es in den *Eipeldauer-Briefen*. Eine Zeitschrift kommentierte voller Bewunderung, daß der Souverän in einer »Art gefeyert« wurde, »die bisher in Oesterreich noch unbekannt war«, und fügte hinzu: »Der Enthusiasmus des Publikums, welcher sich auch dießmal, wie bey mehrern ähnlichen Gelegenheiten zeigte, läßt es erwarten, daß wir noch oft das Vergnügen haben werden, die vereinigte Volksstimme zur Erhaltung des Kaisers in unsern Theatern zu vernehmen.«[30] Nur die Zeitung *Der Eipeldauer* erlaubte sich aufgrund seiner Verbindungen zum Polizeiminister eine knappe, etwas bissige Stellungnahme und erinnerte so an das Gebot der Stunde und die Schranken derartiger symbolischer Gebärden: »Das Lied wird jetzt auch in allen Gesellschaften und öffentlichen Örtern gsungen und von allen Fräulein aufn Klavier gspielt. Wenn s' aber nur übers Singen s' Zahln nicht vergessen; denn mit'n blossen Singen ist uns jetzt nicht geholfen.« In dieser simultanen Feier definierten sich Sauraus Ziele: Alle Untertanen des Kaisers im Chor versammeln, ein »Wir«, das sich im Gesang um den Souverän schart, jenseits aller ethnischen, nationalen, sprachlichen und politischen

Unterschiede. Nur drei Jahre nach der Feier für Robespierre, das Höchste Wesen, schufen so die Gegner der Revolution ein ganz ähnliches Projekt. Da es aber in Theater- oder Konzertsälen durchgeführt wurde, drängt sich der Gedanke auf, daß ja eigentlich nicht die gesamte Bevölkerung angesprochen war, sondern lediglich der Adel und das Bürgertum; diese bildeten zwar die Basis der Macht Habsburgs, aber in ihren Reihen loderte auch die Kritik. Und da die Musik ja zu ihrem Lebensstil gehörte, war diese Elite einzig befähigt, die kleinen Notenblätter mit Haydns Komposition und Haschkas Versen, die an den Eingängen verteilt wurden, vom Blatt zu singen.[31] Abgesehen von diesem feinen und zugleich erheblichen Unterschied betete »das ganz Volk«, so wie Saurau es vorgesehen hatte, zu einem durch und durch katholischen Gott, damit dieser seinen Herrscher vor den französischen Truppen schütze.

In den Zeitungsberichten wurden die Autoren des »Nazional-Liedes« beiläufig gelobt – vor allem Haydn, den die *Wiener Zeitung* als »den berühmtesten Tonsetzer unserer Zeit«, bezeichnete. An keiner Stelle erwähnte man seine Anwesenheit im Burgtheater; kurz zuvor aber hatte er beim Korrekturlesen der Partitur Saurau seinen Dank ausgesprochen:

Excellence!
Eine solche Überraschung, und So viel Gnade besonders über das bild meines guten Monarchen hab ich in betracht meines kleinen Talents noch nie überlebt. ich dancke Euer Excellenz von Herzen und bin anbietig in allen fällen Euer Excellenz zu dienen. bis 11 Uhr werd ich den Abdruck überbringen. bin in tiefster Ehrfurcht
                      Euer Excellenz
          Unterthäniger gehorsamster diener
                    Jos. Haydn mppria

Haydn bezog sich hier auf eine goldene, mit dem Porträt des Kaisers Franz II. geschmückte Dose, die man ihm in Anerkennung seiner Dienste geschickt hatte. Einem seiner Biographen zufolge soll er auch ein »ansehnliches Geldgeschenk« erhalten haben.[32] Zehn Jahre nach dem Tod des Komponisten erklärte Saurau jedoch, in Haydns Brief aus dem Jahr 1797 habe sich ein »unverzeihlicher Schreibfehler« eingeschlichen: *überlebt* anstatt *erlebt*.[33] Will man diesen Lapsus wörtlich nehmen, so war die Rolle des Hofkapellmeisters die höchste Ehre, die Haydn jemals hat überleben müssen! Alles, was wir über seine politische Haltung wissen, läßt in jedem Fall annehmen, daß er die Gesinnung und Ziele seiner *Kaiserhymne*, die dazu berufen war, eines seiner berühmtesten Stücke zu werden, voll und ganz teilte. Gleich nach der Uraufführung sollte Haydn seine besondere Vorliebe für diese Melodie unter Beweis stellen, indem er sie zum Thema eines seiner letzten Streichquartette machte: das Quartett opus 76, 3, in C-Dur, eines der Meisterwerke der Kammermusik, das dem von Rosen beschriebenen »volkstümlichen Stil« angehört und aus gutem Grund unter dem Titel *Kaiserquartett* bekannt wurde. Der zweite Satz, »poco adagio, cantabile«, führt gleich zu Beginn in der ersten Geige die Melodie des *Gott erhalte* ein, die dann nacheinander von der zweiten Geige, dem Cello und der Bratsche durchgeführt wird, bevor sie sich in einer vierten Variation entfaltet, die dann mit einer Koda im Pianissimo endet. Das Prinzip der Variation ist hier nicht auf die Melodie selbst angewandt, die vollständig und in ihrer ursprünglichen Fassung fünfmal nacheinander gespielt wird, sondern auf die Instrumentation, die Harmonie, den Kontrapunkt, die Dynamik und die Struktur der Begleitung. Dank dieser Technik der »Variation nach Art des Cantus firmus«[34] bewahrt der Komponist die vom politischen Symbol übernommene Sangbarkeit, indem er die Melodie über die Tempowechsel hinaus kontinuierlich fortsetzt. So erhält die Komposition durch ihre Form schlechthin eine politische Dimension. Entsprechend der *Messe* aus dem Jahr 1796 kann man das Streichquartett opus 76,3 als ein *Quartetto in tempore belli*[35] bezeichnen. Die Parallele zum politischen Gesang verwandelt jenes Instrumentalwerk tatsächlich zu einem »Symbol in Kriegszeiten«, das regelrecht auf eine Elite zugeschnitten war, deren Hang zur Kammermusik ein Merkmal kultureller Identität und moralischen Werts darstellte. Jene Elite wird die ästhetische Kluft beim Übergang vom Privaten zum Öffentlichen sicher nicht – wie es heutzutage der Fall wäre – als solche erkannt haben. »Es ist nicht vorstellbar«, schrieb der Kritiker Cecil Gray, »daß die *Marseillaise* oder jede andere Hymne als thematische Basis eines Streichquartetts gedient haben könnte. Diese Melodie hat ihren Ursprung in drei verschiedenen Welten gleichzeitig, in der Religion, der nationalen Politik und der absoluten Kunst.«[36] In der Entwicklungsgeschichte dieser Melodie konvergiert die Entstehung der neuzeitlichen Politikauffassung mit den Regeln der klassischen Musik. War es vermutlich Haydns symbolhafter Rang, der Saurau dazu bewog, die *Kaiserhymne* bei ihm in Auftrag zu geben, so stellte aber die Geltung des Werkes schlechthin die Kontinuitäten zwischen den verschiedenen »Welten« der Kultur her.

Haydn aber, der damals fünfundsechzig Jahre alt war, hatte den Gipfel seiner Karriere noch vor sich. Der Kollektivgesang der Hymne sollte die anfängliche Begeisterung zunächst nicht überdauern; erst 1809 tauchte sie wieder auf, um sich dann ab dem Wiener Kongreß beständig durchzusetzen. Das *Gott erhalte* war zu gleicher Zeit entstanden wie sein Oratorium *Die Schöpfung*, das unmittelbar zum wichtigsten musikalischen Symbol der Wiener Kultur wurde. Jenes Werk, dem Haydns Erfahrungen in England zugrunde liegen, erzählt die Genesis, von der berühmten instrumentalen *Vorstellung des Chaos* bis zum Idyll von Adam und Eva im Garten Eden. Haydn war mit Empfehlungsschreiben für den österreichischen Botschafter, Graf Johann von Stadion, nach London gekommen; darunter auch ein Schreiben des Baron van Swieten, der sein Bedauern ausdrückte, den Komponisten nicht zur »großen jährlichen Gedenkfeier für sein Idol Händel«[37] begleiten zu können. Die Aufführungen der monumentalen Werke Händels in Westminster hinterließen einen tiefen Eindruck bei Haydn, jedoch ohne seinen persönlichen Stil wirklich zu beeinflussen. Sie offenbarten ihm einerseits das ungeheure Potential einer Gattung, mit der er sich bis dahin wenig befaßt hatte, und überzeugten ihn andererseits von der dramatischen Wirksamkeit der barocken Tonmalerei. Am Ende seiner zweiten Reise kehrte er mit dem Libretto eines anonymen Autors nach Wien zurück; es war der Bibel und Miltons *Paradise lost* (Das verlorene Paradies) entlehnt und sollte schließlich als Grundlage für das Oratorium *Die Schöpfung* dienen. Der Amateurschriftsteller und -komponist Baron van Swieten übersetzte den englischen Text und paßte ihn dem Wiener Geschmack an. Die Erstaufführung fand am 29. April 1798 im Palais des Fürsten Schwarzenberg unter der Schirmherrschaft der Cavaliers associés statt. Der durchschlagende Erfolg dieses privaten Konzerts wurde dann allerdings von der ersten öffentlichen Aufführung am 19. März im Burgtheater, in Anwesenheit von Kaiser Franz II., noch übertroffen. Ab 1802 interpretierte man *Die Schöpfung* regelmäßig als Wohltätigkeitskonzert zugunsten des Bürgerspitals; zum Dank verlieh die Stadt Wien dem Komponisten zwei Jahre später den Titel des Ehrenbürgers.[38] Auf diese Weise krönten van Swieten und seine Mitarbeiter ihr Konzertprojekt mit einem großen zeitgenössischen Oratorium: »Von 1798 bis heute sollte das Oratorium also fast alljährlich in Wien aufgeführt werden; es nahm in diesem Sinne die Rolle des *Messias* in England oder Amerika ein.«[39] Die gedruckte Partitur, die per Subskription in ganz Europa verkauft wurde, gelangte so auch in andere Metropolen. Die Premiere am 28. März 1800 in London erntete begeisterten Beifall. Ein Kritiker schränkte ein, daß jene »reizende Arbeit« den »göttlichen Kompositionen des unsterblichen Händel keinesfalls an Größe gleichkommen kann«.[40] In Paris lauschte man der französischen Fassung am Weihnachtsabend des Jahres 1800 im Beisein des Ersten Konsuls, Bonaparte, der gerade einem Bombenanschlag unversehrt entkommen war. »Die Aufführung dieses edlen Oratoriums ist ein Triumph für Frankreich und ebenso für das Vaterland dieses unsterblichen Künstlers«, schrieb der französische Korrespondent der *Allgemeinen Musikalischen Zeitung*, und weiter: »Die großen Männer gehören den Nationen an, die sie zu schätzen wissen.« In Deutschland, wo das Werk bald in zahlreichen Städten aufgeführt wurde, schrieb die gleiche Zeitung jubelnd: »Heil unserm deutschen Vaterland, das Händel zu seinen Söhnen rechnen kann.«

In Haydns letztem Lebensabschnitt – etwa 1802 hatte er sein letztes Instrumentalstück, einen *Ungarischen Nationalmarsch*, vollendet – verband sich in Österreich der Kult der »großen Musik« mit einer politischen Bewegung, an deren Spitze Graf Stadion stand, seit der ersten Besetzung Wiens zum Außenminister ernannt. Dies ging zurück auf die historistischen Konzepte der Romantiker. Man hatte es sich zum Ziel gesetzt, das Kaiserreich zu erneuern, wobei die verschiedenen nationalen Traditionen zusammengeschlossen werden sollten.[41] Im Brennpunkt dieser patriotischen Musikbewegung standen Haydns Oratorien. 1808 erlebte »Papa Haydn« seinen letzten öffentlichen Auftritt anläßlich eines Konzerts in der Wiener Universität, wo *Die Schöpfung* in der italienischen Fassung des Dichters Carpani aufgeführt wurde, der zugleich auch der Biograph des Komponisten war – die Habsburger bemühten sich damals überdies verstärkt um ihre Vorherrschaft in den italienischen Hoheitsgebieten. Der gebrechliche, ehrwürdige Greis wurde mit Fanfaren begrüßt und von Beethoven, Salieri, Lobkowitz und anderen Persönlichkeiten des Wiener Kulturlebens verabschiedet. »Indem der österreichische Adel Haydn wie keinen anderen Wiener Komponisten weder je zuvor noch in Zukunft würdigte, beweihräucherte er sich sozusagen selbst, denn Haydn war der letzte, große, lebende Vertreter einer Kultur, die der Adel in diesem Maße gefördert hatte.«[42] Das *Gott erhalte* wurde zu einem privaten Ritual erhoben, da man Haydn mit der nationalen Größe identifizierte. Einige Tage vor seinem Tod soll Haydn die *Kaiserhymne* ein letztes Mal gespielt haben. Er starb am 31. Mai 1809 während der zweiten Besetzung der Stadt Wien. Zwei Wochen später fand in der Kirche von Schotten ein Gedächtniskonzert mit Mozarts *Requiem* statt; im Beisein zahlreicher Franzosen, darunter Vivant Denon, Generalinspektor der Museen in Paris, und der Offizier Henri Beyle.

Die Schöpfung bewahrte zunächst ihre Stellung in der großen Oratorientradition, die sich nach 1804 endgültig in Wien durchsetzte. In der Epoche der Romantik war es jedoch eher schlecht um das Werk bestellt. Schon Schiller und Beethoven, später auch Schumann und Berlioz äußerten sich ausnahmslos sarkastisch über jenes Werk, das allzu stark von der naiven Tonmalerei und der erloschenen Glut des aufgeklärten Adels geprägt war. In die Rolle des biederen Patriarchen gedrängt, wurde ihr Komponist von der neuen Generation, die den Beethovenschen Pathos bevorzugte, mit Verachtung gestraft. Haydns Instrumentalwerke dagegen zählten weiterhin zu den Säulen jener »reinen«, von den Romantikern wie Tieck und Wackenroder verherrlichten Musik; sie hatten um die Jahrhundertwende das Konzept einer »Religion der Musik« in Umlauf gebracht, die bald unter die Schirmherrschaft der »Wiener Triade« gestellt wurde: Haydn, Mozart und Beethoven. Das nun endgültig ritualisierte *Gott erhalte* sicherte seine Rolle als offizielles österreichisches Staatssymbol, vor allem seit es 1826 für Militärkapellen arrangiert und nunmehr bei allen wichtigen offiziellen Feierlichkeiten gespielt wurde. Dessenungeachtet schuf der Romantiker Hoffmann von Fallersleben 1841 auf Helgoland eine Umdichtung des Liedes: *Deutschland über alles*, das zunächst der alldeutsche Nationalismus für sich reklamierte, bis man das Lied schließlich zur deutschen Nationalhymne erklärte.

Beethoven und das
»Europäische Konzert«

Am 22. Dezember 1808 präsentierte Ludwig van Beethoven im Theater An der Wien die *V. Sinfonie*, die *Pastoralsinfonie*, die Arie *Ah perfido!* und das *Klavierkonzert Nr. 4*. Alle diese Werke waren dem Publikum unbekannt, zeigten den Komponisten auf dem Höhepunkt seiner Schöpferkraft und zählen noch heute zu den bedeutendsten des klassischen Repertoires. Zum Abschluß jenes Konzerts, bei dem Beethoven das ganze Spektrum seiner Fähigkeiten unter Beweis stellte – Komponist, Pianist und Dirigent –, versammelte er alle Interpreten in einem grandiosen Finale: die *Chorfantasie* opus 80 für Klavier, Streichquartett, Solo, Chor und Orchester. Das Werk begann mit einer Improvisation Beethovens am Klavier – auf der Partitur durch einen auskomponierten Takt ersetzt –, die nach dem Einsatz des Orchesters in eine volkstümliche Melodie mündete: Es war die Melodie von *Gegenliebe* aus dem Jahr 1795. Diese wird im gesamten Verlauf der *Fantasie* wiederaufgenommen und variiert, in einer Form, die der fünfzehn Jahre später entstandenen *Ode an die Freude* sehr ähnlich ist. Der Text der Vokalvariationen – nacheinander von solistischen Frauen- und Männerstimmen und dem Chor vorgetragen – stammte von einem Freund Beethovens, der sich dabei genau an die »Anweisungen« des Komponisten gehalten hatte.[1] Der Text war »unseres Lebens Harmonien« gewidmet, der inneren und äußeren Eintracht, dem Zusammenspiel von Musik und Dichtung, die in stetem Wechsel, wie die Wellen am Meeresstrand, in »Fried' und Freude« aufeinanderfolgen. Die letzten, vom Chor gesungenen Verse lauten:

> Nehmt denn hin, ihr schönen Seelen,
> Froh die Gaben schöner Kunst.
> Wenn sich Lieb' und Kraft vermählen,
> Lohnt dem Menschen Göttergunst.

Das Kernstück dieses manifestartigen Werkes – die Einheit von »Lieb' und Kraft« dank der Macht der Kunst – wird in einem instrumentalen Finale vom ganzen Orchester hervorgehoben. Beethovens Lob des ästhetischen Erlebens verweist indirekt auf Schillers 1795 erschienene *Briefe über die ästhetische Erziehung des Menschen*; es war in der Tradition der Aufklärung verwurzelt und zählte im Deutschland der napoleonischen Kriege zu den treibenden Kräften einer neuen Kulturideologie, in der die Bildung zur zentralen Forderung des Bürgertums wurde.

Der chaotische Verlauf der Abendvorstellung am 22. Dezember, hervorgerufen durch Beethovens Auseinandersetzungen mit den Musikern, zeigte die Kluft zwischen jenen Ideen und der praktischen Umsetzung der Musik. Eine solche Akademie, wie man diese Konzerte damals nannte, die ein Komponist zu seinem persönlichen Fortkommen und in einem noch relativ unentwickelten kommerziellen Umfeld organisierte, blieb ein recht seltenes Phänomen. Der achtunddreißigjährige Beethoven konnte sich einen derartigen Auftritt nur deshalb leisten, weil er eine erstrangige Persönlichkeit im Wiener Musikleben war. Kurz zuvor hatte ihn Jérôme Bonaparte, König von Westfalen und Bruder Napoleons, als Kapellmeister an seinen Hof gerufen; ein Angebot mit äußerst verlockenden Aussichten. Mit seiner Akademie wollte er den Wienern vor Augen führen, welch großen Verlust sein Ortswechsel bedeuten würde. Dank dieser ehrgeizigen Strategie hatte er bald »den höchsten Grad an Unabhängigkeit erreicht, der innerhalb des halbfeudalen Mäzenatentums möglich war«[2]. Kraft eines Vertrages mit drei Mitgliedern des Hochadels, die entschlossen waren, alle materiellen Bedürfnisse ihres »gewaltigen Genies« zu befriedigen, erhielt er 1808 eine beträchtliche Geldsumme, mit der einzigen Bedingung, sich in Wien oder einer der anderen Städte des Habsburger Kaiserreichs niederzulassen. Diese sichere Stellung währte allerdings nicht sehr lange, denn 1811 wurde die österreichische Krone abgewertet, und zwei seiner Gönner verstarben. Beethovens Karriere blieb dennoch untrennbar von den Adelshäusern, da diese »stets auch ein Bündnis mit der Musik eingingen« und er es sein Leben lang verstand, aus seiner Position innerhalb der intellektuellen und politischen Eliten Vorteil zu ziehen.[3]

Diese Privilegien machten ihn jedoch nicht zu einem Günstling des Kaisers, geschweige denn zu einem »Hofmusikanten«. Denn »die meisten Gönner Beethovens stammten nicht etwa aus dem österreichischen Adel, sondern aus Ungarn, Böhmen, Rußland und Deutschland«[4]. Er hatte keinerlei persönliche Beziehung zu Franz I., dem er darüber hinaus, im Gegensatz zu den Herrschern wie Friedrich Wilhelm II. und Friedrich III. von Preußen, Alexander I. von Rußland oder Maximilian Joseph von Bayern, kein einziges seiner Werke gewidmet hat. Beethovens einziger direkter Kontakt zur kaiserlichen Familie, neben den flüchtigen Sympathiebekundungen der Kaiserin Maria Theresia, bestand darin, daß er ab 1808 vertraglich als Musiklehrer des Erzherzogs Rudolph, des jüngeren Halbbruders von Franz, fungierte, dem er auch gut zehn seiner Meisterwerke widmete. Doch da Rudolph keine bedeutende politische Rolle einnahm, kann man sagen, daß Beethoven nie in das Machtzentrum der k. k. Monarchie vorgedrungen ist.

Was wir über Beethovens politische Gesinnung wissen, die in den elitären Kreisen der Bonner Josephiner verwurzelt war, entspricht seinem objektiven Abstand zur Ideologie der österreichischen Monarchie unter Franz I. In seiner Biographie finden wir verstreute Episoden, die sowohl seine Treue zur Aufklärung bezeugen als auch ein gewisses Spannungsverhältnis zur Staatsmacht. Seine etwas verschwommene Erinnerung an das »revolutionäre Fieber«, wie er es einmal rückschauend ironisch ausdrückte, hatte anscheinend kaum Auswirkungen auf seine Haltung in der Öffentlichkeit. Es ist keinerlei direkte Äußerung Beethovens überliefert, in der er die Französische Revolution propagierte oder die auf eine dauerhafte, bedingungslose republikanische Überzeugung schließen läßt. Das »republikanische« Porträt, das manche Biographen zeichnen, beruht auf einer Reihe ambivalenter und fragwürdiger Vorkommnisse – insbesondere der Widmung an Bonaparte auf dem Titelblatt der *III. Sinfonie*, der *Eroica*, die er später, nach dessen Kaiserkrönung, getilgt hat, oder etwa daß er in Teplitz verweigert haben soll, sich vor der vorüberschreitenden königlichen Familie zu verbeugen. Wenn auch nicht falsch, verraten diese Berichte doch eine gewisse Übertreibung. Beethoven ist im Gegenteil fast sein ganzes Leben lang spontan für die Habsburger eingetreten und strebte nach einem Amt in einer Institution. Neben den Liedern aus dem Jahr 1797 zu Gedichten von Friedelberg und zahlreichen Militärmärschen bestätigt dies auch die Bühnenmusik, die er für die Einweihung des kaiserlichen Theaters in Pest 1812 zu Stücken von August von Kotzebue komponiert hat, *Die Ruinen von Athen* und *König Stephan*. Ersteres erzählt die Geschichte einer antiken Göttin, die in der Neuzeit auf die Erde, in ein erniedrigtes Griechenland zurückkehrt, das den Türken in die Hände gefallen ist: Erst in den Hoheitsgebieten von Franz I., einem gütigen Herrscher und Gönner der Künste, wird sie den edlen

Geist der Antike wiederfinden. Beide Stücke enden mit einem triumphalen Schlußgesang zu Ehren des Souveräns, der an das Finale der Kantate für Leopold II. erinnert: »Heil, unserm König! Heil!«

Beethovens großer Erfolg in der kulturellen Elite zeigte, daß man seine außerordentliche musikalische Begabung nun unmittelbar wahrgenommen hatte. Bis zur Jahrhundertwende wurde sein kompositorisches Schaffen vor allem von seiner Klaviervirtuosität in der stilistischen Nachfolge Mozarts oder des späten Haydn beeinflußt. 1802, bald nach den ersten Anzeichen seiner Taubheit und der im vielzitierten *Heiligenstädter Testament* beschriebenen Krise, kündigte Beethoven einen »neuen Weg« in seiner Arbeit an, seine »heroische Phase«, wie Romain Rolland es ausdrückte. Diese umfaßt im wesentlichen die Ouvertüren zu *Egmont*, *Coriolan* und *Leonore* sowie die *Waldstein-Sonate*, die *Appassionata*, das Konzert »*Der Kaiser*« und nicht zuletzt die *III.* und die *V. Sinfonie*; sie zählen seit ihrer Erschaffung zu den Hauptwerken des klassischen Repertoires. Hinsichtlich der Ausprägung dieses Stils wurde oft der Einfluß der französischen Revolutionsmusik genannt, wobei man etwa den Trauermarsch der *Eroica* und Gossecs *Marche lugubre* miteinander verglich oder das Anfangsmotiv der *Fünften* mit der *Hymne au Panthéon* von Cherubini.[5] Letzterer Vergleich wird der Verwandtschaft zwischen Beethovens Werk und den Sinfonien und Opern von Cherubini, den er unverhohlen bewunderte, ohne Zweifel gerecht; darüber hinaus war das vom »heroischen Stil« stark beeinflußte Textbuch von *Fidelio* einem Theaterstück von Jean-Nicolas Bouilly entlehnt. Eine besondere Verbindung zwischen Beethovens Musik und den revolutionären Liedern läßt sich jedoch nicht so leicht herstellen. In einer Reihe von Artikeln aus der Leipziger *Allgemeinen Musikalischen Zeitung* wurden diese französischen »Nationallieder«, die bis dahin, so schrieb der Autor, nur als zweitrangig gegolten hatten, analysiert. Dieses Interesse beweist zunächst, daß man die Lieder in Deutschland kannte und daß manche Kritiker, im Gegensatz zur allgemeinen Auffassung, darin eine gelungene künstlerische Umsetzung von politischen und im übrigen keineswegs verwerflichen Ideen erkannten.[6] Es ist sehr wohl vorstellbar, daß Beethoven über diese Debatte im Bilde war, ja sich sogar für die fraglichen Werke interessierte. So ist der Einfluß Frankreichs auf seine Vokalmusik, insbesondere auf seine Programmusik mit politischer Zielrichtung, durchaus nicht auszuschließen, selbst wenn dieser Einfluß nicht ohne weiteres vom Erbe der Aufklärung, das heißt den Bonner Kantaten, zu unterscheiden ist. Davon abgesehen können wir mangels Zeugnissen nicht feststellen, ob er eine direkte Kenntnis von den revolutionären Hymnen hatte und ebensowenig ob diese ihn dazu angeregt haben, seine eigenen politischen Vorstellungen in Instrumentalstücken umzusetzen. Seine »heroischen« Werke, die von einer dramatischen Expansion der klassischen Sonatenform gekennzeichnet sind, sperren sich zudem ganz offen gegen die grundlegenden ästhetischen Prinzipien der revolutionären Musik, genau gesagt das Mißtrauen gegen die inhaltliche Verschwommenheit einer Musik ohne jeglichen Text und das absolute Vorrecht des Gesangs, dem unmißverständlichen Ausdruck der Stimme der Nation. Beethoven mag die Staatsmacht provoziert haben, das impliziert aber nicht, daß seine Kompositionen zu seinen Lebzeiten als kritische Botschaft wahrgenommen wurden. Die Tatsache, daß er die Widmung der *Eroica* zerrissen hat, ist eine höchst persönliche Geste, die erst nach seinem Tod bekannt wurde, ohne folglich die Bewertung des Werkes zu beeinflussen, das er 1805 geschaffen hatte und das unter dem Titel *Sinfonia grande Eroica per festeggiare il souvenire di un grand Uomo* im Druck erschienen war.

Die ungewohnt groß angelegten orchestralen Werke dagegen, die man oft in einen mythologischen Zusammenhang stellen wollte, wurden verständlicherweise sofort als ein Erleben des Erhabenen gedeutet. Erste Reaktionen auf die *Eroica* lobten eben genau dieses Erhabene und Gigantische; daneben wurde harte Kritik an der übertriebenen Länge, am Fehlen von festen Regeln oder an einer gewissen »Absonderlichkeit« geübt. Darin kam ein gewisses Unbehagen zum Ausdruck, das Beethoven und sein Werk hervorriefen, zumal er den Ruf hatte, ein schwieriger Komponist, ja ein verstörtes Genie zu sein; jenes Unbehagen wurde zum typischen Merkmal in der Wahrnehmung seiner Einzigartigkeit.[7] Ein Artikel von E. T. A. Hoffmann über die *V. Sinfonie*, der 1810 in der *Allgemeinen Musikalischen Zeitung* erschien, war ein Vorzeichen auf eine neue Musikästhetik, deren Einfluß fortan stetig wachsen sollte. »Beethovens Musik«, heißt es in diesem Text, »bewegt die Hebel des Schauers, der Furcht, des Entsetzens, des Schmerzes, und erweckt jene unendliche Sehnsucht, die das Wesen der Romantik ist.«[8] Hoffmann entwickelte hier eine Idee von der Musik, deren erste Ansätze von Tieck und Wackenroder stammten, aus dem Umfeld der Jenaer Romantik um die Brüder Friedrich und August Wilhelm Schlegel. »Wie für viele seiner Generation, war die *V. Sinfonie* für Hoffmann die Epiphanie eines neuen Zeitalters in der Musikgeschichte.«[9] In Deutschland, wo die nationalistische Bewegung gegen Napoleon noch stärker aufloderte, hatte diese metaphysische Erörterung über die Kunst zwangsläufig politische Auswirkungen. Daß man Beethovens Genie anerkannte, war im Rahmen der deutschen Kultur untrennbar von einer nationalen Projektion – eine Wahrnehmung, die sich in Norddeutschland klarer abzeichnete als in Wien, wo seine Aura vor allem den österreichischen Patriotismus nähren sollte. Beethoven selbst förderte als erster die Vorstellung, sein Werk habe aufgrund seiner ästhetischen Bedeutung auch einen patriotischen

Wert, indem er sich abwechselnd auf jede seiner beiden nationalen Zugehörigkeiten berief. Als er 1809 seinen Vertrag unterschrieb, teilte er mit, daß er bestrebt sei, »die unter Hohen und Niederen genossene Kunst und Beifall, der Wunsch, jene Erwartungen, die er bisher zu erregen das Glück hatte, ganz in Erfüllung zu bringen, und er darf es sagen, auch der Patriotismus eines Deutschen ihm den hiesigen Ort gegen jeden anderen schätzungs- und wünschenswerther machen.«[10]

Der allgemeine Begeisterungssturm über Napoleons Niederlagen regte ihn zur Komposition einer tendenziösen Musik an, mit der er sein Publikum bewußt vergrößern wollte: »Daß man gewiß schöner schreibt, sobald man für das Publikum schreibt, ist gewiß, ebenso, wenn man geschwind schreibt«, notiert er in seinem Tagebuch.[11] Am 21. Juni 1813, unweit des spanischen Dorfs Victoria, erlitten die Truppen Jérôme Bonapartes eine vernichtende Niederlage: An der Spitze der Sieger stand Herzog von Wellington. Nach dem Desaster des Rußlandfeldzugs und jenem Durchbruch an der spanischen Front beschleunigte sich Napoleons Niedergang bei Leipzig, wo Österreich sich Preußen und Rußland anschloß, um dann gemeinsam gegen Paris vorzustoßen. Im Zuge der Ereignisse entstanden viele neue patriotische Lieder, wobei die Schlacht bei Leipzig von einer Wiener Zeitung metaphorisch als »»Die Befreiung von der Sklaverei‹, eine Kantate von Alexander, die Musik ist von den verbündeten Mächten« bezeichnet wurde.[12] Wenn der Krieg mit einer Kantate gleichzusetzen ist und der Kampflärm zu einem erhabenen Gefühl wird, zumindest seit Edmund Burkes Essay, kann die Musik ihrerseits tatsächlich dazu dienen, den Krieg zu schildern.[13] Die in der Renaissance geprägte Musikgattung der »Battaglia« oder »Bataille« hatte sich im Siebenjährigen Krieg entwickelt, um dann in der napoleonischen Epoche, beiderseits des Rheins, ein sehr beliebtes Genre zu werden –

Beweis sind die ungezählten *Batailles d'Austerlitz* und *Batailles d'Iéna* in Frankreich, und in Deutschland die *Schlachten bei Leipzig*. Die Zielgruppe waren all jene, die nicht an den Kämpfen teilgenommen hatten, besonders die bürgerliche Jugend, die wegen der adligen Struktur der verbündeten Armeen vom militärischen Ruhm ausgeschlossen war. So schrieb Zelter aus gutem Grund an Goethe: »Nun wissen die Weiber auf ein Haar, wie es in einer Schlacht hergeht, wenn auch schon lange Niemand mehr begreift, was Musik ist.«[14] Demnach war diese Gattung in keinster Weise anerkannt, da ihre Erzählstruktur die Entfaltung einer eigenständigen Tonsprache ausschloß und sie sich zugleich dem moralischen Vorwurf aussetzte, vollkommen substanzlos zu sein. E. T. A. Hoffmann hatte diese Lieder in seinem Artikel über die *V. Sinfonie* als »lächerliche Fehltritte« verurteilt, ohne zu ahnen, daß sogar sein Held Beethoven bald einen Beitrag dazu leisten sollte.

Doch der Abstecher des Komponisten der *Eroica* in diese Domäne – auf Anregung seines Freundes Johann Nepomuk Mälzel – wurde offenbar sehr ernst genommen, sowohl von ihm selbst als auch von seinem Publikum, obgleich manche das Stück bald als eine »Gelegenheitskomposition« abqualifizierten, die im Laufe der Zeit aus dem Beethovenschen Repertoire ausgeklammert würde und nur als Kuriosität Bestand haben könnte.[15] Am 8. Dezember 1813 lud man die Wiener zu einem Wohltätigkeitskonzert zugunsten der am 30. und 31. Oktober bei der Schlacht von Hanau verletzten österreichischen und bayrischen Soldaten in den Saal der Universität ein. Auf dem Programm stand Beethovens *VII. Sinfonie*, die hier ihre Premiere hatte; daneben zwei von Mälzel auf einer mechanischen Trompete gespielte Märsche und *Wellingtons Sieg oder die Schlacht bei Vittoria* opus 91, dem Prinzregenten von England und künftigen Georg IV. gewidmet. Die beiden Organisatoren konnten sich die Unterstützung einer großen

Zahl der bedeutendsten Interpreten Wiens sichern – darunter der Hofkapellmeister Antonio Salieri, der berühmte Pianist Hummel, der junge Meyerbeer, der Violonist Schuppanzigh, Spohr, Moscheles, Giuliani, Dragonetti und weitere Größen, sie alle unterstanden der Orchesterleitung des Komponisten. Der Erfolg dieser Werke, die Beethoven auf dem Altar des Vaterlands niederlegte, war phänomenal – auch in finanzieller Hinsicht, dank zweier Konzerte im Januar und Februar 1814 im Redoutensaal des kaiserlichen Palais. Anton Schindler, Freund, Sekretär und späterer Biograph von Beethoven, der Zeuge dieser Konzerte war, schrieb: »Die Jubelausbrüche [...] überstiegen alles, was man bis dahin im Konzertsaale erlebt haben wollte«[16]; und eine Zeitung verzeichnet »Beifall bis zur Ekstase«[17]. »Beethoven besaß plötzlich eine nationale Popularität, wie er sie noch nie erlebt hatte, ebenso groß wie die Haydns nach den Erstaufführungen seiner Oratorien Die Schöpfung und Die Jahreszeiten.«[18] Nach dem Konzert richtete Beethoven ein Dankschreiben an alle Beteiligten; ihm zufolge »ein seltener Verein vorzüglicher Tonkünstler, worin ein jeder einzig durch den Gedanken begeistert, mit seiner Kunst auch etwas zum Nutzen des Vaterlandes beitragen zu können«; was ihn betraf, so sagte er: »Mir fiel nur darum die Leitung des Ganzen zu, weil die Musik von meiner Komposition war; wäre sie von einem andern gewesen, so würde ich mich ebenso gern wie Hr. Hummel an die große Trommel gestellt haben, da uns alle nichts als das reine Gefühl der Vaterlandsliebe und des freudigen Opfers unsrer Kräfte für diejenigen, die uns so viel geopfert haben, erfüllte.«[19] Dieser Brief, der mit einer Hommage an Mälzel schließt, entsprach Beethovens Wunsch, als zentrale Gestalt eines kollektiven patriotischen Projekts anerkannt zu werden. Wir stoßen hier allerdings an die individuellen Schranken des öffentlichen Engagements, denn ein Streit mit Mälzel wegen der Urheberrechte führte zum Bruch zwischen den beiden, so daß dieser Brief nicht veröffentlicht wurde.

Trotzdem war genau dieses überindividuelle Engagement die Thematik von Beethovens Musik, die keine heroische Verherrlichung des »grand Uomo« war, wie sein Titel annehmen ließ, sondern vielmehr eine kollektive Fabel, in der die Figur des Führers gänzlich fehlte und die ausnahmslos auf patriotischen Liedern beruhte. 1803 hatte Beethoven Variationen zu *God Save the King* und *Rule Brittania* (WoO 78 und 79) komponiert; 1813 bearbeitete er die englische Hymne für Solo und einstimmigen Chor, begleitet von einem Instrumentaltrio (WoO 157, 1); in seinem Tagebuch heißt es: »Ich muß den Engländern ein Wenig zeigen was in der God save the King für ein Segen ist.«[20] Das zeigt sein Interesse an diesen patriotischen Gesängen, selbst wenn es scheint, als habe Mälzel ihn dazu angeregt, diese für seine »Schlacht« zu verwenden. Im übrigen handelte es sich dabei um eine erprobte Methode, denn Salieri hatte 1799 in seiner Kantate *Der Tyroler Landsturm* aus der *Marseillaise* und dem *Gott erhalte* zitiert.[21] In der *Schlacht bei Vittoria* werden die patriotischen Lieder zur ausschließlichen Ausgangsbasis, einerseits als kompositorisches Material und andererseits als politisches Signal. Ihre exakte Rolle entspricht noch dazu der Doppelfunktion als Signal für die Öffentlichkeit und privates Symbol: Während im ersten Teil die Märsche *Rule Brittania* und *Malbrough s'en va-t-en guerre* (»Malbrough zieht in den Krieg«, französisches Volkslied) die britischen und französischen Armeen ganz wirklichkeitsnah vertreten, wird im zweiten Teil die »Siegessinfonie«, die Nationalhymne *God Save the King*, gewissermaßen als Gefühlsmedium eingesetzt. Das Politische und Musikalische sind jedesmal anders ineinandergefügt: Im ersten Teil tritt die musikalische Bearbeitung vor den deskriptiven Regeln in den Hintergrund, das heißt vor der rhythmischen und harmonischen Konfrontation zweier Melodien, die nach einem gräßlichen Höhepunkt zu Malbroughs jämmerlicher Rückkehr zurückführen – Überreste eines französischen Marsches, der den besiegten Feind verhöhnen sollte, als Napoleons Lieblingsmarsch galt und hier folglich gegen sich selbst gerichtet war. Im zweiten Teil kombiniert Beethoven ein Fanfarenmotiv mit dem Anfangsmotiv der englischen Hymne, deren Schluß er jedoch nicht mit einbezieht. Dieser Habitus, der verschiedentlich als Ironie interpretiert wurde, treibt die Aussage voran, indem er die Grundbestandteile, das Symbol, verstümmelt. Und da es sich um einen Sieg und nicht um eine Niederlage handelt, ist es mehr als offensichtlich, daß Beethoven die *Marseillaise* nicht verarbeitet hat, da sie ja nicht zu den Symbolen des Empire zählte; und ohnehin gibt es in Beethovens Leben und Werk keinerlei Anspielung auf die französische Hymne.[22]

Beethovens Karriere sollte nun dem Rhythmus der Ereignisse folgen. Vieles zeigt, daß er das Staatssystem billigte; anläßlich von Konzerten im Januar und Februar 1814 wurde zum Beispiel während des Finales der *Ruinen von Athen* ein Porträt des Kaisers Franz I. enthüllt. Am 31. März zogen die verbündeten Truppen, begleitet von Zar Alexander I. und König Friedrich Wilhelm III., in Paris ein. Der Fall der französischen Hauptstadt wurde am 10. April in Wien bekannt. Am nächsten Tag führte man Georg Treitschkes Singspiel *Die gute Nachricht* im Kärthnerthortheater auf; die Vorstellung war ein gewaltiger Erfolg. Treitschke hatte das Stück in größter Eile geschrieben, und für die Vertonung wurden mehrere Komponisten hinzugezogen: Hummel, Weigl und post mortem sogar Mozart. Der Schlußgesang für Baß-Solo, Chor und Orchester, »Germania, wie stehst du jetzt im Glanze da«, stammte von Beethoven. Hier feierte man ein »neugeborenes« und starkes Deutschland, wo der Ruhm der Nation und die siegreichen Herrscher ineinander aufgingen, und Kaiser Franz stand im Mittelpunkt der Apotheose. Seine triumphale Rückkehr regte kurz darauf zu einer ganzen Reihe feierlicher Begrüßungsgesänge an: Hummel und Beith komponierten in wahrer Rekordzeit die Oper *Die Rückfahrt des Kaisers*; Ignaz Sauer ein Oratorium, *Der große Tag des Vaterlandes*; und Diabelli zitierte das *Gott erhalte* in einem Klavierstück. Beethoven selbst scheint mit dem Gedanken gespielt zu haben, eine Oper über den gleichen Stoff zu schreiben. Auch die Rückkehr des Fürsten Clemens von Metternich, österreichischer Kanzler seit 1809, wurde musikalisch gefeiert, zwar weniger prachtvoll, aber mit großer politischer Wirkungskraft: Am Abend des 20. Juli versammelten sich nahezu zweihundert Instrumentalisten und Sänger vor seiner Residenz, um ihm eine »große Nachtmusik« zu widmen, eine Serenade, die mit Beethovens Ouvertüre zu *Die Geschöpfe des Prometheus* begann.

So hatte die politisch gefärbte Musik ihre Glanzzeit, die von Beethoven ebenso wie die seiner Kollegen; und mit Ausnahme der patriotischen Chorgesänge Salieris mußten die Autoritäten im allgemeinen nicht einmal den Auftrag dazu erteilen. Denn im Unterschied zum *Gott erhalte*, das in einer Zeit militärischer und politischer Schwäche entstanden war, hatten diese Werke nicht das Ziel, einen Konsens zwischen Staat und Gesellschaft herzustellen, sondern an der euphorischen Stimmung der militärischen Siege teilzuhaben. Ihr Erfolg wurde eben dadurch gesichert, daß der öffentliche Geist und die Staatsinteressen übereinstimmten. Selbstverständlich bewahrte die Regierung die Kontrolle über alle Aktivitäten, indem sie die Liedtexte zensierte und die polizeiliche Genehmigung für jedes Konzert erteilte, die Presse gefügig machte und die wenigen verfügbaren Konzertsäle verwaltete. Doch keines der Werke, die Beethoven zwischen 1813 und 1815 komponiert hat und die die offizielle Meinung vorbehaltlos vertraten, wurde auf staatlichen Auftrag geschrieben oder in ein offizielles Festprogramm mit aufgenommen.

Beethoven wurde indessen immer beliebter. Am gleichen Tag, als Treitschkes Theaterstück uraufgeführt wurde, nahm er als Pianist an einem Wohltätigkeitskonzert teil, bei dem er das Rudolph gewidmete Trio *Der Erzherzog* opus 97 erstmals vor Publikum spielte. Und da es sich zunehmend für seine Musik begeisterte, wurde auch *Leonore* wieder aufs Programm gesetzt; wohlgemerkt waren die beiden ersten Fassungen von 1805 und 1806 mit sehr schmerzlichen Mißerfolgen für den Komponisten verbunden. In die neue Fassung der Oper hatte er einige Elemente aus seiner Kantate für Joseph II. mit eingeflochten, insbesondere die Melodie der Arie für Sopran und Chor, die er nun mit Florestans Freiheit assoziierte. 1814 hat er schließlich unter Mitwirkung Treitschkes sowohl die Musik als auch das Textbuch umgeschrieben: Während die erste Fassung von *Leonore* im Kerker endete, erreichte die Neubearbeitung ihren Höhepunkt in einer Szene am hellichten Tage im Gefängnishof, wo der Minister Don Fernando – »Es sucht der Bruder seine Brüder« – mit großem Pomp auftritt, um die Gefangenen zu befreien. In diesem Finale besingt der Chor die Liebe zwischen Leonore und Florestan mit einer Paraphrase aus der *Ode an die Freude*: »Wer ein holdes Weib errungen, stimm' in unsern Jubel ein!« Die Premiere von *Fidelio*, am 23. Mai 1814, war ein neuerlicher Triumph für den Komponisten, der vor der Presse verkündete, daß er »nun der Publikumsliebling« geworden sei. Die Oper blieb in den kommenden Monaten auf dem Spielplan, als wichtigstes deutsches Werk in einem ironischerweise von den »Revolutionären« Cherubini und Méhul beherrschten Repertoire. »Konnte in den Jahren 1805 und 1806 *Fidelio* noch als Rettungsoper im Sinne der Aufklärung, als Sieg des Edlen über das Böse verstanden werden, bot nun, 1814, das Werk neue Interpretationsmöglichkeiten, die seine Aufnahme beim Publikum förderten: Die neue Fassung konnte ohne weiteres als Siegesfeier über die napoleonischen Heere aufgefaßt werden, als Allegorie der Befreiung Europas von der Aggressionslust des Tyrannen und Usurpators.«[23]

Beethovens Allegorie von Europa sollte bald ein angemessenes Publikum finden, denn anläßlich des Wiener Kongresses begannen im September 1814 die Besucher in die Stadt zu strömen: Die mächtigsten Herrscher Europas und diplomatischen Missionen einer Unzahl kleiner Staaten; Mitglieder des Hochadels, siegreiche Heerführer, Günstlinge und Favoritinnen der Mächtigsten, bis hin zu den Neugierigen, Berichterstattern und Abenteurern aller Art – sie bildeten ein »begieriges« Publikum, das mit Musik, Opern und anderen, mehr oder weniger künstlerischen Lustbarkeiten unterhalten sein wollte. Am 22. September traf der König von Württemberg in Wien ein; am 23. der von Dänemark; am 25. wurden Alexander von Rußland und Friedrich Wilhelm von Preußen vom österreichischen Kaiser und einer jubelnden Menschenmenge begrüßt, wobei ihre denkwürdige Begegnung in Leipzig wieder in aller Erinnerung auflebte. Am nächsten Tag trafen sich die Monarchen im Kärntnerthortheater zur Aufführung von *Fidelio*.[24] Und in den folgenden Monaten sollten sie gemeinsam über das Geschick des Kontinents verhandeln: die Engländer Castlereagh und Wellington; der Franzose Talleyrand, flankiert vom Herzog von Dalberg; die Preußen Hardenberg und Humboldt; die Gesandten des Zars, Stein, Nesselrode, Capo d'Istria und Razumowski; die Vertreter Habsburgs, Gentz und Metternich... Tatsächlich wurden hier die geopolitischen »Spielkarten« neu verteilt, um ein europäisches Gleichgewicht zu schaffen. Dieses System, das Metternich »Europäisches Konzert« taufte, sollte über das Schicksal der abendländischen Welt entscheiden, weit über die 1814 und

1815 eingesetzten Institutionen und Mechanismen hinaus. Es beschränkte sich nicht darauf, eine einfache Vorbeugungsmaßnahme des französischen, republikanischen oder bonapartistischen Militarismus zu sein, sondern garantierte die Vormachtstellung der siegreichen Dynastien gegenüber den nationalen, liberalen und demokratischen Tendenzen, die man allesamt dem gemeinsamen Dämon der Revolution unterordnete. So lautete Metternichs Kommentar aus dem Jahr 1824 logischerweise: »Seit langem hat Europa für mich die Bedeutung eines Vaterlandes.« Das exakte Gegenstück zu diesem Kommentar lesen wir in einem Brief an den Herzog von Dalberg aus dem Jahr 1817: »Sie sehen in mir den großen Minister der Europäischen Ordnung. Ich wache über alles. Nichts entgeht mir.«[25]

Friedrich von Gentz, Sekretär des Kongresses und Mitarbeiter des österreichischen Kanzlers, legte die Theorie dieser Politik dar: »Durch ihre geographische Lage, die Ähnlichkeit ihrer Sitten, ihrer Gesetze, ihrer Bedürfnisse, ihrer Art zu leben und ihrer Kultur bilden die Staaten dieses Kontinents im Ganzen genommen eine große politische Föderation, die mit gutem Recht die europäische Republik genannt worden ist.«[26] Trotz der konservativen Anklänge in den Worten dieses Vertreters der politischen Romantik spiegeln sich in ihnen die ersten Entwürfe eines europäischen Staatenbündnisses von Abbé de Saint-Pierre oder Immanuel Kants wider. Napoleon seinerseits hatte kurz nach seiner Flucht von der Insel Elba zur Gründung eines »großen Systems europäischer Föderation«[27] aufgerufen. In Anbetracht dieser gemeinsamen Vergangenheit wurde Europa allmählich als ein politisches Gebilde aufgefaßt, wobei die Schwelle des rein geographischen Aspekts oder der »République des Lettres« aus Voltaires Epoche überschritten wurde. Die Wiederentdeckung des Mittelalters durch die Romantiker, weil dieses eben nicht ausschließlich nationalistisch konzipiert war, ermöglichte sogar, die ursprüngliche kulturelle Einheit des Kontinents zu erfassen: Rückschauend deutete Germaine de Staël, unter dem Einfluß August Wilhelm Schlegels, die ritterlichen Ideale als »eine Art europäischen Patriotismus, der alle Seelen mit demselben Gefühl erfüllte«[28]. Das »europäische Konzert« dagegen, das dem von Kant und Schiller entworfenen Freiheitsgedanken grundsätzlich feindlich gegenüberstand, blieb für alle bürgerlichen Intellektuellen des 19. Jahrhunderts ein höchst unerfreuliches Kapitel.

Im Rahmen dieses politischen Projekts war der Wiener Kongreß jedoch tonangebend, was das »mondäne« Gesellschaftsleben betraf. »Wien ist wirklich der Mittelpunkt, und damals war es die Hauptstadt Europas«, schrieb der Comte de La Garde, der beste Berichterstatter dieser vergnüglichen Zeit.[29] Die Festlichkeiten ermöglichten den europäischen Adelshäusern, die ihnen gemeinsame Identität neu zu beleben, indem sie an die Vergangenheit vor der Revolution anknüpften, die natürlich im Grunde genommen nur noch eine Schimäre war. So fand zum Beispiel am 23. November ein mittelalterliches Turnier statt, dessen musikalische Untermalung Moscheles, ein Schüler Beethovens, komponiert hatte; im Verlauf des Turniers versuchten sich die als Ritter verkleideten Adligen gegenseitig an Galanterie zu übertreffen; oder etwa jene »beweglichen Bilder«, wo man in Gestalt antiker Gottheiten zum Klang des napoleonischen Kriegsliedes von Königin Hortense, *En partant pour la Syrie*, oder zu den Sinfonien Haydns oder Mozarts lustwandelte. Diese gesellschaftlichen Ereignisse und Vergnügungen waren aber keineswegs eine Erholung von den ernsthaften Verhandlungen, sie wurden oft zum Schauplatz unerbittlicher Kämpfe, die ja bezeichnend waren für jenes lose, nur noch durch den konterrevolutionären Faden zusammengehaltene »politische Gewebe«. So versteht man nur zu gut den Diensteifer der Habsburger Geheimpolizei, die vom Baron von Hager geleitet wurde und sich ihre Verbindungen zu zahlreichen, auch hochgestellten Informanten, darunter der Dichter Carpani, der italienische Übersetzer der *Schöpfung*, zunutze machen konnte. Einen Günstling Talleyrands, den Komponisten Sigismund von Neukomm – ein ehemaliger Schüler Haydns und Komponist eines *Requiems*, das am 21. Januar 1815 zum Andenken an Ludwig XVI. gespielt wurde – ließ Metternich unter strengste Aufsicht stellen.[30] Die Organisation dieser aristokratisch mondänen Veranstaltungen übernahm ein von Franz I. berufener Festausschuß, mit dessen musikalischer Leitung Salieri betraut war. La Garde beschreibt ein »Riesenkonzert« im kaiserlichen Palais, bei dem Salieri ein Klavierensemble dirigierte, ein »Charivari ohnegleichen«, der, so fügt er hinzu, »mehr einem harmonischen Kunststück als einem Konzerte von gutem Geschmack«[31] glich. Die Musik spielte jedoch nicht nur eine entscheidende Rolle im »frivolen« Teil des Festprogramms. Am 18. Oktober wurde im Prater der Jahrestag der Schlacht bei Leipzig gefeiert, bei der die Landesfürsten und ihre Truppen zugegen waren. La Garde beschreibt den Höhepunkt dieser »großen militärischen Friedensfeier« als eine Messe unter freiem Himmel:

Da stimmt ein Chor von Sängern in deutscher Sprache die Friedenshymne an, die ein zahlreiches Orchester von Blasinstrumenten begleitet: die Armee und der ganze Haufen der Umstehenden stimmt mit ein in den Gesang. Nein, niemals hat das menschliche Ohr etwas Ergreifenderes gehört als diese Tausenden von Stimmen, die sich vereinigten, um die Wohltat des Friedens und den Ruhm des Allmächtigen zu preisen.[32]

Die Frage, inwieweit die Volksmasse an dieser »Friedenshymne« teilhatte, bleibt natürlich offen. Der Adel zumindest zögerte nicht, in dieser Apotheose der Restauration die »Stimmen, die sich zu einer einzigen vereinen«, wiederzuerkennen, die er für die »großen Europäischen Generalstände« hielt. Die Feste der französischen Revolution haben dieser Gedenkfeier der französischen Niederlage – dem »Europäischen Konzert« unter katholischem Vorzeichen – als Inspiration gedient. Damit war die Reihe der rituellen Massenveranstaltungen noch lange nicht abgeschlossen: Die Gedächtnisfeiern für die Schlacht von Leipzig, worunter die in Wien nur ein Beispiel war, bildeten den Anfang einer Tradition, die später in Deutschland charakteristisch für die nationalsozialistische Bewegung werden sollte.[33]

Beim Wiener Kongreß kam freilich auch, jenseits aller Vergnügungen und Frivolitäten, die Tonkunst, die »große Musik«, zu Ehren; die lokalen Größen waren sogar den uninformierten Zuschauern bekannt. Der Herzog von Dalberg erlaubte sich gar die Bemerkung bei Hof: »Es ist eine Schande, daß die Wiener dem Haydn noch kein Monument errichtet haben; in Paris würde das längst geschehen sein.«[34] Am 16. Oktober wurde Händels Oratorium *Samson* im Beisein vieler gekrönter Häupter anläßlich eines Konzerts gegeben, das die 1812 gegründete Gesellschaft der Musikfreunde organisiert hatte. Noch mehr als jeder andere sollte Beethoven die Musik mit Würde und Feststimmung umgeben. Seine Person schlechthin erfüllte diese Aufgabe bereits vollkommen, so symbolisch war sein Name mittlerweile geworden. Schindler beschrieb den Komponisten zu Besuch beim Grafen Razumowski: »Dort war der Meister Gegenstand allgemeiner Aufmerksamkeit von Seiten aller Fremden; denn es ist Eigenschaft des schöpferischen, mit einem gewissen Heroismus verbundenen Genies, die Aufmerksamkeit aller Edlen auf sich zu ziehen.« Razumowski, sein ehemaliger Arbeitgeber und Gesandter des Zaren beim Kongreß, hatte ihn den einflußreichen Persönlichkeiten vorgestellt, insbesondere den Russen und Preußen, die in seinem Palais verkehrten. Und es schien auch, als »habe der Erzherzog den Triumph seines erhabenen Lehrers stets mitfeiern wollen, indem er die fremden Herrschaften zu Zusammenkünften mit Beethoven in seiner Wohnung eingeladen hat.« So taub Beethoven auch gewesen sein mag und eher als Menschenfeind verschrien, erfüllte er diese gesellschaftlichen Verpflichtungen offenbar mit einer gewissen Virtuosität. »Nicht ohne Rührung gedachte der große Meister jener Tage in der kaiserlichen Burg und im Palaste des russischen Fürsten«, schrieb Schindler, »und sagte einstmals mit einem gewissen Stolze, er habe sich von den hohen Häuptern die Cour machen lassen und sich dabei stets vornehm benommen.«[35] Beethoven, der also durchaus imstande war, sein Ansehen zur Geltung zu bringen, weigerte sich jedoch, dieses in den Dienst der »frivolen« Lustbarkeiten des Adels zu stellen. Erzherzog Rudolph hatte ihn um eine Komposition für das »Turnier« am 23. November gebeten, als Antwort jedoch erhielt er folgenden überaus sarkastischen Brief:

Ich merke Es, Eure Kaiserl. Hoheit wollen meine Wirkungen der Musick auch noch auf die Pferde versuchen laßen. Es sej, ich will sehen, ob dadurch die Reitenden einige geschickte Purzelbäume machen können – Ei Ei, ich muß doch lachen wie Euer Kaiserl. Hoheit auch bej dieser Gelegenheit an mich denken; dafür werde ich auch Zeitlebens sein Ihr bereitwilligster Diener Ludwig van Beethoven.
NB. Die verlangte Pferde-Musik wird mit dem schnellsten Galop bei Euer Kaiserl. Hoheit anlangen.[36]

Und zuletzt übertrug der Komponist den Auftrag an Moscheles. »Beethoven antwortet mit einem unterwürfigen Lachen, doch das Lachen klingt falsch; er scheint sich nicht so sicher, ob er den Spaß wirklich gelungen finden soll, wobei sich doch der Erzherzog seiner Komik nicht einmal bewußt ist«, heißt es bei Jean und Brigitte Massin. Beethoven hatte in der Tat eine ganz andere Auffassung von der Rolle, die er bei den Machthabern spielen wollte. Als die Monarchen eintrafen, arbeitete er gerade an einem *Chor auf die verbündeten Fürsten* (WoO 95), zu einem Gedicht seines Freundes Joseph Karl Bernard, dem künftigen Herausgeber der offiziellen *Wiener Zeitung*; ein kurzes, überaus dichtes Stück für Chor und Orchester, das die »weisen Gründer« glücklicher Staaten verherrlichte. Obwohl es sich um eine relativ leicht spielbare Komposition handelte, ist uns kein Hinweis auf ihre Aufführung beim Wiener Kongreß überliefert. Dabei gibt dieser Chorgesang den Ton hinsichtlich Beethovens Beitrag zu dem historischen Ereignis an: die Erinnerung im Herzen der Menschen mittels der Kunst lebendig zu erhalten.

Bald sollte er dieses Projekt mit einem viel bedeutenderen Werk verwirklichen. Am 10. September, als er bereits an dieser Komposition arbeitete, hatte die Zensurbehörde zum zweiten Mal das Gedicht von Bernard für eine Kantate mit dem Titel *Europens Befreyungsstunde* abgelehnt. Da der Zensor seine Entscheidung nicht begründen mußte, kann man nur Vermutungen anstellen. Michael Ladenburger glaubt, die recht frankophobe Aussage des Textes habe aus diplomatischen Gründen zu jener Ablehnung geführt.[37] Darauf soll es aber hier nicht ankommen. Beethoven jedenfalls bat dann Alois Weißenbach, Autor verschiedener erfolgreicher patriotischer Stücke, um einen neuen Text. Dieser Salzburger Arzt, der in der kaiserlichen Armee gegen die Türken und die Franzosen gekämpft hatte und als »ein starker Patriot, ein Feind allen fremdländischen Wesens und seiner Gesinnung« galt, war »aus reiner Lust« nach Wien gereist, wie er sagte, »zu schauen vor allem die krontragenden Häupter alle, die sich hier zusammenfinden«[38]. Am 26. September hatte er *Fidelio* gesehen und war hingerissen. Der Besuch des Komponisten war der Anfang einer recht eigentümlichen Beziehung, denn Weißenbach war ebenso schwerhörig wie sein illustrer Freund; das sollte beide jedoch nicht daran hindern, kurz darauf die Kantate *Der glorreiche Augenblick* (opus 136) zu schaffen. Beethovens Arbeit war bald so weit gediehen, daß er für den 29. November ein großes Konzert im kaiserlichen Redoutensaal ankündigte, mit der *VII. Sinfonie*, *Der glorreiche Augenblick* und *Wellingtons Sieg* auf dem Programm.

Das Konzert war ein voller Erfolg. Laut Schindler hatten sich nahezu sechstausend Personen eingefunden; und der Kantate, so scheint es, wurde lebhaft applaudiert, selbst wenn der Text die Bewährungsprobe nicht ganz unbeschadet überstanden hatte.[39] Dieser Triumph wurde vom hohen Rang der Anwesenden, die Beethoven persönlich eingeladen hatte, noch gesteigert. »Der sämmtliche allerhöchste Hof, die anwesenden Souveraine und fremden Monarchinnen, Prinzen und Prinzessinnen haben die Aufführung dieser Musik mit ihrer Gegenwart beehret«, hieß es in der *Wiener Zeitung*[40]. Zum Publikum zählten unter anderem Zar Alexander und Zarin Elisabeth, König Friedrich Wilhelm, Kaiserin Maria Ludovica von Österreich, der Prinz von Sizilien sowie die Mitglieder der englischen Delegation. »… erhielt vom König von Preußen ein Entréehonorar von 10 Dukaten. Sehr lumpig! Nur der Kaiser von Rußland bezahlte sein Billet honnett mit 200 Dukaten«, kritisierte Beethoven.[41] Kaiser Franz dagegen und Erzherzog Rudolph waren nicht gekommen. Ein heimlicher Beobachter, vom Baron von Hager beauftragt, unterrichtete die österreichische Regierung:

Die Aufführung, die gestern gegeben wurde, hat nicht dazu gedient, die Schwärmerei für diesen Komponisten, der seine Anhänger und seine Feinde hat, zu vermehren. Gegenüber der Partei seiner Bewunderer, in deren erster Reihe Razumoffsky, Appony, Krafft etc. stehen, die Beethoven anbeten, formiert sich eine überwältigende Mehrheit von Kennern, die sich entschlossen weigern, Beethovens Werke fortan zu hören.[42]

Der Informant hatte sicher seine Gründe, auf gewisse Polemiken einzugehen, die um die Person Beethovens kreisen, selbst wenn dieser auf dem Gipfel seines Ruhms stand. Die Anspielungen auf die Politik und der feindselige Ton lassen jedenfalls den Eindruck entstehen, daß seine persönlichen Verbindungen von manchen offiziellen Stellen nicht gerne gesehen waren. Der Polizeibericht bezog sich ja auf ein Ereignis, an dem die Herrscher Rußlands und Preußens, aber nicht der Österreichs teilgenommen hatten – und das genau zu dem Zeitpunkt, als die »polnische Frage« zwei Monate später beinahe zum Krieg zwischen den ehemaligen Verbündeten geführt hätte. Es muß aber darauf hingewiesen werden, daß *Der glorreiche Augenblick* in keinster Weise mit einer persönlichen Stellungnahme zu den historischen Ereignissen vergleichbar war.

Wie der Titel schon sagt, ist *Der glorreiche Augenblick*, für Solo, Chor und Orchester, die musikalische Darstellung eines überwältigenden Augenblicks:

> Europa steht! Europa steht!
> Und die Zeiten, die ewig schreiten,
> der Völker Chor, und die alten
>   Jahrhundert,
> sie schauen verwundert empor!

Der dynamische Sprung von »der Völker Chor« – fortissimo vorgetragen – zu »die alten Jahrhundert«, im Pianissimo, kündigt bereits die Spannweite des Gefühlsbereiches an, in dem dies Vision ihren Ursprung hat. Die solistischen Gesangspartien *Führer des Volks, Der Genius, Vienna* und *Die Seherin* erhöhen diese Epiphanie. An dieser schwindelerregenden Warte konzentriert sich die Vergangenheit in der Gegenwart. Das Volk und die Völker erstarren vor Bewunderung und preisen den Anblick der Befreiung der Menschheit. Dank der in Wien versammelten Fürsten, deren Herrlichkeit den Hochmut des alten Rom niederzwingt, lebt Europa nun in Frieden. »Europa bin ich«, singt Wien in der Arie mit Chor zur Begrüßung der fünf ausländischen Fürsten, die zum Kongreß angereist waren, wobei jedem unter ihnen eine Fanfare gewidmet war; die Reihenfolge und Dauer dieser Fanfare symbolisierte die jeweilige politische Bedeutung des Souveräns: Zuallererst der Zar von Rußland, dann der König von Preußen, der von Dänemark und schließlich der württembergische und der bayrische König. Der Auftritt des Kaisers Franz war der eines Primus inter pares. Nachdem Wien »alle die Herrscher« gegrüßt und »alle Völker freundlich« geküßt hat, wandte sich der Chor an alle versammelten Wiener. Diese Umarmung der Stadt, der Fürsten und der Völker wird von einem dreimal wiederholten Satz hervorgehoben, dessen Wirkung eine Koloraturarie verstärkt und in dem Europas glorreicher Augenblick zu einer universalen Dimension erwächst: »Und zum Bunde friedlicher Brüder sich die gelöste Menschheit küßt«.

Die vereinte Stimme des Volkes, dargebracht durch den Chor, beschwört die Brüderlichkeit unter der Schirmherrschaft der Monarchen. So fordert »der Völker Chor« das Publikum auf, sich in diese »große Völkerrunde« einzureihen. Der Chor ist die inbrünstige Stimme Wiens, das Bewußtsein, das die Welt gemahnt oder vor Gott den Bund zwischen Fürsten und Heeren lobpreist. Am Ende ist der Chor in einen Frauen-, einen Kinder- und einen Männerchor geteilt. Jede dieser Gruppen kündigt ihren eigenen Einsatz an, indem sie eine sehr einfache, typisch »volkstümliche« Melodie singt: Die Frauen schauen »den glänzenden Chor der Fürsten«, und in ihrer Eigenschaft als Mütter geben sie den Fürsten ihren »heiligen Segen«; die Kinder verkörpern »die Unschuld als Chor«, dessen naiv wirkende, zweistimmige Melodie auf einer Terz aufbaut; am Ende folgen die Männerstimmen, mit einem »kriegerischen Chor mit Fahnen und Wehre«, einem einstimmigen Marsch, der von Schlaginstrumenten »alla turca«, Triangel, Becken und großer Trommel, verstärkt wird. Dann treffen die drei Gruppen aufeinander und überlagern ihre Stimmen; jede Gruppe bewahrt ihren Text, begleitet vom ganzen Orchester und Schlaginstrumenten »alla turca«, so daß die kriegerische Atmosphäre am Ende dieses ersten Teils dominiert.

Nun fließen die Chöre in einer Fuge wieder zu einer abstrakten Einheit zusammen. Wien wird mit seinem lateinischen Namen »Vindobona« gleichgesetzt, und in der kontrapunktischen Stimme erklingen die Worte »Welt, dein großer Augenblick«. Die Stadt und die Welt, das Lateinische und das Deutsche vereinigen sich so in einer abschließenden Synthese. In Anlehnung an Händels monumentalen Stil konvergiert das Fehlen eines grammatikalischen Subjekts mit den kontrapunktischen Regeln, um so das traditionelle Bild von der politischen Macht herauszukristallisieren. Diese wuchtige und sehr feierlich wirkende Fuge mündet in eine homophone Apotheose, deren lange im Fortissimo ausgehaltenen Noten den glorreichen Augenblick der Menschheit besiegeln.

Der glorreiche Augenblick ist die künstlerische Darstellung einer Welt der Politik, die in sich vollkommen geschlossenen ist: Kein einziger Riß scheint dieser Konstruktion zu drohen, in der die Angehörigen des Volkes, die Völker, der Kaiser, die Fürsten, Europa, die Welt, ja die ganze Menschheit in einem fest ineinandergefügten Netz der Gleichwertigkeiten und Hierarchien zusammengeschlossen sind. In der Verherrlichung der Menschheit und der weltumfassenden Brüderlichkeit brechen noch die Prinzipien der Aufklärung durch, gewissermaßen als Nachklang der Kantaten aus dem Jahr 1790 und den heroischen Themen aus *Egmont* oder *Coriolan*. Darüber hinaus wird das dramatische Schema, mit dem die Stimme des Volkes in den revolutionären Hymnen inszeniert wurde, in den drei Chören des ersten Schlußteils wieder aufgenommen. Ob es sich von seiten des Komponisten dabei um eine direkte Nachahmung des französischen Repertoires handelte – was möglich wäre, aber nicht bewiesen ist – oder um das Ergebnis seiner Lektüre der Schriften Plutarchs, bleibt offen, doch muß in jedem Fall auf ein unterschwelliges historisches Vorbild hingewiesen werden. Seit dem Ende der napoleonischen Epoche mußte jegliche musikalische Darstellung der politischen Macht – wollte man die Revolution befürworten oder bekämpfen –, den Mythos einer Verschmelzung in der vereinigten Stimme der Gemeinschaft mit einschließen. Doch aufgrund ihrer Zugehörigkeit zur allgemeinen politischen Sprache definiert die Beschwörung dieser Stimme nicht allein die Bedeutung des Werkes, das sie in Szene setzt.

Die Kantate *Der glorreiche Augenblick* wirkt durch ihre politische Botschaft an der ideologischen Prägung des »Europäischen Konzerts« mit. Ihr Bestreben, den historischen Augenblick künstlerisch zu verewigen, verleiht ihr den Status eines Monuments. Dies ist der einzige Kontext, in dem Ludwig van Beethoven sein Werk mit einer spezifisch europäischen Identität verknüpft hat. Wegen dieses ideologischen Ursprungs sowie der tatsächlichen oder mutmaßlichen ästhetischen Schwächen wurde das Werk von der Nachwelt scharf kritisiert. So neigte man dazu, das künstlerische Scheitern eben gerade als Folge des ideologischen Ursprungs zu betrachten. Das Urteil ist gewiß schwer anfechtbar, wenn es auch nicht endgültig sein muß. Es gilt hier aber nicht, den ästhetischen oder moralischen Bruch zwischen den Werken aus der Schaffensperiode des Wiener Kongresses und den übrigen Arbeiten Beethovens hervorzuheben, sondern vielmehr auf eine Kontinuität hinzuweisen, die den Stil seiner Spätwerke andeutet, insbesondere die großen »politischen« Kompositionen wie die *Missa solemnis* und die *IX. Sinfonie*. Die politische Dimension in Beethovens Werk, die wir gleichermaßen in der *Chorfantasie* wie in *Wellingtons Sieg* erkennen, läßt sich nicht durch die Trennung zwischen »ideologischen«, folglich schlechten, und anderen, gelungenen Werken erfassen, die womöglich seine wahren Überzeugungen offenbaren. Trotz aller klar ersichtlichen Unterschiede schließt die politische Vorstellungswelt, die sich in der *Ode an die Freude* entfaltet – wenn diese auch keineswegs im Gegensatz zu *Der glorreiche Augenblick* steht, wie es traditionsgemäß interpretiert wird – Beethovens Erfahrung als Komponist von Staatsmusik für den Wiener Kongreß durchaus mit ein.

Die *IX. Sinfonie*

In Beethovens Aufzeichnungen zur *VIII. Sinfonie* aus dem Jahr 1812 sind einige kompositorische Skizzen zu den Worten »Freude schöner Götterfunken Tochter« zu lesen, mit dem Vermerk: »Overture ausarbeiten«. Und am Rand steht geschrieben: »u.s.fort. abgerissene Sätze wie Fürsten sind Bettler u.s.w. nicht das ganze ... abgerissene Sätze aus Schillers Freude zu einem ganzen gebracht«. Kurz vor dem Wiener Kongreß war er demnach wieder zu seinem ehemaligen Vorhaben, die *Ode an die Freude* zu vertonen, zurückgekehrt. Die Fassung, mit der er sich beschäftigte, war nicht etwa die von 1803, »Alle Menschen werden Brüder«, sondern immer noch die aus dem Jahr 1785, »Bettler werden Fürstenbrüder«; und als suche er eine Gedächtnisstütze, notierte er den deutlich gegen die Aristokratie gerichteten Satz: »Die Fürsten sind Bettler.«[1]

1814 verarbeitete Beethoven dieses Material von 1812, wobei er Schillers Text beiseite ließ, die musikalischen Themen jedoch für eine Ouvertüre verwendete, deren erste Ansätze neben Entwürfen für den *Chor auf die verbündeten Fürsten* und die Kantate *Der glorreiche Augenblick* erscheinen. Das Manuskript trägt das Datum 1. Oktober 1814, das Werk sollte erstmals am Abend des 4. Oktober anläßlich der fünfzehnten Aufführung von *Fidelio* zu Ehren von Kaiser Franz gespielt werden. Schließlich fand die Premiere dieser *Ouvertüre opus 115* erst mehr als ein Jahr später statt, am Weihnachtstag 1815; sie trägt allerdings aufgrund ihrer ursprünglichen Bestimmung den Titel *Namensfeier*.

So spaltete sich das Projekt von 1812 mit der Komposition der *Ouvertüre Namensfeier* in zwei Teile: Die *Ode* fand einen Platz in die *IX. Sinfonie*, die ursprüngliche Komposition wurde Kaiser Franz gewidmet. Könnte man dies für einen Beweis dafür halten – wie Jean und Brigitte Massin es deuten –, daß Schillers *Ode an die Freude* für Beethoven eine kritische, ja revolutionäre Gesinnung vermittelte?[2] Oder sollte man sich im Gegenteil Alexander Thayer anschließen, der auf eine Kontinuität zwischen Beethovens Beitrag zum »Europäischen Konzert« und dem Ideal der Brüderlichkeit hinweist, das sich zehn Jahre später in der *Neunten* ausdrückt.[3] Beide Theorien mögen zutreffend sein. Denn Beethovens adelsfeindliche Einstellung hinderte ihn nicht daran, die Fürsten zu glorifizieren, und die charakteristischen Merkmale seiner Staatsmusik sind ja auch in den Arbeiten deutlich vorhanden, die nicht im politischen Zusammenhang von 1814 entstanden sind. Die Entstehungsgeschichte der *Ouvertüre Namensfeier* zeigt zumindest einen unleugbar pragmatischen Umgang mit den Projekten und dem kompositorischen Material, was die Unterscheidung zwischen Gelegenheitskompositionen und Werken der absoluten Tonkunst erheblich erschwert. Vor allem aber verdeutlicht sie die kontinuierliche musikalische Verbindung zwischen dem Komponisten von Staatsmusik und dem der *Ode an die Freude*. Wenn die gleiche Melodie die universelle Freude besingen und den Kaiser Franz rühmen kann, so können wir entweder, wie Metternich, behaupten, daß Kaiser Franz ein möglicher Garant universeller Freude war, oder wir sind gezwungen, die Kontinuität zwischen der Tonsprache der Revolution und der der Restauration anzuerkennen. Diese Kontinuität und zugleich die Tatsache, daß die Töne an und für sich von jeglichem Bezugssystem losgelöst sind, prägen die ganze ideologische Doppeldeutigkeit von Beethovens Musik.

Im Zeitraum von zehn Jahren, zwischen dem Skizzenbuch von 1812 und der Komposition der *IX. Sinfonie*, sollte sich Beethovens Weltanschauung stark verändern. Zum einen aufgrund der politischen Ereignisse, zum anderen hinsichtlich seiner persönlichen Lebensumstände. Das Konzert am 29. November 1814 – Beethoven war wohlgemerkt auf dem Gipfel seines Ruhms angelangt – wurde am 2. Dezember wiederholt, doch blieben mehr als die Hälfte der Plätze unbesetzt. Es war das letzte Konzert, das Beethoven bis zur Uraufführung der *Neunten*, am 7. Mai 1824, zu seinem eigenen Fortkommen organisierte. Am 29. Dezember wurde in Wien das gleiche Programm noch einmal zugunsten des Bürgerspitals geboten, doch da die Begeisterung des Publikums für den Kongreß inzwischen nachgelassen hatte, stellte sich klar heraus, daß Beethovens Karriere als Komponist patriotischer Musik nun gebremst war. Im Jahr 1815 legte er dennoch mehrere ähnliche Arbeiten vor, insbesondere das Chorwerk *Es ist vollbracht* (WoO 97) zu einem Singspiel, das Treitschke zur Schlacht bei Waterloo geschrieben hatte. Am 16. November 1815 wurde Ludwig von (sic) Beethoven, in Anerkennung seiner humanitären Unterstützung zugunsten des Bürgerspitals, von den Obrigkeiten das Bürgerrecht der Stadt Wien verliehen. Die Finanzabteilung des Krankenhauses hatte zu dieser Auszeichnung angeregt; elf Jahre zuvor war Joseph Haydn, den die Stadt als ein »künstlerisches Genie« und einen »edlen Philanthropen« bezeichnete, zum Ehrenbürger ernannt worden.[4] Diese offizielle Würdigung seiner künstlerischen und moralischen Verdienste krönte und beschloß zugleich Beethovens öffentlichen Triumph in der Zeit des Wiener Kongresses.

Die darauffolgenden Jahre waren durch die zunehmende staatliche Repression geprägt, ohne daß die Maßnahmen der Regierung jedoch die wirtschaftliche Dekadenz des Adels und den Aufschwung eines nationalliberalen Bürgertums stoppen sollten. Für den Komponisten vollzog sich in jener Zeit eine unmerkliche Wandlung seiner sozialen Zugehörigkeit, eingeleitet durch die Adoption seines Neffen Karl im Jahr 1816. »Um Beethovens Leben in Wien zu verstehen, muß man wissen, daß er bis zum 11. Dezember 1818 die Meinung, er sei adeliger Abstammung, unterstützte oder zumindest billigte«, schrieb Maynard Solomon und wies auf einen Adelsanspruch hin, dem das Mißverständnis zwischen dem bürgerlichen, flämischen »van« und dem deutschen Adelsprädikat »von« zugute kam.[5] Bei oben genanntem Datum handelte es sich um den Tag, an dem der Komponist im Prozeß gegen Johanna van Beethoven, die Mutter Karls, vor den »Landrechten«, das den rechtlichen Angelegenheiten des Adels vorbehalten war, unwillkürlich seine nichtadlige Herkunft eingestehen mußte. Die Adligen waren fortan in seinem Leben weniger präsent, die Bürgerlichen dagegen wurden zahl- und einflußreicher; dies geht vor allem aus seinen *Konversationsheften* hervor, die er jetzt wegen seiner fast vollständigen Taubheit verwenden mußte. In diesen Aufzeichnungen äußerte er an vielen Stellen harte Kritik an der österreichischen Staatsmacht. Nach dem Tod des Komponisten vernichtete Schindler den Großteil dieser Hefte mit folgender Begründung: »Sie enthielten nämlich die gröbsten und zügellosesten Ausfälle auf den Kaiser ebenso auf den Kronprinzen (jetzigen Kaiser) und andere erlauchte Mitglieder des Kaiserhauses. Dieses letztere war leider ein Thema das Beethoven […] in der Conversation gerne bevorzugte.«[6] Viele Kommentare seiner Zeitgenossen bezeugen die Unverfrorenheit, mit der Beethoven die Obrigkeiten ganz unbehelligt kritisierte. Ihn schützten ja zum einen die Berühmtheit und seine Kontakte zu hochgestellten Persönlichkeiten und zum anderen der Ruf, seelisch labil zu sein. »So ein Schuft sollte am erstbesten Baum aufgehängt werden«, soll er einmal über den Kaiser gesagt haben.[7] Einer weiteren Aussage zufolge hat ihn die Einstellung von Franz I. zum kulturellen Leben ganz besonders verärgert: »Die Musik ist hier sehr im Verfall. Der Kaiser thut nichts für die Kunst und das übrige Publicum nimmt mit Allem vorlieb.«[8] In Anbetracht seines schlechten Verhältnisses zur österreichischen Politik stellte sich auch die Frage nach der Aktualität seiner Musik; ein Problem, das seine letzten Lebensjahre stark beeinträchtigen sollte, vor allem seit der Ereignisse um 1820 und aufgrund der wachsenden Popularität Rossinis.

Doch trotz dieser Kritik, die er in der privaten Sphäre äußerte, wollte sich der alternde Beethoven nicht endgültig von allem Kontakt zur politischen Macht lossagen. Ende 1822 stand er tatsächlich kurz davor, einer der offiziellen Hofkomponisten Habsburgs zu werden. Auf Anregung seines alten Freundes und Gönners, des Grafen Moritz Lichnowsky, bewarb er sich persönlich um die Stelle des Kapellmeisters, da dieser gerade verstorben war. Der Leiter der k. k. Hofmusik-Archive, Graf Moritz von Dietrichstein – ein ehemaliges Mitglied der Cavaliers associés um van Swieten –, ließ ihm über Lichnowsky mitteilen, daß die Stelle zu seinem großen Bedauern nicht neu besetzt werde, schlug ihm aber vor, mittels einer Auftragsarbeit, genau gesagt einer Messe zu Ehren des Kaisers, in näheren Kontakt mit dem Hof zu treten. »… da die Stelle nicht *Decret*mäßig aufgehoben, sondern nur izt nicht besetzt wird, so wird gewiß nach der für den *Kaiser* componierten *Meße*, die Stelle …«, erklärte Lichnowsky im Februar 1823 in den *Konversationsheften*.[9] Der Komponist eines solchen Werkes hatte eine Vielzahl formaler, gattungsspezifischer Forderungen zu erfüllen, welche ihm von Dietrichstein in einem Brief dargelegt wurden. Dieses ausführliche Schreiben, mit stilistischen Anweisungen bis hin zu exakten Kommentaren zur Liturgie, verlangte eine »nicht zu lange oder schwer aufführbare« Messe, womit die soeben von Beethoven fertiggestellte *Missa solemnis* unfreiwillig, aber definitiv verworfen wurde.[10] Eine Reihe von Entwürfen hingegen für eine *Messe in Cis-Dur* aus dem Jahr 1823 weist darauf hin, daß Beethoven offenbar ernsthaft mit dem Gedanken gespielt hat, den Erwartungen des Auftraggebers entgegenzukommen. Ein Jahr später aber war er über diesen Punkt noch immer nicht hinausgekommen. Er erklärte, mit Arbeit überlastet zu sein, und verschob bis auf weiteres die Komposition der Messe zu Ehren des Kaisers, zur großen Enttäuschung seiner Gönner, darunter Erzherzog Rudolph.

Zum Vorwand nahm Beethoven unter anderem seine Arbeit an einem Oratorium, das die Gesellschaft der Musikfreunde 1819 bei ihm in Auftrag gegeben und bereits bezahlt hatte, und die endlich, nach vier Jahren Wartezeit, ungeduldig wurde. 1823 beschloß der Komponist, das Gedicht *Der Sieg des Kreuzes* seines Freundes Joseph Karl Bernard zu vertonen. Vermutlich aber motivierte ihn dieser Text nicht genügend, denn auch in diesem Fall ging er nicht hart an die Arbeit. Die Gesellschaft der Musikfreunde zog es vor, sowohl auf das Werk als auch auf das Geld zu verzichten, als ein Zerwürfnis mit dem großen Komponisten heraufzubeschwören, den sie 1825 neben anderen Berühmtheiten zum Ehrenmitglied erhob. Damit war also das Projekt des kaiserlichen Auftraggebers für eine kaiserliche Messe begraben, ebenso wie das offizielle Vorhaben, die Tradition der großen Oratorien nach dem Modell von Händel und Haydn mit einem Werk Beethovens fortzusetzen.

Hier offenbaren sich die Widersprüche zwischen der Vorstellung von einem staatlich organisierten, erhabenen Zeremoniell, das auf einer geheiligten Tradition und den damit verbundenen gattungsspezifischen Normen basierte, und Beethovens schöpferischem Werdegang. Denn Beethoven selbst arbeitete zum gleichen Zeitpunkt an seiner *Missa solemnis* und an der *IX. Sinfonie*, die bereits seine ureigene Umsetzung des kollektiven Strebens nach einem monumentalen Stil darstellten. Diese Kluft mag paradox erscheinen, wenn man sich den spürbaren Archaismus in Beethovens Schaffen seit dem Wiener Kongreß vergegenwärtigt, seinen Entschluß, sich mit der Kirchenmusik und den Messen Palestrinas zu befassen, sich der barocken Tonmalerei zu bedienen und sich dem monumentalen Stil Händels zuzuwenden; diese Wandlungen entsprachen eigentlich der historistischen Strömung, die sich ja auf eine offizielle Verankerung stützte. Im Grunde genommen war die kulturelle und politische Berechtigung dieser vielfältigen alten Stile und Techniken, die sich mit den Machtdarstellungen verknüpften, weit davon entfernt, jedes nach dieser Gesinnung geschaffene Werk als reine Ideologie zu verdammen, nein, sie öffnete den Künstlern neue Wege, um eine neue symbolische, ästhetisch eigenständige und politisch aussagekräftige Gestaltungsform zu schaffen. Beethoven, der dem Reiz der öffentlichen Geltung, dem »staatlichen Zeremoniell«, keineswegs entsagte, gelang es, dieses positive Potential gewissermaßen umzuleiten und darauf zu verwenden, in den monumentalen Spätwerken sein eigenes politisches Programm zu entwickeln.

Damit läßt sich auch der komplexe Zusammenhang der *Missa solemnis* sowie der *IX. Sinfonie* mit der Tradition erklären und in besonderem Maße auch die Vielzahl verschiedener Interpretationen. Beide Projekte waren in der Tat nicht grundsätzlich unvereinbar mit der politischen Welt Habsburgs. Vor allem die *Missa solemnis* ist weder ketzerisch noch revolutionär, sie ist einfach nur etwas exzentrisch. Dieser Eindruck entsteht nicht etwa aufgrund einer dramatischen oder subjektiven Deutung des Textes. Er ist vielmehr das Ergebnis einer neuartigen Kombination unterschiedlicher kompositorischer Methoden und traditioneller, ja vereinzelt sogar sehr alter Stilmittel, die, verbunden mit einer klassischen Instrumentation, zu einer monumentalen, bis dahin in der Musikgeschichte noch nie dagewesenen Dimension erhoben werden.

Auch die *Missa solemnis* war ursprünglich in Form einer Staatsmusik geplant. Im April 1819 hatte der Papst den Erzherzog Rudolph zum Kardinal ernannt und wenig später zum Erzbischof der Stadt Olmütz. Die Inthronisation sollte am 9. März 1820, dem Tag des Schutzheiligen Mährens, stattfinden. Als Beethoven diese Nachricht erhielt, schrieb er an seinen Schüler und Gönner, er wolle mit der Komposition einer Messe »zur Verherrlichung dieses feierlichen Tages beitragen«.[11] So blieb dem Komponisten weniger als ein Jahr, um ein Werk zu schreiben, das als Gelegenheitskomposition dazu bestimmt war, das Bündnis zwischen Krone und Altar zu feiern, verkörpert durch ein Mitglied der kaiserlichen Familie. Sein Arbeitstempo wurde, abgesehen von unzähligen Entwürfen und den üblichen Umänderungen, durch langwierige Studien der Kirchenmusik in der Bibliothek des Erzherzogs gehemmt. Mehrmals äußerte der Komponist ihm gegenüber die feste Absicht, die Messe bis zum festgesetzten Zeitpunkt der Feierlichkeiten beenden zu wollen. Er sollte sie jedoch erst 1823, also drei Jahre nach dem Termin, fertigstellen. In dieser Verzögerung kann man zweifellos die Unvereinbarkeit von staatlicher Logik und Beethovens künstlerischem Schaffensprozeß erkennen; denn letztendlich entstand das Werk völlig losgelöst von der anfänglichen offiziellen Mission. Die Messe hatte aber ohnehin ihre Funktion verfehlt, da sie viel zu lang war, um in die Liturgie eingegliedert zu werden – und wäre sie rechtzeitig fertig geworden, hätte sie den »frisch gebackenen« Kardinal und Erzbischof vermutlich in große Verlegenheit gebracht. Das Werk mußte die offiziellen Erwartungen enttäuschen, indem es gegen die Gattungsnorm verstieß, und fügte sich doch zugleich in einen Stil, der dem von der Kulturelite verwalteten Staatsritual untergeordnet war.

So erklärt sich auch, warum der Komponist, nachdem er sein Ziel bei der Olmützer Zeremonie verfehlt hatte, den Entschluß faßte, sich der Staatsgewalt auf einem anderen Weg zu nähern. Er bot allen Königshöfen Europas an, eine handschriftliche Fassung der Messe zu subskribieren, und wies darauf hin, daß diese gegebenenfalls auch als »großes Oratorium« aufgeführt werden könne. Zu diesem Zweck wandte er sich direkt an alle Herrscher, einen einzigen ausgenommen, den König von England, der die Widmung von *Wellingtons Sieg* nicht gebührend gewürdigt hatte. Gleichzeitig schrieb er im Namen der Solidarität unter den Künstlern an Persönlichkeiten wie Goethe, Zelter oder Cherubini. Die begeistertste Antwort erhielt er bald darauf vom König von Frankreich. So »verkaufte« Beethoven seine *Missa solemnis* schließlich an das gesamte »europäische Konzert«. Zu den Subskribenten zählten fast alle Souveräne, die er in *Der glorreiche Augenblick* zelebriert hatte. Diese Verkaufsaktion sollte ihm, so hoffte Beethoven, eine beträchtliche Summe einbringen, ohne damit einer späteren Veröffentlichung im Wege zu stehen. Die Partitur erschien allerdings erst 1827, nach Abschluß gleichzeitiger Verhandlungen mit einem halben Dutzend Verlegern, bei dem Verleger Schott. Zu Beethovens wirtschaftlichen Interessen trat sein Ehrgeiz, das Werk als unübertrefflichen Ausdruck der großen Tonkunst seiner Epoche durchzusetzen, womit er seinem Selbstverständnis, ein Titan der Musik zu sein, durchaus entgegenkam. So schrieb er an Erzherzog Rudolph: »Höheres gibt es nichts, als der Gottheit sich mehr als andern Menschen nähern und von hier aus die Strahlen der Gottheit unter das Menschengeschlecht verbreiten.«[12] Seinen Freunden vermittelte er diesen Ehrgeiz sicher auf weit weniger feierliche Art und Weise. Ein kurzer Brief Schindlers, unterzeichnet mit »Fidelissimus Papageno«, bezüglich der fünfzig Dukaten, die Alexander I. gezahlt hatte, verrät halb ernst, halb scherzhaft die politische Dimension, die das Projekt in den Augen des Komponisten und seiner nächsten Umgebung hatte: »Ich mache mir das Vergnügen, Ihnen hiermit anzuzeigen, daß auf Befehl des Kaisers aller Reussen 50 geharnischte Reiter als russisches *Contingent* hier angelangt sind, um unter Ihren Fahnen ... das Vaterland zu verfechten.«[13] Beethovens Erfolg mit dieser pseudopatriotischen Aktion war allerdings nur ein teilweiser Erfolg, denn die *Missa solemnis* opus 123 sicherte weder die Vergeistigung des Menschengeschlechts noch den Triumph des Komponisten am kaiserlichen Hof und blieb jahrzehntelang nahezu unbekannt. Nach der Uraufführung eines Teils des Werkes in Wien und der vollständigen Fassung 1824 in St. Petersburg war es nur noch höchst selten zu hören. Erst in der zweiten Hälfte des 19. Jahrhunderts, als man Beethoven nunmehr weltweit wie einen Heiligen verehrte, wurde es wirklich ins Repertoire aufgenommen.

Mit der *IX. Sinfonie d-Moll* opus 125 nahm es einen ganz anderen Verlauf, selbst wenn beide Werke bei ihrer gemeinsamen Premiere am 7. Mai 1824 unter den gleichen politischen Vorzeichen standen, das heißt als »neue Meisterwerke« einer Gestaltungsform präsentiert wurden, die eine hohe patriotische Mission zu erfüllen hatten. Das Projekt einer Sinfonie in d-Moll lag bereits lange zurück, und im November 1822, anläßlich eines Auftrags der Londoner Philharmonic Society, wurde es wieder aktuell. Der Komponist nahm den Auftrag begeistert an, nicht zuletzt da er ihn mit einer Reise nach England verbinden wollte und, wie Schindler berichtet, das politische System dieses Landes außerordentlich bewunderte. »Gibt mir nur Gott meine Gesundheit wieder, welche sich wenigstens gebessert hat, so kann ich allen den Anträgen von allen Orten Europa's, ja sogar aus Nordamerika, Genüge leisten«, schrieb er an die englische Gesellschaft.[14] Letztere Anspielung bezog sich auf den Auftrag für ein Oratorium, den ihm die Handel and Haydn Society aus Boston übermittelt hatte; selbst wenn dieses Projekt nicht verwirklicht wurde, zeigt es doch, daß die klassische Musik in jener Zeit die Grenzen Europas bereits weit hinter sich gelassen hatte.[15] Ungeachtet des Auftrags aus London, wo die *IX. Sinfonie* am 21. März 1825 unter der Leitung von Sir George Smart aufgeführt wurde, wollte Beethoven keinesfalls darauf verzichten, die Premieren seiner neuen Werke selbst zu dirigieren. Die Aussicht, daß diese Uraufführungen dann doch in Wien stattfinden könnten, machte ihn etwas unschlüssig, denn er wußte nur zu gut, welches Los seinen Kompositionen dort drohte: »Die sind hier längst aus der Mode, und die Mode tut alles«, sagte er 1822.[16] So trug er sich mit dem Gedanken, die Messe und die Sinfonie in Deutschland uraufzuführen, jedoch außerhalb des Habsburger Kaiserreichs, genau gesagt in Preußen, wo sich der Intendant des königlichen Theaters in Berlin interessiert zeigte. »Das Kundwerden aber in Wien spornte eine kleine Zahl gediegener und besonnen gebliebener Künstler und Kunstfreunde zu einer Vereinigung an, um die der Kaiserstadt drohende Schmach abzuwenden«, schreibt Schindler.[17] Der Komponist erhielt einen dementsprechenden Aufruf seiner Bewunderer, in dem es unter anderem hieß:

Vorzüglich sind es die Wünsche vaterländischer Kunstverehrer, die wir hier vortragen, denn ob auch Beethovens Name und seine Schöpfungen der gesamten Mitwelt und jedem Lande angehören, wo der Kunst ein fühlendes Gemüt sich öffnet, darf Östreich ihn doch zunächst den Seinigen nennen. Noch ist in seinen Bewohnern der Sinn nicht erstorben für das, was im Schoße ihrer Heimat Mozart und

Haydn Großes und Unsterbliches für alle Folgezeit geschaffen, und mit freudigem Stolze sind sie sich bewußt, daß die heilige Trias, in der jene Namen und der Ihrige als Sinnbild des Höchsten im Geistreich der Töne strahlen, sich aus der Mitte des vaterländischen Bodens erhoben hat. Um so schmerzlicher aber müssen sie es fühlen, daß in diese Königsburg der Edelsten fremde Gewalt sich eingedrängt, daß über den Hügeln der Verblichenen und um die Wünstätte des einzigen, der aus jenem Bunde uns noch erübrigt, Erscheinungen den Reihen führen, welche sich keiner Verwandtschaft mit den fürstlichen Geistern des Hauses rühmen können; daß Flachheit Namen und Zeichen der Kunst mißbraucht und im unwürdigen Spiel mit dem Heiligen der Sinn für Reines und ewig Schönes sich verdüstert und schwindet.

Mehr und lebendiger als je zuvor fühlen sie daher, daß gerade in diesem Augenblick ein neuer Aufschwung durch kräftige Hand, ein neues Erscheinen des Herrschers auf seinem Gebiete das eine sei, was not tut. Dieses Bedürfnis ist es, was sie heute zu Ihnen führt, und folgendes sind Bitten, die sie für alle, denen diese Wünsche teuer sind, und im Namen vaterländischer Kunst an Sie richten.

Entziehen Sie dem öffentlichen Genusse, entziehen Sie dem bedrängten Sinne für Großes und Vollendetes nicht länger die Aufführung der jüngsten Meisterwerke Ihrer Hand. Wir wissen, daß eine große kirchliche Komposition sich an jene erste angeschlossen hat, in der Sie die Empfindungen einer von der Kraft des Glaubens und vom Lichte des Überirdischen durchdrungenen und verklärten Seele verewigt haben. – Wir wissen, daß in dem Kranze Ihrer herrlichen und unerreichten Sinfonien eine neue Blume glänzt. Seit Jahren schon, seit die Donner des *Sieges von Vittoria* verhallten, harren wir und hoffen, Sie wieder einmal im Kreise der Ihrigen neue Gaben aus der Fülle Ihres Reichtums spenden zu sehen. Täuschen Sie nicht länger die allgemeine Erwartung! Erhöhen sie den Eindruck Ihrer neuesten Schöpfungen durch die Freude, zuerst durch Sie selbst mit ihnen bekannt zu werden! Geben Sie es nicht zu, daß diese Ihre jüngsten Kinder an ihrem Geburtsorte einst vielleicht als Fremdlinge, vielleicht von solchen, denen auch Sie und Ihr Geist fremd sind, eingeführt werden! Erscheinen Sie baldigst unter Ihren Freunden, Ihren Verehrern und Bewunderern! [...][18]

Die Uraufführung der *Missa solemnis* und der *IX. Sinfonie* war also folglich für die Bewunderer Beethovens ein entschieden patriotisches Unterfangen, das die Zeit der napoleonischen Kriege fortsetzte und sogar erhöhte. Indem sich die Unterzeichner auf die Begegnung zwischen den »Geweihten der Kunst« und den »Herzen der Menge« beriefen, machten sie sich zu den Wortführern eines Volkes, das in der großen Musik ein Schaffen göttlichen Ursprungs erkannte, verkörpert durch die Werke der geheiligten Triade, den Symbolen eines verlorenen, goldenen Zeitalters. Die Anspielungen auf Rossini und die italienische Musik sind offenkundig, aber zweitrangig, denn die schlechte Musik, die der »Mode«, stellte selbst auch ein absolutes Prinzip dar – die Gestalt der Sünde oder sogar der Schändung. Die aktuelle Lage war ernst, vielleicht noch ernster als zum Zeitpunkt des französischen Angriffs, denn das Heiligtum der Nation war in Gefahr. Diese bewußt erlebte Bedrohung hatte den Aufruf an Beethoven, den letzten Überlebenden jener Triade, motiviert, damit er die Nation mit seinen Werken errette. Der Held wurde gemahnt, aus seiner Zuflucht in die Welt zurückzukehren, um seine Mission zu vollenden. In Beethovens baldigem »Erscheinen«, einem Nachhall von *Wellingtons Sieg* in der *IX. Sinfonie*, äußerte sich die dramatische Kraft des Aufrufs. Jener Brief war ganz offensichtlich das Zeugnis eines Glaubenskriegs. Da die Nation auf einer theologischen Konzeption beruhte, erschien der Fremde als die Verkörperung des Bösen und der Künstler als der von Gott gesandte Retter.

Das Schreiben wurde im Februar 1824 von gut dreißig Unterzeichnern in der *Theater Zeitung* und der *Wiener musikalischen allgemeinen Zeitung*, deren Herausgeber beide Freunde des Komponisten waren, veröffentlicht. Der Verfasser des Textes konnte nicht identifiziert werden; doch hatte Graf Lichnowsky nachweislich am aktivsten um Unterschriften geworben. Die Namensliste gibt einen Überblick über Beethovens Förderer in der Wiener Gesellschaft in der Zeit der Uraufführung der *Neunten*: Hofräte und andere Staatsbeamte, Vertreter des Musik-Establishments, darunter mehrere Verleger und ein Klavierbauer, und die Überlebenden seiner alten Gönner aus dem Hochadel; daneben auch die Hauptinitiatoren der historistischen Strömung, darunter Dietrichstein, Mosel und Kiesewetter, die alle drei dem Hof nahestanden, Hauschka und Sonnleithner, Mitglieder der Gesellschaft der Musikfreunde; ersterer hatte die Verhandlungen bezüglich des Oratoriums geleitet, der zweite den vergeblichen Versuch unternommen, die *Neunte* unter der Schirmherrschaft der Gesellschaft uraufführen zu lassen. Keiner aus dem privaten Umkreis des Komponisten hatte das Dokument unterzeichnet, welches ihm persönlich im Rahmen eines feierlichen Besuchs von zwei Hofräten überreicht wurde. Schindler jedoch gibt klar zu verstehen, daß Beethoven über die Initiative informiert war:

Ich fand ihn mit der Schrift in der Hand. Nachdem er mir mitgeteilt, was sich soeben zugetragen, überreichte er mir das Blatt mit Gelassenheit, die sein Ergriffensein von dessen Inhalt zu deutlich bezeugte. Während ich las, was mir schon bekannt, trat er ans Fenster und verfolgte mit den Blicken den Zug der Wolken. Schweigend legte ich das Blatt zur Seite, abwartend, bis er die Konversation beginnen werde. Er verharrte jedoch in der bezeichneten Stellung. Endlich wandte er sich zu mir und sprach in nicht eigentümlich hohem Tone: *Es ist doch recht schön! – Es freut mich!* Dies war das Stichwort, um ihm auch meine Freude – leider schriftlich! – auszudrücken. Er las es und sagte dann hastig: *Gehen wir ins Freie!* Draußen blieb er gegen seine Gewohnheit einsilbig, wiederum ein untrügliches Merkzeichen, was in seiner Seele vorging.[19]

Man gewinnt den Eindruck, Beethoven mußte mit alldem einverstanden gewesen sein oder zumindest mit der Grundidee des Textes. Da ihn die Verfasser ja gut kannten, hatten sie womöglich nach den geeignetsten Argumenten gesucht, um ihn zu überzeugen. Aus dem gleichen Grund ging bald nach der Veröffentlichung des Textes das Gerücht um, Beethoven habe ihn selbst geschrieben oder wenigstes veranlaßt. Über diesen Verdacht aber war er entrüstet: »... da aber diese solche wendung genomen, kann ich mich nicht mehr darüber freuen – diese Abscheulichkeit mir so etwas anzudichten verleidet mir diese ganze Geschichte«, schrieb er eigenhändig in seinen *Konversationsheften*.[20] Zumindest erbrachte die Veröffentlichung des Manifests den Beweis, daß es nicht nur Beethoven überzeugen sollte, sondern auch auf eine gewisse Wirkung im Wiener Kulturleben abgezielt war. Und das Gerücht über Beethovens Beteiligung an der Initiative kann nur ein unerwünschter Nebeneffekt gewesen sein.

Die ganze Episode verstärkte letztlich die Vorbehalte von seiten des Publikums, das die Mode bereits »erobert« hatte, und trug noch dazu bei, die Organisation des Konzerts zu erschweren. Das Verbot, Kirchenmusik in einem Theater aufzuführen, stellte ein zusätzliches Problem dar. Recht bald, offenbar aufgrund der Länge und der großen Schwierigkeit des Werkes, wurde beschlossen, nur einen Teil der *Missa* zu spielen. In einem Brief an den Zensor versprach Beethoven, daß »nur 3 Kirchenstücke u. zwar unter dem Titel *Hymnen* aufgeführt werden«[21] – dies ist der einzige Fall, in dem er den Begriff Hymne hinsichtlich eines seiner späten Werke verwendete, sicher um dessen religiösen Charakter zu relativieren. Von diesem Argument ließ sich der Zensor allerdings nicht erweichen, und erst als der Polizeichef Graf Sedlnitzky, den Lichnowsky hinzugezogen hatte, vermittelnd eingriff, wurde das Verbot aufgehoben. Am Tag nach dem Konzert kam Schindler in den *Heften* auf dieses etwas waghalsige Unterfangen zurück: »Gestern fürchtete ich insgeheim, daß die Messe verboten würde, weil ich gehört hatte, daß der Erzbischof dagegen protestiert hätte.«[22] Das Wiener Publikum wurde zum Konzert am 7. Mai 1824 in das Kärthnerthortheater geladen: »Große musikalische Akademie von Herrn Ludwig van Beethoven.« Auf dem Programm standen eine »Große *Ouvertüre*«, gefolgt von »drei großen Hymnen mit Solo- und Chorstimmen« (Kyrie, Credo, Agnus Dei aus der Messe in D und Dona aus der *Missa solemnis*) und einer »Großen *Sinfonie* mit im Finale eintretenden Solo- und Chorstimmen auf Schillers Lied ›An die Freude‹«. Die Ouvertüre trug den Titel »*Zur Weihe des Hauses* vom Jahre 1822, op. 124«, die Beethoven für eine Neufassung von *Die Ruinen von Athen* geschrieben hatte. Die Solostimmen wurden von Henriette Sontag, Karoline Unger, Anton Haizinger und dem Baß Seipelt vorgetragen, begleitet vom Chor und Orchester des Theaters; zur Verstärkung hatte man die Amateurmusiker und Sänger des Musikvereins, unter der Leitung von Michael Umlauf, herangezogen. Auf dem Plakat hieß es noch: »Herr

Ludwig van Beethoven selbst wird an der Leitung des Ganzen Anteil nehmen.«[23]

Das Konzert war ein gewaltiger Erfolg. Eines der berühmtesten Bilder von Beethoven zeigt ihn am 7. Mai, als ihn, der völlig taub und in die Partitur der *Neunten* vertieft war, die Sängerin Unger am Arm faßte und zum begeistert applaudierenden Publikum hinwendete. Schindler beschreibt die Bedeutung des Augenblicks: »Das Haus zeigte sich in allen Räumen überfüllt, nur eine Loge blieb unbesetzt: die kaiserliche, obgleich der Meister in meiner Begleitung persönlich die Einladung bei allen anwesenden Gliedern der Kaiserfamilie gemacht und einige versprochen hatten zu kommen. Kaiser und Kaiserin waren nicht in der Residenz anwesend; der Erzherzog Rudolph zur Zeit noch in Olmütz.«[24] Die Premiere der beiden großen Beethovenschen Werke war demnach vom gespannten Verhältnis zur Staatsgewalt überschattet: Der kaiserliche Hof glänzte durch Abwesenheit, die Kirche drohte mit Verbot, die Polizei lehnte sich gegen einen Triumph auf, der, so scheint es, die kaiserlichen Vorrechte gefährdete. Schindlers Bemerkungen zeigen deutlich, daß der Kontrast zwischen Publikumsbegeisterung und offizieller Ablehnung für Beethoven und seinen Freundeskreis womöglich die angenehmste Seite an diesem Triumph darstellte, denn dieser Triumph war »mehr als kaiserlich«.

Die Hochstimmung wurde jedoch vom kommerziellen Mißerfolg getrübt, der sich bei der Wiederaufnahme des Konzerts am 23. Mai im großen Redoutensaal noch verschlimmerte, obwohl man sogar eine Melodie von Rossini mit ins Programm aufgenommen hatte; und die Auseinandersetzungen zwischen dem Komponisten und seinen Mitarbeitern stellten ein weiteres Hindernis dar. Dies sollten Beethovens letzte öffentliche Konzerte gewesen sein. 1826, als die *IX. Sinfonie* bei Schott im Druck erschien, kehrte er der österreichischen Politik endgültig den Rücken, indem er das Werk dem König von Preußen, Friedrich Wilhelm III., widmete, »nicht bloß Vater allerhöchst Ihrer Untertanen, sondern auch Beschützer der Künste und Wissenschaften«, wie Beethoven – nunmehr »Bürger von Bonn«, also preußischer Untertan – ihn in seinem Brief nannte.[25] Diese Widmung war die letzte Konsequenz im politischen Zusammenhang der Entstehungsgeschichte der *IX. Sinfonie*: Das aufklärerische Ideal des Josephinismus hatte sich durchgesetzt, übertragen auf den preußischen König, einem der Souveräne aus *Der glorreiche Augenblick*, der Beethovens unzeitgemäße und ungerechtfertigte Erwartungen überdies bald enttäuschen sollte. Jenes Ideal verkettete sich mit der nationalistischen Gesinnung, die aus der Erfahrung der napoleonischen Kriege hervorgegangen war und im »Aufruf seiner Bewunderer« zum Ausdruck kam.

Das Ergebnis dieses historischen Werdegangs hat viele Parallelen zu Schillers Entwicklung: Die Zensur hatte seine Werke 1793 in Wien verboten; 1808 wurden sie freigegeben, und ab 1813 hatten sie durchschlagenden Erfolg, der auch in den zehn darauffolgenden Jahren nicht nachließ. Als Beethoven schließlich dreißig Jahre nach seinem ersten Projekt *An die Freude* vertonte, lagen hinter diesem egalitären Manifest aus dem Jahr 1785 nicht nur die Überarbeitungen von 1803, worin er alle Bezüge zu den »Tyrannen« gestrichen hatte, sondern auch eine hagiographische Tradition, die aus den »Weimarer Klassikern« – im Rausch der Freiheitskriege – die kanonische Grundlage der deutschen Literatur entstehen ließ. Mit dem Unterschied, daß Beethoven 1823 endlich seinen Jugendtraum erfüllen konnte: die *Ode an die Freude* zu singen – oder vielmehr ein »Ganzes« aus »Teilstücken« geschaffen zu haben, wie er 1812 sagte.[26] Eine solche Textbearbeitung gehört unweigerlich zur Arbeit des Komponisten und hat beträchtliche Auswirkungen auf die globale Bedeutung des Werkes. Von den acht Strophen, mit jeweils acht Verszeilen und einem vierzeiligen »Chor« nach jeder Strophe, verwendete Beethoven nur die ersten drei sowie den ersten, dritten und vierten Chor. Bei dieser Wahl bleiben zwei grundlegende Themen des Gedichts unberücksichtigt, nämlich der Wein und das Leiden. Das gesellige Trinken bezeichnet bei Schiller das Ritual, mit dem sich die Menschen im Namen von »Gut und Blut« gegen die Lüge verbünden: »Schließt den heiligen Zirkel dichter,/schwört bei diesem goldnen Wein:/Dem Gelübde treu zu sein,/schwört es bei dem Sternenrichter!« Das Leiden ist das der ganzen Menschheit: »Duldet mutig Millionen!/Duldet für die beßre Welt!« Beethoven, der sich eines Tages die Devise »durch Leiden Freude«[27] zu eigen gemacht hatte, und dessen Mythos weitgehend auf diesem stoischen Ideal aufbaute, klammerte also aus dem Text der *Neunten* das mitfühlende Element aus, um eine Utopie der Freude zu besingen, in der das Leid keinerlei Spuren hinterlassen hat. Zudem veränderte er die Reihenfolge der Fragmente, was zu einer entscheidenden Umgestaltung des Originals führte. Während sich im Original Solist und Chor abwechseln, werden im Finale der *Neunten* vier Solisten, ein vierstimmiger Chor und ein Sinfonieorchester eingesetzt. Doch im Gegensatz zu Schillers Fassung, wo der Chor jeweils einen neuen Text einleitet, wiederholt er in Beethovens *Ode an die Freude*, im Anschluß an die Solisten, den zweiten Teil der ersten drei Strophen. Die Chöre des Gedichts treten in der Vertonung erst später auf, ohne Verbindung zum ursprünglichen Prinzip des Wechselgesangs. Beethovens gesungener Text wird somit zum Schauplatz eines Gemeinschaftserlebnisses, bei dem der Chor die Melodie des Solisten aufgreift, sie nachahmt und sich gewissermaßen aneignet, um sie dann weiterzugeben.

Bei diesem gemeinsamen Singen an die Freude ist das Leiden aus der Welt verbannt. Man kann sich aber fragen, ob dieses Leiden nicht gerade zum Stoff der Instrumentalsätze wird, die dem Finale vorausgehen. Eine Erzählung, vom Konflikt bis zu seiner Lösung, steht tatsächlich im Mittelpunkt der neuartigen sinfonischen Form, die zu Beethovens wichtigstem Beitrag zur Musikgeschichte gehört. Während der Schwerpunkt bei der klassischen Sinfonie stets im ersten Satz zu finden war, löste Beethoven – seit seiner *Eroica* – die musikalische Spannung, die sich im Verlauf des Werkes steigert, erst im letzten Satz; und manchmal, wie in der *Fünften*, erzielte er diese Wirkung, indem er das gleiche Grundelement, die vier Noten des berühmten Anfangsmotivs, bis zu den äußersten erdenklichen Möglichkeiten variierte. In seiner letzten Sinfonie hat er diese zunehmend kathartische Rolle des Schlusses, ausgehend vom Material der vorangegangenen Sätze, lediglich bis ins Extrem getrieben. Zu diesem Zweck fügte er eine eigentlich sehr alte Gattung der Vokalmusik hinzu, die der Kantate. Seit der Uraufführung der *Neunten* deuteten viele Generationen das Werk auf die verschiedensten Weisen als eine Darstellung des menschlichen Daseins. Unzählige Interpretationen schrieben ihm eine »mythische« Bedeutung zu, sei der Ansatz philosophisch, religiös, literarisch (insbesondere die Deutung als Heldenepos), musikalisch oder – sehr hartnäckig – autobiographisch begründet. Keine dieser Deutungen wurde aber als einzig zutreffende beansprucht, gleicherweise aufgrund der ästhetischen Vielfalt und der sehr gegensätzlichen politischen Tendenzen innerhalb der jeweiligen Analysen. Die »menschliche« Dimension des Werkes blieb einzig unbestritten. Im Fall eines Instrumentalwerkes ohne Programm und Titel sind solche inhaltlichen Interpretationen stets mehr oder weniger mit einer metaphysischen Musikästhetik verbunden. Was man aus der *Neunten* – die aus der Tonsprache eine menschliche Sprache macht – »heraushören« will, ist in der Partitur selbst verankert und somit gleichfalls in Schillers Text wie in der Art und Weise, ihn darzustellen. Die *Ode an die Freude* ist der glückliche Ausgang eines Dramas, dessen wahre wörtliche Bedeutung für immer verschwommen bleiben wird; oder, wenn man so will, ein gut gehütetes Geheimnis, da der Sinngehalt der ihr vorangehenden Instrumentalsätze weiterhin unerklärt bleibt. Der musikalisch hohe Stellenwert der drei ersten Sätze machte diese »Schimäre«[28], wie Roland Barthes die *Ode* bezeichnete, gleichzeitig zu einem Prüfstein für die soziale Bedeutung der Tonkunst; und diese Bedeutung hätte sie in der Form einer einfachen Kantate sicher nie erreicht. So entsteht die Doppelrolle: musikalisches Symbol in der Politik und politisches Symbol in der Tonkunst.

Der Status einer »musikalischen Schimäre« konzentriert sich in der Rezeptionsgeschichte jener Melodie, die das Hauptthema des letzten Satzes bildet und in der deutschen Literatur aus gutem Grund die *Freudensmelodie* genannt wird. Jenseits der reinen Wortbedeutung tritt mit der Freudensmelodie die Vokalmusik erstmalig innerhalb der Instrumentalmusik auf. Aus diesem Grund, verbunden mit der Tatsache, daß der Text beim unmittelbaren Hören sogar für ein deutschsprachiges Publikum kaum verständlich ist, wurde die Aussage von Schillers Text von vielen Musikwissenschaftlern vernachlässigt; sie untersuchten vorrangig die reine Metaphysik der menschlichen Stimme. Doch erscheint dieses Symbol der Vokalmusik zunächst in Form einer instrumentalen Melodie. Der vierte Satz der Sinfonie beginnt mit einer Fanfare und einem Rezitativ der Kontrabässe, dessen überleitende Funktion auf der Partitur durch folgende widersprüchliche Vortragsbezeichnung vermerkt wurde: »Selon le caractère d'un récitative [sic], mais *in tempo*« (auf der Originalpartitur: Nach Art eines Rezitativs, aber in tempo). Die Phrasen dieses Rezitativs verknüpfen sich dann mit Zitaten aus den drei vorangegangenen Sätzen, wobei das letzte Zitat, das aus dem Adagio, in den ersten Teil des Themas der *Ode an die Freude*, hier von den Holzbläsern gespielt, übergeht. Dann wird das vollständige Thema von den Violoncelli und Kontrabässen, die die vierundzwanzig Takte unisono spielen, vorgetragen.

Oft hat man dieses Thema gelobt, weil es so genial einfach ist; hin und wieder aber auch als pure Trivialität geschmäht, die ihren großen Ruf nur dem verdanke, was Beethoven daraus gemacht habe. Es wurde jedoch immer betont, daß es ein Volkslied sei. Man wollte ihm sogar einen folkloristischen Ursprung zuschreiben, was aber inzwischen anhand der zahlreichen Entwürfe widerlegt ist. Diese Skizzen beweisen vielmehr, wie kompliziert die Komposition eigentlich ist: keineswegs instinktiv oder spontan. Beethoven hatte ganz bewußt nach einer Melodie gesucht, die einer Hymne gleichen sollte, etwas im »volkstümlichen Stil«, nach Haydns und Mozarts Vorbild; eine Stilart, die er aber selbst in seinen Hauptwerken fast immer vermieden hatte, weshalb man ihn ja auch einen »Komponisten für Kenner«[29] nannte. Nur wenige Melodien können als Vorläufer der Freudensmelodie betrachtet werden. Am ähnlichsten ist sicher die von *Gegenliebe*, eine Melodie, die später in der *Chorfantasie* wiederkehrt und hier zum Ideal einer Versöhnung durch die Musik wird. Vermutlich wäre es übertrieben, die *Neunte* mit der Rückkehr einer immer gleichen Melodie zu assoziieren, die Beethovens ganzes Leben wie ein Leitfaden seiner Jugendideale durchzogen hätte. Die anderen Vorbilder sind die Chöre seiner politischen Programmusik, von den Bonner Kantaten über *Fidelio* und *Die Ruinen von Athen* bis hin zu *Der glorreiche Augenblick*. Sie alle behandeln die Thematik des gemeinsamen Singens. Während Haydn und Mozart die »volkstümlichen« Weisen jedoch meist mit der musikalischen Gesamtstruktur ihrer Werke verschmelzen ließen, wollte Beethoven den unterschiedlichen Charakter der

Freudensmelodie im Vergleich zum übrigen Werk gezielt herausstellen. Seine Methode, mit der er diese an sich eigenständige Melodie einleitet und entwickelt, hat die Interpretation der Sinfonie, sowohl hinsichtlich der Aufführungspraxis als auch der Analyse, entscheidend beeinflußt. Die Wechselbeziehung zwischen der Eigenständigkeit der Freudensmelodie und ihrer strukturellen Funktion innerhalb des vierten Satzes spiegelt die spannungsreiche Rezeptionsgeschichte der *Neunten* wider. Für die einen stand die Hymne, die ja an die Allgemeinheit gerichtet war, im Vordergrund; für die anderen mußte diese Melodie als ein untrennbares und untergeordnetes Element eines Werkes der absoluten Musik betrachtet werden.

Manche Aufzeichnungen Beethovens zum schöpferischen Prozeß, die Gustav Nottebohm im Rahmen seiner Analyse untersucht hat, sind dahingehend besonders aufschlußreich.[30] Diese Worte ähneln bisweilen Entwürfen zu einem gesungenen Text, bisweilen einem persönlichen Kommentar des Komponisten, ohne daß die Unterscheidung beider immer möglich wäre. So notierte Beethoven in seinen Skizzenbüchern eine einleitende Fanfare in C-Dur, dann einige Notizen zu einem entsprechenden Rezitativ, und darüber steht geschrieben: »Heute ist ein feierlicher Tag/meine Fru... dieser sei gefeiert durch mit Gesang und...«[31] Hier ist die Rede von der Gebärde der traditionellen Trinklieder, die nun auf alle Menschen übergreift, damit sich alle in den göttlichen Freuden des Weins verbrüdern. Neben dem ersten Satz des Rezitativs schrieb Beethoven: »Nein diese erinnern an unsre Verzweifl.« Und zu jedem der Rezitative, die den Zitaten der anderen musikalischen Sätze folgen, notierte er seinen eigenen Kommentar, wobei jede dieser Aufzeichnungen dazu diente, die zitierte Melodie als untauglich zu erklären. Am Ende dieser Serie erscheint das Thema der Freude, gefolgt von einer ausgedehnten Vokalise: »Ha dieses ist es. Es ist nun gefunden Freu...« Dann schrieb Beethoven: »Laßt uns das Lied des unsterblichen Schiller singen.« Diese Entwürfe veranschaulichen die verzweifelte Suche nach einem Thema. Aus dem bestehenden Melodienschatz wird eine Melodie nach der anderen wohlüberlegt verworfen, bis die Freudensmelodie endlich gefunden ist. Die als ungeeignet erachteten Melodien definieren im nachhinein, wodurch sich die Freudensmelodie besonders auszeichnet: Sie ist gefällig, ernst und heiter, nicht zu sanft und lebhaft. Beethovens Suche ist mit einer Art Impuls oder Lernvorgang verbunden: Der Komponist, beziehungsweise Solist, ist auf der Suche nach einer Melodie, die von den anderen – den »Freunden« – nachgesungen werden kann. Der Instrumentalteil der Sinfonie deckt den Bereich der möglichen Melodien ab, in dem sich der gemeinschaftliche Gesang herausbildet; denn wenn die Freudensmelodie auch als die Negation der vorangegangenen Sätze erscheint, wird sie gleichzeitig in manchen dieser Passagen vorweggenommen (insbesondere im *Trio* des *Scherzos*). Das »Finden« dieses Themas ist folglich der Endzweck einer zweifachen Suche: Die eine ist streng musikalisch und wird im ganzen Verlauf der Sinfonie herausgearbeitet; die andere stellt die logische Schlußfolgerung außerhalb dieser musikalischen Schranken dar, indem gewissermaßen die Sinfonie selbst mit Hilfe der Stimme des Solisten den »Austausch« ihres Materials durch die neue Melodie ankündigt. Der Bariton hat eine aktive Rolle innerhalb dieser Suche und ist zugleich der Zeremonienmeister eines »Festes«, das darin besteht, die Gemeinschaft dazu aufzufordern, in diese Hymne, genau gesagt Schillers Lied, einzustimmen.

In der endgültigen Fassung wird die Identifikation des Solisten mit dem Komponisten undeutlich, der »Festtag« ist nicht mehr zeitlich gebunden, und auch der Name Schillers verschwindet. Die schlichte Fanfare in C-Dur aus den Entwürfen wurde durch eine lange, dissonante Fanfare ersetzt, die Richard Wagner die »Schreckenfanfare« getauft hat. Der Lernanstoß, mit dem der Solist seine »Freunde« ermahnt, alle vorherigen Melodien zu »vergessen«, um nun die Melodie der Freude zu singen, bleibt erhalten. Natürlich hat der Komponist diesen entscheidenden Moment vorbereitet, nicht nur anhand des Vorspiels, sondern auch beim allerersten Einsatz der Stimme des Baritons, der folgende Worte singt, die nicht von Schiller, sondern von Beethoven stammen: »O Freunde! Nicht diese Töne! Sondern laßt uns angenehmere anstimmen und freudenvollere!«

Die Stimme hebt folglich alle Gültigkeit des vorangegangenen musikalischen Materials auf, um sich ganz der Aufforderung zur Freude hinzugeben, die dann vom Chor wiederholt und vertieft wird. Das gemeinsame Erlernen einer Melodie mittels Nachahmung wird im Dialog, der dem Rezitativ des Baritons folgt, wiederaufgenommen; letzterer wechselt zweimal hintereinander das Wort »Freude« mit den Bässen des Chors, als ob ein phatischer Kontakt zur Gemeinschaft der Sänger hergestellt würde, bevor die eigentliche *Ode an die Freude* beginnen soll. Dieser Gestus wird dann in der Vertonung der ersten Strophe des Gedichts erweitert, denn nachdem der Solist die vollständige Melodie gesungen hat, wiederholt der Chor den zweiten Teil im Unisono:

> Freude, schöner Götterfunken,
> Tochter aus Elysium,
> Wir betreten feuertrunken
> Himmlische, dein Heiligtum!
> Deine Zauber binden wieder,
> Was die Mode streng geteilt;
> Alle Menschen werden Brüder,
> Wo dein sanfter Flügel weilt.

Das sind die bekanntesten Verse aus der *IX. Sinfonie*, die bei jeder Aufführung der *Ode an die Freude* in Deutsch oder in der jeweiligen Landessprache gesungen werden. Hier fängt das Finale erst wirklich an, denn die Freudensmelodie wird dann vielfach variiert. Beethovens spezielle Taktik der Variation ist ausschlaggebend für die Analyse des Werkes. Der Einsatz der Stimme stellt einen sogenannten »genre shock« (Gattungsschock) dar, von dem ausgehend »die Gattung in jedem einzelnen Fall den Schlüssel liefert, um die Aussage jeder Passage innerhalb des dramatischen Programms zu erfassen, das in dem Satz entwickelt wird«[32]. Schillers Text entfaltet sich so vor dem Hintergrund vielerlei Gattungen, sei es die der profanen Kantate, der »Battaglia« und Militärmusik oder der traditionellen Kirchenmusik. Innerhalb dieser Variationen taucht die ursprüngliche Melodie immer wieder auf; verschiedentlich in Form einer aufsteigenden Spirale, wobei das gleiche zwar wiederkehrt, ein Schluß jedoch systematisch vermieden wird.[33] Die zweite Strophe, »Wem der große Wurf gelungen ...«, fixiert die Regeln der gemeinsamen Zugehörigkeit und wird von vier Solisten gesungen, worauf der Chor, stets nach dem Prinzip der Nachahmung, den zweiten Abschnitt wiederholt. Die dritte Strophe, »Freude trinken alle Wesen ...«, folgt dem gleichen Schema. Hier wird die Freude als Naturgesetz dargestellt und allmählich von der gesellschaftlichen Ebene in den Kosmos erhoben. Die Vertonung dieser Strophe endet mit einer zusätzlichen Wiederholung des letzten Verses, »Und der Cherub steht vor Gott«, wobei die Bewegung der Töne in Abstimmung mit dem Text innezuhalten scheint. Dieser Angelpunkt, der von einer Abweichung der Tonart gekennzeichnet ist – von D-Dur zu h-Moll –, kündigt eine neue, grundverschiedene Variation an. Es handelt sich um den Marsch *alla turca*, bei dem die stufenweise Einbeziehung der Blas- und Schlaginstrumente zu einer Angleichung führt, ähnlich wie in

Wellingtons Sieg. Kontrapunktisch zur Freudensmelodie, die von den Bläsern gespielt wird, trägt der solistische Tenor vier Verse vor, deren zweite Hälfte von einem dreistimmigen Männerchor wiederholt wird:

> Froh, wie seine Sonnen fliegen
> Durch des Himmels prächt'gen Plan,
> Laufet, Brüder, eure Bahn,
> Freudig, wie ein Held zum Siegen!

Hier wiederholt sich der Lernprozeß, jedoch in Form einer kriegerischen Ermahnung, verbildlicht durch den Klang der Militärmusik und das antike Bild der Sonne. Wie in *Der glorreiche Augenblick* bilden die Männer eine Armee, und die solistische Stimme signalisiert die Verwandlung des »Bruders« in einen Helden. Der Marsch mündet in ein instrumentales Fugato, das man hin und wieder als eine Allegorie der Schlacht gedeutet hat und das dann zur ersten Strophe zurückführt, »Freude, schöner Götterfunken«. Hier endet das Prinzip der Nachahmung; die *Ode an die Freude* kommt zum ersten Mal in der ganzen Sinfonie zur vollen Entfaltung und wird von allen Sängern im Fortissimo vorgetragen.

Mit dem Ende des Gesangs gelangt das Werk an einen entscheidenden Wendepunkt: Es erklingt eine neue Melodie in G-Dur. Dieses Andante maestoso wird ausschließlich vom Männerchor zu Schillers erstem »Chor« gesungen:

> Seid umschlungen, Millionen!
> Diesen Kuß der ganzen Welt!
> Brüder – überm Sternenzelt
> Muß ein lieber Vater wohnen.

Die Menschheit, die zuvor nur als ein Verband von Individuen umschrieben wurde, verschmilzt nun in diesem »Kuß der ganzen Welt« zu einer Einheit. Gott Vater erscheint als das Prinzip einer Synthese dieser Utopie, jedoch in Form einer Herausforderung – die Frage nach der Existenz eines unsichtbaren Gottes jenseits der Grenzen des Sichtbaren. Diese religiöse Suche im Text verknüpft sich in der Musik mit einem archaisierenden Habitus. Beethoven hat ein »gregorianisches Fossil« in eine quasi liturgische Struktur eingefügt, nach folgendem Schema: erster Vers – Antwort – zweiter Vers – Antwort – Hymne.[34] Mit dieser Anspielung auf die traditionelle Kirchenmusik wird allerdings die Fragestellung im Text hinsichtlich des »Niederwerfens« abgeschwächt:

> Ihr stürzt nieder, Millionen?
> Ahnest du den Schöpfer, Welt?
> Such ihn überm Sternenzelt!
> Über Sternen muß er wohnen.

Das Bild in den letzten beiden Verszeilen wurde oft mit einem Satz assoziiert, den Beethoven im Februar 1820 in den *Konversationsheften* notiert hatte: »das Moralische Gesez in unß u. der gestirnte Himel über unß. Kant!!!«[35] Der entscheidende Bezug von Beethoven zu Kant, der sich sowohl in der Rezeption des Komponisten als auch im kulturellen Pantheon der Aufklärung niedergeschlagen hat, ist in dieser Parallele zwischen dem Zitat des Moralgesetzes und dem Sternenhimmel aus der *Ode an die Freude* verankert. Die oben genannte Textpassage aus der *Neunten*, einem Werk, das in der Neuzeit das »Paradigma des musikalisch Erhabenen« darstellt, wurde vor nicht langer Zeit folgender Bemerkung Kants gegenübergestellt:

> In der Religion überhaupt scheint Niederwerfen, Anbetung mit niederhängendem Haupte, mit zerknirschten angstvollen Gebärden und Stimmen, das einzigschickliche Benehmen in Gegenwart der Gottheit zu sein ... Allein diese Gemütsstimmung ist auch bei weitem nicht mit der Idee der Erhabenheit einer Religion und ihres Gegenstandes an sich und notwendig verbunden.[36]

Obwohl Beethoven Schillers Fragestellung ganz bewußt durch ein plötzliches Abnehmen der Klangstärke verbildlichte, wurde diese Kritik am »Niederwerfen« bisher kaum analysiert – vielleicht aufgrund einer gewissen Widerstandslosigkeit von seiten der traditionellen christlichen Kirche, verstärkt durch die archaisierende Tonsprache. Am Schluß des Andante maestoso kombinierte Beethoven die kirchliche »Hymne« mit der *Hymne an die Freude* in Gestalt einer doppelten Chorfuge, in der die ganze Pracht des barocken Stils nach Händelschem Vorbild zur Entfaltung kommt. Dieser Habitus, der letzte große Aufschwung des Werkes zu einer traditionellen monumentalen Apotheose, zählt zu den wichtigsten stilistischen Parallelen zur *Kantate auf die Erhebung Leopolds* und *Der glorreiche Augenblick*. Die formale Gleichstellung der beiden Themen der Fuge beeinhaltet zudem die programmatische Botschaft, wonach sich das Übersinnliche und das Irdische ergänzen. Beim allerletzten Einsatz der Stimmen werden die zwei Weltebenen erneut miteinander verknüpft; aus den Fragmenten dieser homophonen Sequenzen gestaltet sich so ein neuer Text:

> Diesen Kuß der ganzen Welt,
> Freude, schöner Götterfunken.

Diese »künstlich« neu geschaffene Hymne, in der Bilder von geistlichen und weltlichen Ritualen zusammenfließen, mündet in den gewaltigen orchestralen Schluß in D-Dur der *IX. Sinfonie*.

Es ist offensichtlich, daß das Werk in sich selbst über den Begriff der Hymne reflektiert, was erklären könnte, warum die *Ode an die Freude* aus ihrem rituellen und symbolischen Zusammenhang gerissen wurde, um auf ein reales Ritual übertragen und somit zum musikalischen Symbol politischer Gemeinschaften zu werden. Nur war und ist das keineswegs das »tatsächliche Programm« der *IX. Sinfonie*, genausowenig wie die politische Verwertung der *Ode an die Freude* nicht die letzte Stufe ihrer Rezeption darstellen wird. Und doch bildet genau dieses Programm den historischen Mittelpunkt des Werkes, geprägt von einer ideologischen Vieldeutigkeit, deren Wurzeln tief in die abendländische Geschichte reichen. In seinen monumentalen Spätwerken verarbeitete Beethoven alle Stilelemente, die bereits auf die eine oder andere Weise zur Entwicklung seiner Tonsprache beigetragen hatten. Dies gilt sowohl für seine Auffassung von der Melodie, vom harmonischen Gefüge, von der formalen Gestaltung und Orchestration, als auch für die rhetorischen Mittel sowie für die damit zusammenhängenden historischen Bedeutungen. Im einzigartigen Erfolg der *Ode an die Freude* kommen eine ganze Reihe Faktoren zum Ausdruck: Spuren der Kompositionen, die er den »Vertretern des aufgeklärten Absolutismus« gewidmet hatte; die Idee der Französischen Revolution von der »vereinigten Stimme der Nation«; sein Empfinden für das Göttliche und die Natur; eine traditionsbewußte theologische und politische Auffassung von der Gesellschaft; und schließlich das bürgerliche Ideal von der »ästhetischen Erziehung«, übertragen auf eine Metaphysik der Musik. Alle diese Elemente stießen früher oder später auf das Phänomen des gemeinsamen Lob- oder Festgesangs, wohlgemerkt der ursprünglichen, antiken Definition der Hymne. In der Neuzeit aber ist sie zur beliebtesten Gattung der Programmusik geworden, stets aus der Perspektive der Macht; sie ist der wichtigste Ausdruck der Staatsmusik, und zwar unabhängig von der Tatsache, ob diese Ausdrucksform dazu verwendet wird, in Frage zu stellen, wie es häufig der Fall war, oder gar zu vernichten. Die Hymne als Teil der musikalischen Utopie des späten Beethoven verweist auf die Frage nach dem Zugriff des Staates auf die Musik, die zum Symbol und Ausdruck eines abstrakten Prinzips der Formen menschlichen Zusammenlebens wird. Unabhängig von der politischen Konjunktur, in der der Lobgesang erklingt, unabhängig von den konkreten oder utopischen Staatsformen wird diese Musik seit jeher mit einem solchen »Staatsbestreben« erfüllt.

ZWEITER TEIL

Die politische Rezeption der *Ode an die Freude*

Der Kult der Romantiker

Ludwig van Beethoven starb am 26. März 1827. Die Beisetzung fand drei Tage später, am Nachmittag des 29. März, statt. Es war ein bedeutendes Ereignis. Dem offiziellen Bericht zufolge waren alle Schulen geschlossen und die Soldaten aus der nah gelegenen Kaserne dazu berufen, die öffentliche Ordnung zu sichern. Zwischen zehn- und dreißigtausend Menschen versammelten sich vor seinem Wohnsitz, dem Schwarzspanierhaus. In dem großen Hof, wo sein Sarg aufgebahrt war, herrschte bald so heftiger Andrang, daß man sich gezwungen sah, die Tore zu schließen. Die feierliche Prozession begann ungefähr um 16.30 Uhr. Obwohl das Haus weniger als zweihundert Meter von der Kirche in der Alsergasse entfernt lag, brauchte der Zug mehr als eineinhalb Stunden, um dorthin zu gelangen.[1] Beethovens sterbliche Überreste wurden von acht Sängern getragen und das Sargtuch von acht Kapellmeistern gehalten; zu beiden Seiten schritten über vierzig Fackelträger, zumeist Künstler. An der Spitze marschierte eine Gruppe von Geistlichen, die das Kreuz der Kirchengemeinde trugen. Dem Sarg folgten die Angehörigen und Freunde des Verstorbenen, darunter sein Bruder Johann und die Schwägerin Johanna van Beethoven, eine Gruppe von Posaunisten, ein Chor, Schüler des Konservatoriums, Mitglieder öffentlicher Institutionen, viele weitere Musiker und Künstler. Es waren aber nur wenige Adlige gekommen, mit Ausnahme von Dietrichstein kein einziger Vertreter des Kaiserhofs. Hier erwies die Wiener Kulturelite einem der Ihren die letzte Ehre, der Staat war bei dieser Zeremonie nicht eingeplant. Und doch war der Verlust eines bedeutenden Komponisten durchaus mit dem einer politischen Persönlichkeit aus der Dynastie zu vergleichen, selbst wenn diese enorme Bedeutung nicht von der Politik herrührte.

Fast im gesamten Verlauf dieser Totenfeier erklang Musik: der Klagechor aus Anselm Webers Oper *Wilhelm Tell*, nach Schillers Drama; zwei der *Equale für Posaunisten* (WoO 30), die Beethoven 1812 für den Linzer Dom geschrieben hatte – zu diesem Anlaß um einige Psalmen erweitert; in den Straßen spielte man den Totenmarsch aus der *Sonate opus 26*, in einer Bearbeitung für Blasorchester, die der Komponist selbst 1815 für ein patriotisches Stück angefertigt hatte.[2] Nach der Messe, wo das *Libera nos Domine* von Ignaz Seyfried von allen gemeinsam gesungen wurde, begleiteten viele Wiener den Leichenwagen bis zu den Pforten des Friedhofs von Währing. Da es von seiten der Kirche verboten war, eine Grabrede zu halten, las der Schauspieler Heinrich Anschütz einen Text, den Anton Schindler bei Franz Grillparzer, dem damals wichtigsten österreichischen Schriftsteller, in Auftrag gegeben hatte, in gebührender Entfernung von der geheiligten Stätte. Hier der Text in seinem vollem Wortlaut:

> Indem wir hier am Grabe dieses Verblichenen stehen, sind wir gleichsam die Repräsentanten einer ganzen Nation, des deutschen gesamten Volkes, trauernd über den Fall der einen hochgefeierten Hälfte dessen, was uns übrig blieb von dem dahingeschwundenen Glanz heimischer Kunst, vaterländischer Geistesblüte. Noch lebt zwar – und möge er lange leben! – der Held des Sanges in deutscher Sprache und Zunge; aber der letzte Meister des tönenden Liedes, der Tonkunst holder Mund, der Erbe und Erweiterer von Händel und Bachs, von Haydn und Mozarts unsterblichem

Ruhme hat ausgelebt, und wir stehen weinend an den zerrissenen Saiten des verklungenen Spiels.
Des verklungenen Spiels! Laßt mich ihn so nennen! Denn ein Künstler war er, und was er war, war er nur durch die Kunst. Des Lebens Stacheln hatten tief ihn verwundet, und wie der Schiffbrüchige das Ufer umklammert, so floh er in deinen Arm, o du des Guten und Wahren gleich herrliche Schwester, des Leibes Trösterin, von oben stammende Kunst. Fest hielt er an dir, und selbst als die Pforte geschlossen war, durch die du eingetreten bei ihm und sprachst zu ihm, als er blind geworden war für deine Züge durch sein taubes Ohr, trug er noch immer dein Bild im Herzen, und als er starb, lag's noch auf seiner Brust.
Ein Künstler war er, und wer steht auf neben ihm?
Wie der Behemot die Meere durchstürmt, so durchflog er die Grenzen seiner Kunst. Vom Girren der Taube bis zum Rollen des Donners, von der spitzfindigsten Verwebung eigensinniger Kunstmittel bis zu dem furchtbaren Punkt, wo das Gebildete übergeht in die regellose Willkür streitender Naturgewalten, alles hatte er durchmessen, alles erfaßt. Der nach ihm kommt, wird nicht fortsetzen, er wird anfangen müssen, denn sein Vorgänger hörte nur auf, wo die Kunst aufhört.
Adelaide und Leonore! Feier der Helden von Vittoria und des Meßopfers demütiges Lied! – Kinder ihr der drei- und viergeteilten Stimmen! brausende Symphonie: »Freude schöner Götterfunken«, du Schwanengesang! Muse des Lieds und des Saitenspiels: stellt euch rings um sein Grab und bestreut's mit Lorbeeren!
Ein Künstler war er, aber auch ein Mensch, Mensch in jedem, höchsten Sinn. Weil er von der Welt sich abschloß, nannten sie ihn feindselig, und weil er der Empfindung aus dem Wege ging, gefühllos. Ach, wer sich hart weiß, der

flieht nicht! Die feinsten Spitzen sind es, die am leichtesten sich abstumpfen und biegen oder brechen. Das Uebermaß der Empfindung weicht der Empfindung aus! Er floh die Welt, weil er in dem ganzen Bereich seines liebenden Gemüts keine Waffe fand, sich ihr zu widersetzen. Er entzog sich den Menschen, nachdem er ihnen alles gegeben und nichts dafür empfangen hatte. Er blieb einsam, wei er kein zweites Ich fand. Aber bis an sein Grab bewahrte er ein menschliches Herz allen Menschen, ein väterliches den Seinen, Gut und Blut der ganzen Welt.
So war er, so starb er, so wird er leben für alle Zeiten.
Ihr aber, die ihr unserem Geleite gefolgt bis hierher, gebietet eurem Schmerz! Nicht verloren habt ihr ihn, ihr habt ihn gewonnen. Kein Lebendiger tritt in die Hallen der Unsterblichkeit ein. Der Leib muß fallen, dann erst öffnen sich ihre Pforten. Den ihr betrauert, er steht von nun an unter den Großen aller Zeiten, unantastbar für immer. Drum kehrt nach Hause, betrübt, aber gefaßt! Und wenn euch je im Leben, wie der kommende Sturm, die Gewalt seiner Schöpfungen übermannt, wenn euer Entzücken dahinströmt in der Mitte eines jetzt noch ungebornen Geschlechts, so erinnert euch dieser Stunde und denkt: wir waren dabei, als sie ihn begruben, und als er starb, haben wir geweint.[3]

Das Erbe des großen verstorbenen Komponisten – von den erhabenen Frauengestalten Adelaide und Leonore, über die Figuren der Staatsmacht, verkörpert in Schlacht und Messe, bis hin zu den »drei- und vierstimmigen« Chören – wurde durch die *IX. Sinfonie* gekrönt. Es war die letzte Umarmung des Menschen Beethoven, der mit der Menschheit, die sich ihm entzogen hatte, sterben sollte. Das Schaffen dieses Helden mit christlichen Wesenszügen vollendete sich in jenem letzten Werk, das zwar nicht als solches zu definieren ist – wo blieben sonst seine letzten Quartette? –, dessen symbolische Kraft es aber zu seinem größten Meisterwerk werden ließ. Die *Ode an die Freude* ist der Schwanengesang, mit dem der Komponist sein taubes Ohr treffen wollte.

Auf dem Weg zur Kirche begleiteten Beethoven die Klänge seines eigenen Totenmarschs, und auch vor den Toren des Friedhofs ehrte man ihn mit seiner Musik. Daß man diese Werke bei seinem Begräbnis heraufbeschwörte, entsprach nicht mehr oder nicht nur einer ästhetischen Logik, sondern bereits oder vor allen Dingen der Logik des ehrenvollen Andenkens. Seiner Musik lauschen, hieß von nun an, sich ihrer zu erinnern und die Verbindung zum Komponisten und den übrigen Menschen an seinem Grab wiederaufzunehmen. Mit seinem lebenslangen künstlerischen Schaffen hat sich der Komponist der *Neunten* sein eigenes Denkmal gesetzt. Und das Denkmal, das man auf seinem Grab errichtete, diente den »Vertretern« einer Nation als mahnendes Zeichen ihrer berühmten Nachkommen. In der platonischen Dreiheit vom Schönen, Guten und Wahren wird die Musik mit ihrer eigenen Vergangenheit sowie mit der Gegenwart der ihr verwandten Kunst, der Dichtung, konfrontiert. Einerseits die Diachronie, die eine Ahnenreihe großer Komponisten, von Händel bis Beethoven, in der Zeitlosigkeit des nationalen Geistes entfaltet; andererseits die Gleichzeitigkeit, in der sich Beethoven und Goethe annähern, wie die beiden sich ergänzenden Hälften einer klassischen Größe, welche vor dem geschichtlichen Hintergrund bereits verblaßt. In Grillparzers Grabrede entsteht ein umfassendes Bild der deutschen Kultur.

Sein Text, der den Normen jener Zeit entsprach, wirkt weder besonders originell noch persönlich. Grillparzer kannte zwar den Komponisten und hatte sogar mit ihm gemeinsam am Projekt einer Oper gearbeitet, ihre ästhetischen Auffassungen aber waren grundverschieden. Und so stammte das Bild von Beethoven, das der Nachwelt überliefert wurde, folglich nicht von ihm, sondern von den Romantikern wie E. T. A. Hoffmann oder Bettina von Arnim. In einem 1835 veröffentlichten Brief schrieb sie beispielsweise: »In Allem, was seine Kunst anbelangt, ist er so herrschend und wahrhaft, daß kein Künstler sich ihm zu nähern getraut, in seinem übrigen Leben aber so naiv, daß man aus ihm machen kann, was man will.«[4] Ihr Brief, in dem der Komponist als ein ausgesprochen vitaler Mensch erscheint, sollte dieses Bild weit mehr beeinflussen als die fast apollinische Darstellung in der Grabrede. Trotzdem ist Grillparzers Text zugleich Klagelied und Programm. Indem er die schon zu Lebzeiten Beethovens feststehenden Vorstellungen komprimierte und sozusagen noch auf dessen persönliche Unterstützung zurückgriff, schaffte er eine programmatische Darstellung des Künstlers, die sich im Laufe des 19. Jahrhunderts, dem »Jahrhundert des Bildungsbürgertums«, zusehends festigte.

Der Beethoven-Mythos entfaltete sich so in einer Gesellschaft, in der das deutsche Ideal der Bildung oder Selbsterziehung durch die Kultur hochgehalten wurde, von Thomas Mann als das »Ideal privatmenschlicher Allseitigkeit«[5] beschrieben. Der Begriff des »gebildeten« Menschen, der nun die Verantwortung für seine persönliche Freiheit trug und die Künste oder die Wissenschaften studierte, wurde schon zur Zeit der Weimarer Klassiker geprägt; vor allem dadurch, daß die vom Pietismus gepredigte tiefinnerliche, religiöse Erfahrung aufgewertet wurde. Dieses Vorbild, in *Wilhelm Meister* konkret geschildert und von den *Briefen über die ästhetische Erziehung des Menschen* theoretisch untermauert, begleitete den Aufstieg und die Machtentfaltung des Bürgertums. Die damit einhergehenden ethischen Wertvorstellungen entstanden jenseits aller politischen und religiösen Gesinnungen. Im

Grunde genommen hatte jeder die Möglichkeit, diese Ideale zu leben, doch dienten sie praktisch nur dazu, soziale Unterschiede zu definieren und hervorzuheben.[6] Die Tonkunst spielte in jener Ideologie eine maßgebliche Rolle: Bei den lokalen Konzerten oder großen Festspielen konnte jeder gebildete Mensch in seinem tiefsten Innern die von der Musikästhetik der Romantik gebahnten Wege des Unendlichen beschreiten; und die Hausmusik ermöglichte, eine moralisch überlegenere Geselligkeit zu pflegen, als es normalerweise im prosaischen Dasein der Fall war. Schopenhauer betrachtete die Musik als die höchste Form des ästhetischen Erlebens, das von Kant wiederum als wesensgemäß »uneigennützig« definiert wurde. Durch die Musik erhielt die Autonomie der künstlerischen Sphäre folglich ihre ethische Dimension zurück und trug zur Gestaltung der Freiheit des Individuums bei, das auf diese Weise am Allgemeinwohl beteiligt war.[7]

Hierin erkennen wir einen Widerspruch, und die *IX. Sinfonie* sollte sich als eine Art programmatischer Ausdruck dieses Widerspruchs erweisen; eine Tatsache, die dazu beigetragen hat, ihre zentrale Rolle in der sogenannten »Religion der Musik« zu erklären. Einige der ersten Kritiker der *Neunten* gingen bereits in diese Richtung. Sie versuchten, den Sinn von jener Kantate zu erfassen, die doch eigentlich in einem Instrumentalstück fehl am Platz war. Deutungen, die auf das Verhältnis zwischen Mensch und Musik pochten, ließen die wörtliche Aussage von Schillers Text anscheinend völlig außer acht. So auch der Wiener Korrespondent der in Leipzig herausgegebenen *Allgemeinen Musikalischen Zeitung*; er »hörte« 1824 im Chorfinale einen metaphorischen Gruß an die »göttliche Tonkunst« und ihren »hohen Priester« Beethoven.[8]

So wurde die Musik im 19. Jahrhundert in Deutschland zu einem außerordentlich wichtigen identitätsbildenden Element. Bezeichnend für diese symbolische Wandlung war 1837 die Veröffentlichung von *Der glorreiche Augenblick* unter einem neuen Titel, *Preis der Tonkunst*, der nun den Lobgesang auf das »europäische Konzert« ersetzte. Zahlreiche neue Musikzeitschriften waren die Schaltstellen der kulturellen Diskussion, und wenn sie sich auch nicht allzu direkt in die politischen Bereiche vorwagten, bezogen sie sich dennoch auf eine allgemeine Problematik. Das Beispiel Robert Schumanns, der 1834 in Leipzig die *Neue Zeitschrift für Musik* gegründet hatte, veranschaulicht »die Deckungsgleichheit zwischen dem persönlichen Ehrgeiz, sich eine Position als Musiker und Schriftsteller zu schaffen, und den politischen Bestrebungen einer Generation, für die die Kultur das Mittel zu einer nationalen Identität war«[9]. Wie ernst es Schumann damit meinte, erkennt man in folgender Bemerkung: »Wie Italien sein Neapel hat, der Franzose seine Revolution, der Engländer seine Schiffahrt usw., so der Deutsche seine Beethovenschen Sinfonien; über Beethoven vergißt er, daß er keine große Malerschule aufzuweisen, mit ihm hat er im Geist die Schlachten wiedergewonnen, die ihm Napoleon abgenommen; ihn wagt er selbst Shakespeare gleichzustellen.«[10] Dieser wachsende Patriotismus entsprach den universalistischen Bestrebungen der liberal eingestellten bürgerlichen Intellektuellen. Robert Griepenkerl, zum Beispiel, ein Mitarbeiter der *Neuen Zeitschrift für Musik*, der die Kunst für ein »weltliches Evangelium« hielt, in dem die »Weltgeschichte« verkörpert wurde, sah in Beethoven rückblickend den »Propheten der Julirevolution«. Diese Anschauungen verarbeitete er 1838 in seinem Roman *Das Musikfest oder die Beethovener*, der die Gedenkfeier für den Komponisten in einer Kleinstadt beschreibt. »Wer da weiß, welche öffentliche Metze diese verkappte ›Freude‹ Schillers Geburt war, der fahe [= fasse] sie!« ruft eine der handelnden Personen ironisch aus, nachdem sie die *Neunte* gehört hat – auf diese Frage anwortet der Verleger in einer Fußnote: »Es war die Freiheit.« Wenn auch indirekt, ja fast versteckt, tauchte hier, in einem tragikomischen Roman, zum ersten Mal in der Rezeptionsgeschichte Beethovens der Gedanke auf, daß man die *Ode an die Freude* als eine *Ode an die Freiheit* verstehen konnte.[11]

Dabei war Griepenkerls Würdigung doch nichts anderes als die imaginäre und parodistische Spielart einer Idee, die damals an der Universität Bonn tatsächlich als reales Projekt existiert hat. Diese Hochschule hatte seit Beethovens Zeit nichts an Ansehen eingebüßt. Zu ihren Professoren zählten seit 1819 der große Philologe August Wilhelm Schlegel und seit 1823 der erste deutsche Musikwissenschaftler, Heinrich Carl Breidenstein. Es muß gesagt sein, daß diese Neuheit in keinster Weise auf Breidensteins besonderen Verdiensten beruhte, denn will man seinem Biographen Glauben schenken, so war sein wissenschaftlicher Beitrag mehr als geringfügig.[12] Er hatte nicht das Format etwa von Johann Nikolaus Forkel, dem ersten Biographen Johann Sebastian Bachs, der im Rahmen der neuen Musikwissenschaft bereits 1802 als »nationaler Klassiker« gerühmt wurde. Breidensteins Ernennung war Teil einer Entwicklung, denn das Musikstudium war nun als Wissenschaft anerkannt, womit die klassische Musik ihre Legitimation erhielt und sich bald auf das hohe Ansehen akademischer Institutionen stützen konnte. 1832 veröffentlichte Breidenstein in einer lokalen Zeitschrift den Artikel »Erinnerung an Beethoven«, in dem er, wie er schrieb, die bereits 1828 formulierte Idee aufgriff, dem Komponisten in seiner Geburtsstadt ein Denkmal errichten zu lassen, »oder, was freilich besser sein dürfte, ein lebendiger geistiger Denkstein, sei es für die Zwecke der Kunst, der Bildung, der Erziehung usw.«[13].

Es war damals mehr als außergewöhnlich, einem Komponisten ein Denkmal zu setzen. Kein einziger großer deutscher Kulturschaffender war in dieser Art verewigt worden; bis auf

Luther, 1821 in Wittenberg, doch war er ja in diesem Sinne kein Künstler.[14] Die ersten Projekte der gemeinsamen Statuen von Goethe und Schiller stammten aus dem Jahr 1819, wurden aber erst sehr viel später verwirklicht. Das erste Monument des Autors von *An die Freude* entstand 1839 in Stuttgart. Als Breidenstein seinen Artikel veröffentlichte, war also weder einem Schriftsteller noch einem Komponisten die Ehre zuteil geworden, in Marmor oder Bronze verewigt auf einem öffentlichen Platz zu stehen. Der Anstoß zu den ersten Denkmälern wurde auf lokaler Ebene gegeben, und im Zuge der Industrialisierung erreichte diese neue Mode bald schwindelerregende Größenordnungen. Bis zur Reichsgründung schuf sich so die Kulturnation eine wahre Ahnengalerie, die zu ihrem wichtigsten Identitätsmerkmal werden sollte. Mozarts Denkmal, das man 1842 in Salzburg einweihte, war das erste eines Komponisten. Gleichzeitig träumten auch die Fürsten von großen Bauwerken, wie der Walhalla, die Ludwig I. von Bayern 1842 erbauen ließ; oder der »großen Nationalkirche«, der Grabstätte der Hohenzollern, die sich der neue König von Preußen, Friedrich Wilhelm IV., ausgedacht hatte; oder etwa das neugotische »Denkmal der Nation«, 1842 im Kölner Dom enthüllt. Während diese Wahrzeichen meist der Selbstdarstellung größenwahnsinniger oder selbstverliebter Herrscher dienten, stellte sich die Frage im allgemeinen Kulturleben ganz anders. Die Monarchen waren gegebenenfalls an einem Projekt beteiligt oder konnten Vorteile aus ihm ziehen – allen voran Preußens junger König, der die konservative Ideologie der Romantik verinnerlicht hatte und das teutonische Mittelalter und die »große deutsche Kunst« verherrlichte. Der erste Anstoß mußte jedoch von der Bevölkerung kommen, und vor allem von seiten der Geburtsstädte bedeutender Künstler oder von Städten, die eine besondere Rolle in deren Werk gespielt hatten.

Nachdrücklich wurde auf die »deutsche« Herkunft dieser Persönlichkeiten hingewiesen, doch ließen die Wurzeln der Aufklärung im Bildungsbürgertum in der ersten Hälfte des 19. Jahrhunderts nur schwer ihre globale Bedeutung vergessen, denn die Würdigung großer Männer war schon vorher zu einem »europäischen Ritus« geworden.[15] Zur Einweihungsfeier des Gutenberg-Denkmals strömten 1837 die Drucker aus ganz Deutschland und auch aus anderen europäischen Ländern nach Mainz. Der Schwerpunkt war je nach Person, historischem Moment oder den lokalen Umständen anders gelagert. Die verschiedenen Tendenzen, ob Liberalismus und Nationalismus oder Aufklärung und Romantik, begegneten sich um die jeweilige Statue, ein Kunstwerk, das als Symbol der Geschichte errichtet wurde, die »wie Janus gleichzeitig in die Vergangenheit und in die Zukunft blickt«[16]. Anders als die Helden der Politik schienen die Helden der Kultur Teil dieser ideologischen Inhalte zu sein. Die patriotischen Bestrebungen stießen hier jedoch auf die sie definierenden Grenzen und in gleicher Weise auf die universalistischen Strömungen, die diese Grenzen überschreiten und so den Patriotismus aufheben. Dies galt ganz besonders für die Musik, deren nicht sprachlicher Charakter es viel leichter erlaubte, den Anspruch auf Universalität des von Kant geprägten ästhetischen Erlebens auf empirische Fundamente zu stützen.

In der Gestalt Beethovens vereinigte sich diese doppelte Identität in besonderem Maße, sowohl in Deutschland als auch außerhalb des Landes. Während sie in Deutschland natürlich ermöglichte, die nationale Kultur und den weltumfassenden Geist gleichzeitig zu formulieren, wurde diese »deutsche« Musik in Frankreich einer fremden Kultur zugewiesen, die man nur zu gern als universell verstehen wollte – ein Versuch, der bereits 1811 in Paris in den ersten Kritiken von Beethovens Werk deutlich wurde, wo man ihn ein »gewaltiges Genie« nannte, abgesehen von »seinen etwas krassen Deutschtümeleien«.[17] Einige Tage nach seinem Tod erschien folgender kurzer Artikel in *Le Globe*:

> Die Künste haben soeben einen großen Mann verloren, ein unvergleichliches Genie, den Kant der Musik; Beethowen [sic] verstarb am 26. vorigen Monats in Wien. Selbst alle, die der abstrakten, gewissermaßen metaphysischen Schönheit nicht viel abgewinnen können, bewunderten in ihm den größten modernen Meister der Harmonie. Nie zuvor hat ein Komponist die Instrumente des Orchesters neuartiger und mit so viel magischer Kraft verteilt; nie zuvor wurden so viele neue Effekte geschaffen. Tief in seinen scheinbar mathematischen Kombinationen entdeckt man immer irgendeine verborgene und doch vertraute Poesie, wie in den logischerweise so undurchsichtigen Schriften des Königsberger Philosophen. Seine Musik ist in Frankreich kaum bekannt: Erinnern wir uns aber an die Wirkung einer seiner Sinfonien, die im letzten Jahr hier vom Concert spirituel aufgeführt wurde. Dieser wunderbaren Sinfonie möchten wir gleich in der nächsten Woche erneut lauschen: Wir werden sie mit Beifall begrüßen wie die Grabrede auf ein großes Talent.[18]

Mit dieser ersten Reaktion auf Beethovens Tod, der Gleichsetzung von spekulativer Philosophie und Instrumentalmusik, der man so ein Potential »metaphysischer Schönheit« zuerkannte, verwies Frankreich aber auf typisch deutsche Kulturwerte. Diese Ausdrucksgebärde wird zur Trauerrede für einen großen Künstler, dessen Geist im Konzertsaal weiterlebt. Bei besagter »wunderbarer Sinfonie« handelte es sich höchstwahrscheinlich um die *II. Sinfonie* opus 36, die allerdings nichts von einem Totengedenkwerk hat und eher heiter und idyllisch ist.[19] Die Ansicht, daß Beethovens Werke über ihren eigentlichen Gehalt hinaus wie geschaffen waren, als Gedächtniskonzerte für ihn zu fungieren, war keineswegs nur Grillparzer und schon gar nicht dem *Le Globe* vorbehalten.

Am 9. März 1828 fand dann tatsächlich das erste Konzert der Société des concerts du Conservatoire de Paris unter der Leitung von François-Antoine Habeneck statt. Auf dem Programm stand die *Eroica*, dazu Werke von Rossini und Cherubini, dem damaligen Direktor des Konservatoriums. Dies war der Beginn vieler offizieller Würdigungen, die Beethoven, bis dahin noch Außenseiter, allmählich zum Mittelpunkt des Musiklebens in Paris machten. Das gleiche galt für ein neugegründetes Orchester, das dank der Aufführungen seiner neun Sinfonien bald einmütig zum besten Orchester Europas gekürt wurde. Vierzehn Tage nach dem ersten Konzert am 9. März fand das zweite dieser Reihe statt, diesmal ausschließlich mit Werken von Beethoven, die »allgemein noch einmal verlangte« *Eroica* mit eingeschlossen. Hier nun wurde die Musik des großen Sinfonikers zu seinem eigenen Totengedenkwerk, denn das Konzert war ausdrücklich dem »Andenken von L. V. Beethoven« gewidmet.[20] Die wichtigste Institution, die sich mit sinfonischer Musik befaßte, begann ihre Aktivitäten folglich unter dem Zeichen des Gedächtnisses jener klassischen Musik. Bald darauf hörte man auch Gedächtniskonzerte für Mozart und Haydn – wobei Beethoven in dieser Kategorie jedoch einen gewaltigen Vorsprung beibehielt. Dank Habeneck überschritt er den spezifisch musikalischen Bereich, um sich auf eine ganze Generation von Romantikern auszudehnen, wie die Schriften insbesondere von Balzac, George Sand oder Victor Hugo bezeugen. »Im Reich der Musik hat sich kürzlich eine Revolution ereignet«, schrieb Castil-Blaze 1829 im Anschluß an die Erstaufführung der *Eroica*; »arbeitet diese aber mit neueren Effekten, mit originelleren, reizvolleren

Kniffen, mit hervorragenderen Formen als alles, was uns Beethovens Werk nicht schon geboten hat?«[21]

In den Kreisen der Pariser Elite, unter Verstärkung vieler illustrer Ausländer, traf man sich um das Musikgenie in einer internationalen Künstlergemeinde. 1829 veröffentlichte der junge Hector Berlioz in *Le Correspondant* seinen ersten Text über Beethoven. Er stellte die »Biographie eines Ausländers«, eines »explosiven Genies« und Komponisten »erhabener Musik [...] zu einem Zeitpunkt vor, da die Arbeiten dieses großen Künstlers das ganze musikalische Europa mit ungeheurer Bewunderung erfüllen«. Und er zitierte ausgiebig Adolph Bernhard Marx, um von einer Sinfonie in d-Moll zu sprechen, die er nie gehört hatte, die er aber schon damals für den »Geniestreich ihres Schöpfers« hielt.[22] Am 27. März 1831 dirigierte Habeneck die französische Erstaufführung der *IX. Sinfonie*. Die Ansichten über die *Ode an die Freude* gingen auseinander: »Was mag Beethoven mit diesem Stück beabsichtigt haben? Es will mir nicht gelingen, das zu verstehen, obwohl ich es eingehend untersucht habe«, schrieb François-Joseph Fétis in der *Revue musicale*, in der er kurz zuvor behauptet hatte, Komponieren sei für den tauben Beethoven am Ende seines Lebens »nichts anderes gewesen als träumen«.[23] Wenn er Beethoven dennoch bewunderte, verrät seine Reaktion den Widerstand, auf den die *Neunte* zu Anfang gestoßen war, nicht nur in Frankreich, sondern auch in Deutschland und ganz besonders in England. Aber die Romantiker sollten ihre Anschauung der Musikgeschichte schließlich durchsetzen. 1838 beschrieb Berlioz den »engen Bezug zwischen Chor und Orchester«, ausgedrückt vom »Schwur« des Baritons, bevor die »volkstümliche, stürmische Freude« durchbreche, »die einer Orgie gleichen würde, wenn nicht alle Stimmen am Ende wieder in einem feierlichen Rhythmus verharrten, um dann mit einem ekstatischen Ausruf das letzte Zeichen der Liebe und Ehrerbietung an die göttliche Freude ertönen zu lassen«.[24] Und wollte Berlioz in alldem letztendlich nur eine »rein musikalische und poetische« Absicht sehen, hielt der Violonist und Kritiker Chrétien Urhan das Werk für den Ausdruck des »glühenden Mystizismus« seines Schöpfers, eines christlichen »Märtyrers«, dessen Biographie er über die ganze Sinfonie hinweg nachzeichnete bis hin zur *Ode an die Freude*, in der er »Kirchenmusik« hörte, »aber für die Kirche des Himmels«.[25]

Urhans religiöse Deutung widersprach all jenen, die Schillers Text als freimaurerische Botschaft interpretierten; für sie nämlich wurden die »Prüfungen« in den drei ersten Sätzen von den Versen über die »Brüder« gekrönt. Denn ab 1830 setzte man den Komponisten dieser »Revolution«, von Castil-Blaze rein musikalisch aufgefaßt, auch in einen politischen Zusammenhang. In den Julitagen arbeitete der junge Franz Liszt an den ersten Entwürfen für eine *Symphonie révolutionnaire*, die mit ihren Zitaten aus der *Marseillaise* und dem lutherischen Choral *Ein' feste Burg ist unser Gott* direkt von *Wellingtons Sieg* angeregt wurde. Bei manchen Saint-Simonisten dagegen vermischte sich die gleichzeitige und bisweilen widersprüchliche Übertragung von Beethovens Werk auf einen religiösen und andererseits sozialen Bereich. Sie richteten sich an die »Künstler, die das Volk lieben«, und träumten bald von ungezählten Aufführungen seiner Werke, bald von einer »Zukunftshymne«, gewissermaßen einer Synthese aus Beethoven und Rossini. Und der Komponist Félicien David wollte die »emotionelle Kraft der Musik« in den Dienst der Ideale der Saint-Simonisten stellen; er sagte, daß er »nie zuvor eine überragendere Komposition« gehört habe als jene »Sinfonie mit großem Chor«.[26] Die Wirkung dieser politischen Auslegungen blieb zunächst jedoch relativ gering. Eine der wichtigsten Ideen der romantischen Bewegung aus den Jahren um 1830 bestand nach wie vor darin, daß sich die Ausdruckskraft der

Musik im individuellen Gefühlsleben offenbarte und ihr somit unendlich viele verschiedene Deutungen erschlossen wurden, denn, so schrieb Balzac 1839, »jeder interpretiert die Musik je nach seiner Gemütslage, seinem Schmerz oder seiner Freude, seiner Hoffnung oder Verzweiflung«.[27]

War man sich auch über den individuellen Charakter des ästhetischen Erlebens und über die »monumentale« Dimension der Werke Beethovens einig, so wurde der Wunsch aber immer lauter, den großen Künstler mit einem Monument sichtbar und dauerhaft zu würdigen. Als sich das Projekt in Bonn konkretisierte, wandten sich die Initiatoren, im Bewußtsein der internationalen Ausstrahlung des Komponisten, nicht nur an ganz Deutschland, sondern an alle »Freunde der Tonkunst«. Am 17. Dezember 1835 erging vom Bonner Verein für Beethovens Monument folgender »Aufruf an die Verehrer Beethoven's«:

Zu allen Zeiten hat man es für eine heilige Pflicht gehalten, große Männer durch Errichtung würdiger und lange dauernder Denkmale zu ehren, und so den Dank und die Bewunderung ihrer Zeitgenossen auch auf die nachkommenden Geschlechter zu vererben. Gegen wen aber möchte diese Pflicht mehr und eher erfüllt werden müssen, als gegen einen Mann, dessen Ruhm durch die außerordentlichen Schöpfungen im Gebiete einer schönen und edlen Kunst nicht nur zu allen gebildeten Völkern Europa's, sondern selbst in ferne Weltheile gedrungen ist, dessen Name zuerst genannt wird, wenn von dem kühnsten und erhabensten Schwunge der Phantasie, wenn von einem endlosen Strome künstlerischer Erfindungskraft, und vor allem, wenn von der Vollendung der Musik als selbstständiger Kraft die Rede ist, mit einem Worte: gegen Ludwig van Beethoven! […][28]

Den Vorsitz dieses Ausschusses hatte August Wilhelm Schlegel; zu den Mitgliedern zählten vor allem hohe Persönlichkeiten aus dem Bonner Kulturleben – unter anderem Breidenstein, der einzige Musikspezialist der Gruppe, ein Studienrat, ein Geologe, ein Jurist und ein Stiftsherr. Der mit dem Geburtsdatum des Komponisten datierte Aufruf wurde an die wichtigsten Musikzeitschriften Deutschlands, Frankreichs und Englands gesendet. Die Unterzeichner richteten an »alle Verehrer Beethoven's die Bitte, durch ihre thätige Hülfe, sei es durch Privatsammlungen von Geldbeträgen, oder durch eigens für diesen Zweck zu veranstaltende Konzerte und Bühnendarstellungen« an der Durchführung des Projekts mitzuwirken. In Deutschland war das Echo auf den Rundbrief recht positiv, vor allem von seiten Ludwigs I. von Bayern und des künftigen Friedrich Wilhelms IV. In Paris druckte man den Text am 24. April 1836 in der *Revue et gazette musicale*, deren Herausgeber, ein Deutscher namens Maurice Schlesinger, das Vorhaben in Paris weiterhin tatkräftig unterstützte. Die Reaktionen erfolgten jedoch weder schnell noch wirksam. Breidenstein sagte später, daß Cherubini, der ihm brieflich die Aufführung eines Konzerts zugunsten des Denkmals versprochen hatte, ihm im weiteren Verlauf einen eher frostigen Empfang bereitete.[29] Gleichgültig, ob Cherubini aus Neid oder infolge von Spannungen zwischen Habeneck und Schlesinger so ablehnend reagierte, fest steht, daß der erste »Aufruf« in Paris, wo der Beethoven-Kult damals ja seinen Höhepunkt erreicht hatte, ins Leere ging. In London war es genau das gleiche. Im Juli 1837 bedauerte *The Musical World*, daß das *fashionable* Publikum in der Drury Lane dem von George Smart und Ignaz Moscheles organisierten Konzert ferngeblieben war, bei dem Moscheles – wie ein Journalist es nannte – »the universal Hallelujah« der *Ode an die Freude* dirigierte. Er stellte jedoch die Frage: »Warum aber sollte dieses Denkmal ausgerechnet in Bonn stehen und nicht in London, Saint-Paul oder Westminster Abbey?« Ganz offenbar schien das Projekt eines Denkmals an sich fragwürdig, denn »das größte Monument, das man für Beethoven errichten kann, ist die angemessene Aufführung seiner Werke: eine alljährliche Aufführung seiner Chorsinfonie von tausend bis tausendfünfhundert Interpreten. Die große freimaurerische Hymne Europas von tausend Stimmen gesungen und begleitet von einem Orchester mit fünfhundert Instrumenten wäre eine Apotheose, um derentwillen der Komponist seinen Tod sicher nur zu gerne um einiges aufgeschoben hätte.«[30] Dieses Projekt, das auch mit der Begeisterung der französischen Freimaurer übereinstimmte, qualifizierte die *Ode an die Freude* erstmals als eine spezifisch europäische Hymne.

Ein solcher Gegenvorschlag zum Aufruf aus dem Jahr 1835 zeigt zumindest, daß es nicht nur galt den Beethoven-Kult in der Öffentlichkeit durchzusetzen; er zeigte auch, auf welche Widersprüche er stoßen konnte. Die Anhänger der romantischen Bewegung befanden sich in einer paradoxen Situation. In ihrem Einsatz für den Komponisten der *Eroica* konnten sie nichts anderes tun, als seinen Triumph in gutem Glauben zu fördern und mit ihrer Arbeit als Musiker oder Kritiker dazu beizutragen. Die Vorstellung jedoch, die sie sich von Beethovens einzigartigem Talent und vom ästhetischen Erleben allgemein machten, führte dazu, daß sie zunehmend mißtrauisch auf den banalisierten Überschwang reagierten. Ein Phänomen, das sie dadurch versuchten zu kanalisieren, daß sie mit besonderem Nachdruck auf die Spätwerke hinwiesen, die beim uneingeweihten Publikum als unverständlich galten; gleichzeitig pochten sie auf diese Unterschiede, die sie von allen Mitläufern trennten. In der gleichen Ausgabe der *Gazette*, die den Bonner Aufruf veröffentlicht hatte, attackierte Berlioz dementsprechend das Publikum des Conservatoire, »denn für dieses Völkchen ist Beethoven in Mode, so wie Gluck es für die stutzerhaften Adligen am Hofe Ludwigs XVI. gewesen ist. Und vielleicht ist die Zeit gar nicht fern, in der ihre zur Schau gestellte, verlogene Begeisterung der Verachtung Platz machen wird: Dann fehlt ihm nichts mehr zu seinem Ruhm.«[31] Damit wurde der historische Begriff der öffentlichen Anerkennung auf dramatische Art und Weise zunichte gemacht: Um sich gegen die Mode, die ewige Gestalt des Bösen, aufzulehnen, schob man den wahrhaften Ruhm nun auf die Verachtung von Ignoranten ab. Berlioz' Stellungnahme wirkte um so widersprüchlicher, da er sich nach seinen eigenen Worten selbst zum »monumentalen«[32] Stil berufen fühlte und seine Auftragswerke häufig bei offiziellen Anlässen gespielt wurden. Das Ideal dieses monumentalen Stils in einem Kunstwerk war aber keineswegs eine Voraussetzung dafür, von einer Unzahl menschlicher, ganz lebendiger »Denkmäler«, die offenbar zwangsläufig von Mittelmäßigkeit geschlagen waren, bewundert zu werden. Für Berlioz war die vollkommenste Würdigung eines Verstorbenen also damit verbunden, die gewaltigsten Konzertformen aufzufahren, um den Gefühlen des einzelnen gerecht zu werden:

Ich würde ein Schiff ausrüsten und ein Orchester mit folgender Besetzung an Bord nehmen: sechzig Violinen, dreißig Bratschen, dreißig französische Violoncelli, zwanzig englische Kontrabässe, vier Flöten, vier Oboen aus Paris, vier deutsche Klarinetten, acht deutsche Fagotte, vier deutsche Trompeten, vier Hörner aus Paris und vier Hörner aus Wien, und zwei Paukenschläger aus Paris; dann würde ich in die Troas aufbrechen.
Bei der Ankunft in diesem erhabenen Land wäre meine erste Sorge, all jene Türkenhunde von dort zu verjagen, die keine andere Poesie kennen als den Koran und keine andere

Musik als die der Querpfeifen und Zymbalen; auch alle griechischen Fischer oder Piraten würde ich zwingen, das Land zu verlassen, alle langweiligen oder lästigen Reisenden aus England, alle Franzosen, die dort herumvagabundieren, diese Skeptiker und gehässigen Voltairianer ohne Enthusiasmus und Herz, alle italienischen Dilettanten. So würde ein wenig Ruhe einkehren, einzig gestört vom Klagen der Helle in den Meeresfluten, dem Plätschern des Xanthos und dem geheimnisvollen Rauschen des Windes um die großen Grabmäler. Ich würde dann einen klingenden Tempel, der bloß von zwei Statuen im Innern geschmückt wäre, am Fuße des Berges Ida erbauen, und ließe mir eines Abends bei Sonnenuntergang, nachdem ich Homer gelesen und die durch seinen Genius unsterblich gewordenen Stätten beschritten hätte, von dem König unter den Orchestern die andere Dichtung des Königs der Musik vortragen, die heroische Symphonie von Beethoven. – Sie aber mögen nun sagen, wenn die Phantasie derart beflügelt, die Seele enflammt, das Herz von so viel Poesie erfüllt ist, von der Hoheit der Erinnerungen, vom gewaltigen Anblick jener Landschaft, wenn der ganze Mensch in solcher Umgebung und bei dieser Musik selig erzittert, dann wäre das eine pindarische Orgie und der Mensch dem Tod geweiht. – Das will ich hoffen.
Statt dessen müssen wir uns in die Rue Bergère Nummer 2 begeben, in einen kleinen, schmutzigen, feuchten Saal, wo ein paar trübe Lüster die Finsternis erahnen lassen, wo bleiche Frauen mit sorgfältig einstudierten Posen den Blick gen Himmel richten, wo rotgesichtige Männer alles versuchen, um nicht einzuschlafen, oder mit dem Kopf den falschen Takt markieren [...][33]

Angesichts dieser »pindarischen Orgie« konnte ein einfaches Denkmal in einer deutschen Kleinstadt nur eine recht klägliche Figur abgeben. Und daher äußerte Berlioz zunächst keinerlei Begeisterung, keinerlei Kommentar zum Projekt eines Monuments in Bonn.

Sein Kollege Robert Schumann dagegen bekundete seine Betroffenheit in aller Öffentlichkeit. Daß man die große Tradition derart banalisieren wollte, beunruhigte ihn zutiefst: Beethoven verkörperte ja die große deutsche Kultur, und zwar sowohl vor den anderen Nationen als auch vor dem gesamten Bürgertum, das den Hang hatte, vor allen äußerlich sicht- und hörbaren Talentbeweisen in Bewunderung zu erstarren. Der Kampf gegen die »Pedanten«, die nur den Verstoß gegen die Harmonie sahen, wo sie eigentlich die Gewalt des Genies hätten anerkennen müssen, wurde von einer noch dringlicheren Schlacht gegen die Philister begleitet; diese Schlacht hatte sich der »Davidsbund« zu Aufgabe gemacht, der Zusammenschluß aller realen oder imaginären Gestalten, die Schumanns Schriften und Kompositionen beseelten. In einem Artikel aus dem Jahr 1835 kritisierte Florestan jene »Beethovener«, die beim Hören der *Neunten* »dastanden mit glotzenden Augen«. »Unten im Laternendunkel sagte Eusebius wie vor sich hin: ›Beethoven – was liegt in diesem Wort! Schon der tiefe Klang der Silben wie in eine Ewigkeit hineintönend. Es ist, als könne es kein anderes Schriftzeichen für diesen Namen geben.‹ – ›Eusebius‹, sagte ich wirklich ruhig, ›unterstehst du dich auch, Beethoven zu loben??‹«[34] Die Ekstase von Eusebius schon allein vor Beethovens *Namen* und Florestans Tadel verdeutlichen Schumanns Verlegenheit angesichts der biedermeierlichen Enge, die seiner eigenen Weltanschauung im Grunde genommen sehr ähnlich war. Hier, sollte man meinen, zeigte sich der Kritiker in seiner tragischen Rolle: Da das ratlose Schweigen der »Davidsbündler« den Philistern nur recht geben konnte, blieb als einzige, wenn auch ungewisse Lösung die Aufdeckung des Bruchs. Als Antwort auf den Aufruf des Bonner Ausschusses veröffentlichte Schumann den Artikel »Monument für Beethoven. Vier Stimmen darüber«[35]. Florestan richtete sich ironisch an Beethoven: »Deine D-moll-Sinfonie aber, Beethoven, und alle deine hohen Lieder des Schmerzes und der Freude dünken uns noch nicht groß genug, dir kein Denkmal zu setzen, und du entgehst unserer Anerkennung keineswegs!« Jedes derartige Denkmal muß eigentlich zum Scheitern verurteilt sein, denn keines kann die wahrhaftige Größe des Menschen erfassen. Keine Statue kann jemals die lebendige Gegenwart des Meisters ersetzen, die des Menschen Beethoven, der seine Hand, die seiner Musik, auf Florestans glühende Stirn legt: »In derselben Minute wandeln tausend Entzückte unter den Tempelsäulen seiner C-moll-Sinfonie.« Auch die zweite dieser Figuren war sehr skeptisch. Börne sagt: »›Wir würden am Ende noch dem lieben Gott ein Denkmal setzen‹; ich sage, schon ein Denkmal ist eine vorwärts gedrehte Ruine (wie diese ein rückwärts gedrehtes Monument) und bedenklich, geschweige zwei, ja drei.« Denn Wien und Leipzig, so stellte Jonathan fest, hätten ebenso ein Recht darauf, Beethoven ein Denkmal zu setzen. Diese Problematik befreit die Menschen jedoch nicht von ihrer Verantwortung für die Geschichte. Eusebius fährt folgendermaßen fort: »Im Augenblicke hören mir viele hundert Menschen zu; die Frage ist eine deutsche: Deutschlands erhabenster Künstler, der oberste Vertreter deutschen Wortes und Sinnes, nicht einmal Jean-Paul ausgenommen, soll gefeiert werden, er gehört *unserer* Kunst an.« Die Angelegenheit hatte eine nationale und zugleich korporative Bedeutung; die Komponisten mußten anstelle der Fürsten handeln. Eusebius unterbreitete verschiedene Vorschläge, um dem großen Künstler zu gedenken, darunter den einer gigantischen Statue, die von allen

Ausländern für die eines deutschen Kaisers gehalten würde, eine große Zusammenkunft des »deutsche(n) Gesangvolk(s)«, oder etwa die Gründung einer Akademie, »in der vor allem *sein* Wort gelehrt werde, das Wort nachdem die Musik nicht von jedem zu treiben sei wie ein gemein Handwerk, sondern von Priestern wie ein Wunderreich den Auserwählten erschlossen werde«; dann schwingt er sich zu folgendem leidenschaftlichen Appell auf: »… laßt ab von eurem Phlegma und bedenkt, daß das Denkmal euer eigenes sein wird.« In Gestalt Raros schloß sich Schumann schließlich dem Projekt eines Monuments an und zählte eine lange Folge von Komponisten und Städten auf, deren Unterstützung nun hinzugewonnen werden müßte. »Und so möge dann ein hoher Obelisk oder eine pyramidische Masse den Nachkommen verkünden: daß die Zeitgenossen eines großen Mannes, wie sie seine Geisteswerke über alles ehrten, dies durch ein außerordentliches Zeichen zu beweisen bemüht waren.«

Schumanns Bewußtsein für die kollektive Verantwortung hatte sich gegen seine persönlichen Gefühle durchgesetzt. Konkret trug er jedoch nicht etwa mit einer Spendensammlung oder einem Konzert zu dieser Aktion bei, sondern indem er ganz individuell den Erlös eines Musikwerkes beisteuerte. Schon 1832 äußerte er die Absicht, jenen »deutschen Namen« mit einer Komposition zu ehren. Und der »Aufruf an die Verehrer Beethoven's« gab so den Anstoß zu einer Klaviersonate. Es handelt sich um die *Fantasie in C-Dur* opus 17; diesen Titel wählte er endlich nach langem Zögern – ein weiteres Indiz für seinen höchst eigenwilligen Charakter, mit dem er sich zu seinem eigenen Monument machte. Auf den ersten Entwürfen war das Werk einem Namen gewidmet, den er dann durchgestrichen hat, so daß er nicht mehr lesbar war. Es besteht also Ungewißheit darüber, ob die Sonate von vornherein Beethoven zugedacht war. Zwischen September und Dezember 1836 schrieb Schumann dann ein neues Deckblatt für sein Manuskript:

> *Ruinen, Trophaen, Palmen,*
> *Große Sonate*
> *für das Pianoforte*
> *für Beethovens Monument*
> *von Florestan u. Eusebius*
> *op. 12*

Begleitet von einem Brief, der das Werk als einen »Obulus für Beethovens Monument« vorstellte, schickte er die Partitur an den Verleger Kistner, der jedoch ablehnte, sie zu drucken. Im Oktober 1837 nahm Schumann die *Sonate f. Beethoven* in einer Liste seiner unveröffentlichten Kompositionen auf. Das Monument für Beethoven war zu diesem Zeitpunkt also noch eindeutig eine Sonate für Klavier – der beliebtesten Beethovenschen Gattung; und die drei Sätze (*Ruinen, Trophaen* und *Palmen*) verwiesen auf den Inhalt des Gedenkprogramms in seinem Artikel: Ein Monument wendet seinen Blick auf die Ruinen und umgekehrt. Die Spannung zwischen Gedächtnis und Verfall wird innerhalb der Komposition selbst spürbar, wenn man sich, wie Charles Rosen, vor Augen führt, daß die *Fantasie* opus 17 »das Grabmal des klassischen Stils«[36] darstellt. Zunächst scheint die Sonate tatsächlich dem dramatischen Verlauf einer Sonate zu folgen, selbst wenn das anfängliche harmonische Ungleichgewicht dem Beethovenschen Stil bereits recht fern ist. Doch die plötzliche Unterbrechung der Entwicklung durch die Episode *Im legenden Ton* zeigt sehr wohl den ruinenhaften Charakter dieses Satzes. Denn die Suche der Romantiker nach der verlorenen nationalen Vergangenheit konnte man in der Legende ansiedeln, eben gerade im Widerspruch zum Trachten nach dem Universellen, das aus den Formen der Aufklärung hervorgegangen war. Im ersten Satz des opus 17 vertieft sich darüber hinaus die Kluft zum Klassizismus, mit dem Verweis auf eine außermusikalische, persönliche Bedeutung, in Form eines Zitats aus Beethovens *An die ferne Geliebte* opus 98.

Schumanns Verhältnis zu seiner »fernen Geliebten«, Clara Wieck, hatte sich zu diesem Zeitpunkt dramatisch zugespitzt. Er ging sogar bald darauf gerichtlich gegen ihren Vater Friedrich Wieck vor, den er gern mit dem Pizarro aus *Fidelio* verglich. Im opus 17 verarbeitete Schumann also zwei Themen. Zum einen lieferte er einen Obulus an Beethoven, was er in seinem Brief an den Verleger Kistner ansprach, und zum anderen einen ganz persönlichen, ja verborgenen Obulus an Clara, der er am 19. März 1838 schrieb: »Der erste Satz davon ist wohl mein Passioniertestes, was ich je gemacht habe – eine tiefe Klage um Dich.«[37] Clara Wieck, die damals verschiedene Konzerte in Wien gab und von Franz Grillparzer sehr poetisch als »kleine Schäferin« begrüßt wurde, hatte allein die Gabe, Beethovens gefesselten Geist zu befreien.[38] Schumann bat sie, eine Art »intimes« Ritual auf dem Grab des Komponisten zu vollziehen: »Und nimm einige Myrtenzweige, binde je zwei zusammen und lege sie ihnen auf's Grab, wenn es geht – dabei sprich leise Deinen Namen und meinen aus – kein Wort mehr – Du verstehst mich.«[39] Einige Wochen später sendete er seine Partitur an Breitkopf & Härtel. Das Werk trug noch die Untertitel *Ruinen, Siegerbogen u. Sternbild und Dichtung*, das leicht abgewandelte Programm der *Sonate für Beethoven*. Sein Name aber war nun nicht mehr genannt. Im Oktober 1838 besuchte Schumann seinerseits die Grabstätten von Beethoven und Schubert und pflückte dort Blumen für Clara. Im März 1839 veröffentlichten Breitkopf & Härtel endlich die *Fantasie*. Hier der Wortlaut des Deckblatts:

Fantasie
Für das Pianoforte
Hrn. Franz Liszt
zugeeignet
von
Robert Schumann
Op. 17

Eine Frage drängt sich auf: Wie gelangt man von einer *Sonate für Beethoven* zu einer *Fantasie für Liszt*? Die Ästhetik der Romantiker hatte auf die Gestalt Beethovens gebaut. Während sich dieser Kult in der ersten Hälfte des 19. Jahrhunderts in der Musik als Dogma durchsetzte – vom akademischen Stil vieler Nachahmer und Epigonen bestätigt –, ging diese Bewunderung unter den wichtigsten Künstlern, gerade jenen, die die Fundamente zu diesem System gelegt hatten, nun mit dem Bestreben einher, sich vom Vorbild abzugrenzen. Diese Wechselbeziehung zwischen Tradition und Fortschritt war meist von der bangen Frage gekennzeichnet: Wie soll man nach Beethoven komponieren? Als vermeintliche Antwort hieß es oft, dieses oder jenes Werk habe die Größe des Erbes mit der Kühnheit des Pioniers verbunden. Und so bezeichneten sich die großen Komponisten gegenseitig als die »Erben Beethovens«. Diese Einstellung basierte auf der objektiven Beurteilung der Musikformen, einem ausgeprägten Bewußtsein für die historische Entwicklung und schließlich auf einer politischen Überlegung zur kulturellen und insbesondere zur nationalen Identität. Aber sie schöpfte ihre Kraft aus einer ganz persönlichen Erfahrung, die von der individuellen Erörterung über die Musik und das Leben geboten war. So wurde der Beethoven-Mythos für die Komponisten der Romantik gleichzeitig auch zu einem persönlichen Mythos. Die Gestalt Beethovens und selbst sein Name, vor dem Eusebius in wahre

Verzückung gerät, waren für Schumann die Bedeutungsträger, in denen sich sein Gefühlsleben mit dem künstlerischen Leben deckte und die öffentlichen Verpflichtungen mit den Glaubensdingen. so konnte die Stätte der symbolischen Vereinigung zur Stätte des imaginären Begräbnisses werden, konnte aus der Sonate eine Fantasie werden, die die Beethovensche Sonate verleugnete, und aus dem Monument schließlich eine Ruine, welche keinerlei Spuren dessen trägt, den zu ehren sie vorgegeben hatte. Die Umwandlung der *Sonate für Beethoven* in eine *Fantasie* für Liszt ließe sich damit erklären, daß ihr Komponist das Denkmal der Person, der das Werk gewidmet war, nicht mehr für würdig erachtete.[40] Sie ist in jedem Fall weder ein Zeichen der Machtlosigkeit angesichts des Vorbilds noch ein erstes Anzeichen seiner geistigen Erkrankung, sie kann vielmehr als Ausdruck seiner Lebens- und seiner Schöpferkraft betrachtet werden.

Warum aber ausgerechnet Franz Liszt? Er hatte 1837 in der *Revue et gazette musicale* ein wahres Loblied auf Schumann angestimmt, und bald darauf widmete er Clara Wieck seine *Grandes études de Paganini*. Alan Walker zufolge fühlte sich Schumann verpflichtet, diese Gesten zu erwidern. Hinzu kamen Liszts Bemühungen zugunsten des Beethoven-Monuments, so daß die *Fantasie*, ein »Werk, das ja selbst dazu vorgesehen war, Gelder für das Beethoven-Monument zu sammeln und offenbar im Beethovenschen Stil geschaffen war«, den ursprünglichen Zweck durchaus erfüllen konnte.[41] Allerdings trat Liszt erst nach der Veröffentlichung des opus 17 in der Geschichte des Monuments auf. Wenn es tatsächlich einen Zusammenhang zwischen diesen beiden Dingen gab, was keineswegs bewiesen ist, dann vielleicht folgender: Womöglich sollte Schumanns *Fantasie* Liszt stillschweigend dazu bestimmen, die Leitung der Hommage an Beethoven in die Hand zu nehmen. Genau das tat Liszt dann auch. Seit dem

Aufruf von 1835 hatte das Projekt stagniert. In Bonn waren zum Geldmangel noch die Meinungsverschiedenheiten unter den Mitgliedern des Ausschusses hinzugekommen: Der ehrwürdige Schlegel zog sich 1838 enttäuscht von seinem Amt zurück; er blieb allein mit seinem Wunsch, das Denkmal von einem befreundeten Bildhauer, dem Bruder des Dichters Tieck, entwerfen zu lassen. Breidenstein präsidierte nun den Verein, obwohl er nicht das gleiche Ansehen wie sein Vorgänger genoß und in der Stadt Bonn umstritten war. Er versuchte dennoch, das Projekt mit einem neuerlichen Aufruf anzukurbeln – ohne nennenswerten Erfolg, selbst wenn in mehreren deutschen Städten Konzerte aufgeführt wurden und die *Revue et gazette musicale* in Paris eine Broschüre zu Beethovens Lebenslauf herausgab mit der spärlichen Liste der Subskribenten: »M. Peret aus Moulins, 6 fr.; Madame Vicomtesse de Sagey-Boussière, 20 fr.; Mme Lesueur, 5 fr.; ein Abonnent, 5 fr.; M. d'Ortigue, 5 fr. ...« Daraufhin verstärkten sich die Spannungen im Pariser Musikmilieu, da die Abonnenten der Société des concerts du Conservatoire offensichtlich entschlossen waren, jegliche Unterstützung zu verweigern.[42] »Wie entsetzlich egoistisch die Menschen doch sind! Jeder sucht nur nach dem Genie verglichen mit sich selbst«, hieß es in Schlesingers Zeitschrift, wahrscheinlich ohne zu bemerken, wie zweideutig diese Behauptung war.[43] Liszt aber schrieb am 3. Oktober 1839 aus Pisa an das »Beethoven-Comité zu Bonn«: »Ich erbiete mich, die zur Errichtung des Denkmals noch erforderliche Summe aus meinen Mitteln zu vervollständigen, und verlange dafür kein anderes Vorrecht als das, den Künstler bezeichnen zu dürfen, welchem die Ausführung der Arbeit übertragen wird. Dieser Künstler würde Bartolini in Florenz sein, der allgemein als erster Bildhauer Italiens geschätzt wird.«[44] Die *Revue et gazette musicale* veröffentlichte dieses Dokument umgehend am

20. Oktober 1839 und vier Tage später einen Brief von Liszt an Berlioz:

> »Beethoven! Ist es möglich, was ich lese? Die Sammlung für das Denkmal des größten Komponisten unseres Jahrhunderts hat in Frankreich 424 Fr. 90c. ergeben. Welche Schande für alle! Welcher Kummer für uns! Es darf nicht sein, daß die Dinge so bleiben, nicht wahr? Es darf nicht sein, daß ein langwieriges und kleinliches Almosensammeln Beethoven sein Grab sichert. Es darf nicht sein, es wird nicht sein. [...] Immense Summen werden für seine Durchführung nicht nötig sein. Drei Konzerte in Wien, Paris und London werden beinahe genügen. Der Rest wird sich mit Gottes Hilfe schon in der Tasche des unermüdlichen Vagabunden, wie Du ihn nennst, finden. Wenn sich also kein von meinem Willen unabhängiges Widernis ergibt, wird das Denkmal in zwei Jahren auf seinem Platz stehen.«[45]

Mit diesem Kommentar, der von der Fachpresse in Frankreich und Deutschland sehr positiv begrüßt wurde, griff Liszt entscheidend in die Geschichte des Monuments ein. Nur die mit Schlesingers Blatt rivalisierende *La France musicale* der Brüder Escudier fand hier einen Vorwand, das angeblich elitäre Projekt zu kritisieren, das noch so viele »berühmte Komponisten« versammeln mochte, wo doch die »meisten unter den Musikern überhaupt nichts von einer Subkription für das Beethoven-Monument gewußt haben«. Und der Journalist äußerte die Vorbehalte: »Die bedeutenden Männer der Kunst und Wissenschaft sind die heutigen Heiligen. Und nun? Die Kirche hat fromme und wohltätige Menschen stets erst hundert Jahre nach ihrem Tod heiliggesprochen. Die Kirche beweist ihren gesunden Menschenverstand; wir sollten ihrem Beispiel folgen.«[46]

Aus Bonn dagegen antwortete man Liszt, daß nur ein Künstler, den ganz Europa bewundert, einer so großen Verehrung für seinen »Vorgänger« fähig sei, und dieser Künstler verdiene es, seinen Namen mit jenem zusammen verewigt zu sehen, der für immer bewahrt bleibe.[47] Die Antwort, die ihrerseits den Initiator der Hommage heiligsprach, zeigt, welche Bedeutung eine derartige Unterstützung im Vergleich zu einem obskuren örtlichen Ausschuß besaß, der noch weniger Ruhm als Geld aufweisen konnte. Gleichzeitig stand dieses Versprechen in bestem Einklang mit jener Legende um Liszt, die seit seiner Kindheit überliefert wurde. Liszt hielt sich in keinster Weise für einen neuen Beethoven; ohnehin war er damals noch eher Pianist als Komponist, und seine Bescheidenheit verbot ihm überdies einen derartigen Anspruch – kurz gesagt, das war nicht sein Stil. Im Unterschied zu Schumann oder Berlioz jedoch konnte sich sein persönlicher Beethoven-Mythos auf eine tatsächliche Begegnung mit dem großen Künstler berufen. Selbst wenn Beethoven den elfjährigen Virtuosen 1823 eher kühl empfangen hatte, verklärte sich die Erinnerung im Laufe der Jahre, bis hin zu der damals noch geläufigen Lisztschen Musikform des *Weihekusses*, den der Meister dem Knaben nach seinem Konzert auf die Stirn gedrückt haben soll. Dieser imaginäre Kuß stellt das Verhältnis von Liszt zu Beethoven sehr treffend dar. Er war ihm tief ergeben, und diese Ergebenheit konnte sicher so weit führen, daß er sogar Reliquien, wie das Klavier des Meisters und seine Totenmaske, in seinen Besitz gebracht hätte. Seit seiner Aufenthalte in Paris galt er darüber hinaus als der ideale Interpret des großen Komponisten. Ein gewisser Joseph d'Ortigue drückte es so aus: »Für Liszt ist Beethoven ein Gott, vor dem er sich ehrfürchtig verbeugt.«[48] Oder Berlioz, den seine Interpretation der *Sonate für das Hammerklavier* opus 106 in Ekstase versetzte, schrieb: »... diese erhabene Dichtung, die bis heute für alle Pianisten das Rätsel der Sphinx bedeutete. Liszt, ein neuer Ödipus, hat sie entschlüsselt, so daß ihr Schöpfer, wenn er sie hätte hören können, vor Freude und Stolz in seinem Grab erbeben mußte.«[49]

Liszt gab dann in Wien, London und Paris »Beethoven-Konzerte« zugunsten des Monuments in Bonn. Am 25. April 1841 organisierte er gemeinsam mit seinem Freund Berlioz eine Aufführung des *Konzerts in Es-Dur* im Saal des Conservatoire – eine Episode, die Schlesingers Zeitschrift neue Argumente gegen die Konzertgesellschaft lieferte: »Wir wissen, daß ihr verschiedene Angebote gemacht wurden und daß sie diese unter dem Vorwand irgendwelcher zaghaften Skrupel und banaler Beweggründe achtlos abgewiesen hat ...«[50] Es ist anzunehmen, daß die deutsch-französische Krise von 1840, die auf beiden Seiten des Rheins heftigen Protest in den Künstlerkreisen hervorrief, nicht zur Begeisterung der Pariser Verantwortlichen beigetragen hat. Habeneck kündigte nämlich anstelle eines Konzerts zugunsten des Beethoven-Denkmals ein Gedächtniskonzert für den gerade verstorbenen Cherubini und dessen Denkmal an. Wie dem auch sei, es gelang Liszt recht schnell, zehntausend Francs zusammenzutragen, die bei einer Gesamtsumme von sechzigtausend Francs bei weitem den höchsten persönlichen Beitrag zu dem Projekt darstellten. Und so stand es schließlich beinahe vor seiner Realisierung. In Bonn hatte man allerdings gemischte Gefühle hinsichtlich der Beteiligung Liszts. Im Januar 1840 informierte ihn der Ausschuß: »Die Summe, über die wir augenblicklich verfügen, beträgt 40 000 Francs, und sie hätte sich gewiß noch um einiges vergrößert, wäre ihr großzügiges Angebot nicht so schnell und so vielen zu Ohren gekommen.«[51] Das entsprach wohl den Tatsachen, war aber eine grobe Taktlosigkeit. Im ersten Antwortbrief auf Liszts Angebot, in dem man ihm versicherte, sein Name bliebe mit dem

Beethovens verbunden, wurden bereits Einwände gegen sein einziges »Privileg« vorgebracht. Dieses Privileg bestand darin, daß er seinen persönlichen Freund, den berühmten Lorenzo Bartolini, als Bildhauer verlangte. Um dieser Forderung nicht stattgeben zu müssen, hatte der Ausschuß einen taktisch geschickten Vorwand gefunden: Aus technischen Gründen, so hieß es, sollte das Monument aus Bronze sein und nicht etwa aus Marmor. Breidenstein gab indessen das tatsächliche Motiv zu verstehen: Bartolini war nicht deutscher Herkunft. In Übereinstimmung mit Friedrich Wilhelm IV., der die jungen Künstler stimulieren wollte, schrieb man dann einen öffentlichen Wettbewerb aus, der theoretisch allen offenstand, an dem im Endeffekt aber nur Deutsche teilnahmen. Am 19. Februar 1842 wurde der erste Preis an den Dresdner Bildhauer Ernst Julius Hähnel verliehen. Und nach zahlreichen weiteren Verzögerungen konnte der Bonner Ausschuß den Termin für die Einweihungsfeierlichkeiten des Denkmals festlegen: August 1845, das Jahr, in dem Beethoven seinen fünfundsiebzigsten Geburtstag gefeiert hätte.

Das Beethoven-Fest
in Bonn 1845

Die Einweihungsfeierlichkeiten des Bonner Beethoven-Monuments waren ein bis dahin einzigartiges Ereignis in der internationalen Musikgeschichte. Seine historische Tragweite rivalisiert aber mit den schmerzlichen Erinnerungen an den geradezu skandalösen Ablauf des Geschehens. Dem damaligen Gast Henry Chorley aus England zufolge überschattete dieser bedrückende Zwiespalt stets dann den Genuß an Beethovens Werken, wenn die Erinnerung an sein persönliches Schicksal wachgerufen wurde. »In sonderbarem Einklang mit einem Leben, das solche Gefühle auslösen konnte, wurde die Chronik eines der bedeutendsten Musikfestspiele, das die Welt jemals erlebt hatte, im höchsten Grade von Spuren des Zorns, Neids und bösen Willens gespickt, besudelt und entstellt.«[1] Man könnte durchaus sagen, daß Beethoven wie ein Schatten auf allen unangenehmen Überraschungen jener Gedenkfeier gelastet hat. Und gerade weil ihn jeder bewunderte, nahm dieser Schatten ganz vielfältige Formen an und brachte die Uneinigkeit zwischen den Bewunderern ans Licht. Am Fuß seines Standbildes versammelten sich so die »rechtschaffenen« Bonner Bürger, die ihren illustren Mitbürger feiern und die lokale Verwurzelung ihrer gemeinsamen Vergangenheit festigen wollten. Das »Europa der Musik«, Komponisten, Interpreten und Kritiker, wollte sowohl seinen symbolischen Vater ehren als auch jedem einzelnen unter ihnen einen guten Startplatz in dessen Nachfolge sichern. Der europäische Hochadel war ebenfalls zur Stelle, allerdings etwas unfreiwillig, gefangen in einer neuen Identitätsdynamik, in der die Seinen nicht mehr die Hauptrolle spielten. Jeder hatte seine Beweggründe, jeder seinen Ehrgeiz. Diese Widersprüche sollten den Lauf der Dinge entscheidend beeinflussen.

Bonn war damals eine Kleinstadt in einer preußischen Provinz, weitab von der Haupstadt gelegen; und seine knapp über zehntausend Einwohner waren nur selten Zeugen eines wirklich großen Ereignisses geworden – im Gegensatz zum benachbarten Köln, der wichtigsten Stadt des Rheinlands, wo die Grundsteinlegung des Doms drei Jahre zuvor mit einem gewaltigen Fest begrüßt wurde. Die feierliche Enthüllung des Monuments mobilisierte die ganze Stadt. Es ging um ein Objekt, das die Identität der Stadt, weltweit als Beethovens Geburtsort bekannt, von da an auf ewig prägen sollte. Und genau das wollten die Bonner kundtun, indem sie das Denkmal im Zentrum auf dem Münsterplatz aufstellen ließen – eine kühne Neuformulierung der Symbolik des urbanen Raums, die König Friedrich Wilhelm IV. anscheinend wenig schätzte: Er hätte es lieber in einem Park am Stadtrand gesehen.[2] Die Einwohner konnten ihren Entschluß am Ende durchsetzen, vor allem weil sie in den verschiedenen Festkomitees saßen und die erklärte Absicht hatten, die Organisation selbst in die Hand zu nehmen.[3] Als das Monument am 23. Juli aus Nürnberg eintraf, wo Jakob Daniel Burgschmiet das Modell von Hähnel in Bronze gegossen hatte, fand ein erstes Fest statt, bei dem ausschließlich die Bevölkerung der Stadt und aus der Umgebung zugegen war:

> Gestern abend traf das Beethoven-Monument in unserer Stadt ein; auf einem Schiff, das von unzähligen, festlich beleuchteten und mit Fahnen und Grün geschmückten Booten aus den Nachbarorten begleitet wurde. An den Rheinufern hatte sich eine ungeheure Menschenmenge

eingefunden, und am Anlegeplatz in Bonn warteten die Mitglieder des Vereins für die Errichtung des Monuments sowie eine große Zahl Musiker und dilettanti und die Fakkeln tragenden Studenten der Bonner Universität. Die Ankunft des Standbildes wurde mit Hochrufen und mehreren Salven begrüßt! Das in Stoff gehüllte Monument wurde umgehend an Land und auf einen blumengeschmückten Wagen gesetzt, der es auf den Münsterplatz transportierte. Vor und hinter diesem Wagen gingen die jungen Männer mit ihren Fackeln und sangen Nationallieder. Alle Fenster der Häuser in den Straßen, die der Umzug durchlief, waren mit Kerzen beleuchtet, und an fast allen Geschossen hingen Fahnen.[4]

Während der Festspiele wurde dieses innerstädtische und regionale Gemeinschaftsgefühl noch zusätzlich durch ein enormes Aufgebot an Chören aus dem ganzen Rheinland gefördert; zudem hatte man zur Verstärkung der örtlichen Musiker das Kölner Orchester hinzugezogen. Hier kam ein Nationalgefühl zum Ausdruck, das sich an der romantischen Weltanschauung orientierte; in diesem Fall ausgehend von der Bonner Studentenschaft, die mit Fackeln rund um das Standbild »Nationallieder« anstimmte. Und schließlich kam das große Bronzestandbild auf dem Rhein – Symbol deutscher Identität – daher, begleitet von vielen kleinen Booten.

Diese idyllischen Szenen am Rheinufer konnten nicht darüber hinwegtäuschen, daß die kleine Bonner Gemeinde von allerlei Rivalitäten beeinträchtigt wurde, die durch das erlauchte Streitobjekt Beethoven ans Licht traten. »Wie die sieben Städte Griechenlands, sieben prachtvolle Städte, die an ihren Kronen festhielten, sich die besondere Ehre streitig machten, in welcher der große Homer geboren sei, so machen sich in der Stadt Bonn zwei Häuser die Ehre streitig, in welchem der beiden in jener beschaulichen, herrlichen, sternenklaren Nacht des 17. Dezember 1770 das kleine Kind, der künftige Beethoven, das Licht der Welt erblickt habe. Es hat sich eine allseits lebhafte Debatte entzündet. Das eine Haus gehört Herrn Doktor Schilt, das andere einem ortsansässigen Buchhändler, der sich keiner besseren Geltung erfreuen könnte. In der Stadt gehen die Meinungen auseinander; der eine hält zum Haus des Doktors, der andere zu dem des Buchhändlers«, schrieb Jules Janin, der zu den Feierlichkeiten aus Paris angereist war.[5] Dieser Streit zwischen Nachbarn erhielt seine Bedeutung gerade wegen der Neugier aller Besucher, die, sobald sie aus dem Zug ausgestiegen waren, das Geburtshaus aufsuchen und sogar buchstäblich mit nach Hause tragen wollten – so etwa jene »englischen Touristen«, die, so hieß es in der *Revue et gazette musicale,* »den Ort nicht ohne ein paar vom Beethoven-Haus stammende Stein-, Kalk- oder Verputzbrokken verlassen«.[6] Diese Art Souvenir war aber nicht nur den Engländern vorbehalten. Der französische Komponist und Musikkritiker Antoine Elwart berichtete stolz in *La Presse,* wie er beim Besuch des Beethoven-Hauses »allerhand kleine Diebereien« begangen habe, »und zwar mit einem Glücksgefühl, das einen Engländer mit Stolz erfüllt hätte: Mit Hilfe eines kleinen Taschenmessers schnitt ich ein Stück aus dem hölzernen Treppengeländer, ein anderes aus dem Cembalo, an dem Beethoven seine Übungsstücke gespielt hatte, eine Saite des gleichen Instruments, einen Splitter vom eichenen Gehäuse seiner Orgel und schließlich ein beachtliches Stück vom Fensterrahmen in seinem Arbeitszimmer.«[7] Die Jagd nach den »kostbaren Relikten«, wie Elwart es nannte, konnte die Bonner nicht überraschen, denn sie waren sich darüber im klaren, daß ihnen das Geschehen über den Kopf gewachsen war, selbst wenn sie sich zugleich an ihm bereichern wollten. »Es gibt kaum einen Handler, der den Namen *Beethoven* nicht zu seinem Vorteil nutzen will. Wir haben Zigarren à la Beethoven oder *Hosen ›à la Beethoven‹, die gestreift sind wie eine Partitur, mit den Pausen, Zäsuren und allen Ziernoten*«, schrieb der Korrespondent der *Revue et gazette musicale* in einem etwas doppeldeutigen Ton, der mehr an eine Reklame als an einen neutralen Bericht erinnerte.[8] Dieses kommerzielle Ausschlachten des »Andenkens«, eine Neuheit in jener Epoche, wurde von manchem beklagt, so auch von dem Kritiker Léon Kreutzer, der von »Schändung« sprach, als er die »Beethoven-Schlipse« an den Hälsen der englischen Besucher sah: »Es ist traurig dies festzustellen, aber der Bonner Kleinhandel hat sich gegenüber dem berühmten Komponisten ganz besonders respektlos benommen, er hat eine maßlose Gewinnsucht entwickelt.«[9] In ihrem noch recht bescheidenen Ausmaß war jene »Schändung« gleichwohl ein Vorzeichen auf die Moderne, auf eine regelrechte Industrie, die bald untrennbar vom angeblich asketischen Kult mit großen Künstlern werden sollte; und wenn dieser Kult auch nicht gleich an Wandalismus grenzt, wird er doch bis heute von der Dialektik des »kleinen Diebs« und des »Relikts« beherrscht.

Daß die Stadt Bonn urplötzlich in den Mittelpunkt der europäischen Musikszene rückte, war für die Bewohner sowohl ein Glücksfall als auch Ursache vieler Unannehmlichkeiten. Die Kluft zwischen dem engen lokalen Milieu und der internationalen Bedeutung des Beethoven-Fests wurde erst in der zweiten Hälfte des Monats Juli in ihrer ganzen Tragweite festgestellt; als nämlich Liszt eintraf und darauf hinwies, daß der vorgesehene »Konzertsaal«, das heißt der Empfangssaal der Militärreitschule, den Anforderungen keineswegs entsprechen würde. Worauf das Festkomitee die Stadt durchstreifte, nochmals alle sich bietenden Möglichkeiten überprüfte und zum Schluß kam, daß es keinerlei Alternative gab. Die einzige Lösung war, einen neuen Saal erbauen zu lassen. So bat man den Architekten Zwirner, der den Kölner Dombau geleitet hatte, um Unterstützung. Die Beethovenhalle, eine gewaltige, sehr heikle Konstruktion aus Holz mit fast dreitausend Sitzplätzen, wurde unter Aufbietung aller Kräfte in Tag- und Nachtarbeit fertiggestellt. Es wurde noch gehämmert, da mußten die Konzertproben auch schon beginnen. Aber was lag daran? Mit berechtigtem Stolz befestigte man über der Tür ein Schild mit der Aufschrift: »In elf Tagen errichtet, zwischen dem 27. Juli und 7. August 1845, dank dem Zusammenwirken und der Begeisterung der Bürger der Stadt Bonn.« Und der Raum, geschmückt mit Beethovens Bildnis, zu dessen Seiten zwei Engel thronten, mit Allegorien seiner bedeutendsten Werke, Leuchtern und unzähligen Blumengestecken, gefiel schließlich allen sehr gut. Sogar die Akustik, so hieß es, soll gut gewesen sein. Die Festspiele konnten nun beginnen, noch dazu im eigenen städtischen Saal, gleichgültig ob dieser mit der Abreise der Besucher ebenfalls wieder verschwinden mußte. »Ein Local, in welchem beinahe der vierte Theil der gesammten Einwohnerschaft der Stadt Bonn untergebracht werden konnte, war natürlicherweise für ihre gewöhnlichen Vergnügungen viel zu groß«, sinnierte Breidenstein später. Auch der Besitzer des Hotels Goldener Stern, des Hauptquartiers der Festspiele, leistete seinen Beitrag und ließ einen provisorischen Speisesaal anbauen, den er gleichfalls nach Beethoven taufte.

Der Aufmarsch berühmter Zeitgenossen und Schaulustiger bildete »dieses beinahe europäische *Meeting* der Söhne und Freunde der Tonkunst«, laut Hector Berlioz, der nur in Bonn anwesend war, wie er seiner Schwester anvertraute, weil Liszt ihn darum gebeten hatte.[10] Im *Journal des débats* lobte er gleichwohl »die aufrichtige und lautere Ehrfurcht dieser großen Zusammenkunft, die sich an den Ufern des Rheins in der alleinigen Absicht eingefunden hat, der Intelligenz und dem

Genie die Ehre zu erweisen«.[11] Spohr, Meyerbeer, Fétis, Schindler, Moscheles, Smart, Elwart, Chorley, Pauline Viardot, Camille Pleyel, Jenny Lind, Janin, Schlesinger, Rellstab, Félicien David, Hallé, Fischoff, Chélard, Franco-Mendès, Daussoigne, Oury, Pischek, Sax, Hogarth, Dragonetti, Techlisbek, Lindpainter, Massart, Wolff, Ganz, Davison, Verhulst und zahlreiche weitere hochangesehene Komponisten, Musiker und Schriftsteller, daneben auch alte Freunde Beethovens, wie Karl Holz oder Franz Ries, Abenteurerinnen wie Lola Montès, und, so scheint es, auch viele Taschendiebe waren aus fast allen großen Städten Preußens und Österreichs, aus Paris und Lyon, aus London, Brüssel und Lüttich, Amsterdam und Den Haag angereist. Und natürlich auch, so sagte Berlioz, »überall, Franz Liszt, die Seele des Festes«. Diese ganze Elite – wobei dem *Ménestrel* zufolge »alle, die nicht erscheinen, so tun als ob sie kämen« – traf sich hier in der Überzeugung »zu den Nationen zu gehören, die *wahrhaftig* in den Kult der Kunst *eingeweiht*« waren. Nur die Italiener fehlten in der Runde, denn, so bemerkte Berlioz, »in den Augen des Italiens der Musik ist Beethoven ein Feind« – sicher ein etwas überspitztes Urteil, denn selbst wenn der Geschmack des italienischen Publikums »tausend Meilen von Beethovens künstlerischem Ideal entfernt« zu suchen war, sollte doch jemand, dessen Existenz man im allgemeinen keinerlei Beachtung schenkt, nicht als Feind betrachtet werden.[13] In jedem Fall und trotz dieser schwerwiegenden Diskrepanz war das Bonner Fest tatsächlich ein beinahe europäisches Meeting, auf dessen Bedeutung Jules Janin aufmerksam machen wollte:

Man hat den großen Gedanken, der diese Festspiele lenkte, nicht genügend hervorgehoben; genauso wenig die außerordentliche Wirkungskraft jenes besänftigenden, ja nahezu religiösen Enthusiasmus, der alle diese Seelen an den gleichen Ort gezogen hat, und mit welcher Würde der europäische Patriotismus diesmal dem pazifistischen Aufruf des klugen Deutschland gefolgt ist.[14]

Mit dem »europäischen Patriotismus« bezog sich Janin auf eine Formulierung von Madame de Staël, die dem ritterlichen Geist des Mittelalters vorbehalten war – er bedauerte auch zutiefst, daß August Wilhelm Schlegel, »jener großartige Kritiker aus der Schule der Madame de Staël«, dem Bonner Ereignis nicht mehr beiwohnen konnte. Das von ihm beschriebene Ereignis war jedoch entschieden modern. Vergeblich sucht man in der Vergangenheit nach einer vergleichbaren Zusammenkunft des »Europa der Musik«, um es mit Berlioz' auszudrücken. Es war zumindest die bis dahin unbestritten größte Veranstaltung im Beisein so zahlreicher Berühmtheiten, die Bonn je erlebt hatte. Die Organisation war nicht leicht zu bewältigen, weder in symbolischer noch in materieller Hinsicht. Nur kurz zu den konkreten organisatorischen Mängeln, die den ganzen Festbericht füllen sollten: Das Problem der Unterbringung, der Verköstigung, der Konzertteilnahme und sogar, wie es scheint, die Frage, an wen man sich wenden konnte, um eine entsprechende Beschwerde einzureichen. Die Konfrontation der lokalen Gemeinde mit der Kulturelite, und vor allem die internen Konflikte dieser Elite stellten sich als höchst problematisch heraus – und gar nicht zu sprechen von den nationalen Rivalitäten, die die festliche Stimmung verdarben. Man konnte sich lange über den »europäischen Patriotismus« ergehen, die spontan nationalistischen Reaktionen lasteten auf der allgemeinen Atmosphäre. Dem Engländer George Smart zufolge waren »die Franzosen und Juden hier unbeliebt«.[15] Die Franzosen Kreutzer und Elwart ihrerseits geizten nicht mit boshaften Anspielungen auf die Deutschen und Engländer, und mancher Engländer wiederum äußerte sich abfällig über die Franzosen. Sicher waren das noch Nebeneffekte der Krise von 1840, doch vor allem kamen darin die wachsenden Vorurteile, die unreflektiert »nachgeplappert« wurden, zum Ausdruck; die Gefahren des Vorurteils, damals noch ein Neuwort, wollte Berlioz bannen, indem er dazu aufrief, »sich unbedingt vor den engstirnigen Ideen des Nationalismus zu hüten«.[16] Der Antisemitismus dagegen hatte vielleicht noch nicht eine Stufe erreicht wie später bei Wagner, doch gehörte er bereits zum »kultivierten« Gespräch über Musik.

Im Mittelpunkt all dieser Spannungen stand bald Franz Liszt. Zunächst stand sein Aufenthalt im Rheinland unter sehr positiven Vorzeichen. Als das Monument an Land gesetzt wurde, lief er an der Spitze des Gefolges durch die Bonner Straßen und wurde mit Hochrufen begrüßt. Doch im Verein für die Errichtung des Monuments, wo seine Teilnahme ja schon auf Widerstand gestoßen war, erwies man ihm wohl die Ehre, ein spezielles Werk für die Festspiele zu komponieren, lehnte aber sein Projekt, das *Requiem* von Berlioz zu spielen, ab. Zudem benutzte man jetzt seine Teilnahme als Hauptargument gegen Breidenstein; dieser wurde wahrscheinlich ungewollt mit einer »progressistischen« Strömung identifiziert, von der man annahm, daß sie eine Bedrohung für die »authentische« Beethovensche Tradition darstelle. In der Tat hatte der Protestant Breidenstein einen Gegner in der Person des Musikers Friedrich Heimsoeth, der den konservativen katholischen Kreisen nahestand. Heimsoeth seinerseits stand unter dem Schutz von Liszts Rivalen Anton Schindler, dem großen Außenseiter dieser Feierlichkeiten; denn Schindler, der sich berechtigt geglaubt hatte, eine verantwortliche Rolle zu übernehmen, trat letztendlich nur schemenhaft in Erscheinung, so daß er den Ausschuß bat, so zu tun, als sei er nicht vorhanden. Diese Vorgeschichte und Liszts Temperament, das, wie Mendelssohn Bartholdy zu Schumann gesagt haben soll, stets zwischen

Skandal und Apotheose zu schwanken schien[17], verurteilten ihn dazu, auf Gedeih und Verderb im Mittelpunkt des Geschehens zu stehen. Die härtesten Angriffe gegen Liszt kamen allerdings nicht aus den Reihen der konservativen Bonner Bürger. Im Juni hatte *Le Ménestrel* in Paris bedauert, daß Habeneck, »dieser große Name unter den berühmten Künstlern Europas«, nicht zu den Festspielen eingeladen war. »Es ist wahr, die Herren jenseits des Rheins haben sich als Entschädigung Franz Liszt geholt«, fügte der Journalist sarkastisch hinzu und brachte damit eine Idee in Umlauf, die während des ganzen Festes viel Echo fand: »Sie werden staunen, Franz Liszt wird das Beethoven-Fest so gelungen organisieren, daß es am Ende sein eigenes wird und er sich auf den Schultern durch das jubelnde Bonn tragen läßt.«[18]

Was Habeneck betraf, so teilte der Ausschuß am 27. Juli mit, daß er die Einladung, das Orchester der Festspiele zu dirigieren, »mit Begeisterung« angenommen habe. Er trat jedoch im letzten Augenblick unerwartet zurück. Dabei war Habeneck nicht der einzig fehlende hohe Gast. Auch Felix Mendelssohn Bartholdy, Deutschlands berühmtester Dirigent, hatte das Angebot – aus Zeitmangel – abgelehnt. Spontini, Auber, Halévy und Chopin waren gleichfalls nicht dabei; auch Richard Wagner nicht, der im Jahr darauf in Dresden seine eigenen Beethoven-Festspiele organisierte, mit der *IX. Sinfonie* zum krönenden Abschluß. Und nicht zuletzt Robert Schumann, den man so ungeduldig in Bonn erwartete, daß ihn schließlich viele dort gesehen haben wollten; Davison, zum Beispiel, der Sonderberichterstatter der Londoner *Musical World*, sah ihn gelassen an einem Tisch sitzen[19]; und Janin sah ihn am Arm »einer sehr hübschen Frau, Clara Wick [sic], deren Ehemann er ist«. Wenn Schumanns Geist auch irgendwie über dem Bonner Geschehen schwebte, so war er selbst wirklich ganz woanders. Hinter dieser Abwesenheit, und das gleiche galt für Mendelssohn, verbarg sich offenbar der Boykott der Leipziger Schule gegenüber Liszt.[20] Seit der *Fantasie opus 17* hatte sich das Verhältnis der beiden Männer zueinander in der Tat abgekühlt, und in seinen letzten Lebensjahren wandte sich Schumann endgültig gegen Wagner und Liszt, um Johannes Brahms als den Nachfolger Beethovens zu benennen. Sein Fehlen in Bonn war wohl eine logische Folge, wenn man sich seine Auffassung vom Monument vor Augen führt. Wenn auch innerlich niedergeschlagen, hatte er anfänglich beschlossen, die Reise zu unternehmen. Hatte er nicht am 1. August an Liszt geschrieben: »… daß ich zum Fest kommen würde…«? Am Vortag war das Ehepaar Schumann von Dresden nach Leipzig aufgebrochen; am 2. August erkrankte Robert, und am 3. erwachte er in Weimar, »krank und traurig aufgestanden«. Und an jenem Tag verschwand Bonn urplötzlich von der Reiseroute, denn anstatt nach Westen zu fahren, fuhren die beiden nach Süden: Schwarzburg, »schön romantisch aber unheimlich«, Saalfeld, Pößneck, Gera, Zwickau, Schneeberg – »etwas besseres Befinden«, notierte er in seinem Tagebuch. Am 10. August, dem Todestag seines Vaters, schreibt er: »… viel besseres Befinden. Am 12., während man in Bonn Beethovens Standbild enthüllte, stiegen die Schumanns in Dresden aus dem Zug, wo ihre Kinder sie erwarteten.«[21]

Da Mendelssohn Bartholdy und Habeneck die Einladung ausgeschlagen hatten, stand nun Louis Spohr, Komponist und hochgeschätzter Dirigent, dem Orchester der Festspiele vor. Liszt war einem ebenbürtigen Mann gegenübergestellt, der noch dazu den Vorteil hatte, älter, traditionsbewußter und »deutscher« zu sein als er. Liszts Aufführung der *Kantate für Beethoven* wurde so von all jenen, die in dem jungen Virtuosen einen »Komponist hinter Spohr und andern deutschen anwesenden Celebritäten zurückstehenden Nichtdeutschen« sahen, sehr negativ aufgenommen.[22] Niemand wagte es, seine Glanzleistung am Klavier anzuzweifeln, da er sich aber darauf einließ, trotz seiner mangelnden Erfahrung das Orchester zu leiten, setzte er sich den Feindseligkeiten und gar der Sabotage der Anhänger Spohrs aus. Berlioz kommentierte daraufhin: »Dieser Widerstand konnte tatsächlich sehr gefährlich werden, denn er basierte auf realen und einsichtigen Tatsachen.«[23] Die Konkurrenz zwischen dem jungen Ungarn Liszt und dem alten Deutschen Spohr veranschaulicht den scharfen Gegensatz zwischen den Vertretern der Romantik und den letzten Zeitgenossen Beethovens, die nun zu den Vätern der deutschen Musik geworden waren. Eine Spaltung, die sich insbesondere und ironischerweise im Rahmen der Festspiele darin äußerte, daß die *Ode an die Freude* von Berlioz und seinen Freunden verherrlicht, von Spohr aber als »monströs und geschmacklos« abgeurteilt wurde; und der neu bearbeitete Schiller-Text in seinen Augen so »trivial« war, daß, so sagte er einige Jahre später, »ich immer noch nicht begreifen kann, wie ihn ein Genius wie der Beethovensche so niederschreiben konnte«.[24]

Spohr dirigierte dann am 10. August 1845 in der Beethovenhalle, vor über zweitausend Zuschauern, das Eröffnungskonzert der Festspiele, bei dem Beethovens *Missa solemnis* und die *IX. Sinfonie* auf dem Programm standen. Die Messe wurde zwar ehrfürchtig, aber ohne besondere Begeisterung aufgenommen. Kreutzer, der noch unter den Eindrücken seiner Anreise stand, verglich das Werk mit dem Kölner Dom, indes Janin, ganz offensichtlich sehr viel gelangweilter, erklärte: »... es handelte sich weniger darum, hier sein Vergnügen zu finden, als Andacht zu halten wie bei einer kultischen Feier; es war weniger ein Konzert als ein Trauergesang; hier legte das dankbare Deutschland sein höchstes Lebewohl auf dem Grab jenes berühmten verstorbenen Künstlers nieder!«[25] Man konnte es nicht klarer ausdrücken: Die Funktion des Gedächtniskonzerts hatte Vorrang vor dem ästhetischen Genuß. Selbst Breidenstein mußte eingestehen, daß die Reaktion ausblieb. Die *IX. Sinfonie* dagegen weckte die Geister. Selbst das Fachpublikum zeigte sich außerordentlich wohlwollend. Smart, der ja noch Beethovens direkte Spielanweisungen erhalten hatte, sagte, er habe nie eine bessere Interpretation gehört. Berlioz, dessen Kritik nur ein klein wenig härter ausfiel, betonte den Moment, wo »der religiöse Chor: *Stürzt nieder, Millionen!* beeindruckend und stark hervorbrach wie die Stimme eines Volkes in einer Kathedrale«[26]. Die gleiche Stelle berührte auch den Korrespondenten der *Allgemeinen Musikalischen Zeitung*.[27] Nur Elwart, der in *La Presse* einen Brief an Habeneck veröffentlichte, bedauerte das Fehlen jenes »typisch französischen *Brio*« (Feuer) des Orchesters des Conservatoire.[28] Für Breidenstein war es ein triumphaler Höhepunkt: »Und so darf man wohl sagen, daß dieses Concert allein, verbunden mit dem Staunen und Bewunderung erregenden Anblick der Festhalle, in welcher es Statt hatte, die Reise nach Bonn werth war.«[29]

Dieser Beginn der Festspiele war ein gutes Omen. Das gleiche galt für den folgenden Tag, den 11. August: Man veranstaltete eine Rheinfahrt anläßlich der Taufe des Dampfers »Ludwig van Beethvoven« – auf dem großen deutschen Fluß wurde der neue Nationalheld zum »Symbol einer geheimen Verbindung von technischem und musikalischem Fortschritt«[30]. »Dieser gewaltige Fluß, dieses gewaltige Volk, dieser gewaltige Nationalstolz, welch ein Schauspiel!« rief Janin aus.[31] Dabei war diese Vergnügungsfahrt Folge einer schwerwiegenden Programmänderung, hervorgerufen durch die Monarchen und den Hochadel. Ursprünglich hatte man die Enthüllung des Monuments auf den 11. August festgelegt, selbst wenn die Anwesenheit der Fürsten noch bestätigt werden mußte. Drei Wochen vor dem Fest bedauerte Ludwig I. von Bayern, daß er, »der Ich selbst ein grosser Anhänger

Beethovens, dieses geistvollen Tondichters Teutschlands«, nicht an der Festivität teilnehmen könne. Friedrich Wilhelm IV. teilte mit, daß seine Teilnahme den »Umständen« unterworfen bliebe, das heißt dem Besuch der Königin Victoria von England und des im Rheinland geborenen Prinzgemahls Albert von Sachsen-Coburg-Gotha. Erst am 2. August bestätigte der König seinen Besuch. In größter Eile fügte man in der Beethovenhalle eine königliche Tribüne hinzu.[32] Einige Tage später wurde bekannt, daß man die Königin am Abend des 11. August im Schloß zu Brühl erwarte; am gleichen Tag also, an dem das Monument enthüllt werden sollte. Das Festkomitee beschloß daraufhin, jene Zeremonie um einen Tag zu verschieben, damit Ihre Hoheiten zugegen sein konnten. »Diese neuen Bestimmungen wurden erst am 6., 7. und 8. August getroffen, und man kann leicht denken, welche Verwirrungen und Verwickelungen sie herbeiführten«, schrieb Breidenstein, der zudem mitten in den Vorbereitungen erkrankte. Während die Bonner Bürger ja schon Liszts Ansprüchen gerecht werden mußten, der üblicherweise nur in den namhaften Konzertsälen Europas auftrat, sahen sie sich nun durch das preußische Herrscherhaus gezwungen, ihr Programm zu ändern. Der Entschluß, die königlichen Gäste um jeden Preis zu empfangen, sollte natürlich den strahlenden Glanz und die politische Bedeutung des Ereignisses heben; zum anderen war man Friedrich Wilhelm verpflichtet, da er das Projekt des Monuments in seiner Eigenschaft als Schirmherr persönlich unterstützt hatte. Und doch hemmten die höchsten Vertreter des Adels nun den Ablauf der ganzen Festspiele. Hinzu kam, daß viele Adlige der Umgebung aufgrund des königlichen Besuchs den Dienst ihrer Hofmusikanten, die eigentlich an den Konzerten teilnehmen sollten, weiter beanspruchten. Breidenstein, der den König wohlweislich verschonte, nannte die »Ankunft der englischen Königin«[33]

als Ursache der Probleme. Der Engländer Davison dagegen sprach mit keinem Wort von der Königin Victoria, sondern wies darauf hin, daß der preußische König, der den für die *Neunte* vorgesehenen Tenor an seinem Auftritt gehindert hatte, »einen scharfen Tadel« verdiene, »dafür daß er das größte Genie, das Preußen jemals aus seinem Schoße hervorgebracht hat, so wenig angemessen behandelte«[34]. Und der Franzose Kreutzer fragte sich:

> Und hat die Anwesenheit des Königs von Preußen und der Königin von England nicht etwa das Wesen des Festes getrübt? Haben sie dieses Familientreffen so zahlreicher Künstler, die herbeigeströmt waren, um das Andenken des geliebten Meisters zu ehren, nicht in eine offizielle Versammlung verwandelt? Haben diese Feierlichkeiten etwa nicht ihre fromme Andacht zugunsten des vergänglichen Glanzes und frivolen Renommees einbüßen müssen? Ich fürchte leider, daß dies der Fall ist.[35]

Die bunt zusammengewürfelte Gruppe aus Bürgern, Künstlern und Fürsten rund um das Beethoven-Monument konnte offenbar nur schwer das Gleichgewicht halten, wenn Janin auch im gleichen Atemzug, »alle die vom Königtum oder Ruhm gekrönten Häupter, die wohlwollenden Majestäten des Reichtums oder Genies«, lobte.[36]

Die Enthüllung von Hähnels Standbild fand schließlich am Dienstag, dem 12. August 1845, statt. Es war der Höhepunkt eines Festtages, an dem die Stadt Bonn selbst ganz sicher die eigentliche Hauptrolle spielte. Von einem Chor und einer militärischen Abordnung flankiert, marschierten die Vertreter der Obrigkeit und die Großbürger, die Mitglieder des Festkomitees, Delegationen der Schulen und örtlichen Institutionen, Vertreter der Kirche und schließlich die Bevölkerung und einige wenige berühmte Persönlichkeiten durch die Straßen bis zum Münsterplatz, der von den heraldischen Farben Preußens, Englands, Bayerns und Bonns leuchtete. In der übervollen Kirche wurde ein feierlicher Gottesdienst abgehalten mit Beethovens *Messe in C-Dur* opus 86; es dirigierte Breidenstein. Anschließend traten alle aus der Kirche auf den Platz, um dort »den Augenblick zu zelebrieren, der seit zwölf langen Jahren der Gesprächsstoff des Europas der Musik gewesen ist«, wie es die *Musical World* ausdrückte.[37] Nachdem sie eine Weile auf sich hatten warten lassen, erschienen auch der König und die Königin von Preußen, die Königin Victoria und der Prinz Albert in Begleitung ihres jeweiligen Gefolges auf dem Balkon eines angrenzenden Hauses. Man bat sie, mehrere Kopien einer Gedenkschrift zu unterzeichnen, die zusammen mit den von Schott zur Verfügung gestellten Partituren der *Missa solemnis* und der *IX. Sinfonie* im Sockel der Statue eingemauert wurden. Alles war nun für die Enthüllung bereit, und Breidensteins große Stunde war gekommen. Er hielt zunächst eine lange Vorrede in deutscher Sprache. Doch unglücklicherweise konnten ihn selbst die Deutschen nicht verstehen, da der starke Wind seine Stimme erstickte. »Die Zeremonie begann mit einer Rede, die Dr. Breidenstein ohne seinen Hut verlas«[38], waren die einzigen Worte, die George Smart zu diesem Kapitel einfielen. Breidensteins leidenschaftlicher Text umfaßte alle festen Bilder des Mythos von Beethoven, »der unter Deutschlands Kunstheroen zu ihren glänzendsten Sternen gezählt wird«.[39] Er stellte den Helden in der nunmehr klassischen Gestalt des Prometheus dar, von seinem tragischen Schicksal gefesselt, aber gestärkt von der »Würze der Freuden«, der Freundschaft. Und an seinem Grabe, da er weder eine »trauernde Gattin, nicht Sohn, nicht Tochter« besaß, »weinte eine Welt, weinte jedes fühlende, für den Reiz süßen Wohlklanges empfängliche Herz«. Denn in seiner Musik, sagte Breidenstein, höre man Klänge und Töne, die »bald den Siegeslauf des Helden und die Trauer um seinen Untergang, bald den Donner des Himmels und die Schrecken der Schlacht, bald des Hirten träumerisches Sinnen am murmelnden Bache, bald den nagenden Kummer des Einsamen im Kerker, bald den Götterfunken Freude mit unnachahmlicher Kunst schildern und zum Ideal verschönert der Einbildungskraft entzückter Hörer vorführen«. Und er schloß seine Rede mit folgenden Worten:

Achtzehn Jahre sind seit dem Tode Ludwig van Beethovens verflossen, und gleich einer immer weiter und weiter dringenden, immer höher und höher schwellenden Flut verbreitete sich und stieg der Ruhm seines Namens und seiner Werke, die selbst seine schönsten Denkmäler sind und bleiben werden; so wie ihm denn auch in dem Herzen vieler Tausende Denkmäler des Dankes und der Liebe angerichtet stehen. Seiner Vaterstadt aber war es vorbehalten, dem Triebe und Vorgang aller Zeiten folgend, diesen Gefühlen ein äußeres sichtbares Zeichen und Pfand zu geben, das bestimmt ist, vor der Gegenwart und Zukunft fortwährend Zeugnis ihrer Dankbarkeit und Verehrung abzulegen, und die Jünger und Priester der heiligen Tonkunst auf den unsterblichen Meister als das größte Muster zur Nacheiferung hinzuweisen. Wohlan! der Augenblick ist gekommen; er ist da. Es falle die Hülle, die sein ruhmgekröntes Haupt umgibt und den Hochgefeierten unsern Blicken verbirgt, sie falle und zeige den Meister: Ludwig van Beethoven!

Und dann fiel die Hülle. Der Beifallssturm und die Rufe wurden von Trommelwirbeln und Salven begleitet, von Fanfaren und Glockengeläut, »all dieses Getöse der Bewunderung, das bei den zivilisierten Nationen die Stimme der Glorie verkörpert«, meinte Berlioz.[40] Chorley schilderte seinen Eindruck von Franz Liszts Anblick in diesem Moment: »Ich glaube, ich habe niemals auf einem Antlitz einen edleren und so strahlend gelassenen Ausdruck gesehen.«[41] Ihre Hoheiten dagegen mußten die höchst unerwartete und bestürzende Feststellung treffen, daß Beethoven ihnen in diesem überragenden Moment »die Gegentheile des menschlichen Körpers« zeigte, wie Karl Schorn sagte.[42] Als man die königlichen Gäste auf dem Balkon des Grafen Fürstenberg plazierte, hatte offenbar niemand bemerkt, daß Beethovens Denkmal, das ja noch verhüllt war, eben gerade nach der anderen Seite gerichtet war. Und selbst wenn Breidenstein später behauptete, Friedrich Wilhelm IV. habe den Standort eigens ausgewählt, sollten ihn die Reaktionen auf diese buchstäblich »monumentale« Taktlosigkeit bis ins Grab verfolgen. Victoria war enttäuscht, notierte aber lediglich in ihrem Tagebuch: »... als das Denkmal enthüllt wurde, wandte es uns leider den Rücken zu.«[43] Die Presse allerdings tobte vor Empörung gegen das völlig fassungslose Festkomitee, wenn auch manche die Affäre lieber als ein politisches Symbol deuten wollten; so Davison, der Berichterstatter der *Musical World*: das Denkmal mit seinem den Monarchen »verächtlich« zugewandten Rücken »ahmte die streng republikanische Gesinnung des überlegenen Geistes nach, dessen Bildnis es war«.[44]

All jene, die den Blick auf die Vorderseite gerichtet hatten, fanden das Denkmal sehr beeindruckend, sehr aufrecht und unerschütterlich auf seinem Sockel mit den vier klassischen Allegorien als Flachrelief: die Fantasie, die Sinfonie, die Dramatische Musik, die Geistliche Musik. Die Männer, die den Komponisten persönlich gekannt hatten, wie Smart oder Moscheles, waren erfreut, daß die Darstellung dem Vorbild ähnlich sah. Die anderen, wie Kreutzer oder Davison, waren überaus enttäuscht: »Alle stimmen überein, daß die Gesichtszüge des großen Komponisten vollkommen exakt getroffen sind«, schrieb Kreutzer, »das mag gewiß sein: Aber tragen sie denn auch die Spuren seines Genies?«[45] Hähnels Aufgabe war tatsächlich keine leichte gewesen. Beethoven wurde ja von einer ganzen Generation wie ein Halbgott verehrt, seine äußere Erscheinung hatte man aber dank zahlreicher Porträts noch vor Augen. Die bekanntesten darunter – etwa von Stieler, Waldmüller, Mähler oder Schimon – waren nicht unbedingt die originalgetreuesten; und ihre Reproduktionen – Kopien oder Lithographien – trugen des weitern zur Verfälschung bei. Und jenseits der Frage nach der Ähnlichkeit befand sich Beethovens Standbild am Scheideweg widersprüchlicher Tendenzen: Der Verein für die Errichtung des Monuments hatte die Wirklichkeit mit dem Ideal in Einklang bringen wollen – eine Vorstellung, die schon in der Antike zum Streitpunkt der Bildhauerei wurde; Hähnel war gebeten worden, seinen ersten Entwurf von 1842 abzuändern, da dieser »allzu große Realität« zeige.[46] Breidenstein faßte das künstlerische Resultat in der herrlich paradoxen Formel zusammen, es sei »durchaus ähnlich, wenn gleich etwas idealisiert«.[47] Kürzlich wurde das Bonner Denkmal in einem Buch als »halb Gott, halb Fußgänger«, beschrieben, mit seiner schlichten, der Epoche entsprechenden Kleidung und einem schweren, klassisch und zeitlos wirkenden Mantel[48]; wohingegen Jules Janin 1845 seinem romantischen Ideal treu blieb und in jener Kleidung »die einstige Tracht der alten deutschen Meister«[49] wiederzuerkennen meinte. Schindler seinerseits hatte Hähnels Entwurf zunächst die »allzu nüchterne Prosa« eines »spießbürgerlichen« Beethoven angelastet, und am Ende, bei der Enthüllung, sollte er dann zu all jenen zählen, die das Bildnis zu »ähnlich« fanden. Fünfzehn Jahre später änderte er seine Meinung und sagte, an dem »Standbild zu Bonn« sei »nichts Übereinstimmendes zu entdecken«.[50] Hier haben wir es nicht mit purem Wankelmut zu tun, sondern mit einem Hinweis darauf, daß in der Epoche, als die letzten direkten Zeitgenossen Beethovens verstorben waren, die ausschlaggebende Realität nunmehr die des Ideals war.

Im Gegensatz zu Denkmälern mußten sich die musikalischen »Monumente« nicht um die Ähnlichkeit sorgen – in stilistischer Hinsicht, versteht sich. Da die Originalität als ein wesentliches Kriterium in der Beurteilung von Kunst anerkannt war, konnte man Beethoven zumindest prinzipiell keine Ehre erweisen, indem man seine Kunst nachahmte. Allerdings waren die musikalischen Hommagen ebenso und womöglich noch stärker dem von seinem Genie verbildlichten Ideal des Erhabenen unterworfen, das so zu deren eigentlichem Inhalt wurde. Gezwungenermaßen mußte man sich dabei aber bestimmten Gattungsnormen anpassen. Als Breidenstein sein Werk zu diesem Anlaß komponierte, hatte er diesen Normen offenbar nicht genug Rechnung getragen. Sein *Männerchor zur Inauguration der Bildsäule Beethovens* wurde gleich nach der Enthüllung im Freien vorgetragen:

> Du Meister bist's, der Töne Hort!
>   Des hohes Bild
> Vor unsern Augen ward enthüllt,
>   An diesem Ort
>   Wo deine Wiege stand,
> Denn hier bei uns am deutschen Rhein,
> Ob jedes Land dich nenne sein,
> Gewalt'ger, ist dein Vaterland.[51]

Wenn auch die Vaterlandsliebe des Dichters Wilhelm Smets wegen des starken Windes genausowenig verstanden wurde wie Breidensteins Rede, bot seine Komposition immerhin ein günstiges Ziel für jegliche Kritik. Kreutzer zum Beispiel beklagte, daß Liszt diesen »lächerlichen Komponisten nicht daran hindern konnte, dem Denkmal Beethovens die Marter einer so abscheulichen Musik zuzufügen, die es gar in seiner bronzenen Größe erschauern lassen mußte«.[52] Breidensteins Werk war nicht allein schuld an dieser starken Abneigung. In jener Zeit war der Chorgesang nach sozialen Hierarchien strukturiert, die in den Musikgattungen ihre jeweiligen Entsprechungen hatten. So besaßen die Kompositionen für Männerstimmen (ohne Orchester) nicht die gleiche künstlerische Wertschätzung wie die Kompositionen für gemischten Chor (mit oder ohne Orchester), ungeachtet dessen oder sogar unabhängig davon, ob es sich um qualitativ schlechte Oratorien und um gute Männerchöre handelte.[53] Das Werk für Chor und Blasorchester, das Breidenstein komponiert hatte, war durchaus geeignet, das Männlichkeitsideal des Bürgertums auszudrücken; und in diesem Sinn mochte ihm die *Allgemeine Musikalische Zeitung* zugestehen, daß es »nicht ohne imposante Momente« war und »die glänzende Inaugurationsfeierlichkeit« würdig schloß.[54] Für die anwesende europäische Musikelite war das Werk jedoch schon im vorhinein verurteilt.

Eine »erhabene« musikalische Hommage an Beethoven konnte einzig Franz Liszt vorbehalten sein, der am gleichen Abend die *Sinfonie in C-Dur* dirigierte und unter der Leitung Spohrs das *Klavierkonzert in Es-Dur* interpretierte; im Rahmen dieses Konzerts, das »die Vielfalt in Beethovens Werk« veranschaulichen sollte, wurden auch die Ouvertüre zu *Coriolan*, das *Quartett in Es-Dur* opus 74, Auszüge aus *Christus am Ölberg* und zwei Sätze aus *Fidelio* gespielt. Am darauffolgenden Morgen fand ein »Künstlerkonzert« statt, bei dem Kompositionen von Mendelssohn Bartholdy und Weber neben Werken zu hören waren, die Königin Victoria bei Beethoven in Auftrag gegeben hatte. Im Beisein der fürstlichen Gäste, zu deren Eintritt das *Heil Dir im Siegerkranz* erklang, dirigierte

Liszt seine allererste Komposition für Soli, Chor und Orchester: die *Kantate zur Inauguration des Beethoven-Monuments zu Bonn*, zu einem Gedicht von Bernhard Wolff, Schriftsteller und Professor in Jena.[55] Liszt beschrieb Wolffs Text in einem Brief an Lamennais, seinem geistigen Vorbild, seit er sich den Saint-Simonisten zugewandt hatte, als »eine Art Magnificat des menschlichen Genius, erobert von Gott in der ewigen Offenbarung von Zeit und Raum – ein Text, der sich ebenso gut auf Goethe, Raphael oder Columbus wie auf Goethe anwenden ließe«.[56] In der vierteiligen Kantate entfaltet sich die Suche nach der Antwort auf die einleitende Frage: »Was versammelt hier die Menge?« Ein zu Beginn des Werkes vorgestelltes, kriegerisch anmutendes Motiv wird am Ende des ersten Teils mit einer ansteigenden Melodie im »mezza voce religioso« verknüpft. Dann nimmt der Chor das Motiv im jubelnden Ton auf: Es ist, wie der Text sagt, »der Weihetag des Genius«.

Im zweiten Teil schildert eine lange homophone Kantilene, die von einer raschen Kontrabaßfigur unterstützt wird, den Kontrast zwischen der Ewigkeit des Himmelszeltes und der diesseitigen Vergänglichkeit der »Völker«. Dem Heraufbeschwören der historischen Rolle der Fürsten im traditionalistischen Stil der italienischen Oper folgt im dritten Teil ein vom Orchester begleitetes, sehr deutsch wirkendes Recitativo accompagnato, das die entscheidende Frage vorträgt:

> Aber soll der Menschheit Streben,
> auch entfluten mit dem Leben?
> Wird denn Nichts den fernsten Jahren
> Was sie wirkten aufbewahren?
> Wenn sein Volk der Fürst vertritt
> In den spätesten Annalen,
> wer vertritt denn ihre Qualen,
> wer verkündet, was sie litt?

»Arme Menschheit«, murmelt der Chor. Die Antwort aber läßt nicht lange auf sich warten: Der Zeuge der menschlichen Qualen im »Buch der Weltgeschichte« ist selbstverständlich »Der Genius!« – ein Genie, getragen von dem kriegerischen Anfangsmotiv, hält einen triumphalen, wenn auch völlig entpersönlichten Einzug. Dieser Höhepunkt verebbt dann aber in einem langen Decrescendo, das in den vierten und letzten Teil überleitet. Nach einer Pause spielt das Orchester das Thema des »Andante cantabile« aus Beethovens *Trio »Der Erzherzog«*, das auf Liszts Partitur mit der Vortragsbezeichnung »Andante religioso« versehen wurde – eine bekannte Melodie, die zum eigentlichen Identitätsmerkmal ihres Autors wird. Dann folgt das überschwengliche Porträt des Meisters, dessen Name nur bei einer Rückkehr zur Tonart und zum Rhythmus des ersten »Motivs des Genies« ausgesprochen wird: »Heil! Heil! Beethoven, Heil!« Dieser Ausruf beherrscht den finalen Höhepunkt, wobei der Chor als Antwort auf die einleitende Frage folgende Worte singt: »Solch' ein Fest hat uns verbunden«, und das Andenken somit auf die Zukunft überträgt, denn, so fügt der Text hinzu, wird »noch sein Bild der Nachwelt sagen, wie die Mitwelt ihn verehrt«.

In der *Kantate zur Inauguration des Beethoven-Monuments zu Bonn* von Franz Liszt verdichtet sich die gesamte Problematik, die durch das Bonner Monument aufgeworfen wurde. Beethovens Genie erscheint hier als die universelle Gestalt schlechthin, als der promethische Wortführer der Menschheit, während das Volk dem Fürsten zugeordnet und somit jeglicher menschlichen Dimension entledigt ist. Indem das Werk den Komponisten der unveränderlichen Bewunderung der ganzen Menschheit darbringt, steht das »Magnificat des menschliches Genius« am entgegengesetzten Pol aller nationalistischen Visionen. Mit seinem weltumfassenden Programm und dem zyklischen Aufbau der Apotheose stellt Liszts

Kantate einen Versuch dar, die Beethovensche Größe der *Neunten* zu erreichen. Text und Tonsprache weisen bewußt auf den Austausch zwischen Tradition und Fortschritt hin, der Liszts Generation so sehr am Herzen lag. Das Werk leistet einen Beitrag zur Verwandlung der Staatsmusik in ein Ritualstück des jahrhundertealten Kults großer Komponisten. Es hat vielfältige symbolische Funktionen: Es spricht von Beethoven, vom Monument und von den Einweihungsfeierlichkeiten; und es vermittelt die Idee, daß Beethovens Werke die besten Monumente seiner selbst sind. Und wenn Beethoven die instrumentale Freudensmelodie erfunden hat, um den Kollektivgesang anzukündigen, so war es hier eines seiner eigenen Instrumentalwerke, das in Liszts Werk die Identität des Genies ankündigte. »Aus dem kompositorisch sanglichen, aber nur in Gedanken sangbaren Andante Beethovens ist also unter den Händen Liszts etwas tatsächlich Gesungenes, ein religiöser Gesang geworden.«[57] Abgesehen von einer wenig geglückten Uraufführung in Paris, zu der Janin angeregt hatte, kam es erst 1987 wieder auf eine Bühne. Liszts Werk bleibt dennoch der greifbarste musikalische Ausdruck des Beethoven-Kults in der romantischen Generation.

Am 13. August 1845, dem letzten Tag der Bonner Festspiele, sollte Liszt erneut alle Aufmerksamkeit auf sich ziehen, diesmal aber nicht in künstlerischer Hinsicht. »Als wir in der Stadt eintrafen, waren unsere Eindrücke lebhaft und tief; dann aber verblaßten sie zusehends«, schrieb Kreutzer, »überall herrschte Unruhe, Verwirrung; wir konnten nirgendwo frei atmen, weder in den Hotels noch in den Konzertsälen, nicht in der Kirche, nicht auf dem Platz und um das Denkmal.«[58] Man sollte meinen, daß dieser Luftmangel am letzten Tag an Ersticken grenzte. Nach dem »Künstlerkonzert« fand im Beethovensaal des Hotels Goldener Stern ein abschließendes Bankett statt. Spohr, Liszt und Breidenstein hatten den

Vorsitz. Berlioz erschien nicht oder zog es vielmehr vor, wie auch einige Berichterstatter, es später nicht zu erwähnen. Offenbar aus gutem Grund, denn es war höchst unangenehm, davon zu sprechen. Andere gaben Schilderungen von dem Bankett, die in einigen wesentlichen Punkten übereinstimmten. Als man am Ende der Mahlzeit, bei der schon der Wein in Strömen geflossen war, die Trinksprüche ausbrachte, kam es zu einem Zwischenfall. Der Regierungspräsident von Auerswald trank auf das Wohl des Königs Friedrich Wilhelm, Breidenstein auf das von Beethoven, Spohr auf das der Königin Victoria; Wolff stieß auf das Trio Spohr, Liszt und Breidenstein an, wobei der eine, wie er es nannte, die Tonika, der andere die Terz und der dritte die Dominante des »Dreiklangs« sei. Smets rühmte Hähnel und Burgschmiet, die Künstler, die das Monument geschaffen hatten. Dann kam Liszt an die Reihe. In einem etwas gebrochenen Deutsch – gewöhnlich sprach er ja nur Französisch – brachte er einen Toast aus, der sich an »alle Nationen« richtete, »die sich hier versammelt haben, um dem Meister eine Hommage zu erweisen. Langes Leben und Wohlstand allen, die hierher gepilgert sind: den Holländern, den Engländern, den Wienern.« Da rief Hippolyte Chélard, ein französischer Komponist, der in Deutschland lebte, aus: »Sie haben die Franzosen vergessen!« Für Elwart war das »ein sehr würde- und maßvoller Toast«[59] seitens Chélards. Moscheles zufolge »erhob sich Chélard zornentbrannt und brüllte Liszt an«[60]. Daß Liszt die Franzosen nicht aufgezählt hatte, erschien der *Allgemeinen Musikalischen Zeitung* als ein Vorwurf, den er Frankreich machen wollte, da sich das Land nur so spärlich an der Errichtung des Monuments beteiligt hatte – was ja schon der Beweggrund seines Briefs von 1839 gewesen war. Jedenfalls löste Chélards Zwischenruf einen regelrechten Tumult aus, währenddessen Liszt vergeblich zu erklären versuchte, daß er doch fünfzehn

Jahre lang in Frankreich gelebt habe und also nicht die Absicht haben könne, jemanden zu kränken, und daß er es im übrigen auch versäumt habe, sein eigenes Heimatland, Ungarn, zu nennen. All das, sagte Moscheles, konnte nur dazu führen, »sich mehr und mehr in ein Labyrinth der Worte zu verstricken«. Wolff, der Autor der Kantate, versuchte vergebens zugunsten seines Kollegen einzuschreiten, während jeder im Saal für oder gegen Liszt Partei ergriff. Im wachsenden Gedränge nutzte manch einer die Situation, um Breidenstein alle groben Fehler bei der Organisation des Festes vorzuwerfen. Und bald »sah man in allen Ecken des Saals sich streitende Gruppen, die im gleichen Maß wie die Verwirrung zunahm, nicht mehr erkannten, was der Grund ihrer Auseinandersetzung gewesen war«, sagte Moscheles des weiteren und schilderte einen Höllenlärm, inmitten dessen er als einziger einen kühlen Kopf bewahrte und sogar »Trauerreden für all jene hielt, die in den Wortsturm geraten waren«. Doch Smart zufolge war Moscheles ins Freie gestürzt, wo er schrie: »Ich schäme mich für meine Landsleute!«, denn »die Bemerkungen über die Juden, die er gerade vernommen hatte, schätzte er gar nicht«.[61] Karl Schorn seinerseits beschrieb eine beschwipste Lola Montès, die »mit der kecken Gewandtheit einer Tänzerin inzwischen Flaschen und Gläsern auf den Tisch sprang, und heftig gestikulierend dem Prof. Wolff zurief: ›Parlez donc, Monsieur Wolff, parlez donc, je vous prie.‹«[62] Schorn, der dieses Geschehen fast fünfzig Jahre später aufzeichnete, schien aber als einziger Zeuge dieses wunderbaren Anblicks einer Femme fatale gewesen zu sein, die beim Beethoven-Fest betrunken herumtanzte, bevor ein Gewittersturm dessen Ruinen davontrug. Damit war die Geschichte offenbar noch nicht zu Ende: Ein zweiter Vorfall, den Chorley miterlebte, kam zu Liszts Ausrutscher hinzu, als Elwart sich in den Fluren des Hotels beschwerte, daß man auf das Wohl der Königin Victoria getrunken habe, ein gleiches aber auch für Louis-Philippe hätte tun sollen. »Daß der König von Frankreich derart übergangen wurde, ist eine Beleidigung gegen die große französische Nation!«, soll er ausgerufen haben, bevor ihn ein Engländer zurechtwies: »Warum nicht einen Toast auf den Kaiser von China oder den Chakan der Tataren?« Die Darstellung dieser Szene, bei der es zu einem neuerlichen Tumult kam, deckt sich tatsächlich mit Elwarts Eindrücken beim Toast auf die Königin Victoria:

> Ich hätte nur zu gerne das Wohl aller Frauen in dem unserer ausgezeichneten und ehrwürdigen Königin Marie Amalie vereint, die heute ihren Namenstag feiert; doch wollte ich den Deutschen nicht die Freude gönnen, unsere Königin zu preisen, diesen Deutschen, die bei ihren überschwenglichen Toasts vergessen hatten, unsres Auber zu gedenken, der doch ihre Opernbühnen, denen es an einheimischen Meisterwerken ermangelt, beschickt; und Habeneck, der mehr für Beethovens Ruhm geleistet hat als ganz Deutschland zusammen. Ich habe dann in kleinstem Kreis mit meinem Herzen angestoßen; und das Andenken meiner Mutter, die nicht mehr unter uns weilt, gemischt mit dem der Mutter aller Franzosen ließen eine Träne in mein stilles Glas fallen.[63]

»So endete das Fest«, faßte Smart zusammen, »und es war ein sehr schlechtes Ende.«[64] Nach den Zwischenfällen vom letzten Tag versammelten sich die Hauptakteure noch einmal im Brühler Schloß zu einer Feier im Beisein des preußischen und belgischen Königspaares und der Königin von England und dem Prinzgemahl – also zu einem »beinahe europäischen Meeting«, das sich sehr viel friedlicher gestaltete als das des »Europa der Musik« rund um Beethovens Standbild. Dort fand ein Konzert statt, bei dem der Generalmusikdirektor von Preußen, Meyerbeer, eine Kantate für Victoria präsentierte. Nachdem die Künstler der *Beethoven-Kantate* applaudiert hatten, beklatschten sie nun inmitten der »prachtvoll strahlenden Gesellschaft« eine monarchische Staatsmusik – »die schwarzen Fräcke, das schwöre ich Ihnen, boten hier einen recht kläglichen Anblick«, schrieb Berlioz.[65] In dieser adligen Zusammenkunft fanden die Künstler nach den etwas abenteuerlichen Gedächtniskonzerten für das Bürgertum einen kosmopolitischen Zufluchtsort, wo sie ihre Wunden heilen konnten. Der König von Preußen, den die kleinen Spitzen gegen die Fürsten und die Weltgeschichte gleichgültig gelassen hatten, beglückwünschte Liszt zu seiner Kantate: »Sie haben ein hübsches Stück geschrieben, und ich verstehe etwas davon, und die Königin von England auch und Prinz Albert noch mehr als ich!« Janin war Zeuge dieser Szene und stellte fest, daß »Liszt daraufhin aufatmete und in seinem erregten Gemüte wieder Ruhe eingekehrt war«.[66] Am nächsten Tag, wieder in Bonn, trat Liszt noch als Schirmherr bei der feierlichen Einweihung einer Beethovenstraße auf, und zugleich wurde ihm die Ehre einer Lisztstraße zuteil; dann flüchtete er sich umgehend nach Köln, wo er erschöpft und krank bei der Prinzessin Marie Kalergis eintraf, die ihn gesund pflegte. Er ist nie wieder in Beethovens Geburtsstadt zurückgekehrt, wo die Erinnerung an den Skandal allen im Gedächtnis bleiben sollte.

Hätte man die Festspiele besser organisiert, wären auch die Spannungen sicher nicht so klar zutage getreten. Man hätte sie aber nicht vollkommen vermeiden können. Ganz abgesehen von den mehr oder weniger inkompetenten Bürgern, den mehr oder weniger selbstgefälligen Künstlern oder den mehr oder weniger kapriziösen Fürsten standen diese Komplikationen vor allem in Zusammenhang mit einer historischen Übergangsphase. Allein die gemeinsame Anwesenheit der Könige,

Bürger und Künstler rund um das Bronzestandbild erinnert an eine schlichte Tatsache: Beethoven wurde 1845 von ihnen allen verehrt. Doch war man sich noch lange nicht darüber einig, was das bedeutete. Die nationalistischen Reibereien waren wohl eine Begleiterscheinung der damaligen politischen Lage, in der sich trotz der gegenseitigen, zwei Jahre zuvor geleisteten Staatsbesuche von Königin Victoria und König Louis-Philippe die alte antifranzösische Koalition zu wiederholen schien. Die Einzelheiten dieses Konflikts sind hier nebensächlich; wichtig ist das Bild jenes Mannes, der sich, gleichgültig aus welchem Land er stammte, in einer europäischen Zusammenkunft befand und dort »in kleinstem Kreis mit [s]einem Herzen«, also mit seinem Vaterland anstieß. Der tief verwurzelte Nationalismus siegte über die intersubjektive und internationale Gemeinschaft, die man hier um ein Monument versammeln wollte. Und der Eklat beim Bankett führt das Scheitern des Projekts vor Augen, das mit Beethovens Denkmal eine wahre europäische Gedenkstätte gründen wollte.

Die Bonner Festspiele waren aber auch kein totaler Mißerfolg. Zum Schluß schien Berlioz immerhin noch zu folgendem Kommentar im *Journal des débats* bereit: »Geblendet vom Glanze dieses Ruhms zieht die Bewundererschar sinnend von dannen, um allen Echos in Europa nachzuerzählen mit welch großen Flügelschlägen, mit welch funkelnden Augen sie sich über die Stadt Bonn ergossen hat, wo sie das Bild ihres bedeutendsten Sohnes krönte.«[67] Breidenstein, der sich nur mit Müh und Not rechtfertigen konnte, schrieb einen detaillierten Bericht, in dem er als Antwort auf jene, die alles »durch die schwarze Brille« sahen, fettgedruckt hervorhob, daß nun trotz der unliebsamen Nebendinge, Gott sei Dank, »auf dem Münsterplatze zu Bonn [...] seit August 1845 das dem unsterblichen Beethoven errichtete Monument« stehe.[68] Das ist unbestreitbar, denn da steht es bis heute. Es stellt sich aber noch immer die Frage, was das eigentlich bedeutet.»Das Fest ist zu Ende«, meinte Berlioz melancholisch,»Beethoven steht auf dem Platz in Bonn, und die Kinder, die solche Würde wenig kümmert, spielen schon am Fuße seines Denkmals; um sein edles Haupt fegt der Wind und prasselt der Regen, und auf seiner mächtigen Hand, die so viele Meisterwerke schuf, hocken ganz gewöhnliche Vögel.« Bereits drei Monate später sollte sich das unweigerliche Banalisieren der Hommage in der *Revue et gazette musicale* bestätigen, denn dort wurde eine »tragbare und praktische« Büste von Beethoven angepriesen, geschmückt mit einer Allegorie der Société des concerts: »Während man in Bonn auf einem öffentlichen Platz ein riesiges Standbild des großen Komponisten errichtete, modellierte hier in Paris ein sehr begabter, junger Künstler, andächtig und gewissenhaft, die Büste des gleichen großen Mannes, aber in bescheideneren Proportionen, die ihn für jeglichen Salon und sogar jegliches Boudoir zugänglich machen.«[69] Als Berlioz Bonn verließ, quälte ihn tatsächlich schon »jener unvermeidliche Augenblick, in dem alles erkaltet und verstummt, in dem der Enthusiasmus zur Tradition wird«. Doch der Beethoven-Kult konnte ja nur auf der Tradition des Enthusiasmus aufbauen, auf dem automatischen, industriellen und rituellen Wiederholen der Zeichen des Gedenkens. Und verglichen mit dem »außerordentlichen Zeichen«, das Robert Schumann 1836 herbeiwünschte, sind diese »tragbaren und praktischen« »Andenken«, diese regelmäßig wiederkehrenden Gedächtnisfeiern doch nur Lappalien. Im März 1854 wurde Schumann in eine Nervenheilanstalt in Endenich bei Bonn eingewiesen. Sein Arzt berichtete, daß der Komponist sich weigerte zu glauben, die Stadt am Horizont sei Bonn, weil er Beethovens Denkmal nicht sehen könne. War das ein Symptom seiner Krankheit oder eine ironische Spitze, in der wir Florestans Stimme wiedererkennen?[70]

Die *Neunte* in der Zeit der nationalistischen Bewegungen

Beethovens hundertstem Geburtstag wurde am 17. Dezember 1870 in Paris mit keiner einzigen Feier gedacht. Nicht etwa, daß der Komponist die Franzosen nicht mehr interessierte, ganz im Gegenteil, denn seit Berlioz und Habeneck war sein Ansehen stetig gewachsen. Die Konzertgesellschaft Pasdeloup hatte den deutschen Text der *Ode an die Freude* 1863 ins Französische[1] übersetzen lassen, so daß er ein viel breiteres Publikum erreichte als nur den Konzertsaal des Conservatoire, dem »Musikmuseum«, wo neun von zehn Konzerten den Werken verstorbener Komponisten – und Beethoven allen voran – gewidmet waren. Die Bedeutung des Schöpfers der *IX. Sinfonie* sollte sich im ausgehenden 19. Jahrhundert festigen, und das Werk selbst diente gar als Vorbild: »Die Stadt Paris hat einen Wettbewerb für alle französischen Komponisten ausgeschrieben, wobei es gilt, eine Sinfonie für Soli und Orchester zu komponieren«, gab man 1876 bekannt.[2] Nein, daß man zu seinem hundertsten Geburtstag keine feierliche Veranstaltung organisierte, beruhte auf einem Ausnahmezustand: Wegen des Krieges mußte die Fachpresse ihr Erscheinen vorübergehend einstellen; und die wenigen Zeitungen, sofern diese überhaupt erschienen, hatten ganz andere Themen – zum Beispiel den Wassermangel in der belagerten Hauptstadt. Als die *Revue et gazette musicale* nach den Tagen der Kommune wieder erscheinen konnte, beklagte sie, daß »bei jenem weltweiten Konzert, in jenem Fest der Menschheit einzig Paris hat schweigen müssen«[3].

Tatsächlich wurde der Komponist im Dezember 1870 in allen großen deutschen Städten gefeiert sowie auch in London und Mailand, in Brüssel und Madrid, in New York und St. Petersburg, also »in allen intellektuellen Hochburgen der beiden Hemisphären«[4]. Nur ein einziges Gedächtniskonzert fand am hundertsten Jahrestag auf französischem Boden statt: In Sarcelles spielte die preußische Militärblaskapelle die Ouvertüre zu *Egmont*, um die Truppen an ihre Pflicht und den »bedeutsamen Tag« zu erinnern. Bei zahlreichen Gedächtnisfeiern in Deutschland herrschte eine ähnliche Gesinnung: In Dresden veranstaltete man ein Festspiel unter dem Motto »Das Erwachen der Künste«, wo zum Klang der *Ruinen von Athen* die auf dem Schlachtfeld kniende Muse Polyhymnia eine Büste des Komponisten mit einem Lorbeerkranz krönte; das Stück endete mit dem Chorwerk *Germania* aus dem Jahr 1814.[5] Wie diese Umdeutung einer ursprünglich dem österreichischen Kaiser gewidmeten Hommage zeigte, war der Komponist des *Glorreichen Augenblicks* zum Zeitpunkt der Reichsgründung kein einfacher Komponist von Staatsmusik mehr, sondern das Symbol der Staatsmusik schlechthin und somit ausersehen, auf den symbolischen und realen Schlachtfeldern von Wilhelm I. und Bismarck eingesetzt zu werden. Und das vor allem dank seiner eigenen politischen Programmusik, die auf diese Weise der ästhetischen Verbannung entkam. In jener vom Nationalismus gekennzeichneten Epoche wurde seine Gestalt so zum Pfand und Werkzeug eines Konfliktes zwischen Nationalstaaten. Sie diente dazu, einen politischen und militärischen Kampf als Konfrontation zwischen verschiedenen Kulturen darzustellen.

Beethoven war aber nicht der einzige Klassiker, dem es so erging. Schiller, der »Dichter der Freiheit«, mit seiner universellen Berufung, wurde gleichfalls zu einem Helden des offiziellen Nationalismus. Seinen hundertsten Geburtstag hatte man 1859 mit großem Pomp gefeiert. Eine historische Figur der Freiheitskriege sollte in bescheidenem Maße zu dieser Entwicklung beitragen, nämlich Friedrich Ludwig Jahn, Nationalist und »Vater« der deutschen Turnbewegung, der die Idee verbreitete, das Gedicht *An die Freude* habe ursprünglich *An die Freiheit* gehießen. In einem 1849 veröffentlichten Artikel berief sich Jahn auf die Aussage eines gewissen Heubner, der 1796 erklärt hatte: »Schiller hat nie ein *Lied an die Freude* gedichtet, und es hiess erst *Freiheit, schöner Götterfunken*, aber der Censor strich Freiheit, da mußte Freude eingetauscht werden. Und nach meiner Handschrift ist es gedruckt worden, ich war damals Schreiber bei Schiller.«[6] Dieser Geschichte mangelte es nicht an Reiz, da sie jedoch erst über fünfzig Jahre später vorgebracht wurde, konnte sie nur schwer überprüft werden. Abgesehen vom Autor, der wiederholt eigenhändig den Titel *An die Freude* niedergeschrieben hat, blieb unberücksichtigt, daß kein Zensor je bei der Veröffentlichung des Gedichts im Jahr 1786 eingeschritten war und daß keinerlei Hinweis auf einen Kopisten Schillers namens Heubner erhalten ist. War diese Anekdote auch keineswegs authentisch, hinterließ sie doch Spuren im Rahmen der Rezeption der *IX. Sinfonie*.

Die nationalistische Vereinnahmung Schillers und Beethovens vollendete indessen das durch die Allianz der Junker mit dem Bürgertum besiegelte Bildungsideal, das bald zu einem wesentlichen Element der konservativen Gesellschaftsordnung wurde. In einem Satz von Bismarck: »*Wenn ich diese Musik oft hörte, würde ich immer sehr tapfer sein*«[7], verdichtete sich die nationalistische Legende um Beethoven in ihrer reichsdeutschen Version. Im Grunde genommen verriet Bismarcks Äußerung aber, daß er die Musik nicht gerade *allzuoft* hörte, oder vielmehr, daß er den Komponisten nicht unbedingt in seinen ideologischen Kampf eingliedern wollte und ihn der symbolische Gehalt seines Werkes im übrigen wenig interessierte. In der Tat zeigten die Anekdoten, die Bismarcks Biographen überliefert haben, »daß Bismarck und seine Familie Beethovens Musik schätzten, kein Beleg jedoch für die Vermutung existiert, daß der Kanzler seine Musik zu politischen Zwecken interpretierte«[8]. Seine Bemerkung dagegen wurde bis zum Überdruß wiederholt und affirmativ entstellt: »Wenn ich diese Musik höre, werde ich kühner.« 1892 ging der Dirigent Hans von Bülow noch weiter, indem er die *Eroica* dem Beethoven der deutschen Politik, Bismarck, weihte[9], den Wilhelm II. zwar zwei Jahre zuvor entlassen hatte, der aber auf dem besten Wege war – insbesondere dank seiner säulenförmigen Denkmäler –, als der eigentliche Begründer des Kaiserreichs in die Geschichte einzugehen. Von Bülow ließ sogar im Konzertsaal einen Text zu Ehren des ehemaligen Kanzlers verteilen, der das Publikum dazu anregen sollte, in den Gesang der *Bismarck-Sinfonie* einzustimmen, als wolle er suggerieren, Beethoven habe Bismarck mehr bewundert als Bonaparte.

In Österreich feierte man den hundertsten Geburtstag auf ganz andere Weise. Da die Verantwortlichen der musikalischen Institutionen Wiens ihrer deutschen Kulturzugehörigkeit – trotz der Niederlage von 1866 gegen Preußen und obwohl ja die großdeutsche Einheit schließlich nicht zustande kam – treu geblieben waren, versuchten sie, die namhaftesten deutschen Komponisten für eine Reihe von Gedächtniskonzerten zu gewinnen. Zum einen luden sie Richard Wagner und Franz Liszt ein, die großen Namen der neudeutschen Musik; zum anderen Clara Schumann und Joseph Joachim, Freunde und Förderer von Johannes Brahms. Letzterer stammte aus Hamburg und hatte sich, wie einst der Rheinländer Beethoven, in Wien niedergelassen, wo er bald zum wichtigsten Komponisten aufgestiegen war. Das Organisationsbüro sah vor, daß Wagner die *IX. Sinfonie* und Liszt die *Missa solemnis* dirigieren sollten, während Clara unter der Orchesterleitung Wagners das *Kaiserkonzert* interpretieren sollte. Doch als die einen von der Teilnahme der anderen erfuhren, schlugen alle die Einladung aus. So sahen sich die Mitglieder des Komitees – darunter Eduard Hanslick, der berühmte Kritiker und Gegner Wagners – gezwungen, auf zweitrangige Musiker zurückzugreifen. Erst zehn Jahre später, anläßlich der Einweihung des Beethoven-Denkmals von Kaspar von Zumbusch am neu angelegten Ring, sollte die Hauptstadt der Habsburger die ihrem Anspruch angemessenen Beethoven-Festspiele organisieren.

Liszt feierte den 17. Dezember 1870 in Pest, wo er die *IX. Sinfonie* und seine zweite *Kantate für Beethoven*, die kurz zuvor bei einem Gedächtniskonzert in Weimar uraufgeführt wurde, dirigierte. Wagner seinerseits, der sich zusammen mit Cosima Bülow-Liszt bei Luzern ein neues Heim geschaffen hatte, beteiligte sich am Jahrestag mit seinem Aufsatz *Beethoven*, dem wichtigsten unter seinen zahlreichen, dem Komponisten gewidmeten Texten. »Die Form der hieraus entstandenen Abhandlung kam ihn durch die Vorstellung an, er sei zur Abhaltung einer Festrede bei einer idealen Feier des großen Meisters berufen«, heißt es in Wagners Vorwort, wo er auch erklärt, daß er das schriftliche Ausdrucksmittel gewählt habe, »da ihm hierzu keine andere, dieser Feier ihm würdig dünkende Veranlassung geboten war«.[10] Diese Bemerkung konnte man als Anspielung auf das Wiener Festival deuten, zu dem Wagner, wie auch zum Bonner Fest 1845, aus eigenem Entschluß nicht erschienen war. In dem Aufsatz schildert er seine Vorstellungen von einer idealen Gedächtnisfeier und gab so zu verstehen, was er von den wirklichen Feiern hielt – zumindest von all denen, die nicht unter seiner Führung veranstaltet wurden. Dabei hätte sich sein persönlicher Mythos nur zu gut mit jener Einladung, die *Neunte* zu dirigieren, befriedigen lassen, denn das Werk, dessen Orchestrierung er sogar selbst bearbeitet hatte, war nahezu untrennbar mit ihm verbunden. Er entdeckte die Sinfonie im Jahr 1840 dank Habenecks Aufführungen in Paris, und 1846 bezeichnete er sie bei seinen Konzerten in Dresden als den »Schrei der universellen Menschenliebe«; als Mitstreiter Bakunins erhob er sie 1849 zum Symbol der Revolution; und schließlich in seinen Züricher Schriften zum »menschlichen Evangelium der Kunst der Zukunft«: Das Auftreten der Stimme innerhalb der Sinfonie, schrieb er 1851, habe die Grenzen der »absoluten Musik« markiert, über die hinaus es keinen möglichen Fortschritt gäbe, es sei denn das »universelle Drama«, das alle Künste in einem Gesamtkunstwerk vereine. Keiner hat sich wie Wagner für den vielzitierten »Erben Beethovens« gehalten, und keiner hat die Dreistigkeit besessen, sich diese Rolle selbst zuzusprechen – auch wenn er diese Forderung nur schwer im Rahmen einer logisch zusammenhängenden Lesart der Musikentwicklung, eben in Anbetracht der »Unbotmäßigkeit der Geschichte«[11], wie Klaus Kropfinger es nannte, durchsetzen konnte.

Im Gegensatz zu Wagner, dessen ästhetische Überlegungen stets auch einen politischen Ansatz beinhalteten, übertrug sich der künstlerische Sinn und Gehalt bei Beethoven direkt auf die Moral; Ziel seiner Kritik war die Mode, welche ja schon bei Schiller als Inbegriff des Bösen galt. Wagner war der Meinung, daß Menschen, die sich für Beethoven begeistern, tätige und beharrliche Bürger seien gegenüber jenen reichen und adeligen Nichtstuern, die sich von Rossini, Bellini oder Donizetti verzaubern ließen, und er führte Paris als Beweis für die verderbliche Wirkung schlechter Musik an. Mit der Zeit entwickelte sich die gegen den Adel gerichtete oder »kommunistische« Tendenz seiner »revolutionären« Schriften zu einer reaktionären Kritik an der Kultur des Bürgertums, das seiner Ansicht nach vom Geld und der Frivolität gelenkt wurde. Und diesen Zustand wollte er mit seinen eigenen Werken bekämpfen, unter der ausdrücklichen Bedingung, daß diese nicht in den traditionellen Opernhäusern aufgeführt würden. Er stützte sein Vorhaben, aus dem später die Bayreuther Festspiele hervorgehen sollten, auf König Ludwig II., der sich die bevorstehende Uraufführung des *Ring des Nibelungen* nur zu gern als eine Erfüllung der *Ode an die Freude* erträumte.

Der Aufsatz *Beethoven* war gleichwohl keine nationalistische Streitschrift, oder besser gesagt, er war es nicht nur. Wagner hatte sich die schwierige Aufgabe gestellt, Schopenhauers Musikauffassung mit einem Aufruf zur Erneuerung des deutschen Volkes durch die Musik zu verbinden: »Während die deutschen Waffen siegreich nach dem Centrum der französischen Civilisation vordringen, regt sich bei uns plötzlich das Schamgefühl über unsere Abhängigkeit von dieser Civilisation.«[12] Die Ermahnung, die »Pariser Moden« fallenzulassen, formulierte er im Namen einer spezifischen Besonderheit der Deutschen, deren vollkommenster Ausdruck ein Komponist sei, der sich gerade aufgrund seiner Taubheit aus der äußeren Welt zurückgezogen hätte, um sich ganz der Innerlichkeit zuzuwenden. Beethoven war der Mann, der das metaphysische Potential der Musik angesichts der äußerlichen Vorherrschaft der Mode real umsetzte, indem er das Erleben der reinen Darstellung durch das Erleben des Ansichseins der Welt ersetzte. »Derselbe Trieb, der Beethovens Vernunfterkenntnis leitete, den *guten* Menschen sich zu konstruieren, führte ihn in der Herstellung der *Melodie* des guten Menschen.« So enthielt die Freudensmelodie den moralischen Wert der Kunst:

>»Nie hat die höchste Kunst etwas künstlerisch Einfacheres hervorgebracht als diese Weise, deren kindliche Unschuld, wenn wir zuerst das Thema im gleichförmigsten Flüstern

von den Blasinstrumenten des Saitenorchesters in Unisono vernehmen, uns wie mit heiligen Schauern anweht. Sie wird nun der Cantus firmus, der Choral der neuen Gemeinde, um welchen, wie um den Kirchen-Choral S. Bachs, die hinzutretenden harmonischen Stimmen sich kontrapunktisch gruppiren: nichts gleicht der holden Innigkeit, zu welcher jede neu hinzutretende Stimme diese Urweise reinster Unschuld belebt, bis jeder Schmuck, jede Pracht der gesteigerten Empfindung an ihr und in ihr sich vereinigt, wie die athmende Welt um ein endlich geoffenbartes Dogma reinster Liebe.«[13]

Dieses Erleben eines gemeinsamen Ineinanderaufgehens geschah für Wagner völlig unabhängig von Schillers Dichtung, deren Drang nach Universalität in keinster Weise in seine eigene Vorstellung von Universalität einging. Er verknüpfte sie nicht mit dem politischen Mythos einer Stimme der Nation, sondern vielmehr mit der Tradition des protestantischen Chorals und vielleicht, anhand jener »athmenden Welt«, mit Schopenhauers hinduistischer Mystik. Doch leitete er daraus nichtsdestoweniger den Grundsatz eines anderen Kults ab, den einer »neuen Gemeinde«, deren »hochheiliges Buch« nicht mehr die Bibel, ein politisches Ideal oder eine mystische Erfahrung war, sondern eine Musik, die von dem sehr deutschen Geschlecht eines Bach oder Beethoven verkörpert wurde.

Wagners Leitidee war eine der ausgeklügeltsten Formen jener »Religion der Musik« der Romantiker, die von der Ideologie eines »musikalischen Nationalismus« geprägt war und sich zur damaligen Zeit hier und da in Europa durchsetzte. 1870 knüpfte dieses kriegerische Programm zweifellos an Preußens imperialistische und militärische Ziele an, ohne jedoch mit ihnen identisch zu sein, denn, wie es am Ende im

Aufsatz *Beethoven* hieß, »dem Weltbeglücker gehört der Rang noch vor dem Welteroberer«.[14] Wagner versuchte allerdings, die politischen Inhalte um den »Welteroberer« mit seiner kulturellen Mission des »*Weltbeglückers*« zu vereinbaren. Zum Abschluß der feierlichen Grundsteinlegung seines Festspieltheaters am 22. Mai 1872 dirigierte er Beethovens *Neunte* und seinen *Kaisermarsch* von 1871, den er zu Ehren Wilhelms I. geschrieben hatte. Mit diesen Werken – das erste galt als der höchste Ausdruck der deutschen Musik, das zweite zelebrierte die Reichsgründung – wurde der Beginn der Bayreuther Festspiele besiegelt. Das Bündnis war jedoch nur von kurzer Dauer. Als man das Theater 1876 mit dem *Ring des Nibelungen* einweihte, war der Kaiser an den beiden ersten Tagen anwesend und beglückwünschte den Komponisten sogar zu seinem so »national« klingenden Schluß; da er sich dann aber zu Feldübungen begeben mußte, konnte er den Aufführungen von *Siegfried* und *Götterdämmerung* nicht beiwohnen. Wagner gab bald darauf seine Enttäuschung über Bismarcks Politik zu erkennen und bedauerte 1878, nicht vorausgesehen zu haben, daß – wie er meinte – ein pommerscher Junker nichts von deutscher Kultur verstünde.[15] Der preußische Beethoven und der Beethoven Richard Wagners sollten von da an getrennte Wege gehen.

War das Amalgam aus Beethoven und Reich auch Teil der offiziellen Ideologie und womöglich die Stegreiferfindung eines von Bülow, so wurde der Einfluß der Wagnerschen Anschauung doch in der gesamten deutschen Gesellschaft spürbar. Er spiegelte sich auch in den Arbeiten der Fachgelehrten wider: Ludwig Nohl etwa zitiert in seiner Beethoven-Biographie lang und breit den Aufsatz zum hundertsten Geburtstag, und sein darauffolgendes Werk über den Komponisten war »dem Meister aller Meister Richard Wagner in Bayreuth« gewidmet.[16] Die Verfechter des »Meisters aller Meister« wollten eine Auffassung der Musikgeschichte durchsetzen, in der es nicht mehr nur galt, in Wagner den Erben Beethovens anzuerkennen, sondern in Beethoven den Wegbereiter Wagners zu würdigen. Dieses Anliegen sprengte überdies den Rahmen der Musikwissenschaft, denn zahlreiche Anhänger Wagners sahen, in Übereinstimmung mit dem Gedankengut ihres Helden, in dessen Werken ein Mittel gegen die Dekadenz der deutschen Kultur und gegen den »Niedergang Europas«. Der wichtigste unter jenen Kritikern war Friedrich Nietzsche, der Wagner 1872 seine Schrift *Die Geburt der Tragödie* widmete, worin die *Ode an die Freude* als der Inbegriff des »dionysischen Rausches«[17] dargestellt war, und der in seiner ersten *Unzeitgemäßen Betrachtung* eine heftige Anklage gegen die spießbürgerliche Bildung erhob: »*Sein* Confect-Beethoven ist nicht *unser* Beethoven.«[18] In *Richard Wagner in Bayreuth* entwickelte Nietzsche die Idee vom Wegbereiter weiter: »Die Musik hatte vor Wagner im Ganzen enge Gränzen; sie bezog sich auf bleibende Zustände des Menschen, auf Das, was die Griechen Ethos nennen, und hatte mit Beethoven eben erst begonnen, die Sprache des Pathos … zu finden.«[19] Diese Geschichtsdarstellung, von der sich Nietzsche bald distanzieren sollte, wurde allerdings von weiten Kreisen, von den zahlreichen wagnerianischen Vereinen bis hin zu Publikationen wie den *Bayreuther Blättern*, verbreitet. Auch im Ausland wurde sie übernommen, so zum Beispiel in Frankreich, wo die *Revue wagnérienne* 1885 in ihrer ersten Ausgabe den von Théodore de Wyzewa übersetzten Aufsatz zum hundertsten Geburtstag abdruckte. Kurz darauf vertrat Édouard Dujardin, der Herausgeber jener Zeitschrift, in einem Nachruf auf Victor Hugo die Idee vom »Wegbereiter Beethoven«.[20] In Deutschland erweiterte sich die Anhängerschaft Wagners nach dessen Tod im Jahr 1883 unter der Führung von Cosima. Wagners Schwiegersohn, Stewart Chamberlain, stellte Beethoven in seinen Bayreuther

Briefen an Wilhelm II. als ein Vorbild dar, das die deutsche Rasse in ihrem Streben nach der weltweiten kulturellen Vormachtstellung anregen sollte. Später, als seine Hoffnungen in die wilhelminische Regierung unerfüllt geblieben waren, machte er den Komponisten der *Eroica* zum Symbol seines völkischen, rassistischen und fortschrittsfeindlichen Programms – als einer der Götzen des Nationalsozialismus.[21]

Trotz Wagners Bedeutung konnten in Deutschland vor dem Ersten Weltkrieg noch andere Lesarten des Beethovenschen Werkes bestehen. Im Bereich der Musikwissenschaft mußten die »Neudeutschen« zwangsläufig neuen Kapazitäten wie Hanslick, Nottebohm, dem Amerikaner Thayer oder später Heinrich Schenker begegnen, der seine Monographie über die *Neunte* Johannes Brahms gewidmet hat: »Am Anfang war der Inhalt«, schrieb Schenker in der Einleitung seiner musikalischen Werkanalyse und bediente sich einer rein technischen Sprache, womit er der absoluten Musik jene Ehre erwies, die ihr von den Wagnerianern verwehrt wurde.[22] Die zumeist in Wien lebenden Anhänger von Brahms waren in gleicher Weise von der zivilisierenden Mission der deutschen Musik sowie von Beethovens tragender Rolle dabei überzeugt.

Daß Beethoven dem Reich einverleibt wurde, hinderte die radikalsten Systemkritiker nicht daran, ihn für sich zu beanspruchen. Sie erkannten in ihm den Vertreter einer bürgerlichen Bildung, deren »fortschrittlichste« Elemente sie verwerten konnten. 1841 vertraute Friedrich Engels seiner Schwester an, wie sehr er die *V. Sinfonie* schätzte: »Diese verzweiflungsvolle Zerrissenheit im ersten Satze, diese elegische Wehmut, diese weiche Liebesklage im Adagio, und dieser gewaltige, jugendliche Posaunenjubel der Freiheit im dritten und vierten Satze!«[23] Engels romantisch geprägte Auslegung, die den Freiheitsgedanken hervorhob, ohne gleichwohl politisch zu sein, wurde später häufig von den Marxisten aufgegriffen, die Beethoven im ausgehenden 19. Jahrhundert in das Programm und die Rituale der sozialdemokratischen Partei integrierten. Kurt Eisner, der am 18. März 1905 in Berlin ein Gedächtniskonzert für Schiller und die Revolution von 1848 organisierte, sagte, daß Beethovens *IX. Sinfonie* bei dieser Feier erstmals in der Geschichte von Proletariern aufgeführt wurde:

> In dem gewaltigen Klassenkampf des Proletariats glüht der Götterfunken der Freude, der aus der Gesellschaft des Elends und des Zufalls zu dem Kunstwerk der neuen Gesellschaft leuchtet. Wenn die Menschheit, durch den Kampf des proletarischen Sozialismus befreit und gereift, dereinst an dem Welthymnus der *Neunten* erzogen wird, wenn sie zum Katechismus ihrer Seele wird, dann erst ist Beethovens Kunst zur Heimat zurückgekehrt, aus der sie floh: zum Leben.[24]

Die hegelianisch-marxistische Dialektik vertrat die Idee, daß der im Geist der »bürgerlichen« Revolution von 1789 geschaffene Welthymnus dank der sozialistischen Revolution seine wahre »Heimat« gefunden habe. Die proletarische Bewegung, die sich 1892 zu ihrer Hymne, der *Internationale* von Eugène Pottier und Pierre Degeyter, bekannt hatte, wehrte sich vehement gegen die in Deutschland vorherrschenden nationalistischen Auslegungen von Beethovens Werk. Dabei wich diese Deutung der universellen Dimension nicht wesentlich von jenem Erbe ab, das in Anbetracht einer epischen Auffassung von der kollektiven Existenz stets die Erhabenheit und den moralischen Gehalt des Werkes betont hatte. Die Kluft zwischen dem »Katechismus [der] Seele« des Sozialisten Eisner und der »versammelten Welt« des ehemaligen Revolutionärs Wagner war leicht zu überbrücken, genau an der Stelle, wo das Musikalische über eine vermittelnde zivile Religion auf die Politik stieß. Die widersprüchlichen Deutungen auf der politischen Ebene, die ja nur ein Abbild der widersprüchlichen politischen Gesinnungen ihrer Urheber waren, nährten sich am Konsens um ein Werk, das jeder für das Programm, das Symbol und das Zelebrieren einer utopischen Gesellschaft hielt.

Dieser Übergang vom Musikalischen zum Politischen stand durchaus in Beziehung mit der Entwicklung im Frankreich der III. Republik. In der republikanischen Beethoven-Darstellung schwangen auch nationalistische Klänge mit; doch setzte dieser französische, vom »humanitären Messianismus« unterstützte Nationalismus die Allgemeingültigkeit der Werte voraus. Während die Deutschen Beethovens internationale Dimension als logische Folge seiner deutschen Herkunft betrachteten, bemühten sich die Franzosen, seine französischen Merkmale aus den universellen Werten seiner Werke abzuleiten. Außerdem suchten sie nach allem, was seine »Entgermanisierung« rechtfertigen konnte, legten besonderen Nachdruck auf seine niederländische Herkunft und seine Wesensverwandtschaft mit jenem anderen menschenscheuen Genie, Jean-Jacques Rousseau. Und im Kern dieser Vorgänge stand immer wieder die *IX. Sinfonie*. Paradoxerweise wurde Schillers Text in Deutschland oft im Schatten der Ausdruckskraft der Musik nur am Rande behandelt, während man in Frankreich, wo der Zugang zum Text ja erschwert war, bei den politischen Lesarten eben gerade den Gehalt der Worte in den Vordergrund stellte. Vereinfachend läßt sich die Linie der republikanisch französischen Interpretation der *Ode an die Freude* in wenigen Worten zusammenfassen: indem sie »Freude« durch »Freiheit« ersetzt hat.

Die Ironie der Situation wollte es, daß Friedrich Ludwig Jahn, für den »Freiheit« vor allem Befreiung von den Franzosen bedeutete, zu jener Wandlung der *Ode an die Freude* in eine *Ode an die Freiheit* verleitet hat. Trotz der mangelnden historischen Grundlage hatte sich seine Geschichte in Ludwig Nohls 1877 veröffentlichte Beethoven-Biographie eingeschlichen: »Und es ist ja bekannt, daß Schiller ursprünglich sogar gedichtet: ›*Freiheit schöner Götterfunken*‹, später aber statt des Grundes die Wirkung gesetzt hatte, diese aber in dem tieferen und weiteren Sinne einer Befreiung aus dem eigenen Inneren und zum Zweck des Ganzen.«[25] Diese Zeilen machten offenbar tiefen Eindruck auf Victor Wilder (oder van Wilder), einen in Gent geborenen Kritiker, Librettisten und zudem Übersetzer Wagners, den Chamberlain jedoch später in der *Revue wagnérienne* verhöhnen sollte; Wilder schrieb für *Le Ménestrel* die Vita Beethovens in Fortsetzungen, die dann 1883 als Buch herauskamen. So führte er in einer Epoche, als die dreifache Losung von 1789 ihre Glanzzeit hatte, in Frankreich die Theorie von der *Ode an die Freiheit* ein. Allerdings versäumte er, Nohl da zu zitieren, wo dieser in Anlehnung an Wagner die politische Interpretation des Freiheitsgedankens als oberflächlich verurteilte. Genau dieser Richtung aber folgte Wilder, wobei er »jenes revolutionäre Wort Freiheit« vorschob, sich aber ausdrücklich enthalten wollte, »Politik« oder »Soziologie« zu betreiben. Der Austausch des Titels durch Beethoven, so sagte er, »nahm seinen Versen natürlich die ursprüngliche Energie, doch gehorchte er den polizeilichen Vorschriften«; und Beethoven habe das Wort »Freude« beibehalten, denn »zu seiner Zeit gab sich die Zensur nicht geschlagen«. Daraus schloß er folgende Umdeutung des Werkes:

> So wollen wir das Wort Freude, dessen Sinn unbestimmt und dessen Bedeutung ungenau sind, durch das ersetzen, was dem Dichter in Gedanken vorschweben mußte, und sogleich besitzen wir den Schlüssel zu Schillers Lyrismus,

die Ursache für seine kriegerischen Akzente, welche die Helden zur Eroberung ihrer Unabhängigkeit führen; und die Melodie des Chorals entfaltet sich mit religiösen Akzenten, um den Triumph der Freiheit zu feiern.[26]

Interessant ist, daß Wilder selbst vom historischen Wahrheitsgehalt seiner Entdeckung gar nicht überzeugt schien: »Ob diese Erklärung wohl den Tatsachen entspricht, oder beruht sie nicht etwa auf einer fragwürdigen Legende? Für uns ist das eigentlich von geringer Bedeutung.« In seiner Gewißheit, »den Sinn, den Beethoven dem Gedicht geben wollte, auszusprechen«, ging er gar so weit, eine »interpretierende Übersetzung« anzubieten, damit diese dann tatsächlich bei den Konzerten gesungen würde. Diese »neue Form« der *IX. Sinfonie* wurde am 22. und 29. Januar 1882 von Charles Lamoureux, dem Wilder sein Buch gewidmet hatte, in Paris dargeboten. »Die Mehrzahl der Zuschauer hat offenbar die Neuerung geschätzt«, verkündete Wilder in *Le Ménestrel*, und »der Sinn von Beethovens schwierigem Werk schien so klarer und leichter verständlich«.[27]

Nicht alle waren dieser Meinung, denn es kam zu keiner weiteren Aufführung, und die beiden ersten und einzigen brachten dem Autor allerhand Kritik ein. Man befaßte sich ausgiebig mit dem deutlich politischen Gehalt jener Idee, auf den ihr Initiator nicht hatte eingehen wollen. So zum Beispiel jener Octave Fouque (oder Fouqué), der besagte »Umdichtung« in seinem Buch *Les Révolutionnaires de la musique* [»Die Revolutionäre der Musik«], das kurz nach Wilders Buch erschienen war, als »borniert« kritisierte: »Die philosophische Freude, die zu definieren wir versucht haben, geht mit einem ausgeprägten Freiheitsgefühl für das Selbst und die Anderen einher, so daß damit auch die Gleichheit und Brüderlichkeit, auf die sich Schiller in seiner Dichtung beruft, zum Ausdruck kommen.« Der Autor schilderte einen Beethoven, dessen »Freude sich mit der seiner Mitmenschen verbindet« und der einst, als die freiheitsfeindliche Monarchie triumphierte, angeregt vom »Anblick der Menschheit in Arbeit [sic] und in der Hoffnung auf unbegrenzten Fortschritt«, den Wunsch hegte, »in einem grandiosen Werk das wunderbare Gefühl unserer dreifachen und klaren Devise zu zelebrieren«. Und Fouque fügte nach einem Vergleich mit der *Eroica* hinzu: »In der *IX. Sinfonie* handelt es sich nicht um einen Helden, sondern um die Masse auf dem Vormarsch.«[28]

Mit der »Masse« war selbstverständlich die ganze Menschheit gemeint, die sich im republikanischen Glauben versammelte und bei der Hundertjahrfeier der Revolution die *Marseillaise* von den Vertretern aus gut zwanzig Ländern singen ließ.[29] Doch unter einer solchen III. Republik, die diesen republikanischen Gesang soeben zur *National*hymne bestimmt hatte, konnte Beethoven gleichfalls als Held der *Französischen Republik* auftreten; von einem rein patriotischen Programm getragen, das sich trotz allem auf ein revolutionäres Erbe stützte – etwa das von Michelet und Quinet, die beide glühende Anhänger Beethovens waren.[30] Das geschah aufgrund eines bewußten und gewollten Rückzugs, dem Resultat aus der Niederlage von 1871: »Wir wollen uns nach so vielen Erfahrungen in uns selbst zurückziehen, uns auf unser Gelöbnis konzentrieren; beziehen wir uns nur auf Frankreich«, schrieb die Witwe von Edgar Quinet 1885 über die Musik eines Komponisten, der, das erkannte sie unschwer, die »ganze Menschheit« im Sinn hatte. Sie sah in der *Fünften* und der *Siebten* ebenso viele »heroische *Marseillaisen*« und im Finale der *Fünften* »so etwas wie einen Wiederanschluß von Elsaß-Lothringen ans Vaterland«. Und die *Ode an die Freiheit* der *Neunten* war für sie nichts anderes als eine neue französische Nationalhymne: »Hier haben wir endlich die Hymne der Befreiung, der wiedergeborenen Freiheit, des regenerierten Frankreich, die Hymne einer unerschütterlichen Republik, die alle Franzosen in ihrer unendlichen Vaterlandsliebe verbindet.« Und 1883, als sie ihre Schriften veröffentlichte, fügte Madame Quinet eine Anmerkung hinzu, die die missionarische Aufgabe des republikanischen Programms neu verwendete:

> Die Republik besitzt kein besseres propagandistisches Mittel als die Hymne: *Alle Menschen sind Brüder*. Dieser Chor ist großartig! Er beginnt wie ein dunkles Brausen, dies ist das unklare Bild des menschlichen Bewußtseins; dann aber wächst es an, es kommt schließlich in dieser Hymne der Liebe und des Stolzes zum Ausbruch. Ah! Es ist die *Marseillaise* der Menschheit.
> *Alle Menschen sind Brüder.*
> *Freiheit! Freiheit!*[31]

Madame Quinet brachte so ihre beachtliche Formel der »*Marseillaise* der Menschheit« in Umlauf, wohlgemerkt in ihrer Eigenschaft als einfache Arbeiterin, die sonntags ins Konzert geht wie zur Kirche und die dieses persönliche Erlebnis auf bewußt naive Weise mit anderen Menschen teilen möchte. Einige Jahre später unternahm der Musikwissenschaftler Julien Tiersot den Versuch, die Idee des »republikanischen Beethoven« auf historische Fakten zu stellen. Er hat wahrscheinlich als erster den Einfluß der Hymnen von Gossec und Méhul sowie der Schriften Rousseaus und Robespierres auf Beethovens Kompositionen postuliert. Für ihn antwortete die *IX. Sinfonie* auf den Befehl aus dem *Brief an d'Alembert*: »Stellen Sie den Zuschauer zur Schau.« Und Robespierres Satz über die Nationalfeiern: »Bringen Sie die Menschen, die man hat trennen wollen, durch den Zauber der Freundschaft und durch das Band der Tugend einander näher«, entsprach »beinahe Wort für Wort Schillers Ausdruck: *Deine Zauber binden wieder – was die Mode streng getheilt*«. Tiersot, der sowohl die Revolutionsfeiern bewunderte als auch die Volkslieder und die *Ode an die Freude*, die er für die »Hymne schlechthin« hielt, leitete aus dieser Analyse eine praktische Empfehlung her: »Wir denken, daß es der Absicht des Autors nicht widerspricht, den Gesang der *Ode an die Freude* umzuschreiben und in eine den Stimmen gerechtere Tonlage zu transponieren, damit es möglich wird, sie in das volkstümliche Gesangsrepertoire aufzunehmen.«[32] Schon 1902 gab er in einer Reihe von »Volksliedern für den schulischen Gebrauch« eine Bearbeitung für Chor unter dem Titel *Hymne des temps futurs* [Hymne der künftigen Zeiten] zu einem Text von Maurice Bouchor heraus, die im 20. Jahrhundert immer wieder neu aufgelegt wurde.[33]

Wenn die Zahl der Bewunderer Beethovens in Frankreich bis zur Jahrhundertwende auch nur relativ klein war, so erschien doch 1903 ein schmales Bändchen, das sich ein recht großes Publikum eroberte und vor allem bestimmte Intellektuelle ansprach, denen daran gelegen war, »daß der französische Sozialismus mit einer ethischen und ästhetischen Dimension, die ihm noch fehlt, ausgestattet werde«[34]. Der Autor war Romain Rolland, der damals gemeinsam mit Julien Tiersot Vorträge über die Revolutionshymnen hielt. Sein Aufsatz *Vie de Beethoven* eröffnete eine Reihe, die in den *Cahiers de la quinzaine* »illustren Männern« gewidmet war. Rolland, der mit der Einstellung von Charles Péguy, Herausgeber der *Cahiers*, zur Dreyfus-Affäre konform ging, lobte in seinem Vorwort jene Männer der »Gerechtigkeit und Freiheit«, verkörpert durch Oberst Picquart und das Volk der Buren. Sein Buch begann mit einer humanistischen Kritik an der europäischen Kultur:

Dumpf ist die Luft um uns. Unter einer schweren Glocke verdorbener Dünste liegt erschlafft das alte Europa. Die ganze Welt geht an einem weisen und niederträchtigen Egoismus zugrunde; er wird sie ersticken. – Öffnet die Fenster, frische Luft ströme herein, uns umwehe der Atem von Helden wie der Wind von den Bergen.

Einer dieser Helden, der »mächtige und lautere Beethoven«, war zwar ein Einzelgänger, entwickelte aber nach der Devise *Durch Leiden Freude!*, die er künstlerisch umsetzte, ein ausgeprägtes Gemeinschaftsgefühl, »der größte und beste Freund all jener, die leiden, und all jener, die kämpfen«. In dieser Hinsicht knüpfte Rolland gewiß an die republikanischen Inhalte, einschließlich der niederländischen Herkunft des Komponisten, an. Doch war die Debatte um *Freiheit/Freude* für ihn nichts als eine »Fehlinterpretation«, denn, so schrieb er, »sein Reich war nicht von dieser Welt«. Beethovens Botschaft kam demnach nicht in einem politischen Umfeld zum Ausdruck, sondern eben in einer ethischen, von religiösen Metaphern geprägten Dimension. Die Melodie des Finales der *Neunten* war für ihn »eigentlich ein Gott«: »Die Freude fährt vom Himmel nieder, eingehüllt in eine übernatürliche Ruhe.« Damit meinte er diesen wahrhaft mystischen Moment, in dem Beethovens Leben und Werk verschmelzen, um einen »Krieg gegen das Leiden« zu führen, der aufgrund seiner Verwurzelung im individuellen ästhetischen Erleben kein anderer war als der der ganzen Menschheit: Auf die kriegerische Freude folge die religiöse Ekstase; dann eine heilige Orgie, ein Liebeswahn. Eine ganze erbebende Menschheit strecke die Arme zum Himmel, stoße Schreie aus und drücke ihn an ihr Herz, so Romain Rolland.[35]

In einer Veröffentlichung aus dem Jahr 1909 wurde diese religiöse Dimension noch stärker betont, denn wenn sich der

Autor auch auf Bacchus und Prometheus berief, nannte er das höchste Vorbild von Beethovens Leiden: »In seinem Schmerz ersteigt Jesus erneut den Hügel Golgatha«, schrieb der Sozialist Georges Pioch. »Ein Komponist, ja! Aber auch ein Prophet; ich möchte sage: ein Messias.« Pioch, für den Beethoven ganz einfach »göttlich« war, erkannte wohl aber die Gefahren einer solchen religiösen Drift: »›Göttlich‹ umschreibt hier nicht das im Menschen mögliche Höchste des Geistes, der Schönheit und Liebe.« Und bezüglich der *IX. Sinfonie*, die er für »die *Marseillaise* der künftigen regenerierten und verbrüderten Gesellschaften« hielt, wies er auf die vielleicht äußerste Grenze aller dem »großen demokratischen Komponisten« geweihten Kulthandlungen hin: »Sie ist, wenn ich so sagen darf, der große soziale Akt der Musik. Sie hat jene Kunst, die allgemein dafür bekannt ist, dem Vergnügen zu dienen, die Würde eines Evangeliums verliehen, und dieses, im Menschen erstrahlend, überstrahlt für immer alle Evangelien, die aus der Lüge Gott hervorgegangen sind …«[36] Man könnte es nicht klarer ausdrücken: Beethovens »Religion« war zutiefst kirchenfeindlich. Im Geist seiner sozialistischen Bewunderer war der Komponist die Reinkarnation einer alten republikanischen Gottheit, bald das höchste Wesen, bald ein weltlicher Messias oder heidnischer Gott, der dazu ausersehen war, die »Lüge Gott« der katholischen Kirche zu überwinden.

Eine Reaktion von seiten der Kirche blieb nicht aus, selbst wenn diese Gottheit ja nur in den Büchern oder Konzertsälen lebendig war und eben die Menschen nicht auf dem Champ-de-Mars zusammenrufen oder sich den Einlaß in die Kirchen erzwingen konnte. Diese Reaktion bestand natürlich nicht darin, daß sie Beethoven angriff; im Gegenteil, sie wollte ihn nur vor der »kriecherischen Politik« schützen, die aus ihm »eine Art Apostel der Revolution« machte. Vincent d'Indy, der allseits – selbst von der Linken – hochangesehene Komponist und aktiv streitende Katholik, beschrieb in seinem 1911 veröffentlichten Buch *Beethoven* einen Komponisten, den vor allem die christliche Gottesfurcht und Liebe zu seinem »alleinigen deutschen Vaterland« inspiriert hätten. Und entsprechend seiner Kritik an der »kriecherischen Politik«, verwies er diese aus der *IX. Sinfonie*, um die »Freiheit« der Republikaner durch eine deutlich katholische Vokabel zu ersetzen, nämlich die »Nächstenliebe«:

Nach einer doppelten Vorstellung jenes Themas der »gegenseitigen Liebe« zeigt uns eine erste Variation die Seele, die in den Kampf gegen die Armee des Hasses, gegen die vielen Menschen, die »nicht lieben«, zieht. Eine zweite Variation vergegenwärtigt uns die Schlacht, und eine dritte führt die siegreiche Seele zurück. – Indes ist es mit diesem Sieg noch nicht genug. Und wer hat denn die Kraft, die Liebe ewig währen zu lassen? – Nun erhebt sich ein liturgischer Gesang, ein Psalm, der in der achten gregorianischen Choralnote angelegt ist (was den Gebrauch des Tritonus betrifft, vielleicht etwas weniger feinfühlig, als es bei den komponierenden Mönchen des Mittelalters der Fall war). »Seht, Ihr Millionen, über dem Sternenzelt den himmlischen Vater, von dem alle Liebe kommt.« Und die religiöse Melodie verbindet sich mit dem Thema der Nächstenliebe und schließt mit überschwenglicher Freude bis hin zu einem leidenschaftlichen Sturm.[37]

So hatte vor dem Ersten Weltkrieg jeder *seinen* Beethoven; vor allem seit die Dekadenz des Wagner-Kults Platz für eine neue Form der Bewunderung bot, wobei Wagner gewissermaßen zum Wegbereiter seines eigenen Wegbereiters wurde. Der einstige Wagnerianer und Dreyfus-Gegner Théodore de

Wyzewa konzentrierte sich auf Beethovens psychische Anlagen[38]; Ricciotto Canudo sah in der *Neunten* eine neue Version der *Genesis*[39]; die Musikwissenschaftler Jacques-Gabriel Prod'homme und Jean Chantavoine versuchten dagegen, einen wissenschaftlichen Ansatz zu formulieren, der von dem hermeneutischen Irrwitz befreien sollte, selbst wenn sie damit nur eine noch bessere Synthese präsentierten, nämlich die Idee, daß die *Neunte* das *Denken* der Moderne sei:

> Sie hat Anlaß zu vielen Kommentaren, zu großer Verwunderung gegeben und viele Debatten ausgelöst; doch heute zählt sie nur noch Bewunderer, denn in ihr erkennt man vor allem ein zutiefst menschliches Werk, und während dem Werk im Leben seines Schöpfers sicher eine ganz besondere Bedeutung zukommt, erscheint es uns zugleich als eines der großen Meisterwerke der modernen Musik und darüber hinaus als ein Ausdruck des modernen Denkens, dessen Streben nach Glück und universeller Brüderlichkeit es in dem Maß, wie es einem Kunstwerk möglich ist, beinhaltet.[40]

Diese weisen Worte von Prod'homme umschreiben treffend den Konsens, der die *Ode an die Freude* damals umgab. 1909 stimmte der französische Staatspräsident dem Projekt eines Beethoven-Denkmals in den Pariser Grünanlagen von Ranelagh zu. Das so entstandene Werk von José de Charnoy sollte erst nach dem Krieg eingeweiht werden, doch die Entscheidung des Präsidenten bezeugte bei Bedarf die endgültige Eingliederung des Komponisten in die Reihen der kulturbeflissenen Oberschicht. Jene offiziell gewordene Bewunderung für den deutschen Künstler bedeutete jedoch nicht, daß seine Musik auch in die französischen Staatsrituale aufgenommen wurde. In ihrer *Ode triomphale en l'honneur du centenaire de*

1789 [Triumphale Ode zu Ehren des hundertsten Jahrestages von 1789] hatte Augusta Holmès in der Tat einen Kinderchor singen lassen: »Tous les hommes sont frères« [»Alle Menschen sind Brüder«] und sogar ein Finale zu einer »Hymne de joie et de victoire« [»Freudes- und Siegeshymne«]; doch ihre revolutionäre Gestaltung in einer an Wagner und Franck erinnernden Tonsprache berief sich nicht explizit auf Beethoven.[41] In den Jahren vor dem Ersten Weltkrieg sollte dieser Habitus im Zuge der zunehmend deutschfeindlichen Tendenzen noch unwahrscheinlicher werden. Vor allem das Fehlen ziviler Rituale sowie die mangelnden Bezüge zum Komponisten im politischen Bereich lassen Leo Schrades These problematisch erscheinen, wonach Frankreich mit Grund sagen könne, daß es einst an Beethoven geglaubt habe, mit allem, was Glaube oder Überzeugung mit sich bringe.[42]

Bleibt die Tatsache, daß Beethoven, wenn er auch selbst nicht Gott war, zweifellos »als ein Gott in das Pantheon der Dritten Republik eingegangen« war.[43] Die erhebenden Darstellungen grenzten häufig ans Rührselige, ja an Kitsch; das zeigt etwa die *Hommage à Beethoven* von Jean-Paul Laurens, einem Republikaner, der in der Epoche des Impressionismus versuchte, die große Historienmalerei im Dienst des Staates wiederaufleben zu lassen. Nur Antoine Bourdelles Skulpturen schienen sich dem zumeist akademischen Stil dieser Bildnisse zu entziehen, ohne aber wirklich der traditionellen Bildhaftigkeit entgegenzutreten. Romain Rolland mochte in Beethoven noch so eifrig die »heroische Kraft der modernen Kunst« hervorheben, sein Kampf für die Republik und gegen die Kirche machte aus dem Komponisten längst nicht das Idol der Avantgarde. Anfang des 20. Jahrhunderts standen die namhaften Künstler allgemein nicht mehr im ersten Rang der Beethoven-Ehrungen. Während der deutschfeindliche Nationalismus in Paris die modernistischen Reaktionen gegen die Romantik vermehrte, war dieser Vorgang in Deutschland nicht wesentlich anders, wenn er auch länger brauchte, um sich zu entfalten. In Österreich hingegen fand eine der letzten Veranstaltungen des romantischen Kults statt, mit der Hommage von Künstlern, die sich mit Sicherheit an der Spitze einer neuen stilistischen Strömung befanden: Eine Ausstellung der »Wiener Secession« im Pavillon des Architekten Josef Hoffmann vereinte 1902 den großen *Beethoven-Fries* von Gustav Klimt und Max Klingers polychromes Beethoven-Denkmal zu den Klängen von Gustav Mahlers Arrangement einer *IX. Sinfonie* für Blasorchester. In Klimts Fries verbildlicht die Gegenüberstellung des Helden, der mit den Zügen Mahlers und dem weißen Blick eines lüsternen Gorillas dargestellt ist, die Fähigkeit des Beethoven-Mythos, die Spannungen der bürgerlichen, von Freud erforschten Seele widerzuspiegeln – wenn diese Spannungen auch in einer Apotheose der *Ode an die Freude* gelöst wurden, wobei sich das Himmlische und das Sinnliche in einem freudigen Kuß vereinen. Doch wie Apollinaires Verachtung für Klingers Bildhauerei bestätigte, selbst diese Pracht gehörte zu einer Welt, die verblaßte.[44]

In Paris klammerte sich Raymond Bouyer, ein erklärter Gegner des musikalischen Impressionismus, einstweilen nostalgisch an einen »Gott Beethoven«, der einzig »auf seinem unbeschädigten Sockel aufrecht steht. Alles bricht zusammen, und sein Bild beherrscht den Wechsel der Neuheiten.«[45] Doch Claude Debussy, der sich seinem nationalistischen Kampf gegen Wagner hingab, bedachte den Komponisten der *Neunten* nur mit ein paar ironischen Spitzen, die allerdings weniger gegen die Musik als gegen die sie begleitende »Metaphysik« gerichtet waren. Es ist verblüffend festzustellen, daß er, sobald die *IX. Sinfonie* zur Sprache kam, immer weiter in die Richtung seiner Vorläufer vordrang, sei es, um dann an einer zweifelnden Fermate innezuhalten:

Eine überströmende Menschlichkeit sprengt die herkömmlichen Grenzen der Symphonie; sie bricht aus seiner freiheitstrunkenen Seele hervor, die sich in ironischer Schicksalsverkettung an den goldenen Gittern wundstieß, in denen die nicht nur wohltätige Freundschaft der Großen sie gefangenhielt. Beethoven mußte mit allen Fasern seines Lebens darunter leiden und glühend danach verlangen, daß in ihm die Humanität zum all-einigenden Ausdruck werde: daher dieser tausendstimmige Anruf seines Genius an die niedrigsten und ärmsten seiner Brüder. Ist er von ihnen gehört worden? Beunruhigende Frage.[46]

Eine beunruhigende Frage: Wie findet man aus der Sackgasse heraus, in die das Anprangern eines »Nebels von Begriffen« geführt hat, ohne dabei ein einziges »großes Beiwort« zu verwenden? Für Debussy war das nicht schwierig: Es genügte, nach Wagner, mit und gegen Wagner zu komponieren – eine von da an viel dringlichere Aufgabe als die alte Fabel vom Erbe Beethovens. Was Beethoven konkret betraf, stellte sich die Frage völlig anders, denn hinter den berühmten »Beiworten« dröhnten nicht nur die zündenden Reden der Franzosen von damals, sondern auch die der Deutschen, Österreicher oder gar Engländer[47] und die der Italiener, welche endlich zum Kult des klassischen Repertoires bekehrt waren, und nicht zuletzt die aus noch ferneren Ländern wie den Vereinigten Staaten oder Argentinien, kurz gesagt, dem gesamten Abendland. Jenseits aller politischen Unterschiede vereinten sich die preußischen Nationalisten, deutschen Kommunisten, französischen Republikaner, Wagnerianer aller Länder, Apostel der Nächstenliebe und selbst die Theoretiker der absoluten Musik einhellig um die *IX. Sinfonie*, die zum Fetisch der abendländischen Metaphysik geworden war – und in Gestalt einer Ethik des gemeinschaftlichen Gesangs wurde sie gleichzeitig zum Werkzeug der sozialen Projektion dieser Metaphysik. Und die Distanzierung hinsichtlich jener »Anhäufung von Prosa« war um so heikler, als alle diese Lesarten, ohne etwa das Geheimnis der *Neunten* preisgeben zu wollen, doch nur Spielarten der sozialen Metapher waren, die im Mittelpunkt jener ungeheuren »musikalischen Schimäre« stand. Sollte das heißen, daß die *Ode an die Freude* am Anfang des 20. Jahrhunderts auf dem besten Wege war, selbst zu einem großen Beiwort zu werden? Und hätte man sich dem folglich widersetzen sollen?

Schon Friedrich Nietzsche scheint so gedacht zu haben, seit er sich von Wagner abwandte. In *Menschliches. Allzumenschliches*, jenem 1878 erschienenen, unter dem Einfluß Voltaires entstandenen »Buch für Freigeister«, schrieb Nietzsche:

> *Die Kunst macht dem Denker das Herz schwer.*
> Wie stark das metaphysische Bedürfniss ist und wie sich noch zuletzt die Natur den Abschied von ihm schwer macht, kann man daraus entnehmen, dass noch im Freigeiste, wenn er sich alles Metaphysischen entschlagen hat, die höchsten Wirkungen der Kunst leicht ein Miterklingen der lange verstummten, ja zerrissenen metaphysischen Saite hervorbringen, sei es zum Beispiel, dass er bei einer Stelle der neunten Symphonie Beethoven's sich über der Erde in einem Sternendome schweben fühlt, mit dem Träume der *Unsterblichkeit* im Herzen: alle Sterne scheinen um ihn zu flimmern und die Erde immer tiefer hinabzusinken. – Wird er sich dieses Zustandes bewusst, so fühlt er wohl einen tiefen Stich im Herzen und seufzt nach dem Menschen, welcher ihm die verlorene Geliebte, nenne man sie nun Religion oder Metaphysik, zurückführe. In solchen Augenblicken wird sein intellectualer Charakter auf die Probe gestellt.[48]

Diese Textstelle wirkt insofern stichhaltig, als die Spannung zwischen der ästhetischen, subjektiven Wahrnehmung der *IX. Sinfonie* und der radikalen Kritik an der Metaphysik, die auf der Ablehnung des »Erziehers« Schopenhauer beruht, wie ein Sichlosreißen erlebt wird. In *Menschliches. Allzumenschliches* wird die *Neunte* zum Vektor einer nostalgischen Suche nach jener »verlorenen Geliebten«, wohinter sich – verdeckt von Religion und Metaphysik – die romantische Religion der Musik verbarg. Seine Begeisterung für diese Sinfonie schwand im gleichen Maße, wie sein Haß gegen Wagner wuchs. Und selbst wenn sich Nietzsche nie ganz von Beethoven lossagen konnte, wandelte sich der Komponist für ihn von einer ästhetischen Erfahrungsquelle in einen *Namen* inmitten seiner Kritik am deutschen Nationalismus und der romantischen Ideologie der Musik. Diesen Namen stellte er – entgegen der Wagnerschen Tradition – in Beziehung zur französischen Kultur und vor allem zum »Moralismus Rousseaus«, den er ja ansonsten verabscheute. »Beethoven ist das Zwischen-Begebniss einer alten mürben Seele, die beständig zerbricht, und einer zukünftigen überjungen Seele, welche beständig *kommt*; auf seiner Musik liegt jenes Zwielicht von ewigem Verlieren und ewigem ausschweifendem Hoffen, – das selbe Licht, in welchem Europa gebadet lag, als es mit Rousseau geträumt, als es um den Freiheitsbaum der Revolution getanzt und endlich vor Napoleon beinahe angebetet hatte.«[49] In *Jenseits von Gut und Böse* zitierte er den Komponisten unter den »künftigen Europäern«; das war aber das recht mißverständliche Lob eines »Tantalus des Willens«, der bereits das Stigma des Nihilismus trug. Nietzsche schrieb Beethoven offenbar eine Verantwortung an Europas »drückender und verbrauchter Atmosphäre« zu, die Romain Rolland eben mit Beethovens Namen bekämpfen wollte. In Frankreich erkannte Pierre Lasserre die Tragweite jener Kritik, als er 1907 sagte, Nietzsche habe aus Beethoven den »Beweiner beim Begräbnis des alten Europa« gemacht.[50] Lasserre, Autor einer Abhandlung gegen den *Romantisme français* [die französische Romantik], hat damals in *L'Action française* wesentlich zur Verbreitung des deutschen Philosophen beigetragen. Neben den monarchistischen Neigungen eines Debussy zeigt das zur Genüge, daß angesichts eines Beethoven im »Pantheon der Dritten Republik« die Ablehnung der Metaphysik in der *IX. Sinfonie* sehr wohl an die antiromantische Dimension der extremen nationalistischen Rechte anknüpfen konnte, um so die reaktionäre Kritik an der Demokratie zu nähren. Natürlich ist das nur ein Nebenaspekt in Nietzsches vielschichtigem Gesamtwerk. Jede Art von Destruktion des »großen demokratischen Komponisten«, zu der Nietzsche die Grundlage geschaffen hat, wird jedoch an diesem Angelpunkt hinterfragt.

Nietzsche war allerdings nicht der einzige, der eine gewisse Ermüdung im Beethovenschen Mythos beobachtet hat. In Frankreich gab es vor dem Ersten Weltkrieg andere, die bei einer bestimmten Kunst von einem Gefühl der Enge überfallen wurden – und die diesem Gefühl nicht etwa mit philosophischer Kritik Ausdruck verliehen, sondern anhand feiner Ironie. Erik Satie veröffentlichte 1912 in seinen *Memoiren eines Gedächtnislosen* den Artikel »Vollkommene Umgebung«: »Inmitten glanzvoller Kunstwerke zu leben, ist eine der größten Freuden«, erklärte er, worauf er seine Schätze aufzählte – einen »herrlichen falschen Rembrandt«, ein »Porträt, einem Unbekannten zugeschrieben« und schließlich einen »gefälschten Teniers«. Dann schrieb er:

> Und dennoch, was all diese meisterlichen Werke übertrifft, was sie mit dem ungeheuren Gewicht seiner genialen Erhabenheit zermalmt, was sie in seinem blendenden Licht erbleichen läßt, ist ein unechtes Manuskript von Beethoven –

eine herrliche apokryphe Symphonie des Meisters –, das ich vor zehn Jahren, glaube ich, voller Ehrfurcht erstanden habe.

Von den Werken dieses großartigen Komponisten ist diese noch unbekannte 10. Symphonie eines der prächtigsten. Die Proportionen sind gewaltig wie die eines Palastes; die motivischen Gedanken sind schattig und frisch; die Entwicklungen klar und bestimmt.

Diese Symphonie mußte einfach existieren: die Zahl 9 paßte nicht zu Beethoven. Er liebte das Dezimalsystem. »Ich habe zehn Finger«, erklärte er.

Von denen, die kamen, dieses Meisterwerk mit kindlichem Eifer und andächtig gesammelten Ohres zu verschlingen, hielten es einige in ihrem Unverstand für einen schwächeren Beethoven und sprachen es auch aus. Sie gingen sogar noch weiter.

Aber Beethoven kann in keinem Fall schwächer sein als Beethoven. Seine Satztechnik und seine Beherrschung der Form haben Augurenkraft, selbst im Kleinsten. Oberflächliche Betrachtungsweise ist ihm nicht angemessen. Die seiner künstlerischen Persönlichkeit unterschobene Fälschung ficht ihn nicht an.[51]

Von den »geheiligten Relikten«, die ein Elwart 1845 dem Beethoven-Haus mittels Hammer entriß, bis hin zu Saties lächerlichem »Monument des menschlichen Geistes« aus dem Jahr 1912 läßt sich ein bestimmter historischer Werdegang der Heiligsprechung der Kunst nachzeichnen. Anders als Romain Rolland mit seinen epischen Beschwörungen, »arbeitete« der Komponist von *Sports et divertissements* [Sport und Unterhaltung] daran, »die verzauberte Seele zu entzaubern«, wie Vladimir Jankélévitch sagte.[52] Ist es aber wirklich nötig, diesen Humor zu sezieren, der ja von Benjamins Theorie von der

Aura bis zu Andy Warhols *Beethoven* reichen könnte? Es ist sehr undankbar, die Ironie noch übertreffen zu wollen: Belassen wir also die »herrliche apokryphe Symphonie des Meisters« in der von Satie gewählten Umgebung, wie ein harmloses Insekt.

In der Zeit der »großen Beiworte« waren im übrigen weder Saties Humor noch Nietzsches »künftiger Europäer« an der Tagesordnung. 1914 sah man Beethoven, wie einst 1870, an die Front ziehen, jedoch noch wirkungsvoller, mit seinem neuen gepanzerten Helm. Und wenn seine Werke in Frankreich auch aus so manchem Konzertprogramm und er selbst aus der Reihe der angebeteten Vorbilder der Konservatorien verbannt wurde, sollte sich der Schöpfer der *Neunten* diesmal in das Gedächtnis *aller* Schützengräben einprägen: »In unserer schlammigen Musette, zwischen dem Notizbuch und der elektrischen Glühlampe, bewahrten wir liebevoll das Buch *Vie de Beethoven* [von Romain Rolland]«, schrieb ein ehemaliger Frontkämpfer.[53] Die Logik des französischen Beethoven, die Camille Mauclair, einstiger Weggefährte von Maurice Barrès, erschöpfend behandelt hatte, endete in Kriegszeiten in der Beschlagnahme der *Neunten* von seiten Frankreichs: »Die *Ode an die Freude* ist die einzige Hymne der Alliierten, das Credo all unserer gerechten Hoffnungen, und man müßte dem verbrecherischen Deutschland verbieten, auch nur einen Takt davon zu spielen.«[54] So standen sich die beiden nationalistischen Beethoven im Ersten Weltkrieg auf dem Schlachtfeld gegenüber, bei dem verhängnisvollen Aufeinanderprallen ihres symmetrischen, aber unvereinbaren Messianismus. Doch die Verwertung des Komponisten zu militaristischer Propaganda sollte schließlich den Protest eines Teils der liberalen Elite hervorrufen: Schon 1914 veröffentlichte Hermann Hesse in der Schweiz den Artikel »O Freunde, nicht diese Töne«, in dem er seine Landsleute dazu aufforderte, den Krieg nicht im Geistesleben zu führen und die »Fundamente für die Zukunft Europas nicht mehr zu erschüttern«.⁵⁵ 1915 erwähnte der Hohepriester des Beethoven-Kults, Romain Rolland, der [buchstäblich] *Über den Streitenden* stand [Werktitel: *Au-dessus de la mêlée*], Hesses Artikel wohlwollend.⁵⁶ Der Krieg schritt allmählich fort, und allmählich wurden immer mehr Stimmen laut, die meinten, der Komponist verdiene Besseres, als über ein Massaker zu wachen.

Der hundertste Todestag
1927

Die Jahresfeier zum hundertsten Todestage Beethovens, am 26. März 1927 in Wien, war ein Ereignis von weltweiter Bedeutung. Wie sich diese »Welt« genau zusammensetzte, muß allerdings noch näher erklärt werden. Sicher ist, daß ganz Europa, Nord- und Südamerika, Australien und die Sowjetunion mit dabei waren. 1924 aber hatte man die *Neunte* in Tokio uraufgeführt, und seit dieser Zeit schien auch die japanische Übersetzung von Romain Rollands Beethoven-Buch dort sehr erfolgreich zu sein.[1] Zudem waren Vertreter aus China, der Türkei und Persien bei bestimmten offiziellen Anlässen anwesend, woraus man schließen kann, daß Beethoven die Menschen überall da bewegte, wo die abendländische Kultur dominierte oder wenigstens als anerkannt galt. So trug die Bewunderung für Beethoven allgemein dazu bei, die Völker zu versammeln. Ein Artikel von Aristide Briand, der am Eröffnungstag des Festes auf der ersten Seite der *Neuen Freien Presse*, der wichtigsten österreichischen Tageszeitung, erschien, veranschaulicht den diplomatischen Stellenwert: »Die Feierlichkeiten für Beethoven rufen die zivilisierte Welt zur ergreifendsten Andacht auf«, schrieb der französische Außenminister.[2] Dieser Aufruf zur »Andacht« stand im Kontext der beunruhigenden Weltlage, wobei die Schwierigkeiten, auf die der Völkerbund stieß, das Schreckgespenst eines globalen Umsturzes wieder auf die Tagesordnung setzte; pazifistische Strömungen sowie der Internationalismus fanden vermehrten Zulauf, um der Wiederholung einer Katastrophe vorzubeugen. »In der ganzen Welt, in allen Kulturländern diesseits und jenseits des Ozeans (soweit der Friede reicht), fand das Fest ein Echo«, hieß es im offiziellen Wiener Festbericht, für den der »geheiligte«, um Beethoven gesponnene »Bund« eine Friedensgarantie bedeutete: »Möge er ewig währen!«[3] Nach dem Krieg hatte so der verdrossene Kämpfer von einst einem Friedensstifter Platz gemacht. Bei der Hommage an den »großen demokratischen Komponisten« standen die neu gegründeten Republiken Deutschland und Österreich, die zur Großmacht aufgestiegenen Vereinigten Staaten und ein noch nicht totalitäres Sowjetrußland in vorderster Linie; alle feierten jenen Helden, den die Pariser Zeitung *Le Temps* wie folgt begrüßte: »Wenn der Ausdruck universelle Bewunderung einen Sinn hat, kann man wohl sagen, daß der geniale Komponist und sein Werk diesen verdient haben.«[4]

Beethovens Wirkungskraft wurde oft in geographischen Dimensionen geschildert: Für die Hauptakteure der aufeinanderfolgenden Gedächtnisfeiern gab es nichts Reizvolleres als das Bild eines Mannes, der die Erde mit seiner Musik zivilisierte, ein Missionar, der vor den räumlichen Grenzen nicht haltmachte und dessen Botschaft auch die Menschen berühren konnte, die am weitesten von seinem Zuhause und seinem Klavier entfernt geboren wurden. Diese Wortführer sorgten sich darüber hinaus wenig um die konkrete Rolle der »großen abendländischen Musik«, da sie ja in ihrem Kolonisierungsvorgang verstrickt waren. Während diese räumliche Entfaltung als ein historischer Triumph erlebt wurde, schien der Sieg des großen Komponisten über die Zeit stets unumschränkt festzustehen. Schon vor Beethovens Tod galten seine Kompositionen als unsterblich, und danach war er selbst ein Unsterblicher geworden. Ein durchaus beneidenswerter, aber bekanntlich sehr statischer Zustand. Die göttliche, also zeitlose Unsterblichkeit war ein so klares Attribut des Genius geworden, daß man nicht mehr auf ihre historische Bedeutung hatte zurückkommen müssen. Grillparzer wünschte, daß die bei Beethovens Begräbnis Anwesenden ihre Eindrücke der Nachwelt vermittelten, und in seiner Folge wollten alle Erbauer von Denkmälern weniger die Bewunderung der Nachgeborenen hervorrufen als vielmehr ein Zeugnis ihrer eigenen Bewunderung geben, um dem Vorwurf der Undankbarkeit vorzubeugen. Da die letzten Zeitgenossen Beethovens schon seit langem gestorben waren, verblieben angesichts der Ewigkeit die Werke und die Denkmäler, die Briefe und Biographien, ja die »musikalischen Hommagen« wie etwa Franz Liszts Kantate. Während sich aber diese Gedenkwerke nur auf einen kleinen Teil des Repertoires beschränkten, war das Standbild, selbst für die, die es hatten errichten lassen, immer ein fragwürdiges Objekt, das ganz folgerichtig vom Verfall bedroht oder zur Bedeutungslosigkeit verurteilt war. Um Beethovens Werke hatte sich indessen viel ereignet, denn bereits 1884 erschien bei Breitkopf & Härtel eine »monumentale« Gesamtausgabe, womit sie vor der Zersplitterung und Fälschung geschützt waren, was ansonsten das fatale Los authentischer Objekte ist, sind sie erst einmal den Unbilden der modernen Zeiten ausgesetzt. Was aber ihre Interpretation anbelangt, konnte nur ein unerschütterliches Vertrauen in die mehr als wohlbehütete Tradition hoffen lassen, daß die zersetzende Kraft der Zeit aufgehalten werde.

Mit der Hundertjahrfeier wurde die technische Frage des Sieges über die Zeit völlig neu gestellt. Die Columbia Phonograph Company kündigte zu diesem Anlaß die Pressung einer Schallplattenserie mit Beethovens bedeutendsten Werken an, unter der Leitung des österreichischen Dirigenten Felix Weingartner. Die Schallplattenfirma erklärte:

Indem die phonographische Aufnahme die anläßlich der Hundertjahrfeier aufgeführten Werke Ludwig van Beethovens verewigt, hat sie einem neuen Weg in der Würdigung des großen Komponisten Bahn gebrochen. Die Musik hat die Schranken der Zeit erobert. Von nun an wird das Zelebrieren des Werkes von Beethoven kein einfaches Gedenken mehr sein, sondern eine stets gegenwärtige Kraft hinsichtlich der musikalischen Wertschätzung der Zukunft. Die Columbia Phonograph Company leistet so anhand der Aufnahmen der Jahresfeier ihren Beitrag in Gestalt des einzig dauerhaften Monuments [*memorial*] zur Größe Beethovens.[5]

Der utopische Optimismus der englischen Firma war durchaus ernst zu nehmen, denn die Erfindung der Tonwiedergabe, die in den zwanziger Jahren erstmalig die industrielle Stufe erreichte, stellte tatsächlich eine Revolution in der Musikgeschichte dar, dank deren sich die Frage der Gedächtnisfeier in bis dahin unbekannte Dimensionen erhob. Die Technik war der Schlüssel, der, so dachte man, dem Vergessen endgültig Einhalt gebieten könne. Das hatte natürlich etwas Illusorisches: Wir wissen heute, daß jede Schallplatte, jedes Archiv an sich vom zeitlichen Verfall bedroht ist, daß es keine vollkommene Unantastbarkeit des Gedächtnisses gibt. Und doch ergänzte 1927 die Eroberung der Zeit durch die Technik, gemeinsam mit der geographischen Eroberung des »Universums«, das eschatologische Moment des Andenkens.

Das war aber noch nicht der einzige Bereich, in dem die technische Revolution des 20. Jahrhunderts bei Beethovens Hundertjahrfeier hinzugezogen wurde. Die sowjetische Delegierte in Wien, Olga Kamenewa, erklärte im März 1927 in der *Neuen Freien Presse*, wie die sozialistische Regierung den Rundfunk einsetzen wollte, der es möglich machte, die Konzerte und Gedenkreden bis in die entlegensten Dörfer der UdSSR zu übertragen. Das Radio, so sagte sie nachdrücklich, sei das grundlegende Hilfsmittel einer revolutionären Wandlung der Beziehung des Volkes zu Beethovens Werk. Und weiter:

> Wir trachten, im neuen Rußland nicht bloß das sprachliche, sondern auch das musikalische Analphabetentum zu bekämpfen. Die Musikpflege hat in unserem Lande besondere Erfolge erzielt, und während Beethoven im alten Rußland lediglich von Musikern und von einem Teil der Intelligenz verstanden und gewürdigt wurde, sind im Rußland unserer Tage Beethovens Werke nicht nur der städtischen Bevölkerung, sondern auch der Bauernschaft erschlossen worden. Das Revolutionäre in Beethovens Schaffen, im tiefsten Sinne des Wortes, brachte Beethoven unserem musikalisch begabten und musikfreudigen Volke nahe.[6]

Während die Schallplatte das Fortbestehen der Hommage sichern sollte, garantierte der Rundfunk Gleichzeitigkeit der Teilnahme mit vielen Menschen. In den Vereinigten Staaten und England sowie in der Sowjetunion dienten die modernen Massenmedien der in Zeit und Raum unbegrenzten Übertragung der Hommage an Beethoven. Noch dazu ergänzten sich beide Erfindungen, schon allein weil im Rundfunk zumeist Schallplatten gespielt wurden. Wenn auch in den Privathaushalten immer mehr Grammophone zum demokratisierten Zugang zur Musik beitrugen, war die Wirkung des Radios keinesfalls nur auf den Augenblick der Übertragung beschränkt. Beide Erfindungen sollten dauerhaft auf eine stetig zunehmende Zahl von Hörern einwirken. Und das konnte ja nur positive Folgen auf den einzelnen und auf die Gesellschaft haben, dachten jene Initiatoren der Gedenkfeier, die, unabhängig von ihrer politischen Ideologie, alle den gleichen Glauben in die erzieherische Kraft Beethovens und seiner Musik teilten.

In den Vereingten Staaten beispielsweise wurden die Festlichkeiten von einem Ausschuß organisiert, der vor allem einen »erzieherischen Zweck« verfolgte. Diesen Ausschuß leitete einer der Verantwortlichen der Columbia, George Eastman, und zu den Mitgliedern zählten die wichtigsten Vertreter aus Wirtschaft und Kultur – von Rockefeller über T. S. Eliot und Kellog bis zu John Dewey. Natürlich bestand die Aufgabe des Ausschusses nicht nur darin, Beethovens Sinfonien auf Platte aufzunehmen, sondern vor allem darin, ungezählte Veranstaltungen in Schulen, Bürger- und Gotteshäusern zu fördern; in ganz Amerika ließen sie mengenweise Schallplatten und Bröschüren verteilen, und zahlreiche Konzerte und Vortragsreihen wurden organisiert. In New York erreichte die »staatsbürgerliche Feierlichkeit« ihren Höhepunkt mit der Aufführung der *IX. Sinfonie* in der Carnegie Hall[7]; und bei einer Zeremonie in der City Hall erklärte der Gouverneur des Staates New York feierlich: »Beethoven war ein echter Demokrat, und dazu vertrat er hohe ethische Werte, so daß seine Botschaft auch für unsere Epoche lebenswichtig ist.«[8] Präsident Coolidge höchstpersönlich unterstützte die Beteiligung des amerikanischen Staates an den Feierlichkeiten mit seiner maßgeblichen, aber diskreten Autorität. Zu gleicher Stunde wurde die Hommage an Beethoven auch in Rußland unter Beteiligung der höchsten Stellen begangen; in Leningrad dirigierte der Komponist Glasunow das *Kaiserkonzert* und die *Eroica* vor einem Publikum, das aus der Kulturelite und politischen Persönlichkeiten – es waren eben genau die Werke, die in Regierungsreden gern mit dem Andenken an Lenin verknüpft wurden. In vielen russischen Städten wurden Feiern veranstaltet, unter der Verantwortung des Volkskommissars für das Bildungswesen, Anatoli Lunatscharski, für den Beethoven ein Vertreter der »demokratischen Intelligenzia« aus dem Aufklärungszeitalter war, »die, aus welchen Gründen auch immer, Positionen nahestanden, die vom Proletariat vertreten werden«, und dessen klassische Werke ein Vorbild darstellten für die sozialistische Revolution zur Schaffung einer noch fehlenden »Kultur des Proletariats«.[10]

In New York stellte man Beethoven folglich als Demokrat dar, und das Fest an sich hatte erzieherischen Wert; in Moskau begrüßte man in ihm den Revolutionär, und auch dort wurde die erzieherische Rolle hervorgehoben. In Amerika geschah das unter dem »leadership« der privaten Wirtschaftsinteressen; in der Sowjetunion stand das Fest unter der zentralisierten Führung der sozialistischen Regierung. In beiden Fällen harmonisierte das Bild Beethovens mit der offiziellen Politik und mit den Bestrebungen eines Großteils der Gesellschaft. Und dank der Technik konnte zumindest theoretisch die Gesamtheit der Bevölkerung am Fest teilhaben. Eine ähnlich globale Begeisterung herrschte auch in Frankreich, doch fehlte die direkte Bezugnahme auf die Technik, so daß die Hommage an Beethoven in traditionelleren Bahnen zu verlaufen schien. Es war zudem der rechte Moment gekommen, um das Monument von José de Charnoy wieder ins Spiel zu bringen, das dann einige Monate später im Bois de Vincennes eingeweiht wurde. Hier aber organisierten vor allem Privatleute oder nichtstaatliche Einrichtungen zum Beispiel die Aufführung der *Missa solemnis* in der Madeleine unter der Leitung von Philippe Gaubert, im Verlauf einer Messe, die von den höchsten kirchlichen Würdenträgern abgehalten wurde. Eine sehr offizielle Würdigung fand jedoch auf Beschluß des Ministerrates der Regierung Poincaré statt, ein feierliches Konzert am 22. März in der Sorbonne, bei dem Vincent d'Indy die *IX. Sinfonie* und Henri Rabaud die *Fünfte* dirigierten, daneben interpretierte Édouard Risler das *Kaiserkonzert* unter der Leitung von Gaubert, und das Streichquartett Capet spielte das zweite der *Rasumovsky-Quartette*. »Wie ein Gott erhob sich im

Hintergrund der Bühne eine Büste von Beethoven, die auf einer mit rotem Samt verkleideten Stele hervorragte, die musikalische Messe zu segnen, die ihm seine Priester darboten«, hieß es im *Courrier musical*.[11] Staatspräsident Doumergue war wegen eines Todesfalles verhindert, doch der Minister des staatlichen Schul- und Unterrichtswesens und der Schönen Künste, Édouard Herriot, vertrat die Regierung.

In Deutschland stand die Stimmung allerdings im krassen Gegensatz zur Euphorie der Amerikaner, Sowjetrussen und auch zur Routine der französischen Republik. Sehr widersprüchliche Stellungnahmen wurden zum Zeitpunkt der Jahresfeier in einer Weimarer Republik laut, die, selbst wenn sie womöglich gerade ihre Glanzzeit erlebte, doch weiterhin von ebenjener Instabilität gekennzeichnet war, die Hitler sechs Jahre später an die Macht bringen sollte. Diese Unruhen brachen in einer quasi unbeethovenschen Epoche durch. Die bereits während des Krieges von Hermann Hesse angeschnittene Kritik an einem nationalistischen Beethoven von seiten der Liberalen stieß an ein Wiederaufleben des romantischen Erbes, das von Intellektuellen angeführt wurde, die nicht unbedingt zur Demokratie neigten. Diese Kritik war nun mehr denn je mit der Politik verknüpft, wie die Verherrlichung einer Gestalt zeigt, von der man hoffte, daß sie die »Amerikanisierung« der Kultur aufhalten möge – ein Begriff, der sowohl bei den Liberalen, die ihm den moralischen Gehalt der großen idealistischen Tradition[12] entgegensetzten, als auch bei den Nationalisten auftauchte, die den Komponisten vor den seit 1918 zunehmenden Angriffen in Schutz nehmen wollten. In seinem Buch *Das romantische Beethovenbild*, der ersten modernen Studie zur Rezeption des Komponisten, versuchte Arnold Schmitz, unter dem Einfluß von Carl Schmitt, ein falsches, an Rousseau orientiertes Bild zu widerlegen, das er von E. T. A. Hoffmann über Wagner und sein »poetisches« Heldentum bis hin zu Romain Rolland beklagte, doch nur, um ihm das »wahre« Heldentum eines Beethoven gegenüberzustellen, der die »reale« und »aktive« Wirkung der französischen Revolutionsgesänge dazu verwendet habe, »*die* Franzosen mit ihren eigenen Waffen zu schlagen«.[13] Adolf Sandberger seinerseits machte den Komponisten in einer Rede im Beethoven-Haus zur »*der* Festung, die kein Versailler Vertrag zu zerstören vermag«. In Anbetracht der »Entartung« der Avantgarde sowie angesichts des Kommunismus sollte Beethoven, so sagte er, der Führer des deutschen Volkes sein.[14]

Diese Diskussionen dehnten sich auch auf den eigentlich politischen Bereich aus, in dem Beethoven für das gesamte ideologische Spektrum herhalten mußte. In Berlin und Wien erklärte der Komponist Hanns Eisler im offiziellen Organ der kommunistischen Partei: »... Freude mußte man im Zeitalter der Reaktion sagen, wenn man Freiheit meinte«[15], womit er die *Ode an die Freiheit* mit dem Kampf des Proletariats und Schillers Epoche mit den Repressionen der Regierung in Zusammenhang brachte. Ein Konzert zu Ehren Beethovens, das die Chöre der deutschen Arbeiterbewegung auf der Treppe des Reichstags geben wollten, wurde in der Tat von Innenminister Walther von Keudell, einem nationalistischen Mitglied der von Außenminister Gustav Stresemann geleiteten Koalition, verboten. Diese Episode verdeutlicht die Verkrampfung in einem Land, in dem die kulturelle Identität stets im Mittelpunkt der nationalen Identität gestanden hatte und sich die kulturellen Debatten nun politisch erhitzten. Das Verbot hinderte aber die Linke nicht daran, Beethoven in öffentlichen Veranstaltungen zu feiern, die der Rechten einen Vorwand boten, das republikanische System an sich als einen »antibeethovenschen Staat«[16] zu charakterisieren. Und da schon kündigte der Ideologe des Nationalsozialismus Alfred Rosenberg im *Völkischen Beobachter* die Ankunft einer »neuen Welt« an, die von der arischen Rasse auf den »Ruinen einer verderbten Welt« geschaffen wurde, indem er die aufstrebende Hitlerbewegung mit dem Vormarsch des Tenors aus der *IX. Sinfonie* verglich: »Freudig wie ein Held zum Sieg!«[17]

Trotz der Rechtsextremisten feierte der Weimarer Staat Beethoven nach allen Regeln der bürgerlichen Tradition. Die wichtigste offizielle Gedächtnisfeier fand im Mai in Bonn statt, organisiert vom preußischen Kulturminister Carl Bekker, der für dieses »Deutsche Beethovenfest« die gemeinsame Schirmherrschaft der deutschen und österreichischen Autoritäten hinzugewinnen konnte – hier betonte man nachdrücklich die germanische Herkunft des Komponisten, nur leicht gedämpft durch die Anwesenheit von Romain Rolland. Das Programm umfaßte eine Konzertreihe in der Beethovenhalle, darunter die *Neunte*, dirigiert von Fritz Busch, und eine Aufführung der *Missa solemnis* im Münster, das Ganze mit dem Gesang der *Ode an die Freude* zum krönenden Abschluß im Freien vor dem 1845 errichteten Denkmal. In Beethovens Geburtsstadt grüßte Reichspräsident von Hindenburg den Mann, der »der deutschen Seele in Tönen Ausdruck verliehen hat«, während Michael Hainisch, Präsident der Republik Österreich, in Beethoven »die innige kulturelle Zusammengehörigkeit Deutschlands und Österreichs« würdigte.[18] Einige Wochen zuvor hatte Hainisch in Wien noch von Beethovens Sensibilität für das, was »wir Deutsche mit dem Worte Stimmung auszudrücken pflegen«, gesprochen, um so den Künstler an das Land zu binden, in dem er sein Werk geschaffen hatte, nämlich Österreich.[19] Da die Alliierten ja den Anschluß unterbunden hatten, wurde das ganze Fortschreiten auf dem verminten Gelände des Großdeutschtums durch das besänftigende, entschieden verinnerlichte Bild des Komponisten gemildert. Beethoven bedeutete eine Tröstung für das allseitig offiziell ausgedrückte Leid. Wie es Minister von Keudell im Namen des Präsidenten Hindenburg bei den Wiener Feierlichkeiten ausdrückte: »Heute herrscht Trauer bei allen deutschen Stämmen, eine andere als vor hundert Jahren. Ungezählte Wunden bluten. Zeiten des deutschen Leidens sind gekommen. Beethoven hat uns geschenkt, daß keiner ganz unglücklich bleiben kann, dem sich seine Musik erschließt. Er sei uns Tröster im Leid, er, der uns geleitet durch das Ringen und Schluchzen eines ganzen Menschenlebens.«

Auch das ehemalige Kaiserreich der Habsburger hatte eine harte Schicksalsprüfung durchgemacht, denn es war gleichfalls besiegt und kraft des Wilsonschen Grundsatzes von der nationalen Selbstbestimmung zersplittert. Ohne Zweifel erreichte die Hundertjahrfeier mit den Wiener Festen ihren Höhepunkt, denn sie waren von dem Wunsch angeregt, Österreich, dessen politische, wirtschaftliche und militärische Stellung so drastisch eingeschränkt worden war, eine gewisse internationale Rolle zu erhalten. Bei den Eröffnungsfeierlichkeiten am 26. März 1927 klang die innenpolitische Tragweite in den Worten des Unterrichts-Ministers Richard Schmitz an:

> Ein schweres Schicksal hat meinem Vaterlande tiefe Wunden geschlagen und alten Reichtum genommen. Materielles Gut haben wir verloren, die Güter des Geistes aber bewahrt. Und dieser Reichtum ist in der schwersten Zeit unser Glück und unsere Freude gewesen und wird es stets sein. Reichtum aber verpflichtet. Darum glaubten wir, zur Jahrhundertfeier Beethovens alle großen Kulturnationen einladen zu müssen. Wir wollen damit kundtun, daß wir die Rechte der Menschheit auf unseren Beethoven anerkennen. Und darum ist die Zentenarfeier so angelegt, daß nicht das Land, sondern der Mann, daß nicht Österreich, sondern Beethoven Ausgangspunkt, Inhalt und Ziel der Feier bildet. Ich sehe, wir sind verstanden worden.[20]

Der Minister mochte darauf hinweisen, daß man nicht das Land, sondern den Komponisten feierte, seine Bemerkung ähnelte gleichwohl dem Bekenntnis, wie wichtig die Feste für das von ihm als reich und zugleich arm beschriebene Land waren. In jener Stadt im Herzen Mitteleuropas, die zu geopolitischem Ansehen und ebenso zum Vergnügen der hohen Kultur einlud, fand die von höchster Staatsstelle organisierte Hommage an Beethoven unter dem ausdrücklichen Zeichen des Internationalismus statt. Die Wiener Jahrhundertfeier war eine große internationale Versammlung, bei der Vertreter aus sechsunddreißig Nationen zugegen waren, darunter Minister und hohe Staatsbeamte aus dreizehn europäischen Ländern und Amerika sowie eine große Zahl Persönlichkeiten aus der Kultur, zum Großteil Musiker, Komponisten und Musikwissenschaftler – eine Elite, die der französische *Courrier musical* wie folgt beschrieb: »Das Publikum bestand aus den namhaftesten Kapazitäten auf dem Gebiet der Musik und den kultiviertesten Vertretern des Geistes, die aus der ganzen Welt zusammengeströmt waren.«[21] Dementsprechend beschrieb Bürgermeister Karl Seitz die Reise nach Wien als eine »Wallfahrt« ins »heilige Land«. Nach der Einweihung des Bonner Beethoven-Monuments im Jahr 1845 war es erneut eine kosmopolitische Würdigung, die man zu Ehren des Komponisten inszenierte.

Wenn das musikalische Erbe auch zu einem Bild nationaler Einheit aufrief, das von den zahlreichen zu diesem Anlaß nach Wien gereisten Journalisten im Ausland vermittelt wurde, so bildete es zugleich einen – wenn auch kleinen – gemeinsamen Nenner der politischen Kräfte Österreichs, eines Landes, das einige Monate später Zeuge blutiger Zusammenstöße, ja eines wahren Bürgerkriegs werden sollte. In dieser gespannten Atmosphäre ermöglichten die Beethovenfeste, die gegnerischen Gruppierungen Seite an Seite zu sehen: zum einen die Mitglieder der konservativen Regierung unter Vorsitz des Bundeskanzlers Ignaz Seipel, Vorsitzender der Christlich-Sozialen Partei, und zum anderen die Mitglieder der Opposition, vertreten durch die Austromarxisten des Sozialdemokraten Otto Bauer, die in der Person des Bürgermeisters Seitz die Wiener Stadtverwaltung kontrollierten, die »rote Festung« in einem »schwarzen Österreich«. Wenn Rot und Schwarz Beethoven auch gleicherweise schätzten, hatten sie jedoch keineswegs die gleiche Vorstellung davon, wie man ihm die Ehre erweisen sollte. Für die Übertragung der Festivitäten jenseits der Grenzen war diese innere Lage sicher nebensächlich, doch hatte sie starken Einfluß auf die Organisation an sich. Eine Woche lang pulsierte die Stadt im Beethoven-Fieber, und währenddessen wurden alle seine Sinfonien und Quartette im Arbeitermilieu aufgeführt, die *Messe in C-Dur* erklang in vielen Kirchen und die *IX. Sinfonie* wurde mehrmals an verschiedenen Stellen der Hauptstadt interpretiert. Die linken Zeitungen lobten die Mitwirkung des Rundfunks, der die Konzerte und Vorträge übertrug und so den Komponisten zu einem »Lieferanten von Kunst für das Volk« machte: Vom Zusammenwirken des Rundfunks und der Kulturpolitik der Sozialdemokratischen Regierung sprach die *Arbeiter-Zeitung*.[22] Alle diese Veranstaltungen waren aber nicht von der Stadtverwaltung organisiert oder gefördert und gehörten nicht zum offiziellen Festprogramm, in dem sie nur am Rande erwähnt wurden; aber sie bewiesen, daß das Fest in allen, den »aristokratischen, bürgerlichen und in Arbeiterkreisen«[23] gefeiert wurde. Der von dem Musikwissenschaftler Guido Adler unter Mitwirkung der Dirigenten Felix Weingartner und Franz Schalk geleitete Organisationsausschuß hatte sich indes ein anderes Ziel gesetzt: Es galt, anspruchsvolle Musikfeste zu bieten, die die gelehrte Tradition auf Kosten populärerer Werke wie der *Neunten* in den Vordergrund stellten, und einen hervorragenden internationalen musikhistorischen Kongreß zu planen, in dessen Anschluß eine internationale Musikgesellschaft gegründet werden sollte; einem Antrag der kirchenmusikalischen Sektion, daß an den theologischen Fakultäten eigenständige Lehrstühle für Kirchenmusik eingerichtet werden sollen, wurde stattgegeben.[24] Das Musikprogramm eröffnete am 26. März mit *Die Ruinen von Athen,* in einer von Richard Strauss und Hugo von Hofmannsthal umgearbeiteten Fassung; am Tag darauf, nach einem morgendlichen Besuch am Grabe Beethovens, dirigierte Schalk die *Missa solemnis,* und am Abend wurde in der Oper Goethes *Egmont* zu Beethovens Musik unter der Leitung von Weingartner aufgeführt. An den nächsten Tagen kamen die Sinfonien *Eroica,* die *Achte* und das *Klavierkonzert in G-Dur* auf die Bühne sowie die Kammermusik, interpretiert vom Quartett Rosé und von Pablo Casals, Ignaz Friedmann und Bronislaw Huberman. Als abschließende Gala in der Oper gab man am 31. März *Fidelio.* Diese Vorstellungen wechselten mit einer weiteren Konzertreihe ab, die der vor Beethovens Schaffen entstandenen Musik gewidmet war, vom Mittelalter bis zur klassizistischen Epoche – neben Mozart und C. P. E. Bach auch vergessene Meister wie Fux, Albrechtsberger oder Neefe. Unter dem musikalischen und geschichtlichen Gesichtspunkt betrachtet, war dieses Programm ohne Zweifel interessant, trotzdem erschien es der Mehrzahl der Zuschauer allzu esoterisch. Und die internationale Presse murrte über die Aufführung der *Trauerkantate auf den Tod des Kaisers Joseph der Zweite* anläßlich der Eröffnungszeremonie, die für den Berichterstatter der *New York Times* einen »formgerechten Ausdruck der offiziellen Trauer ohne jegliche persönliche Note« darstellte.[25]

Wahrscheinlich wollte man mit dieser Kantate einerseits das übliche Repertoire auffrischen und andererseits dem Geist der Aufklärung, der ja im Grunde genommen über dem ganzen offiziellen Festprogramm lag, Respekt zollen. Daß man Werke des Engländers Purcell, des Italieners Pergolesi und des Franzosen Rameau wie auch Werke von Gluck, dem kosmopolitischen Komponisten schlechthin, aufführte, weist auf den Wunsch hin, Beethovens künstlerische Persönlichkeit in die europäische Tradition der Aufklärung einzufügen, wenn dem auch eine leise Sehnsucht nach dem einstigen Kaiserreich anhing. Hier war ein wahrer Meister des kulturellen Erbes am Werk, Guido Adler, der Nachfolger Eduard Hanslicks an der Universität, der sich dadurch ausgezeichnet hatte, daß er Kompositionen von Mitgliedern der Habsburger Dynastie aus dem 18. Jahrhundert wieder aufleben ließ, die er als eine erste, den Komponisten Haydn, Mozart und Beethoven vorausgehende Wiener Schule darstellen wollte. Er hatte zum anderen unter der direkten Schirmherrschaft von Kaiser Franz Joseph eine Buchreihe unter dem Titel *Denkmäler der Tonkunst in Österreich* herausgegeben. Eine Ausstellung unter dem Motto *Beethoven und die Wiener Kultur seiner Zeit*[26] bereicherte den historischen Ansatz des Professors Adler, der bei der Eröffnungsfeier im großen Saal der Gesellschaft der Musikfreunde ein überwältigendes Bild der Rückwirkung der Gegenwart auf die Geschichte zeichnete:

Wenn Franz Grillparzer am offenen Grabe Beethovens die Worte sprechen ließ: »Wir sind gleichsam die Repräsentanten einer ganzen Nation, des gesamten deutschen Volkes«, so sind wir heute, hundert Jahre nach dem Tode Beethovens, geeint als Repräsentanten fast aller Kulturnationen, die Musik lieben und als Kunst pflegen.

Mit seiner Ausdehnung der deutschen Nation auf alle Kulturnationen um Beethovens Grab gab er lediglich auf seine Weise die soziale Geschichte der abendländischen Musik wieder.

Den offiziellen Gästen, die nach ihm und im Namen ihres Landes das Wort hatten, war sicher nicht daran gelegen, dem brüderlichen Ideal ihrer Gastgeber zu widersprechen. Im Gegenteil, jeder trug zum Konsens um einen Künstler bei, der mit seinen Werken und seinem Leben das verkörperte, was die Menschheit an Gutem und Universellem zu bieten hatte. Und wenn sich bei den achtzehn folgenden Reden auch eine gewisse Langeweile ausbreitete, so erkannte man doch in dem fast beschwörenden Gemurmel den wahrhaft rituellen Charakter der offiziellen Würdigung des »großen demokratischen Komponisten« durch die jeweiligen Staaten aus der Zeit zwischen den zwei Weltkriegen.

Jene Redner, die regelmäßig die *IX. Sinfonie* zitierten, um die universelle Dimension des Komponisten zu verherrlichen, versäumten es nicht, die Würdigung in die historische Realität ihrer Zeit einzubetten. »Vielleicht zum ersten Mal nach dem Krieg bekräftigt hier das geschundene, halb zerstörte Europa im Gedenken eines großen Mannes, eines der größten aller Jahrhunderte, die grundlegende Einheit seiner Kultur«[27], sagte der belgische Außenminister Émile Vandervelde in französischer Sprache. Van Berestyn, der niederländische Delegierte, lobte auf deutsch die internationale Verbrüderung, dargestellt in der *Ode an die Freude*, die zu einem Zeitpunkt komponiert wurde, als »die Nationen Europas im Begriffe waren, sich aufeinander zuzubewegen«[28], wie er es ausdrückte, ohne sich dabei um die historische Wahrheit zu kümmern. Wohingegen Vandervelde die Einheit der europäischen Kultur betonte, wobei er ein Loblied auf eine *Hymne an die Freude* anstimmte, die »an alle Menschen, an alle freien Menschen, an Millionen von Menschen« gerichtet war. Vielleicht wußte er die Worte des Schweizer Delegierten, des Komponisten Gustave Doret, besonders zu schätzen: »In unseren kleinsten Dörfern, auf unseren höchsten Bergen hörte ich einfache Bauern und urige Gebirgler seinen Namen mit Erfurcht aussprechen.«[29] Wohlgemerkt diente die Schweiz damals oft als Vorbild für ein mögliches föderatives Europa. Diese Bezugnahme auf den europäischen Kontinent wurde aber nur als Synonym oder als besondere Erscheinung einer universellen Brüderlichkeit dargestellt, die sie mit einschloß und überschritt: Es gab keinerlei Bruch zwischen der Ansprache eines Vandervelde oder der des Vertreters der Vereinigten Staaten, wobei Botschafter Albert Washburn als einziger im Namen eines nichteuropäischen Landes das Wort ergriff: »Zu Beethovens Lebzeiten waren die Länder der Neuen Welt vollauf in der Entwicklung ihrer eigenen Geschicke begriffen und doch drang der Schwung dieses gewaltigen Geistes bis zu ihnen. Er war ein Freiheitsapostel in edlem philosophischen Sinne des Wortes.«[30]

Im Einklang mit der republikanischen Tradition Frankreichs zog Édouard Herriot seine Schlüsse aus diesem Einverständnis, indem er vorschlug, in den Werken Beethovens die »Hymnen« einer künftigen, weltweiten Gemeinschaft zu sehen:

Das Grab der großen Toten ist das Herz der Lebenden. Als Franzosen sind wir geneigt, in manchen seiner Werke den Beiklang der glühenden Leidenschaft herauszuhören, die unser Land zu Stunden ergriff, da es davon träumte, allen Völkern Glück in der Freiheit zu schenken. Weil wir unsere Pflichten gegenüber der Menschheit kennen, verehren wir in diesem Genius, heute wie gestern, den Dichter, der die Musik zu einem der Sprache überlegenen Mittel der Überzeugung und Handlung werden ließ; der Mann, den das Leben ohnehin gekreuzigt hat, bewahrte in seinem Werk nur die innige Liebe und das Erbarmen. Und wenn wir als Pilger hierher gekommen sind, so um unsere Hoffnung zu bekräftigen, daß jene Hymnen eines Propheten einst zum Liebesgesang einer brüderlichen und versöhnten Menschheit werden.³¹

Diese Worte aus dem Mund eines ehemaligen Ministerpräsidenten, Vorsitzenden der radikalsozialistischen Partei und Ministers des Bildungs- und Unterrichtswesens, eines Mannes, den sein Biograph »die Republik in Person« nannte und der bei seiner Rückkehr aus Wien selbst *La Vie de Beethoven* verfassen sollte, stellten eine vollkommene Übereinstimmung mit der intellektuellen Tradition und der politischen Kultur der III. Republik dar.³² Allerdings hatte er hier die klassische Interpretation, die Beethoven mit der Revolution verknüpfte, in einer diplomatischen Formel relativiert – »Als Franzosen sind wir geneigt, ...« –, um den Lobgesang auf einen Mann anzuheben, bei dem, so sagte Herriot des weiteren, »sich die Wissenschaft der Tradition und die Kühnheit des Neuerers mäßigen«. Eine Mäßigung, die diese »revolutionäre« Lesart von der der Marxisten unterschied, die aber die deutsche Rechte nicht daran hinderte, die Rede des französischen Ministers zu mißbilligen, da er Beethoven »eine französisch-napoleonische Vision des geeinten Europa« zuschreiben wollte.³³

War diese Anklage auch unaufrichtig, so schimmerte die nationalistische Anspielung sehr wohl durch, selbst wenn der nationale Beitrag für die Franzosen eigentlich im Internationalismus bestand. In Wien waren nämlich die Österreicher und die Deutschen nicht die einzigen, die die Frage nach der nationalen »Zugehörigkeit« Beethovens beschäftigte. »Das kleine Belgien hat Beethoven dem größeren Deutschland dargebracht, und Deutschland hat ihn der Menschheit dargebracht«, sagte beispielsweise Vandervelde. Doch war der Großvater des Komponisten ja in Flandern geboren, so daß der holländische Delegierte ihn seinerseits den »südlichen

Niederlanden« zuordnen konnte, wobei er jedoch hinzufügte, daß jener geborene Deutsche und Wahlösterreicher zur »Weltkultur« zählte.[34] Der ungarische Minister Josef Vass betonte, daß Beethoven den Urlaub gern in seinem Land verbrachte, wo er unvergeßliche Kompositionen schuf. Der Engländer Viscount Chilston wies darauf hin, daß die *Neunte* im Auftrag der London Philharmonic Society geschrieben wurde, wohingegen der Italiener Pietro Mascagni die bedeutsame Begegnung zwischen Beethoven und Rossini hervorhob. Höchstens die Gäste aus Polen und Rumänien mußten sich den historischen Tatsachen fügen und auf jeden Anspruch auf den Helden des Tages verzichten. »Die Welt leidet unter dem Kampf des Nationalismus gegen den Internationalismus«, beobachtete der Tscheche Milan Hodza, Unterrichtsminister in einem Staat, der aus der Zersplitterung des Habsburger Kaiserreiches hervorgegangen war, und fügte hinzu: »Gibt es denn eine vollkommenere Harmonie als die, dank deren Beethoven die Elemente des spirituellen Nationalismus in der weitestgefaßten kulturellen Solidarität der Menschheit vereint hat? Nein, der Nationalismus darf kein Feind des Internationalismus sein und der Internationalismus nicht der des Nationalismus.«[35]

In Wien hatte niemand den Wunsch, diese Gleichung zu widerlegen. Doch sollte sie sich im Glanze einer Gestalt verwischen, die, wie der belgische Delegierte sagte, »über jede Politik, über alle Staatsangehörigkeiten« erhaben war. Die politische Dimension der *Ode an die Freude* war dazu verdammt, sich in einem moralischen und religiösen Ideal aufzulösen, wie zum Beispiel jenem »Liebesgesang einer brüderlichen und versöhnten Menschheit«, den Herriot dem christlichen Bild eines »vom Leben gekreuzigten« Mannes zuschrieb. So stellten die Reden zur Zentenarfeier in der Tat einen kleinen Katalog der religiösen Metaphern auf, die in der Beethoven-Rezeption schon immer vorhanden gewesen waren: Der polnische Minister Julius von Twardowski ergoß sich über einen »Gott des Olymp«, der in seiner »tragischen« Kunst alle Nationen vereinigte, Überschwang, der in eine sehr katholische Beschwörung mündete: »Gelobt sei dein Name.«[36] Und in der Ansprache Pietro Mascagnis erstrahlte gar Jesus Christus in Person, ein Text, dem Mussolini ganz besonders beigepflichtet hatte:

> Gestorben wie Jesus! ... Aber erlöst wie Jesus! Wieder auferstanden im strahlenden Licht seiner Kunst! Wieder auferstanden zum Wohle der Menschheit! Unsterblich in der Geschichte, unsterblich in der Kunst, unsterblich in unserem Herzen, das für ihn und für seinen Ruhm schlägt *per omnia saecula saeculorum*.[37]

Und doch war es nicht diese unerwartet direkte Identifikation Beethovens mit Christus, von Mascagni mit einem Lob auf die »magnifica educazione musicale« des Duce eingeführt, die eine christliche Lesart seines Werkes begründete. Bei den Eröffnungsfeierlichkeiten sollte der österreichische Bundeskanzler Ignaz Seipel, ein katholischer Priester und Spezialist der Moraltheologie, ohne Gott wirklich zu nennen, eine wahrhaft religiöse Deutung entwickeln. Seipel schilderte eine Menschheit, die nach dem Krieg auf der Suche nach Elementen war, die erlaubten, eine »wahre Einheit« zu bilden:

> Ein einigendes Element ist die Musik, ist im besonderen die auf die höchsten Höhen eines universellen Ethos führende Musik Beethovens. Die Menschheit sucht mit Inbrunst die verschütteten Quellen des Idealismus. Da ist ihr nun Beethoven Führer geworden, der, um es aller Welt, auch den Nichtmusikalischen, deutlich zu machen, am Gipfelpunkt

seines Schaffens zu Schillers Worten griff, um in herrlichen, erhabenen Klängen den Menschen die zwei Sätze zuzurufen: »Seid umschlungen, Millionen!« und »Ahnest Du den Schöpfer, Welt?«
Durch ein Meer von Trübsal und Ungemach, durch ein Dickicht von Widrigkeiten aller Art hat sich Beethoven seinen Weg in die Höhe gebahnt, darin uns ein trostvolles Vorbild und ein sicherer Führer. Am Ende des Leides, am Ende des Kampfes in der Brust des einzelnen und im Leben der Gesamtheit erklingt uns, wenn wir nur den rechten Weg gehen, der herrliche Hymnus der Erlösung und der Freude.
O, möchten alle Menschen den rechten Weg gehen! Dann dürfte es bald in Wahrheit heißen: Alle Menschen werden Brüder.[38]

Schillers Satz war der Schlußpunkt der Argumentation. Beethoven war also kein Gott, aber ein Führer, dessen exemplarischer Werdegang weniger durch seine Kunst als durch seine Persönlichkeit bestimmt wurde. Sein Werk war eine »Hymne«, die den Sinn eines Ideals vermittelte, in dem alle menschlichen sowie politischen und ästhetischen, ebenso wie die subjektiven und gesellschaftlichen Brüche im universellen Ethos wieder aufgesogen wurden. Die Kunst wurde zum Symbol des ethischen Erlebens, und somit wurde das Konzept einer Religion der Musik, gegründet auf einer Heiligung des ästhetischen Erlebens, stillschweigend hinterfragt. Zu Beginn seiner Rede erinnerte der Kanzler überdies an die vom Papst gewährte Unterstützung dieser Festivitäten, was bei einem Politiker, der in enger Zusammenarbeit mit Friedrich Piffl, dem Kardinalbischof von Wien, regierte, eine besondere Bedeutung hatte – letzterer war auch der einzige nichtpolitische Ehrenvorsitzende des Organisationskomitees. Unter Anrufung des Vatikans widmete sich der Theologe Seipel einem sehr heiklen hermeneutischen Versuch, um den Beethoven-Kult der christlichen Tradition einzuverleiben, indem er allerdings sowohl auf Distanz zu einer unmittelbar politischen Lesart als auch zu einer vermeintlichen Beethovenschen »Religion« ging, die vom Standpunkt der Kirche aus nur ketzerische Anklänge haben konnte. Aus dieser Sicht war es ihm, der sich bald im Namen einer »wahren Demokratie« und eines »wahren Friedens« der äußersten Rechten zuwenden sollte, möglich, Beethoven als moralisches Symbol der »wahren Einheit« des damaligen Europa zu begreifen.[39]

Diese theologischen Spitzfindigkeiten hinderten den österreichischen Staatschef allerdings nicht daran, seinen Kollegen darin beizupflichten, daß die *Ode an die Freude* jene internationale Ordnung versinnbildliche, die alle gemeinsam gewährleisten wollten. Mit Leo Schrade mag man den Eindruck teilen, daß bei der Zentenarfeier das französische Beethoven-Bild dominierte[40], was der Berichterstatter des *Courrier musical* auch mit Stolz feststellte, als am Schluß der Festspiele die Wahl, im Namen aller ausländischen Delegationen zu sprechen, auf den französischen Delegierten fiel: »Monsieur Herriot wurde diese ehrenvolle Aufgabe einstimmig erteilt, da jeder spürte, daß er in seiner Eigenschaft als Vertreter Frankreichs zugleich mehr als nur Frankreich vertrat.«[41] Beethoven als Symbol der internationalen Brüderlichkeit war damals allen europäischen und amerikanischen Demokraten gemein; die marxistische Interpretation sah das nicht anders, während die nun republikanisch argumentierende katholische Rechte es nicht versäumte, daraus ein moralisches Exempel von universeller Bedeutung abzuleiten. Und selbst ein Teil der nationalistischen deutschen Rechte konnte auf diplomatischer Ebene den Anspruch der Menschheit auf das Beethovensche Erbe anerkennen, sei es, um den Komponisten als den Nachfolger des deutschen Idealismus zu definieren. Beethoven wurde also während jener Festwoche von der ganzen Welt geliebt, und er selbst zeigte sich allen gegenüber von seiner besten Seite. Im Schutze seiner Musik wurden *Alle Menschen Brüder*, zumindest vorübergehend.

Wie Karl Kraus in der *Fackel* ironisch bemerkte, drängten sich die Besucher nach dem aufregenden Erlebnis des *Fidelio* in den Kaffeehäusern und mußten sich noch nicht einmal über eine Preissteigerung beklagen.[42] Das Programm schloß Besuche der berühmten Kulturstätten und Ausflüge zu den ländlichen Orten mit ein, wo der Meister seine Inspirationen geschöpft oder Ferien verbracht hatte, wo die »Pilger« sich nun verbrüdern oder nach Belieben innerlich sammeln konnten. Abgesehen vom Murren der Rechten in den Zeitungen oder der Verärgerung der Sozialdemokraten über Mascagnis von Mussolini diktierter Lobrede, gingen die Wiener Feierlichkeiten im Gegensatz zu Bonn 1845 ohne Skandal zu Ende. Nach einem Jahrhundert der Gedächtnisfeiern zu Ehren Beethovens konnte der Kontrast zwischen den beiden Ereignissen als Zeichen einer gewissen Verbesserung der politischen Sitten und zugleich als Beweis dafür verstanden werden, daß man von Professor Breidenstein bis Professor Adler beträchtliche Fortschritte gemacht hatte.

Bei einigen jedoch konnte die Lobeshymne das Unbehagen nicht völlig schwinden lassen. Einer der ersten Skeptiker war Karl Kraus, der sich in einem in der *Fackel* veröffentlichten, knappen, bezeichnenderweise mit »Desperanto« betitelten Text, fast einem Aphorismus, Luft machte: Da wurde Beethoven taub, weil man ihn mit einem Wortschwall überschüttete.[43] In den Wiener Intellektuellenkreisen war Karl Kraus natürlich der Freischärler schlechthin, doch auch bei Ehrengast Romain Rolland, der das freudige Fest auskosten konnte, wurden Zweifel laut; bei der Ansprache seiner »Actions de grâces à Beethoven« [Gunstbezeigungen für Beethoven] vor dem Wiener Kongreß konnte er nicht umhin zu warnen: »Es handelt sich niemals um eine Kunst, die sich nützlichen Absichten unterordnet, niemals um eine zu demokratischen Gebrauchszwecken oder solchen angepaßte Kunst – also was man heute eine ›soziale‹ Kunst nennt. – Nein. Für Beethoven ist die Kunst ein Selbstzweck.« Bei ihm, der den gleichen Schluß zog wie Herriot, waren das sicher vorüberziehende Schatten: »Wir vereinen uns in ihm. Wir, aus allen Völkern der Erde. Er ist das strahlende Symbol der Eintracht Europas, der menschlichen Brüderlichkeit...«[44] Anderen sollte es schwerer fallen, in die brüderliche Hymne einzustimmen, selbst wenn sie es nicht wagten, sie zu verurteilen. In dieser Zwickmühle steckte auch der Schriftsteller Franz Werfel, der in der *Neuen Freien Presse* schrieb:

Die tausend Festreden dieser Tage wissen wenig von dem Empörergesicht. Sie preisen den offiziellen Gott, der den strahlendsten Sitz der Olympus einnimmt schon seit einem Jahrhundert. Es sei nichts gegen diese Feier gesagt! Wunderbar genug, daß diese Zeit, trotz aufregendster Transaktionen in Geschäft und Politik, trotz aller ihrer Verwaltungsratsitzungen und Sondthatsgründungen, trotz der ernstesten Sorgen, wie Macht und Gelderwerb – wunderbar genug, daß sie Zeit findet, dem Genie ein ausgiebiges Kompliment zu machen! Eines aber sollte sie nicht vergessen: Beethoven war der Genius der Revolution! Vor ihm hat die Musik dem hohen und edelsten Vergnügen gedient. Er hat ihr einen neuen Sinn gegeben, er hat die soziale und ethische Erschütterung zum Tönen gebracht. Er war der erste, der durch Musik uns das Leben fragwürdig und schwer gemacht hat. Und dies nicht nur durch die Gesinnung, sondern auch durch die Form seiner Musik.[45]

Es sei, wie es wolle, doch besser ein offizieller Gott als gar kein Gott. Doch war dies der letzte Satz eines Mannes, der mit Alma Mahler verheiratet und mit Alban Berg befreundet war, und der den Finger auf die Wunde legte: Angesichts der politischen Interpretation der revolutionären »Gesinnung« setzte die – tatsächliche oder angenommene – Verkennung des Revolutionären der musikalischen *Formen* die Verkennung der revolutionären Haltung in der Musik stillschweigend voraus, und demnach die Rolle der Musikavantgarde, die an der Wiener Zentenarfeier, das haben wir gesehen, ja nicht teilnahm. Und das geschah in einer Stadt, wo die zweite Wiener Schule, die von Arnold Schönberg, Alban Berg und Anton Webern, sechzehn Jahre nach dem Tode des großen Beethoven-Anhängers Gustav Mahler bereits ihren wesentlichen Parcours hinter sich hatte: Im Jahr 1927 erlebte die Zwölftontechnik mit der Uraufführung von Bergs *Lyrischer Suite für Streichquartett* nämlich ihren ersten beachtlichen Erfolg.

Diese Gruppe berief sich auf das Beethovensche Erbe, sowohl auf der Ebene der Tonsprache, wie es Schönberg ausdrücklich für die kompositorische Technik erklärte, als auch bezüglich der historischen Gestalt, die insbesondere bei Berg uneingeschränkte Verehrung weckte. Die heiligsprechende Begeisterung und die analytische Genauigkeit gingen bei ihnen Hand in Hand, und sie glaubten Schönbergs berühmtem Satz zufolge, die Vorherrschaft der deutschen Musik für hundert Jahre gesichert zu haben. Sie konnten sich darüber hinaus auf so hohe Persönlichkeiten stützen wie den Biographen Beethovens, Paul Bekker, für den die Wiener Avantgarde in direkter Linie vom Schöpfer der *Neunten* abstammte – nebenbei bemerkt, hätte Bekker es vorgezogen, wenn der Schluß dieses Werkes eine große Fuge gewesen wäre, eine der zeitgenössischen Auseinandersetzung über die musikalische Struktur verwandtere Form.[46] Berg, der in einem Artikel gegen den

Komponisten Hans Pfitzner die Banalisierung der großen Musik angeprangert hatte[47], muß der Text »Desperanto« des von ihm bewunderten Karl Kraus amüsiert haben. Schönberg seinerseits, der seit 1925 in Berlin lebte und den man – im Alter von zweiundfünfzig Jahren – gebeten hatte, zu einer Umfrage nach dem Verhältnis der jüngeren Komponisten zu Beethoven Stellung zu nehmen, verfaßte einen Textentwurf, der leider nur als Fragment erhalten ist:

> Die Frage, wie ich zu Beethoven stehe, daß sie gestellt wird, daß es sie überhaupt gi[e]bt, scheint mir schon die Absicht einer Beethoven-Feier zu stören. Sie schiene mir nur gerechtfertigt, wenn die Absicht vorläge, die Abstände der sich Äußernden als Maß für sie selbst gelten zu lassen. Eine Beethoven-Feier kann nie diesen, sondern nur die Feiernden ehren. Dazu ist eine ehrenhafte Handlung nötig. Eine solche ist es nicht, wenn man ohne mehr Anstrengung als sonst, die Werke so aufführt wie sonst. Sich zur Feier Beethovens ehren könnte man auf folgende Art: Man führt z. B. die 9. Symphonie einmal so auf, daß [...][48]

Das Manuskript bricht an der entscheidenden Stelle ab, und der Zweifel wird weiter bestehen, wie sich Schönberg die »geeignete« Zentenarfeier vorgestellt hatte. Mit dem von ihm herausgestellten Abstand zwischen Beethoven und seinen Bewunderern konnte zumindest jede konkrete Würdigung nur abgeurteilt werden, ein Reflex auf die Kluft, die sich zwischen dem Publikum und der Avantgarde seit dem Aufkommen der atonalen Musik vertieft hatte. Schönberg versäumte es, seinen Text einzureichen, und dieses Schweigen und das offenbare Unbehagen, das in dem Text durchscheint, deuten auf seine Trennung vom offiziellen Kult um das große Vorbild hin. Indem er die Haltung »Beethoven, so wie er selbst in sich war«

im Vergleich zu »Beethoven und wir« begünstigte, gab der Vordenker der Zwölftontechnik eine viel stärkere Neigung zur traditionellen Sehweise zu erkennen als die Initiatoren der Gedenkfeier. Daß Guido Adler zu jenem Anlaß die Werke wieder ausgrub, die vor Beethoven entstanden waren, wies in der Tat nicht unbedingt auf seine reaktionäre Einstellung hin; im Gegenteil, in Anbetracht der Stabilisierung der von den Romantikern festgelegten Regeln – alle diese »Erben«, von denen während des Festivals nicht eine einzige Note erklang – orientierte er sich an einer erneuernden Strömung, die die künftige Wiederentdeckung des Barock und der Renaissance ankündigte. Vielleicht erachtete Adler diese letzte Aufgabe als politisch wichtiger als eine Anerkennung der Avantgarde, damals ein Unterfangen, das wenig geeignet war, einen Konsens zu schaffen – einer Avantgarde, der er jedoch persönlich nicht feindlich gegenüberstand, da er ein enger Freund Mahlers war und auch hier und da Schönberg und seine Gruppe unterstützt hatte. Letztendlich war die zeitgenössische Musik aber durch seinen Beschluß offiziell von der Debatte um Beethovens Bedeutung für das 20. Jahrhundert ausgeschlossen. Und doch fehlte bei der Gedenkfeier nicht nur diese kleine, stets angefeindete Elite. Im Grunde waren alle Komponisten abwesend, mit Ausnahme wenig bedeutsamer Gestalten wie Mascagni oder Doret, den Abgesandten ihrer jeweiligen Herkunftsländer, oder eines Richard Strauss, der bereits auf dem besten Wege war, zu einem konservativen Totem zu werden, das die Nazis bald ausschlachten sollten und dessen musikalischer Beitrag zu den *Ruinen von Athen* im übrigen, bei allem Respekt, nichtssagend war.[49]

Diese Situation stimmte sehr wohl mit einem historischen Moment überein, in dem Beethovens Gestalt inmitten der kulturellen Eliten stark in Frage gestellt wurde. Nach den Wegbereitern wie Nietzsche kam diese Einstellung vor allem

1920, anläßlich des hundertfünfzigsten Geburtstages des Komponisten, bei Ferruccio Busoni zum Ausdruck. Von da an beschränkte sich die Kritik nicht mehr, wie bei Debussy, darauf, allein die Reden über den »Titan« zu beklagen, es war nun auch seine Musik, die von ihrem Sockel gestürzt wurde. »Beethoven ist ermüdend, wenn er entwickelt«, schrieb Jean Cocteau schon 1918, um ihm die »statische« Musik Erik Saties entgegenzustellen, der selbst einer der ersten Skeptiker in der Sache war[50]; und die Dadaisten ihrerseits machten sich einen Spaß daraus, einen schielenden Beethoven darzustellen.[51] Mitten in der neoklassizistischen Epoche konnte die antiromantische Reaktion nur wachsen. So gingen 1927 Kurt Weill, Ernst Krenek, Georges Auric und viele andere auf Distanz zu Beethoven und dem zugehörigen Kult. In Frankreich stellte man fest, daß sich »weder die Schule Debussys noch die Maurice Ravels oder die jener rührigen Gruppe, deren Mitglieder ständig wechseln [Le Groupe des Six], auf Beethoven berufen«.[52] Auch die sowjetischen Komponisten der futuristischen Avantgarde zeigten sich wenig begeistert. Der Verband zeitgenössischer Musik in Leningrad veröffentlichte 1927 eine Broschüre mit dem Titel *Oktober und Neue Musik*, in der anläßlich eines Konzerts zum zehnten Jahrestag der Revolution stand:

Wer steht dem Proletariat näher, der Pessimismus von Tschaikowsky und Beethovens falscher Heroismus aus einer vergangenen Epoche oder die präzisen und anspornenden Rhythmen der *Eisenbahnschienen* von Deschewow? Während man Beethoven spielte, haben sich die Arbeiter zu Tode gelangweilt und das Ende aus Höflichkeit geduldig abgewartet. Die zeitgenössischen sowjetischen Kompositionen haben dagegen die Emotionen des Publikums geweckt. Die proletarischen Massen, für die das Maschinenöl wie die Muttermilch ist, haben das Recht, eine Musik zu fordern, die ihrem Zeitalter entspricht, anstelle der Musik der bourgeoisen Salons, die zur Epoche der ersten Lokomotive von Stephenson gehört.[53]

Diese Textstelle gibt natürlich weniger Auskunft über die wirklichen Emotionen der Arbeiter als vielmehr über die der Futuristen, die bald darauf vom Stalinismus zum Schweigen gebracht wurden. Aus der Perspektive der Avantgarden der zwanziger Jahre, die ihre formalen Inhalte unentwegt erneuern mußten und extrem zeitgebunden waren, konnte man nur schwer über den Anachronismus eines Beethoven hinwegsehen. Nur bisweilen wurde ein »moderner« Ansatz gefunden, wie etwa bei jener *Fidelio*-Inszenierung mit einem konstruktivistischen Bühnenbild, die Otto Klemperer 1927 in der Berliner Oper Kroll leitete: »Ein Fidelio ohne theatralisches Pathos, ohne bombastisches Geschluchze, ohne biedermännische Banalität, ohne naturalistische Peinlichkeiten. Man glaubte, ein neues Werk zu hören.«[54] Diese von der Rechten heftig kritisierten theatralischen Innovationen boten sicher eine Möglichkeit, aus der Sackgasse herauszufinden. Da Beethoven aber nur eine einzige Oper geschrieben hatte, konnte man diese Lösung kaum auf sein ganzes Werk übertragen, wenn das klassische Repertoire auch zweifellos von den neuen ästhetischen Strömungen beeinflußt wurde. Leo Trotzki zum Beispiel fand, daß Klemperer, der 1925 ein Gastspiel in Moskau gab, die *Neunte* im Stil des »deutschen Expressionismus« dirigierte.[55] Die Interpretation einer Komposition durch den Dirigenten veränderte jedoch nicht das Werk an sich, das sich zwangsläufig selbst als veraltet darstellen mußte. »Soll man denn hinnehmen, daß der Meister, wie alle Meister aus der ›stumpfsinnigen‹ Epoche, einen allzu aufgeblasenen Ruhm genießt, dem eine scharfsichtige Kritik nun die Luft abläßt, oder soll man die Ungnade, die er sich zugezogen hat, als das Ergebnis der normalen Alterung der Götter ansehen?« fragte sich Lionel Landry in seiner Analyse von »Beethovens Niedergang« in der *Revue musicale*.[56]

Diese Frage enthält aber eine falsche Alternative, denn der »aufgeblasene Ruhm« war immer ein Merkmal der alternden Götter gewesen. Zumindest zeigt sich hier, daß die romantische Weltanschauung in diesem entscheidenden historischen Augenblick mit einer neuen ästhetischen Auffassung in einer sich rasant wandelnden Welt konfrontiert war. Und der geringste Beweis dafür war nicht die Heftigkeit, mit der die Konservativen auf jeden Zweifel an der Tradition reagierten. »Ich weiß, eine Mode in gewissen Kreisen fordert, daß der Schöpfer der *Messe in D-Dur* systematisch herabgewürdigt werden muß. Diese Meinung sollte man aber den Schwachköpfen und Unschöpferischen überlassen«, erhitzte sich Vincent d'Indy zum Zeitpunkt der Hundertjahrfeier.[57] Adolf Sandberger dagegen stellte Beethoven in seiner Rede im Beethoven-Haus all denjenigen gegenüber, die sich »neuen Göttern zuwenden«, wobei er die Musik von Mahler und Strawinsky verwünschte, die »Entartung« von Schönberg und seiner Anhänger beklagte sowie die Werke von Paul Hindemith und Ernst Krenek, den Jazz und die Futuristen und schließlich die »revolutionäre und demokratische« Interpretation von Kurt Eisner und den Bolschewiken verurteilte. In Amerika wollte man dem offenbar in nichts nachstehen: Ein Redner verlieh seiner Hoffnung Ausdruck, daß die Gedenkfeier die »musikalischen Modernisten« dazu verleiten möge, »weniger gewagte Disharmonien und weniger willkürliche Dissonanzen zu verwenden«[58], währenddessen der Komponist Gregory Mason in den Schulen »die konservative Macht des Genius« pries.[59]

Es wäre eine irrige Annahme, in diesen Worten nur das Murren eines alten akademischen Reaktionärs zu sehen. So spürte man bei Felix Weingartner ein viel ernsteres Unbehagen, obgleich er doch 1927 gute Gründe hatte, sich am Zustand des Beethoven-Kults zu erfreuen:

> Ich kann mich eines dumpfen Bangens nicht erwehren, wenn mir zu Bewußtsein kommt, daß die Beethoven-Jahrhundertfeier, die überall festlich begangen wird, wo man in unserem Sinne musiziert, ein Gedächtnis des Todes, also eigentlich eine Totenfeier ist. Mir bangt nicht in dem Sinn, daß Beethoven für die Welt sterben könnte, weil seine Werke etwa nicht dauerndes Leben in sich trügen, sondern daß eines Tages die Welt für Beethoven erstorben sein wird, weil sie seiner Größe nicht mehr gewachsen und die Schwingungen, die er ausstrahlt, nicht mehr aufzunehmen fähig ist.[60]

Weingartners Ängste waren durchaus verständlich, denn es stand nichts weniger auf dem Spiel als das Überleben der großen Tradition der klassischen deutschen Musik, deren herausragender Vertreter er ja bekanntlich war und dessen er sich bewußt war. Die Darstellung einer sagenhaften Welt, der großen Welt des 19. Jahrhunderts, die nun von Technik und Geschwindigkeit verschlungen wurde, ebenjenes Bild der Jahrhundertfeier war reich an Wagners Nachklängen. Seine Vision war aber in anderer Weise makaber: Das »Fest der Toten« war nicht das einer neuen Rasse, die andächtig auf der Asche der Walhalla verharrte, sondern das einer Schar von Phantomen, die, wenn sie auch im Vergleich zu einem lebendigen Gott sehr rege schienen, nichtsdestoweniger bereits zu Staub zerfallen waren. Weingartner könnte heute beruhigt sein, denn zu Beginn des dritten Jahrtausends ist die Welt, wenigstens in bezug auf Beethoven, noch nicht gestorben. Da aber das Gedächtnis nur im Zusammenhang mit der Vergangenheit existieren kann, richteten all jene, die im Gedenken des Helden die Welt vom antibeethovenschen Geist befreien wollten, ihren Blick zu Recht oder Unrecht in die Vergangenheit. Dabei kann bisweilen der Blick zurück aufgrund des Geschichtsbewußtseins die Zukunft bereiten. Doch durch die bloße Tatsache ihres Gedenkens verzichteten die Initiatoren des Beethoven-Festes 1927 darauf, die musikalischen Symbole der historischen Erfahrung ihrer Generation in der Gegenwart zu suchen. Von da an lebte die abendländische Musik in diesem Anachronismus: dem Fortbestehen des romantischen Vorbilds der großen klassischen Musik und der Trennung der Gesellschaft vom zeitgenössischen Schaffen.

Von Bayreuth bis Auschwitz

Im Rahmen der Jahrhundertfeier in Wien stellte die *Ode an die Freude* vor allen Dingen ein Symbol universeller Brüderlichkeit dar: die von Édouard Herriot und Romain Rolland prophezeite, Frieden stiftende Welthymne. Eine solche Vorstellung ging aber über die letztlich sehr begrenzten Beethoven-Feste hinaus; in Paris zum Beispiel planten derweil verschiedene Pazifisten eine *Supranationale Hymne*, mit einer Übersetzung in Esperanto, die *Himno supranacia*.[1] Und als Herriot auf den Völkerbund zu sprechen kam, erwähnte er wiederum Beethoven: »Ich versuche mir vorzustellen, wie feierlich es gewesen wäre, wenn, nachdem die Genfer Konvention von allen Nationen unterzeichnet wurde [1924], die Neunte Symphonie unter uns erklungen wäre, als Erfüllung, nicht mehr nur als Hoffnung.«[2] Das pazifistische und universalistische Ideal war damals eng mit einer Annäherung auf europäischer Ebene verknüpft, vor allem mit der deutsch-französischen Völkerversöhnung, die 1925 mit dem Locarno-Pakt besiegelt wurde. Während viele von einer internationalen Hymne träumten, wollte Herriot seinen Beethoven in das Projekt einer »allzu oft zerbrochenen europäischen Union«[3] einbeziehen; oder aber Romain Rolland, der vom Einfluß seiner Musik auf tausende Seelen junger Europäer schwärmte.[4] Dementsprechend war der Name des Komponisten in den zwanziger Jahren ein maßgeblicher Teil des politischen Ideals eines vereinten Europa – und das zum ersten Mal, seit seine Werke 1814 in den Dienst des »Europäischen Konzerts« gestellt wurden.

Tatsächlich war das Verhältnis zwischen Beethoven und Europa nie abgebrochen, doch hatte es eher in kulturellen als in politischen Zusammenhängen seinen Ausdruck gefunden. Zur Zeit der Romantiker sah Berlioz in ihm den hervorstechenden Vertreter des »Europas der Musik«, und 1845 stand vorübergehend die »große freimaurerische Hymne Europas« zur Debatte. Später dann schlossen die nationalistischen Projekte weitergreifende geopolitische Erwägungen auf dem europäischen Kontinent nicht aus. Die Idee von einem »europäischen Beethoven« war so gesehen die logische Schlußfolgerung aus der Untrennbarkeit Europas vom Abendland, von der Christenheit, der Zivilisation und, wenn man so will, von der ganzen Welt. Mit dem ausgehenden Jahrhundert wandelte sich diese Auffassung zunehmend und führte zu neuen Denkmodellen, wie dem »Niedergang Europas«, wobei der »Europäer der Zukunft«, den Nietzsche in Beethoven erkannte, noch immer die gleichen Merkmale trug wie die abendländische Zivilisation allgemein. Auf dem Umweg über den englischen und französischen Imperialismus hatte jene Zivilisation jedoch in der ganzen Welt die Vorstellung verbreitet, daß ein »Europäer« in erster Linie ein Individuum weißer Hautfarbe sei. Zum Zeitpunkt der Jahrhundertfeier konnten die universalistischen Inhalte einer von allen »Kulturnationen« erwiesenen Würdigung demzufolge auch eine restriktive, potentiell rassistische Auffassung des Kulturbegriffs beinhalten. Raoul-Raymond Lambert, jener ehemalige Frontkämpfer aus dem Ersten Weltkrieg, der mit Romain Rollands Buch im Tornister in den Krieg gezogen war und nun zum persönlichen Referenten von Édouard Herriot aufgestiegen war, beklagte 1927 »ohne weiteren Kommentar«, daß der Weg zum Beethoven-Haus während der Besetzung im Rheinland von einem »Schwarzen mit kindlichen Gebärden oder einem Marokkaner mit staunenden Augen«

bewacht wurde, anstatt von »irgendeinem lothringischen Jäger oder normannischen Husaren«.[5]

Im Endeffekt stellten die Kulturnationen von da an weniger die Menschheit als eben Europa dar. Und mit dem Aufschwung des kapitalistischen Amerika und des sozialistischen Rußland, wo infolge des Krieges auch völlig »traditionsfremde« Gebiete getroffen waren, erfuhr der Begriff »Europa« einen tiefgreifenden Bedeutungswandel, der zu einem politischen Konzept werden sollte. Die europäisierenden Ziele der zwanziger Jahre nahmen bisweilen sehr unterschiedliche Formen an, denn die demokratischen, wirtschaftlichen oder technokratischen Ideale existierten nebeneinander.[6] Für manche – und nicht die unbedeutendsten – Verfechter der Idee eines vereinten Europa gab es eine politische Lösung für die allgemeine Problematik des Niedergangs, eine Lösung, die auf einer kulturellen Identität aufbaute, deren Definition direkt von der jeweiligen nationalen Identität abgeleitet wurde.

Richard Graf Coudenhove-Kalergi, ein ausgezeichneter Kenner der Werke Schopenhauers und Nietzsches, gründete 1923 in Wien die wichtigste Paneuropa-Bewegung.[7] Dieser Sohn eines Österreichers und einer Japanerin markierte seinen Auftritt in der internationalen Arena mit einem sichtbaren Zeichen, einer Flagge mit rotem Kreuz auf goldener Sonne vor blauem Hintergrund: »Das Sonnenkreuz verbindet die beiden Ursymbole europäischer Kultur; christliche Ethik und heidnische Schönheit; internationale Humanität und moderne Aufklärung; Herz und Geist; Mensch und Cosmos.«[8] Coudenhove setzte dem nationalistisch germanischen und rassistischen Mythos die Vorstellung von einer »europäischen Nation« entgegen, die auf einer Kulturgemeinschaft fundiert, deren »Genien« die »großen Europäer« wie der Abbé de Saint-Pierre, Kant, Napoleon, Mazzini, Victor Hugo und Nietzsche sind. Eigentlich gehörte Beethoven zunächst nicht in diese Reihe. Doch sollte er 1929 schließlich doch in die Geschichte der Paneuropa-Bewegung eingehen. Im Oktober brach Coudenhove mit Édouard Herriot, der neben Briand, Seipel und Benesch zu seinen Hauptförderern zählte, zu einer Vortragsreise nach Wien, Prag und Berlin auf. Bei seiner Rückkehr im November 1929 veröffentlichte er in seiner Zeitschrift die Ankündigung, daß Paneuropa ein klangvolles Symbol gewählt habe:

> Die Paneuropa-Bewegung ist zu einer Massenbewegung geworden. Sie bedarf neben ihrer Flagge auch eines musikalischen Symbols, einer Hymne. Nur der größte europäische Komponist ist würdig, Schöpfer der Paneuropa-Hymne zu sein. Der große Europäer Ludwig van Beethoven hat die Melodie geschaffen, die diesen Willen, diese Sehnsucht der Massen nach Freude, Vereinigung und Brüderlichkeit herrlich zum Ausdruck bringt: Das Lied an die Freude aus der *IX. Symphonie*.[9]

Wenn es auch kein Dokument tatsächlich beweist, spricht doch alles dafür, daß Herriot ihn zu dieser Ankündigung angeregt hatte. Diese paneuropäische Hymne wäre also ein Ergebnis aus dem Zusammenwirken des »republikanischen Beethoven« Frankreichs und Deutschlands philosophischer Tradition, insbesondere Nietzsches Vorstellungen von einem europäischen Staatenbund. Doch in der Fomulierung an sich scheint die Unbeständigkeit eines so doktrinären Bündnisses durch: Der »Wille nach ... Freude« von Coudenhove entfernte sich erheblich von dem so hochgeschätzten, eher christlichen »Liebesgesang« eines Herriot oder Rolland – letzterer hatte überdies schon 1924, im Namen der vereinigten »Freigeister der ganzen Welt«, Coudenhoves antikommunistisches Gedankengut verurteilt.[10] Angesichts der aufstrebenden faschistischen Strömungen suchte ihr führender Kopf nach einer breiteren Anhängerschaft für Paneuropa in den unteren Volksschichten. Während sich Mussolini erst 1933 herabließ, ihn zu empfangen, hatten die deutschen Nazis um so weniger Sympathien für jenen »Halbasiaten« von Paneuropa, den Verkünder eines »absoluten Rassenmischmaschs«, dessen Umtriebe sie schließlich verbieten sollten.[11] Das einmal außer acht gelassen, war der Gedanke, daß auch eine antifaschistische und antikommunistische Bewegung ihre Hymne brauchte, wahrscheinlich als eine Reaktion auf die *Giovinezza*, auf das *Horst-Wessel-Lied* und selbst die *Internationale* zu verstehen, die ja inzwischen zur Staatshymne der Sowjetunion geworden war.

Da eine geeignete Bearbeitung fehlte, die bei Zeremonien gesungen oder gespielt werden konnte, hatte die paneuropäische Hymne nur eine recht kurze Lebensdauer. Lediglich anläßlich des Europatages am 17. Mai 1931, dem ersten Jahrestag des Briand-Memorandums, des wichtigsten paneuropäischen Manifestes zwischen den zwei Weltkriegen, sollte man ihr kurzfristig wieder begegnen. Beim Kongreß, der im Oktober des darauffolgenden Jahres in Basel stattfand – wo die jungen Anhänger von Coudenhove weiße Hemden trugen und eine mit dem Sonnenkreuz geschmückte Binde am linken Arm –, dirigierte Felix Weingartner dagegen die *Eroica* und nicht etwa die *Neunte*. Damals hatte der Kopf der Bewegung gerade seine Schrift *Kampf um Europa* herausgegeben, eine eindeutige Erwiderung auf *Mein Kampf*, dessen ablehnende Einstellung gegenüber dem Parlamentarismus und Bolschewismus er persiflierte. Die Meinungsverschiedenheiten zwischen Coudenhove und Herriot um die »Gleichberechtigung«, die im Widerspruch zum Versailler Vertrag stand, haben eventuell zum Scheitern des Symbols beigetragen.[12] In jedem Fall leitete Coudenhove zu Beginn der dreißiger Jahre einen »autoritären

Kurswechsel« ein, infolgedessen er sich der diktatorischen Regierung des österreichischen Kanzlers Engelbert Dollfuß anschloß und sich womöglich all die Sympathien derer verspielte, »deren europeanistischer Aktivismus sich noch eine demokratische Dimension bewahrt hatte«.[13] Seine persönlichen Ziele gingen zuletzt mit den internationalistischen Idealen unter und zugleich das universalistische Beethoven-Bild der Zentenarfeier. Georges Duhamel schrieb daraufhin im Jahr 1933: »Ein entsetzliches Schweigen hat sich über den europäischen Genius gelegt.«[14]

Mit der Machtergreifung der Nationalsozialisten und ihrer Beherrschung des Kulturlebens wurde nun an erster Stelle der Komponist der *Meistersinger* als der große Held der Musik in Deutschland gefeiert. Die Bayreuther Festspiele von Winifred Wagner wurden für den Führer zu einem privaten Wallfahrtsort sowie zu einem wesentlichen Element seiner Kulturpolitik. So eröffnete man die ersten Festspiele während der Naziära, wie auch ursprünglich 1872, mit der *IX. Sinfonie*, dirigiert von Richard Strauss.[15] Schon im Juni 1933 verkündete die Zeitschrift *Die Musik*, bald das offizielle Organ der von Alfred Rosenberg geleiteten NS-Kulturgemeinde, die »Nationalisierung der deutschen Musik«, und ein Schwärmer erklärte, Beethoven und Wagner seien die zwei urdeutschen Pole der Musik, deren glücklicher Bund in der Person Adolf Hitlers verkörpert werde.[16] Daneben begrüßte das Volk jene Gebärde, mit der sich der Kanzler des Dritten Reiches in Potsdam als Erbe der preußischen Krone aufspielte, in Rostock mit Hilfe des *Glorreichen Augenblicks* und einem dem Anlaß gemäß umgeschriebenen Text[17]; und 1934 beim Reichsparteitag in Nürnberg spielte man beim Auftritt des Führers die Ouvertüre zu *Egmont*.[18] 1938 trug Hitler mit Geldern aus seinem Privatfonds zur Errichtung des neuen, bereits 1927 geplanten Beethoven-Monuments in Bonn bei, und als der Krieg ausbrach, erklärte er seinen Anhängern in München: »Ich glaube, daß ein einziger Deutscher, sagen wir: Beethoven, musikalisch mehr geleistet hat, als sämtliche Engländer der Vergangenheit und Gegenwart zusammen.«[19] Auf Anregung von Joseph Goebbels wurde Hitlers Geburtstag 1937 erstmals mit der *IX. Sinfonie* gefeiert – Wilhelm Furtwängler dirigierte die Berliner Philharmoniker – und ein zweites Mal 1942, als der Führer das Oberkommando über die Wehrmacht an der Ostfront hatte.

Abgesehen von vereinzelten Episoden, scheint Hitler Beethoven jedoch kaum Aufmerksamkeit geschenkt zu haben. Die meisten Musikwissenschaftler bemühten sich, ihre nationalsozialistische Gesinnung noch offener zu bekennen und Beethoven in seiner Führerrolle zu preisen. Die Eindringlichkeit, mit der das geschah, war allerdings neu: Der staatliche Rundfunk, wichtiges Element im Propagandaapparat, begann sein großes deutsches Musikprogramm mit einer Beethoven gewidmeten Sendereihe. Die nun unter direkter Staatskontrolle stehenden Berliner Philharmoniker wurden zur Galionsfigur eines allmählich »arisierten« Musiklebens; es galt, den Mythos von der musikalischen Seele des deutschen Volkes konkret umzusetzen; dazu kamen viele traditionelle Orchester und solche der NSDAP, der Hitlerjugend, der Wehrmacht und sogar der SS, die allesamt jederzeit zu jeder passenden oder unpassenden Gelegenheit Beethoven spielten. Und man distanzierte sich von allen avantgardistischen Beethoven-Interpreten wie etwa Paul Bekker, der bald im Pariser Exil verstarb, oder Otto Klemperer, der bei seiner Ankunft in den Vereinigten Staaten erklärte: »Wagner wollte die Welt glauben machen, er und Beethoven seien musikalische Blutsverwandte. Dies ist nicht der Fall. Beethoven war, musikalisch gesehen, Mozarts Sohn, und dieses Geschlecht erlosch mit Beethoven.«[20] Klemperers Worte bildeten einen deutlichen

Kontrast zum Wagner-treuen Dritten Reich, doch nicht zum Mythos der großen deutschen Musik, der die deutschen Juden ebenso verbunden waren wie ihre übrigen Landsleute. Im August 1934 zum Beispiel erwies der von Goebbels geschaffene jüdische Kulturbund, in dem sich viele aus ihren öffentlichen Ämtern vertriebene Musiker zusammenfanden, dem verstorbenen Präsidenten Hindenburg mit der *Eroica* die letzte Ehre.[21]

Doch im gleichen Jahr verbot die Nazipartei in Berlin dem Kulturbund, *Fidelio* aufzuführen, und das waren ja bekanntlich nur die Anfänge der repressiven Gewalt. Aber vom Terror ganz abgesehen, bot das Verhältnis der Nazis zu den Klassikern keinerlei Neuerungen, denn da sie einfach nur von der deutschen Musik besessen waren, benötigten sie keine neuen Ideen, keine neuen Menschen, sondern machten sie zwangsläufig zum Leitfaden der Musikpolitik des Reiches. Eine Folge daraus war die bemerkenswerte Kontinuität des Musik-Establishments, das sich nicht damit zufriedengeben wollte, seine gewohnten Aufgaben unter dem Vorzeichen des »neuen Deutschland« zu erfüllen, sondern Goebbels zahlreiche Handlanger lieferte. Dazu gehörten Peter Raabe, der namhafte Liszt-Spezialist, der 1935 die Nachfolge von Strauss als Präsident der Reichsmusikkammer antrat, Hans Joachim Moser und Joseph Müller-Blattau, unmittelbare Mitarbeiter des Propagandaministers, oder auch der militante Antisemit Herbert Gerigk, Autor eines *Lexikons der Juden in der Musik*, das als Index diente, um die jüdischen Komponisten und Musiker sowie ihre Werke zu verfolgen. Und 1936 sollte besagter Gerigk Beethovens Leben anhand seiner patriotischen Werke nacherzählen, von den vertonten Texten Friedelbergs (*Kriegslied der Österreicher* und *Abschiedsgesang an Wiens Bürger*) bis hin zum *Glorreichen Augenblick*, womit er die militaristische und frankophobe Gestalt des Ersten Weltkriegs heraufbeschwörte, die dann während des Zweiten Weltkriegs ihre Glanzzeit erleben sollte.[22] Zugleich widmeten sich andere Fachgelehrte, die sich nicht ganz so sehr der Propaganda unterwarfen und mehr an ihrem wissenschaftlichen Ruf hingen, wie Arnold Schmitz, fundierten Konzepten einer von jeglicher Bildung unabhängigen Beethovenschen Weltanschauung, in der die Werte der Natur, des Menschen, der Familie, des Volkes und Staates zum Ausdruck kommen sollten.[23] Oder aber sie beleuchteten die Rezeptionsgeschichte des Komponisten seit Wagner via Nietzsche und Stefan George, bis hin zur Erstellung einer »ästhetischen Theologie«, deren Gründer der »nordische Held« Beethoven war; ein Held von solcher Strahlkraft, kommentierte ein Autor, daß er die jungen Musiker davon abbringen müsse, vorzugeben, »über ihren eigenen Schatten zu springen«, indem sie ihn kritisieren.[24]

In Anbetracht der chauvinistischen Tendenzen dieser Gelehrten konnten die einzig originellen Beiträge der Nazis zur Beethoven-Rezeption nur am Rande des Fachgebietes und der einschlägigen Institutionen geliefert werden: Es handelte sich um jene angebliche »Wissenschaft« von den Rassen, die den Dogmen des Nationalsozialismus als Legitimierung dienen sollte. In vorderster Linie dieser »rassischen Musikwissenschaft« stand Richard Eichenauer, Autor des 1932 erschienenen Buches *Musik und Rasse*. In seinem Gefolge verherrlichten noch viele andere Beethoven und dessen Musik, wobei sie die obskuren, dem soziologischen Darwinismus entlehnten Klassifizierungen anwendeten. Beethoven, der ja dunkelhaarig, klein und eher häßlich war, konnte nur schwer als idealer Vertreter der reinen arischen Rasse angeführt werden, wenn er sich darin auch nicht von den tonangebenden Nazis unterschied. Der sicher etwas abstraktere Zweck lag aber darin, anders als bei der direkten Machtausübung, das Kulturerbe des Volkes auf die Grundlage des biologischen Erbgutes zu stützen. Beethovens Vater stellte sich dabei als ein erstes Hindernis dar, denn seine offensichtliche Mittelmäßigkeit ließ den Stammbaum des Genius in denkbar schlechtem Licht erscheinen, und man konnte noch so lange versuchen, den Vater anhand seines Traumes vom »deutschen Theater« zu retten, das Bild von Johann van Beethoven blieb das eines Säufers, der das Talent seines Sohnes ausgebeutet hat. Im »Fall Beethoven« selbst gingen einige so weit zu behaupten, seine Augen seien blau gewesen, wo doch alle Porträts und Zeugenaussagen ihre dunkelbraune Farbe belegten. Das Urteil war unabwendbar: »Rasse: gemischt«, sagten die Spezialisten, und sie sahen sich gezwungen, eine erschreckende Mischung aus »fälisch-nordisch-ostisch-westisch« zu diagnostizieren, die aber seltsamerweise seine Musik – und vor allem den heroischen Stil seiner *III., V. und IX. Sinfonie* – nicht daran hinderte, die vollkommene musikalische Verkörperung des nordischen Geistes zu sein. An diesem Punkt angelangt, »wird (man) fragen: Wie ist es möglich, daß ein äußerlich so wenig nordisch aussehender Mensch eine so starke nordische Seele besitzt?«[25] Mit einem Minimum an gesundem Menschenverstand läßt sich belegen, daß diese Frage entweder den Anspruch, Beethoven sei als ein rassisches Modell aufzufassen, oder die Grundsätze der »Wissenschaft« schlechthin, die genau das demonstrieren sollten, zunichte machte. Der Widerspruch war so eindeutig, daß sich selbst im NS-Deutschland Musikwissenschaftler entsprechend zu Wort meldeten.

1936 verursachte ein Buch von Arnold Schering einen Skandal; der Professor an der Berliner Universität behauptete, die Werke Beethovens seien literarischen Vorbildern, unter anderem Shakespeare und Schiller, zuzuordnen; trotz seiner nationalistischen Gesinnung – das Buch war der »deutschen Jugend« gewidmet – zog er sich den Zorn mancher von der absoluten Musik besessenen Nazis zu; beim Dekan der musikwissenschaftlichen Fakultät, Adolf Sandberger, suchte und fand er schließlich Unterstützung.[26] Das totalitäre System war nichtsdestoweniger »polykratisch«, und die internen Kämpfe entsprechend heftig. Hitlers einzige Verordnung hinsichtlich der Musik betraf die Tempi der Nationalhymne und des *Horst-Wessel-Liedes*, ansonsten gab er im musikalischen Bereich keinerlei Richtlinien vor; daneben gab es noch seine Schwärmerei für Wagner, die bei weitem nicht von allen geteilt wurde, wenn das auch niemand laut gesagt hätte.[27] Dagegen rivalisierten Goebbels, Rosenberg, Göring, Schirach, Rust und andere um den größtmöglichen Einfluß auf das Musikleben und vor allem auf die Vermittler, die die zeitgemäßen Interpretationen und das Repertoire bestimmten. Aus diesem Grund läßt sich kein »nazistisches Bild« von Beethoven entwerfen, das Ausdruck einer straff organisierten, offiziellen und linientreuen Haltung gewesen wäre, und das gleiche gilt auch für andere Kulturhelden der Nazizeit, etwa Schiller und Nietzsche. Im November 1934 feierte man Schillers 175. Jahrestag mit übertriebenem Pomp als den eines »Wegbereiters des Nationalsozialismus«, und zu Hitlers Besuch an seinem Sterbeort bemerkte der *Völkische Beobachter*, das deutsche Genie des zwanzigsten Jahrhunderts verneige sich vor dem Genie des achtzehnten Jahrhunderts. Aus Anlaß dieser Feste in Weimar dirigierte der Komponist Hans Pfitzner nach einer Ansprache von Goebbels die *IX. Sinfonie*.[28] Gleichwohl griffen manche den Bildungs-Kosmopoliten an oder beklagten, daß Schiller ein Stück über Jeanne d'Arc geschrieben hätte. 1941 verbot dann Hitler selbst alle Aufführungen von *Wilhelm Tell*, wahrscheinlich weil ihn die Rechtfertigung des Tyrannenmordes in große Verlegenheit brachte.[29] Wenn die *Neunte* auch in der ganzen Nazizeit häufig auf den Konzertprogrammen stand – einer Statistik aus den Jahren 1941–42 zufolge war sie sogar das meistgespielte Werk des ganzen sinfonischen Repertoires[30] –, hatten einige

Puristen doch gewisse Probleme mit dem Text der *Ode an die Freude*. Als Hanns Eisler das Werk 1938 für den Kampf gegen die Faschisten beanspruchte, legte er den Nazis folgende Worte in den Mund: »Alle Menschen werden Brüder, mit Ausnahme sämtlicher Völker, deren Land wir annektieren wollen, mit Ausnahme der Juden, der Neger und vieler anderer.«[31] Die Ironie ausgenommen, kam der nationalsozialistische Musikwissenschaftler Hans Joachim Moser 1941 dieser Äußerung recht nahe, als er schrieb: »Sein ›Diesen Kuß der ganzen Welt‹ bedeutete alles anders als ein Fraternisierenwollen mit Hinz und Kunz (wie man es nachmals in Deutschlands roten Jahren allzugern mißverstanden hat), vielmehr ein glühendes Sichhingeben an die Vorstellung, den Wunschtraum, die Idee einer Menschheit schlechthin – und das war so deutlich wie möglich gedacht!«[32] Das Loblied auf die Menschheit widersprach der nationalsozialistischen Ideologie tatsächlich in keinster Weise, natürlich waren alle »Untermenschen« erklärtermaßen ausgeklammert. Im Krieg, zumindest in Polen, zeigte sich, wie schwer es war, konsequent nach diesem Prinzip zu handeln, denn dort hatte die systematische Vernichtung der Kulturelite den Generalgouverneur Hans Frank nicht davon abgehalten, die deutschen Besetzer und polnischen Kollaborateure in ein und demselben Orchester auftreten zu lassen. Doch der deutsch-polnische Chorgesang der *Ode an die Freude* kam der Berliner SS wohl ziemlich verdächtig vor, und so wurde das Werk vom Programm der Gastspielreise im Reich gestrichen, während man sich in Krakau für eine zweifache Interpretation entschied, die eine für die Besatzungsmacht, die andere für die örtliche Bevölkerung.[33]

Die Nazipropaganda im Ausland erlaubte darüber hinaus, die Anpassungsfähigkeit der Ideologen zu erproben, sei es vor dem Krieg, als ihre kulturellen Aktionen der ganzen Welt die Wohltätigkeit des Regimes vor Augen führen sollte, oder während des Krieges als Beitrag zur neuen »europäischen Ordnung« in den besetzten Gebieten. Am 1. August 1936 war Beethoven im Rahmen der Eröffnung der Olympischen Spiele in Berlin zu hören. Dies hatte seinen Ursprung in dem »Wunsch« von Baron Pierre de Coubertin, Gründer der olympischen Bewegung und des Internationalen Olympischen Komitees (IOC), »die Eröffnungszeremonie mit Beethovens Neunter Sinfonie ausklingen zu lassen, wofür das Protokoll aber keine Zeit ließ. Daraufhin entschloß sich das Organisationskomitee, am Abend des Eröffnungstages im Olympiastadion eine ›Dramatische Dichtung‹ aufzuführen und mit dem Schlußsatz der Neunten Sinfonie und dem Schlußchor ›Ode an die Freude‹ ausklingen zu lassen. ... Das anderthalbstündige Epos, das von Regisseur Dr. Hanns Niedecken-Gebhard geleitet und von Erich Bender organisatorisch betreut wurde, bestand aus der losen Aneinanderreihung mehrerer Bilder, die die Jugend in ihren verschiedenen Lebensaltern darstellte. ›Gekrönt‹, wie es im Amtlichen Bericht hieß, wurde es ›vom Heldenkampf der Männer und der Totenklage der Frauen und dem Schlußsatz der IX. Symphonie‹.«[34] Fast 6000 elf- bis 18jährige Berliner Schüler hatten sich zur *Ode an die Freude* auf dem Stadionfeld versammelt. Zum Glockengeläut flammte an den Rändern des Stadions ein Feuerkranz auf, dazu ein »Lichtdom« aus Flakscheinwerfern – eine gewaltige Inszenierung nationalsozialistischer Ästhetik. Coubertin war von dem Schauspiel beeindruckt und dankte am Ende dem deutschen Volk und seinem Führer herzlich.

Für die Organisatoren der Spiele waren diese Inszenierung und diese Musik aber nichts anderes als die Verkündung der nationalsozialistischen Volksgemeinschaft und keineswegs ein Manifest für irgendeine internationale Solidarität.[35] Diese relative Handlungsfreiheit in der Aufführungspraxis konnte die Aneignung durch die Nazis nur verstärken, insofern sie keine politische Opposition darstellte – ganz im Gegensatz zum französischen Abgeordneten Jean Longuet, der vor der Nationalversammlung für den Boykott der Spiele eintrat, um »das Deutschland von Goethe und Schiller, von Beethoven und Kant, von Karl Marx und Liebknecht« zu bewahren.[36] Mitten im Weltkrieg betonte die regimefreundliche Pianistin Elly Ney: »Beethoven spricht zu allen Menschen, zu allen Völkern«[37], doch als Beispiel führte sie Japan an, wo man, wie sie sagte, die deutschen Komponisten der »slawischen Musik« vorzöge und wo tatsächlich manche Studenten, nachdem sie der *IX. Sinfonie* anstelle eines »vaterländischen Symbols« gelauscht hatten, in den Kampf zogen.[38] 1943 erläuterte ein enger Mitarbeiter Goebbels', der eine Sonderkommission gegründet hatte, um die deutsche Musik im Ausland zu übertragen, die Rolle der Musik innerhalb der aus »Millionen Menschen in Europa« gebildeten »Schicksalsgemeinschaft«: Um das nationalistische Dogma nicht zu verraten, und im Hinblick auf den anmaßenden Internationalismus aus der Weimarer Ära, wurde der »supranationale« Charakter der großen deutschen Komponisten zu einem Schlüsselwort.[39] Und somit diente die internationale Dimension des musikalischen Erbes unmittelbar dem Projekt eines »neuen Europa« unter deutscher Vormacht, das von der Propaganda als ein »europäischer Kreuzzug« gegen den Bolschewismus hingestellt wurde.

Die so verbreitete, ideologisch ausgerichtete deutsche Musik war untrennbar von der Expansionspolitik des Reiches, selbst wenn sie mehr oder weniger der internationalen Tradition der »kulturellen Beziehungen« verhaftet blieb. An den Spitzen der besten deutschen Orchester unternahmen so hochangesehene Dirigenten wie Furtwängler, Mengelberg, Krauss, Knappertsbusch, Abendroth und andere Gastspielreisen in alle alliierten oder besetzten Länder, wo Beethovens

Werke dazu ausersehen waren, dem Dritten Reich noch mehr Geltung zu verschaffen. In Österreich bekam dies besonderes Gewicht, denn nach dem Anschluß wurde *Fidelio* rückwirkend als eine »Prophezeiung«[40] begrüßt. Die eigentlichen Musikrituale schienen sich aber durch den Krieg kaum zu wandeln. Es stimmt zwar, daß das erste Konzert in Paris nach dem Einzug der Deutschen am 9. Juli 1940 auf der Place de la Concorde von der Militärkapelle der Wehrmacht geboten wurde und daß die Annektierung in Straßburg ein entschieden deutsches Opernprogramm zur Folge hatte. Im Dezember 1940 feierte man die Eröffnung des Institut Allemand in Paris, dem Wirkungsbereich des Botschafters Otto Abetz, am Trocadéro mit dem *Horst-Wessel-Lied* und Bachs *h-Moll Messe* unter der Leitung von Herbert von Karajan, bereits seit 1933 NSDAP-Mitglied. Doch im allgemeinen standen die von Ribbentrops außenpolitischem »Programm« oder von der Propaganda-Staffel organisierten Konzerte eher im Rahmen einer Kollaborations-Politik, die es gar nicht nötig machte, Beethoven mit Hitler in Zusammenhang zu bringen, um dessen Zielen zu dienen. An dieser Stelle sei auf Lucien Rebatet hingewiesen, den berüchtigten Nazi-Unterstützer und Musikkritiker der Zeitschrift *Je suis partout*, der 1941 zu den Konzerten zum 150. Todestag Mozarts schrieb: »Ich hoffe, ich muß in dieser Zeitschrift nicht mehr nachdrücklich auf den höchst politischen Stellenwert dieser Veranstaltungen, die den Konzerten der Berliner Staatsoper und denen unserer eigenen Oper folgen, aufmerksam machen, auf all die Versöhnungen, deren Symbole, wenn nicht mehr, sie ja bereits sind.«[41] Die frankophilen Deutschen und die germanophilen Franzosen begegneten sich bei diesen Kulturereignissen, die den schon vor dem Krieg von bestimmten Institutionen begonnenen »Kulturaustausch« nur verstärken sollten: Im Dezember 1937 erklärte Paul Valayer in Berlin im Rahmen der Deutsch-Französischen Gesellschaft, daß der Versuch, Beethoven mit einer »internationalen Kutte zu bekleiden«, schlicht und einfach lächerlich sei.⁴²

Damit zeigte er sich vielleicht etwas übereifrig, doch in Paris waren gewisse Ausländer tatsächlich dem Universalismus verfallen, so auch Willem Mengelberg, der 1943 die *Neunte* bei Radio-France dirigierte und in der Zeitschrift *Comœdia* bekanntgab, dieser Komponist spreche »mehr als jeder andere zum Herzen des Menschen, zu dem aller Menschen«, und er fügte hinzu, daß seine Musik »nicht nur den wohlhabenden Leuten vorbehalten sein darf«.⁴³ Und als Hermann Abendroth einige Tage später das gleiche Werk mit dem Leipziger Gewandhausorchester im Palais de Chaillot inszenierte, rief Arthur Hoérée beglückt aus: »Beethovens Kraft! Man kann nur feststellen, daß ein dem Komponisten der *Neunten* gewidmetes Festival das große Publikum anzieht. Das ist eine Tatsache. Und diese läßt sich nur durch die Universalität eines Denkens erklären, in dem die Menschheit alle Gefühle nachempfindet, die ein empfindsames Wesen beseelen, all das Streben [der Seele] nach dem Schönen, das sich in Klängen ausdrückt.«⁴⁴ Bei soviel großen Gefühlen war es aber nicht ausgeschlossen, daß Beethovens Musik für manche, sogar bei den Konzerten im Institut Allemand, nicht etwa die Gesinnung der Kollaborateure stärkte, sondern einen Zufluchtsort im ästhetischen Genuß bot, der die Grausamkeit vorübergehend vergessen ließ; und es war auch nicht ausgeschlossen, daß diese Musik bei anderen einen Traum von Freiheit beziehungsweise den Haß auf die Unterdrücker aufleben ließ. Da diesen Gefühlen aber wiederum der intellektuelle Hintergrund und die daraus folgenden Aktionen fehlten, konnte ihr etwaiger politischer Gehalt nur in der Subjektivität des einzelnen steckenbleiben. Und genau darin kam die Mehrdeutigkeit der Tonkunst zum Ausdruck: eine »Trost spendende Musik«, die während der Jahrhundertfeier die Wunden der deutschen und österreichischen Nationalisten geheilt hatte und die sowohl von einem Kollaborateur wie Rebatet als auch von Georges Duhamel geschätzt wurde, der auf die Befreiung wartete, um offen zu sagen, wie hilfreich er die deutsche Musik während des Krieges erlebt hatte.[45] Die Romane aus der Zeit der Résistance mochten energisch darauf pochen, daß die Musik mehr als jede andere Kunstform den Zwecken der Besatzer gedient hatte[46], doch nur in den seltensten Fällen, etwa bei Vladimir Jankélévitch, wurde dieser Vorwurf zurückgewiesen.

Ob nun zum Vergnügen oder zum Trost, die Franzosen hatten die Deutschen während der Besatzung jedenfalls nicht nötig, um Beethoven zu hören. Im Gegenteil, nach dem Waffenstillstand, sobald das Musikleben wieder begonnen hatte, wurde dem Komponisten unverzüglich ein würdiger Platz eingeräumt. Im Dezember 1940 gaben die Concerts Pasdeloup und die Concerts Gabriel-Pierné die *Neunte* sogar dreimal, und die Concerts Lamoureux widmeten sich den übrigen Sinfonien. Vielerorts und oft erklang die *Ode an die Freude*, und das während der gesamten Kriegszeit. Und wenn ihr Komponist auch nicht wie Mozart das Glück oder Pech hatte, mit einem Jahrestag aufwarten zu können, infolgedessen eine Unmenge Kommentare geschrieben oder all diejenigen bloßgestellt wurden, die ihm in Wien an Goebbels Seite die Ehre erwiesen, behielt sein Werk unbestritten den ersten Rang im Repertoire.[47] Selbstverständlich hatten diese Musikaktivitäten wie auch in normalen Zeiten zunächst keine politischen Inhalte, gleichwohl wurde eine ideologische Funktion von einer Presse lautstark betont, deren eigene Interessen damit überdeutlich zum Vorschein kamen. Im Juni 1941 organisierte die Société des Concerts du Conservatoire mit Unterstützung der Plattenfirma La voix de son maître (Pathé-Marconi) ein großes Festival im Palais de Chaillot, bei dem neben Musik von Debussy und Ravel die *IX. Sinfonie* unter der Leitung von Charles Munch zu hören war. Solche Veranstaltungen »kündigen sich heute als eine der ersten Stufen jener kulturellen Zusammenarbeit in ihrem sichtbar höchsten Ausdruck an«, kommentierte die korporative Zeitschrift *Musique et radio* und sah darin den Beginn eines »neuen europäischen Zeitalters«, wo »am halb aufgeklarten Himmel, wie eine neue, siegreich aufgehende Sonne, bereits das von der Schallplatte symbolisierte Rund steht, das der musikalischen Erde Leben und Licht spendet«.[48] So konnte Beethoven wieder zu einem »europäischen« Symbol erwachen, wenn es auch nicht mehr die gleiche Bedeutung hatte wie in den internationalistischen Träumen der zwanziger Jahre.

Ab Januar 1941 herrschte in den Pariser Konzertsälen tatsächlich ein solches »Überangebot« an Beethoven, daß der Komponist Marcel Delannoy die »drohende Übersättigung«[49] beklagte. In der Folge bedauerten auch andere, daß man ihn zu oft und die weniger bekannten deutschen oder französischen Komponisten zu selten spiele – wobei letztgenannte jedoch auf den Programmen recht gut vertreten waren. Die Bemerkung von der »Übersättigung« hatte aber die Zeitschrift *Les Nouveaux Temps* gedruckt, die über jeden Verdacht des Gaullismus oder anderer Treuepflichten erhaben war. Sie war also kein Abbild des Widerstands, sondern bewies nur, daß sich das Musikmilieu während der Besatzung eine gewisse Autonomie bewahrte und daß, wie schon in der Vergangenheit, die fortschrittlichen und traditionsgebundenen Gesinnungen, die Liebhaber der französischen oder deutschen Musik miteinander rivalisierten. Nichts läßt außerdem vermuten, daß die Deutschen in irgendeiner Weise daran Anstoß nahmen, selbst wenn sich Robert Bernard, der Herausgeber der entschieden nationalistisch eingestellten *Informa-*

tion musicale, im Juni 1941 vor den Autoritäten der Vichy-Regierung damit brüstete, »systematischen Widerstand« gegenüber den Erlässen der Propaganda-Staffel zu leisten, wobei er aber seine »außerordentlich erfreulichen« Beziehungen zu den Deutschen herausstellte.[50] Von seiten der Deutschen galt es ja vor allem, unter Mithilfe der Vichy-Gesetzgebung und der örtlichen Antisemiten die jüdischen Komponisten und Musiker zu zensieren.[51] In diesem Zusammenhang konnte Arthur Honegger, der in *Comœdia* seine »Propaganda für die heutige Musik« machte, seine avantgardistischen Bedenken gegen die *Ode an die Freude* ausbreiten: jene ohnehin mißlungene, türkisch anmutende Musik zeige, daß »Beethoven alles Militärische zuwider war«.[52]

Diese harmlosen, noch aus den zwanziger Jahren hinübergeretteten Verirrungen – oder »Blasphemien«, wie Honegger scherzhaft bemerkte – blieben in jedem Fall genauso selten wie vor dem Krieg. Von einem »republikanischen Beethoven« war gewiß nicht mehr die Rede, außer, um ihn herabzusetzen, doch tat das der Bewunderung keinen Abbruch. Selbst Romain Rollands 1943 erschienenes Werk über die *IX. Sinfonie* wurde ehrfürchtig und wohlwollend aufgenommen, einschließlich der Widmung an Paul Claudel, in der er von »diesem letzten Buch der Geheimnisse« sprach, »in die mich unser Beethoven eingeweiht hat, er, der Glanz unserer Jugend, der in der Finsternis und im Sturme des Abendlandes noch immer leuchtet«![53] Denn in dieser völlig unerwarteten musikalischen Blütezeit glaubten manche den »wahren Kult« verwirklicht zu sehen, der sich bei der Wiener Jahrhundertfeier vorausahnen ließ. So erging es zumindest René Duhamel, dem Gründer des Comité national de propagande pour la musique [Nationalkomitee für Musikpropaganda], das schon 1931 entstanden war und 1942 seine glorreichste Zeit erlebte.[54] Und daß sich die Musik so entfalten konnte, verdankte man nichts weniger als der Nationalrevolution des Marschalls Pétain, dem die Société des concerts gar bis nach Vichy nachreiste, um dem Staatschef ehrerbietigst mit französischen Werken und Beethovens *Klavierkonzert in c-Moll* aufzuwarten; letzteres interpretiert von Marguerite Long und Charles Munch, im Beisein »der herausragendsten Persönlichkeiten der diplomatischen Kreise aller europäischen Länder«, wie es in *L'Information musicale* hieß.[55] Bei den drei sehr erfolgreichen Beethoven-Zyklen im Juni 1943 stellte man zudem erfreut fest, daß »ein zum Großteil aus jungen Zuhörern bestehendes Publikum sich von der geisttötenden Fußball- und Akkordeonmode befreit hatte, um sich nun, und mit welcher Begeisterung, der so empfindsamen und intellektuellen Mode der klassischen Musik hinzugeben«. Für die Propheten dieser neuen Moral war die »plötzliche und wunderbare Wiedergeburt des Sinns für Musik in der französischen Jugend« sogar das »Gegengift«, das den schädlichen Einfluß des Jazz stoppen konnte.[56] Das entsprach auch den erklärten Zielen der Jeunesses musicales de France, einer Organisation, die einen populären Zugang zur klassischen Musik schaffen wollte, deren »Heerschar«, wie Émile Vuillermoz sagte, »aus einem kleinen Trupp, [...] blitzschnell zu einem Bataillon, dann zu einem Regiment und schließlich zu einem Armeekorps angewachsen ist«.[57] Die Besatzung soll demnach den neuen Generationen die Möglichkeit geboten haben, einen wahren moralischen Bezug zur hohen Musik zu knüpfen. Im April 1944 schwang sich Vuillermoz erneut auf, vor den jungen Franzosen »die universelle Brüderlichkeit in der *Sinfonie mit Chor*« zu rühmen.[58]

Zwei Monate später veröffentlichte der gleiche Kritiker in *Je suis partout* einen überschwenglich lobenden Artikel über die Interpretation der *V. Sinfonie* durch den rumänischen Dirigenten Georges Georgesco: »Er zumindest belastet den berühmten ›Schicksalsschlag‹ nicht mit mehr oder weniger willkürlichem philosophischem oder sentimentalem Beiwerk. Er erfindet keine Schwierigkeiten, wo keine sind. Und da er sich eben nicht in ausladend bombastischen Taktstock-Schwüngen versteigt, deckt er die Wahrheit auf, die schlichte und tröstliche Wahrheit.« Absolute Werktreue, das Vermeiden von Subjektivität, klare Linien, »da haben wir eine große und kühne Neuheit«, begeisterte sich Vuillermoz.[59] Nur daß dieses antiromantische, fortschrittsgläubige und »rein musikalische« Bekenntnis vier Tage vor der Invasion in der Normandie, ein bißchen verkrampft klang; was aber verständlich ist, denn schon seit Jahren bedeutete jener berühmte »Schicksalsschlag« zuallererst die Erkennungsmelodie des Londoner Rundfunks. So hatte die belgische Abteilung der BBC im Januar 1941 ihre »V-Kampagne« lanciert, jenes V des Sieges, das im Morsealphabet den exakten Rhythmus der *Fünften* ergibt. Jacques Duchesne griff diese Parallele in seiner Sendung »Les Français parlent aux Français« [»Die Franzosen sprechen zu Franzosen«] wieder auf, und die Verbindung zu Beethoven wurde am 28. Juni desselben Jahres in der Kennmelodie klar formuliert und mit einem Text von Maurice Van Mopps noch weiter gesponnen[60]:

Wir dürfen nicht Verzweifeln Wir werden sie kriegen
Wir dürfen Nicht aufhören Widerstand zu leisten
    Vergessen Sie nicht den Buchstaben V
Schreiben Sie ihn Singen Sie ihn VVVV.

Goebbels Versuche, das Zeichen für Viktoria – jenes überall in Frankreich kursierende Symbol des Widerstands und Motiv der *Fünften* – für seine Zwecke zu nutzen, blieben erfolglos. Die Nazigegner sahen in Beethovens Musik immer einen Ausdruck ihrer Freiheitsidee. 1938, während der Kommunist Eisler seine antifaschistische Auffassung von *Freiheit, schöner*

Götterfunken in Umlauf brachte, organisierte Walter Damrosch in New York eine spektakuläre Aufführung der *Ode an die Freude*, »Hymne für den Frieden und die Freude der Welt«, bei der den »europäischen Kriegshunden in Europa« das Beißen vergehen sollte.[61] In all den Kriegsjahren spielte man Beethoven weiterhin in England und Amerika, insbesondere dank der zahlreichen emigrierten Musiker. Als die Luftwaffe London bombardierte, fragte sich allerdings ein dortiger Musikkritiker, ob Beethoven »in einer Welt, die wahnsinnig geworden ist, noch Gültigkeit haben kann«.[62]

»Mein Beethoven ist nicht ihr Beethoven«, hatte schon Nietzsche – und nach ihm Gustav Mahler – gesagt. Die dramatischste Unvereinbarkeit der moralischen und politischen Inhalte um Beethovens Werk während des Zweiten Weltkriegs läßt sich vielleicht am Beispiel des Berichts einer Überlebenden der Konzentrationslager darstellen. Die Sängerin Fania Fénelon, die 1943 von Drancy nach Auschwitz deportiert wurde, schrieb dort Arrangements für das von Alma Rosé, der Tochter des Gründers des Quartetts Rosé, dem Schwager Mahlers, geleitete Frauenorchester.

PA-PA-PA-PAM ... Das ist nicht London. Das ist unser Orchester, das den ersten Satz der Fünften Sinfonie von Beethoven probt, den ich ganz aus dem Gedächnis aufschrieb. Dieses PA-PA-PA-PAM hat mich mit Freude erfüllt. [...] Alma wünschte sich sehnlichst Beethoven. Ich gab vor, mich nur an den ersten Satz seiner *Fünften* zu erinnern und suggerierte ihr geradezu, ihn in ihr Programm aufzunehmen. Eine seltene Freude für mich. Sie bemerkte die Schadenfreude dahinter nicht, und die SS-Obrigkeit noch weniger. In keiner Weise brachte sie das mit dem Indikativ des Senders ›Freies Frankreich‹ bei der BBC in Verbindung. Für die Deutschen ist das Beethoven, ein Gott, ein Monument deutscher Musik, dem sie respektvoll, mit bewunderndem Ausdruck zuhören.[63]

Fania Fénelon fügte aber hinzu, daß diese vom Orchester von Auschwitz gespielte Musik sie nicht nur an den Londoner Rundfunk erinnert hat, sondern auch an das »Berliner sinfonische Orchester«. Ihr Bericht ist einem sehr umstrittenen Buch entnommen, in dem Alma Rosé, die 1944 in Gefangenschaft starb, als brutaler Kapo dargestellt wird, die nur eines im Sinn gehabt habe: im Namen der großen deutschen Musik die Gunst von Heinrich Himmler und Joseph Mengele zu gewinnen. Dennoch machen diese wenigen Worte die so typische Doppeldeutigkeit der Tonkunst unter den extremen Bedingungen in einem Konzentrationslager deutlich. Die Musiker aus dem »mustergültigen« Ghetto Theresienstadt entfalteten ihre Talente, ohne zu wissen, daß sie gegebenenfalls den Zielen der Nazipropaganda dienten – etwa anläßlich eines Besuchs des Roten Kreuzes im Juni 1944. Neben den katastrophalen Lebensbedingungen gab es nur ein wirkliches Hindernis im dortigen Musikleben: die fortwährenden Deportationen nach Auschwitz.[64] In den Vernichtungslagern selbst war die Musik bisweilen direkt mit dem Terror verknüpft; so sang im Film *Shoa* von Claude Lanzmann ein ehemaliger SS-Mann einen *Treblinka-Marsch*, der von den Gefangenen gesungen werden mußte, worauf er hinzufügte, daß dieses Lied ein echtes »Original« sei, »weil es ja kein Jude mehr kennt«. In Auschwitz-Birkenau wurden die Orchester, die vor allem Unterhaltungsmusik spielten, auf direkten Befehl der Lagerkommandanten zusammengestellt und gefördert, und manche Insassen behielten sie gar in guter Erinnerung, verbunden mit ihrem passiven Widerstand und einem lebensbejahenden Gefühl: »Die Musik und die Lieder dienten der geistigen Selbstverteidigung der Gefangenen in den

NS-Konzentrationslagern«, heißt es in einem Artikel, den ein polnischer Jude 1977 veröffentlichte. Dieser Gedanke wurde jedoch von einem ehemaligen Orchestermitglied, Simon Laks, als »geradezu skandalös« zurückgewiesen. Die Rolle der Musik, schrieb er in *Mélodies d'Auschwitz* [Melodien aus Auschwitz], beschränkte sich darauf, »die reibungslos funktionierende Disziplin im Lager zu sichern und unseren Schutzengeln gelegentlich ein wenig Abwechslung und Entspannung zu verschaffen«. Und was den Widerstand anbelangt, so handele es sich eher um eine Legende, die erst nach dem Krieg in Umlauf kam.[65] Primo Levi hat offenbar ähnlich empfunden, wie er über die Musik schrieb.[66] Simon Laks hielt das Konzept von der Musik als solches in diesem Kontext für verdächtig: »Denn es handelt sich hier nicht um ein Buch über *die Musik*. Es ist ein Buch über *die Musik in den Konzentrationslagern der Nazis*. Ich könnte auch sagen: über *die Musik in einem Zerrspiegel*.«[67]

Dieser Zerrspiegel ist vielleicht nichts anderes als die sehr heikle moralische Frage nach der Beethoven-Rezeption während des Nationalsozialismus. So ist noch immer ungeklärt, was Wilhelm Furtwängler – der die jüdischen und avantgardistischen Musiker öffentlich in Schutz genommen hat, doch trotz allem eine Leitfigur der Nazi-Kulturpolitik war – mit folgendem Satz aus dem Jahr 1942, als er sehr eng mit der Regierung zusammenarbeitete, ausdrücken wollte: »In der Seele des Musikers Beethoven lebt etwas von der Seele des schuldlosen Kindes.«[68] Diente Furtwänglers Beethoven in letzter Instanz etwa dazu, das Massaker an unschuldigen Kindern, den jüdischen Kindern in Auschwitz, zu legitimieren? Und gerade in Auschwitz sollte es jemanden geben, der diese Tatsache auf seine Weise und womöglich ohne sein Wissen überliefert hat: Im Herbst 1943 wurden fünftausend Juden, darunter hundertfünfundachtzig Kinder im Alter unter vierzehn Jahren, von Theresienstadt in das Vernichtungslager nach Auschwitz deportiert; dort ließ man sie noch sechs Monate lang am Leben, und sie durften sich sogar in gewissem Maß kulturell betätigen, unter anderem in einem Kinderchor. Neben folkloristischen Melodien sang dieser Chor in den Latrinen auch die *Ode an die Freude* in tschechischer Sprache. Der Chor probte für ein Konzert, das niemals stattfinden sollte, denn alle seine Mitglieder wurden am 7. März 1944 ermordet – und da stimmte die ganze Gruppe, schon in der Gaskammer, die tschechische Nationalhymne und die zionistische *Hatikwa* an. Ein damals zehnjähriger Junge aus dem Chor überlebte und berichtete später, daß ihm Ursprung und Bedeutung der Melodie nicht bekannt gewesen waren. Fünf Jahre später fügte er hinzu, er habe sich immer und immer wieder die Frage gestellt, warum ausgerechnet diese Musik an diesem Ort gesungen wurde:

> Manchmal denke ich, daß dies eine wunderbare Darstellung der universellen Werte war, die selbst die grausamsten, je von Menschenhand vollbrachten Taten überleben kann; daß es ein Protest und Widerstand des Geistes gegen das Verbrechen und die Massengewalt war.
> Doch manchmal habe ich Zweifel an diesem Gesang. Vielleicht kam genau in dieser Wahl ein ungeheurer Sarkasmus zum Ausdruck, eine geradezu teuflische Gebärde.
> Die Massenvernichtung ist unmißverständlich. Es handelt sich um das radikale Böse, das bis auf die Spitze getrieben wurde. Aber es ist auch das Böse, sich dieser unschuldigen Kinder und dieser feierlichen Worte und Musik zu bedienen, die als das höchste Zeichen des Geistes gelten. Vielleicht hatten die Erwachsenen in dieser Situation nur diesen einzigen Ausweg, um dem radikalen Bösen zu trotzen, eine radikale, sarkastische Verzerrung der Werte. [...]

Es ist unangenehm, dennoch kann ich diesen anderen Gesang nicht mehr vergessen. Beide gehören zur entsetzlichen Zerrissenheit der Überlebenden von Auschwitz, und so auch der Kinder, die diese Erinnerungen bewahrt, aber damals nicht verstanden haben, und die nun versuchen, das alles nachzuvollziehen, indem sie über die Geschichte und das Gedächtnis nachdenken, über eine Welt, in der Auschwitz existiert hat und zerstört wurde.[69]

Eines scheint sicher: Sei es der Initiator des Chores in Auschwitz oder der an ihm zweifelnde Überlebende, sei es Eisler oder Furtwängler, alle wollten den vorbildhaften Wert von Beethovens Botschaft wahren, denn in letzter Instanz glaubte wohl jeder an Beethovens »Unschuld« – oder fast jeder. Am 21. Oktober 1944 warf nämlich Goebbels Mitarbeiter Herbert Gerigk anhand bestimmter Formulierungen in Beethovens Briefen die Frage auf, ob er nicht etwa Mitglied einer Freimaurerloge gewesen sei, und in einem internen Schreiben, das die Gestapo nicht widerrufen haben soll, schlug er vor, in Wien Nachforschungen anzustellen, »um diese wichtige Frage zu klären«.[70] So wurde Beethoven selbst, als die Endlösung in vollem Gange und der Zusammenbruch des Dritten Reiches nahe war, zu einem verdächtigen Subjekt. Historisch betrachtet, war dieser Verdacht womöglich bezeichnend für die selbstzerstörerische Struktur des Nationalsozialismus, der das Land, seine Menschen und Kultur mit in den Abgrund reißen wollte. Es mag aber den Literaten überlassen sein, darin ein Symbol sehen zu wollen, wie etwa Thomas Mann in seinem im Exil verfaßten *Doktor Faustus*, einer Metapher des am Nationalsozialismus gescheiterten deutschen Geistes. In einer vielzitierten Textstelle äußert Adrian Leverkühn seinen Wunsch, die *IX. Sinfonie* auszulöschen, und einige Seiten weiter wird das letzte Werk des fluchbeladenen

Komponisten als die exakte Umkehrung der *Ode an die Freude* beschrieben.[71] Trotz der bemerkenswerten Tatsache, daß Thomas Mann selbst keinerlei Zuneigung für das Finale der *Neunten* empfand[72], unabhängig also von seinen persönlichen Gefühlen, stellt er aber fest, daß jenes Werk für die ganze Welt das Gute, Edle und Menschliche darstellte; und um das moralische Scheitern Nazideutschlands zu schildern, erklärte er das Werk für nichtig. So gesehen, wird Auschwitz, das radikale Böse, zur radikalen Verneinung der *Ode an die Freude*. Der Beethoven der Nazis war aber stets nur noch ein Köder, noch eine Verblendung und Lüge mehr, was ja eigentlich ein beruhigendes Fazit sein könnte. Und doch ist es historisch nur unzureichend begründet. Ganz abgesehen von Gerigks offensichtlichem Verfolgungswahn, blieben die Nazis Beethoven bis zum bitteren Ende verbunden. Am 20. April 1945 wurde Adolf Hitlers Geburtstag vom Berliner Rundfunk mit der *VII. Sinfonie* gefeiert, und zehn Tage später verkündete der Sender den Selbstmord des Führers mit dem Trauermarsch aus der *Eroica*.[73] Die Motivationen all derer, die Beethovens Musik herangezogen haben – von den niederträchtigsten bis zu den erhabensten –, decken die ganze menschliche Gefühlsskala ab. Die Frage nach der Ambivalenz der Musik ist immer beunruhigend und die nach einem »Beethoven in Auschwitz« ist, gelinde gesagt, grauenerregend.

Von der Stunde Null bis zur Europahymne

Als der Franzose Edgar Morin im Juli 1945 durch die Trümmer Berlins ging, hörte er plötzlich die *Frühlingssonate*, die aus einem sowjetischen Lautsprecher am Brandenburger Tor erklang. In seiner Erinnerung stellte diese Musik die »Ankunft eines Zeitalters inniger Liebe« für Europa und Deutschland dar.[1] Sieht man von dieser persönlichen Rückschau ab, so ist festzustellen, daß schon bald nach dem Krieg Beethoven mit der Politik verknüpft wurde, und zwar ganz besonders im Rahmen der Beratenden Versammlung des Europarats, dem ersten Entwurf für ein europäisches Parlament. 1949 hieß der Präsident der französischen Nationalversammlung, Édouard Herriot, die Bundesrepublik Deutschland in Straßburg, dem früheren Streitobjekt von drei französisch-deutschen Konflikten, willkommen und legte dem einstigen Feind nahe, die am Nationalsozialismus gescheiterte nationalistische Tradition aufzugeben. Dann äußerte er den Wunsch, »diese Macht möge, getreu dem Geiste Kants, Goethes und Beethovens, ihre aufrichtige Kooperationsbereitschaft unter Beweis stellen«.[2]

Der Europarat, die erste europäische Institution der Nachkriegszeit, wurde am 5. Mai 1949 gegründet, und als der Generalsekretär schon im darauffolgenden Jahr »konkrete Maßnahmen« einleiten wollte, um »die öffentliche Meinung für die Wirklichkeit dieser europäischen Gemeinschaft zu sensibilisieren«, dachte er zunächst an eine Flagge, fügte aber hinzu: »Am Tag, an dem das Hissen dieser Flagge von einer Europahymne begleitet wird, wie heute die Nationalhymne die Nationalflaggen der verschiedenen Länder begleitet, werden wir einen wichtigen Schritt hin zur notwendigen Gemeinschaft unternommen haben.«[3] Zu Beginn wurde dieser Zusammenschluß allerdings nur in Form einer Wirtschaftsgemeinschaft wirksam, die am 9. Mai 1950 durch der Erklärung des französischen Außenministers Robert Schuman in Kraft treten sollte. Die Frage nach den Symbolen rief auch bei den zahlreichen Anhängern einer eher politisch geprägten europäischen Union lebhaftes Interesse hervor, vor allem bei Richard Coudenhove-Kalergi, der 1951 in Straßburg die Wahl des Sonnenkreuzes zum europäischen Emblem vorschlug und vier Jahre später die »Hymne der 9. Symphonie zur Europahymne«.[4] Der Europarat zog jedoch dem Sonnenkreuz das Banner mit den zwölf Sternen »auf blauem Grunde, dem des abendländischen Himmels« vor, insbesondere weil die Türkei nicht bereit war, sich unter das Zeichen des Kreuzes zu begeben.[5] Was die Hymne betrifft, so mußte Coudenhove mit der ebenso respektvollen wie hinhaltenden Antwort vorliebnehmen, die ihm empfahl, »die Aufführung der Hymne an die Freude aus der 9. Symphonie bei allen europäischen Veranstaltungen zu begünstigen«.[6]

Das Projekt – sehr wohl im Sinne von Herriots Straßburger Rede und der allgemeinen Begeisterung bei der Hundertjahrfeier –, die *Ode an die Freude* an die internationale Politik anzuschließen, sollte jedoch noch lange in den stillen Wassern der europäischen Bürokratie ruhen. Einer ähnlichen Logik zufolge wurde die Melodie bald im Kontext des kalten Krieges dem westlichen Arsenal einverleibt: 1967 war sie bei der Eröffnungsfeier des neuen Brüsseler NATO-Hauptquartiers zu hören – auch hier schien die Wahl keineswegs offiziell bestätigt[7], denn als einzige Rechtfertigung holte *Der Spiegel* damals die Auskunft ein: »Die NATO liebt dieses Lied«, wobei der

Journalist berichtete, daß der leitende amerikanische General die Melodie für die belgische Staatshymne hielt.[8]

Den »Geist Kants, Goethes und Beethovens« zu bewahren war nicht allein die Angelegenheit des *einen* Staates, der sich 1949 den Geburtsort des Komponisten zur Hauptstadt erkoren hatte, und ebensowenig die des Westens, der sich auf sein Erbe berief. Beethoven war ein echter Gemeinplatz zu beiden Seiten des Eisernen Vorhangs geworden, denn seine Werke erklangen anläßlich offizieller Zeremonien sowohl in der Bundesrepublik als auch in der Deutschen Demokratischen Republik. Und sobald die beiden Staaten bei sportlichen Wettkämpfen mit einer gemeinsamen Mannschaft auftraten – wie bei den Olympischen Spielen zwischen 1952 und 1968 –, ertönte anstelle der Nationalhymnen stets die *Ode an die Freude*. Die Situation war indes nicht ganz identisch, denn vor allem im Osten erfreute sich der »Held Beethoven« einer wahren offiziellen Herrlichkeit. Im Unterschied zu den vereinzelten und oft zusammenhanglosen Erklärungen des Westens diesbezüglich war der offizielle Tenor im Osten sehr viel systematischer und traditioneller. Das herrschende marxistische Gedankengut offenbarte sich in dem vom Staat autoritär vorgeschriebenen Bild eines »revolutionären« Beethoven, dessen »klassischer Realismus« zum direkten Vorläufer des sozialistischen Realismus erhoben wurde, wobei der dem Komponisten zugehörige Internationalismus dem Zusammenhalt des kommunistischen Blocks und zugleich der Polemik gegen den westlichen Imperialismus diente. »Im entwickelten gesellschaftlichen System des Sozialismus ist die Pflege der Werke Beethovens und ihre Aneignung des sozialistischen Humanismus ein wesentliches Element bei der Herausbildung des sozialistischen Menschenbildes«, sagte 1970 der Ministerpräsident der DDR, Willi Stoph.[9]

Alle diese Aneignungen der Gestalt Beethovens, sei es im

Namen des Marxismus oder des Liberalismus, konnten entweder miteinander rivalisieren oder diejenigen profilieren, die vom Nazi-Beethoven Abstand nehmen wollten. Mit dem Jahr 1945 gaben sich auch »Beethoven Führer« und im gleichen letzten Atemzug die nazistischen Erörterungen über die deutsche Musik geschlagen. Im nachhinein dagegen übte niemand wirklich Kritik an dieser Vereinnahmung, und die entsprechende Verdrängung entsprach sehr wohl dem Eintreten in das demokratische Zeitalter und dem Neubeginn zahlreicher Persönlichkeiten und Institutionen mit eigener Vergangenheit. 1951 dirigierte der alternde Wilhelm Furtwängler die *Neunte* zur Neueröffnung der Bayreuther Festspiele. Dies war nur ein Vorspiel auf die radikalen inszenatorischen Erneuerungen, anhand deren Wagners Enkel Wieland mit dem nationalistischen Wagner-Kult aufräumen sollte.

Beethovens politische Bedeutung verkündeten fortan nur noch die marxistisch geprägten Politiker oder Intellektuellen, und so wurde Romain Rollands humanistische Auslegung in Frankreich von eindeutig marxistischen Ideen abgelöst: »Und gewiß ist schließlich auch, daß seiner eigenen Erfahrung zufolge der *gesellschaftliche* und der *wirtschaftliche* Faktor – selbst wenn sie nicht die unmittelbar wichtigsten sind – *stets zu jener Ganzheit ›Schicksal‹ gerinnen, die sich seiner Freiheit entgegenstellt*«, schrieben Jean und Brigitte Massin 1954.[10] Eine soziologische Bedeutung des kompositorischen Materials sahen auch Theodor W. Adorno und die Frankfurter Schule – ein Denkansatz, der im Exil aus der Kritik am Faschismus hervorgegangen war und nach dem Krieg auf den »Spätkapitalismus« und eine seiner ideologischen Säulen, die Kulturindustrie, zielte. Beethoven spielt in Adornos Werk eine ebenso maßgebliche wie vielgestaltige Rolle: Dem Philosophen zufolge kommt der große historische Bruch, der den revolutionären Individualismus zum falschen Bewußtsein der bürgerlichen Gesellschaft hat werden lassen, innerhalb des Beethovenschen Werkes zum Ausdruck, nämlich genau an der Schwelle von der klassischen Periode zum Spätwerk. Und so betrachtete er im Einklang mit einem Avantgardisten wie Paul Bekker die letzten Quartette als Verweigerung einer klassischen Kunst, die eine reine Ideologie geworden sei. Eine solche Deutung konnte aber die *Ode an die Freude* nur verurteilen, da dazu bestimmt, der Propaganda zu dienen – unter Hitler zum Beispiel, wie Adorno nebenbei bemerkte. Die einzige Passage im Finale der *Neunten*, die ihn interessierte, war offenbar die Verneinung: »O Freunde, nicht diese Töne.«[11] Trotzdem vertrat Beethoven für ihn die »große Kunst«, wie es auch Mahler, Schönberg oder Berg taten, weil sie eine Wahrheit ausdrückten, die der Kapitalismus zu verschweigen bemüht: die Wahrheit des Leids.

Wo sich der revolutionäre Universalismus von der humanistischen Tradition trennt, wurde Beethoven dagegen zur künstlerischen Verkörperung einer bürgerlichen Kultur, die es vollends zu zerstören galt. Dies war der Fall im sozialistischen China der sechziger Jahre, wo die Verweigerung aller westlichen Werte die Ächtung der klassischen Musik einschloß. So lautete eine entsprechende Parole: »Ich wurde von der bourgeoisen Musik des Westens vergiftet.« Besagter Musikfreund hatte die Entdeckung gemacht, daß die Ideologie von der universellen Brüderlichkeit, die in der *Neunten* zum Ausdruck kommt, nur ein Köder war, die Illusion eines konfliktfreien Fortschritts, der die Wahrnehmung des Klassenkampfes verschleierte. Was die sinfonische Musik im allgemeinen betraf, so beschrieb Tschiang Tsching, Maos Ehefrau, diese als eine »formalistische« Erfindung, die von den Chinesen nicht verstanden werden könne, ja noch nicht einmal von der chinesischen Bourgeoisie, die sie nur hörte, um sich einen »zivilisierten« Anschein zu geben. »Die sinfonische Musik spiegelt die geistige Dekadenz der Bourgeoisie wider, sie unterstützt die Gewalt und die Unterdrückung durch die Bourgeoisie, das Privateigentum und den Individualismus«, dachte man während der Kulturrevolution in einem China, wo Beethoven erst 1973 wieder aus seinem Verlies hervorgeholt wurde.[12] Eine so radikale Verweigerung bleibt ein seltener Fall in der Rezeptionsgeschichte des Komponisten, sie zeigt aber nachdrücklich, daß seine Musik eine politische Bedeutung besitzt.

Überall da, wo der Marxismus wirkte, verschwand die politische und sogar historische Komponente aus der allgemeinen Betrachtung. Igor Strawinskys Motto aus dem Jahr 1947: »Ein Beethoven ohne Weltanschauung.«[13] Auf dem musikwissenschaftlichen Gebiet ging dies mit einem erneuten Interesse an den formalen Aspekten seiner Musik und an seiner Persönlichkeit einher. Diese positivistischen oder subjektivistischen Blickwinkel sollten wiederum politische Folgen nach sich ziehen, wenn diese bisweilen auch nur zwischen den Zeilen zu lesen waren und erstaunlicherweise besonders außerhalb Deutschlands und außerhalb der traditionellen Musikwissenschaft. So erschien 1954 in den Vereinigten Staaten ein Buch, das die Kritik am Beethoven-Mythos auf die Spitze trieb. Es handelte sich um die Arbeit zweier von Freud beeinflußter Psychoanalytiker, die 1938, zu gleicher Zeit wie Sigmund Freud, emigriert waren. In *Beethoven and His Nephew* attackierten Richard und Edith Sterba den romantischen Helden, indem sie krankhafte Wesenszüge feststellten und untersuchten, die bei Beethoven zu einer Spaltung der »moralischen Persönlichkeit« geführt hätten und in den krisenhaften Auseinandersetzungen mit seinem Neffen Karl zum Ausbruch kamen. Da war die Rede von latenter Homosexualität, Frauenhaß und Narzißmus, und sogar von einem Peiniger, der seinen kleinen Neffen »quälte« – ein Persönlichkeitsbild, das im scharfen Gegensatz zum humanistischen Beethoven stand und somit den Skandal erklärt, den die deutsche Übersetzung im Jahr 1964 hervorrufen sollte. Politisch betrachtet, war die Darstellung einer Führer-Persönlichkeit sicher am schwerwiegendsten, denn in diesem während der zwanziger Jahre von Freud entworfenen Konzept lag nun der Schlüssel zur psychoanalytischen Kritik am Faschismus.[14] Die Autoren zogen an keiner Stelle eine wirkliche Parallele zum »Führer«, dem Dämon, den ganz Deutschland damals austreiben wollte. Ihr Buch, in dem »die schmerzliche Notwendigkeit« zum Ausdruck kam, »der Wahrheit mehr als eine Illusion opfern zu müssen«, war so ziemlich das einzige, das den moralischen Bezug zwischen den beiden Persönlichkeiten nahelegte, wobei die Musik Beethovens, den sie trotz allem als den »unsterblichen Komponisten« bezeichneten, nicht in Zweifel gezogen wurde – denn angesichts der Tonsprache, so schrieben sie, müßten die psychoanalytischen Methoden ihre Grenzen bekennen.

Dagegen stand die Musik im Mittelpunkt eines anderen Werkes, das sich in gewisser Hinsicht mit den Untersuchungen der Sterbas deckte, wenn es auch aus einer ganz anderen Welt stammte: der Roman *Clockwork Orange* von Anthony Burgess aus dem Jahre 1962, den Stanley Kubrick 1971 verfilmte. Alex, die Hauptfigur, ist ein jugendlicher Rowdy, der nur zwei große Lustquellen hat: die sexuelle Gewalt und die Musik, vor allem die von »Ludwig van«. Sein Verhalten ist extrem unsozial, er ist intelligent und grausam, vollkommen gefühllos und unmoralisch, doch zugleich liebt er Beethoven, und dadurch kehrt er schließlich wieder in die menschliche Gemeinschaft zurück. Er wird am Tatort eines Mordes überrascht und ins Gefängnis gebracht, wo er bald einer Spezialbehandlung unterzogen wird, nach der er, wie man ihm verspricht, wieder auf freien Fuß gesetzt werde. Die Behandlung mit Namen »Ludovico« besteht darin, daß man ihm Drogen verabreicht, die starke Übelkeit bewirken, um ihn dann in diesem Zustand ganz besonders grausame Filme vorzuführen; dabei ist er angeschnallt und wird daran gehindert, die Augen zu schließen. Einer dieser Filme zeigt nun Aufnahmen aus einem Konzentrationslager der Nationalsozialisten, unterlegt mit Beethovens *Neunter*. Von da an kann Alex seine geliebte Musik nicht mehr hören, ohne daß ihn Ekel erfaßt, den er daraufhin auch bei Sex und Gewalt empfindet. Und in genau dem Augenblick, als er die Melodie wiedererkennt, fällt er sein erstes und einziges moralisches Urteil: »Das ist eine Sünde!« schreit er entsetzt. Beethoven hat ja nur die Musik komponiert. Die Sünde aber besteht darin, aus der *Neunten* das Werkzeug für die Verwandlung eines Menschen in eine mechanische Orange zu machen – diese Frucht, die grell leuchtet und köstlich aussieht, die aber nichts anderes ist als »ein mechanisches Spielzeug, von Gott oder dem Teufel aufgezogen oder von dem, der dabei ist, beide zu ersetzen, vom allmächtigen Staat«, wie Burgess sagt.[15] In Kubricks Film dagegen wirkt dieser Aufschrei der Moral lächerlich, denn er wird sogleich als eine – zudem nutzlose – Taktik verwendet, um der Folter zu entgehen. Beethovens Musik ertönt in einem elektronischen Arrangement von Walter Carlos, das sie bewußt künstlich erscheinen läßt, als Zeichen einer vollkommen entfremdeten Welt – eine *Ode an die Freude*, die selbst auch zu einer mechanischen Orange geworden ist.[16]

Mitten im kalten Krieg entstand so eine literarische Fiktion, in der die Musik von Beethoven zugleich den Gelüsten eines Verbrechers und dem Staatsterrorismus diente; dieser letzte Punkt kennzeichnet die eigentliche Originalität von Burgess' Werk, denn die Idee, daß sich ein Mörder von Beethoven inspirieren lassen konnte, war bereits in einer Erzählung von Tolstoi aufgetaucht, der *Kreutzersonate*. Die Kritik richtete sich gegen ein totalitäres System, doch sahen viele, vor allem infolge der McCarthy-Ära, ebenso die westlichen Gesellschaften bedroht.

Da Beethoven nun nicht mehr politisch oder nationalistisch verwertet wurde und dank des wirtschaftlichen Aufschwungs und der stets wachsenden Kluft zwischen dem Publikum und den zeitgenössischen Werken, konnte sich im musikalischen Bereich eine neue Eigenständigkeit entwickeln, welche den traditionsverbundenen Orchestern, Musikfestspielen und Institutionen zugute kam. Diese neu erwachte Geltung der klassischen Musik schlug sich daher auch in der Öffentlichkeit nieder, und nicht etwa als politisches Programm oder staatliche Initiative, sondern auf dem Umweg über die Kulturindustrie. Die durchschlagenden Erfolge der Schallplattenindustrie und des Fernsehens gewährten Beethoven nun einen Platz im Alltagsleben. Die Werbung nutzte den Komponisten von da an für jede Art Produkt, wenn auch nur ein Hauch von Würde oder Sentimentalität erzeugt werden sollte. Der Spanier Miguel Ríos sang zu einem Arrangement des Argentiniers Waldo de los Ríos eine Pop-Version der *Ode an die Freude*, die sich ab 1970 weltweit in Millionenauflage verkaufte – sei es in Deutschland und Frankreich, in Chile, Hongkong oder gar in der Republik Rhodesien, die ja wegen ihrer Apartheidpolitik von der übrigen Welt abgeschnitten war.[17] Dank der süßlichen Klänge dieses *Song of Joy* kam Beethovens Melodie Millionen Menschen zu Gehör, tausende pedantische Liebhaber klassischer Musik fühlten sich hingegen dadurch zutiefst gekränkt. Dabei hatte doch Chuck Berrys *Roll over Beethoven* – 1963 von den Beatles erneut aufgenommen – die gleichen Klassikliebhaber nicht schockiert, denn wenn die holprigen Rhythmen des Rock 'n' Roll jenem Lied etwas Rebellisches verliehen, das sich gegen das Establishment richtete, handelte es dabei eben nicht um ein Zitat, das eine sentimentale Entwürdigung des künstlerischen Erbe Beethovens darstellte. Anders im Falle jener »banalisierten Klassiker« nach dem Vorbild des *Song of Joy*, den sinfonischen Imitationen eines Waldo de los Ríos oder, etwas später, dem *Für Elise* von Richard Clayderman, einer nahezu manischen Ausbeutung des Klischees vom romantischen Pianisten.

Wenn es sich auch um recht »softe« Ausschlachtungen handelte, riefen sie dennoch ebenso beklommene wie widersprüchliche Kommentare hervor. Für eine konservative Elite waren die traditionellen »Kulturwerte« bedroht. 1970 versuchte eine Gruppe sehr orthodoxer Musikwissenschaftler, auf die Kommerzialisierung von Beethoven zu reagieren mit einem Kolloquium, das sich gegen jede »Heroisierung« wandte.[18] Ohnehin konnte jeder, der die Kulturindustrie verurteilte, in ihr auch das Anzeichen einer ebenso radikalen Entfremdung sehen, wie sie in *A Clockwork Orange* geschildert wurde. »Bach, verteidigt gegen seine Bewunderer«, lautete der Titel eines Adorno-Textes aus dem Jahr 1950, und in seinem philosophischen Fahrwasser prangerten viele avantgardistische Künstler und Intellektuelle der sechziger Jahre die »Neutralisierung« des revolutionären Gehalts der hohen Musik an, die eine ordinäre Ware im Dienst der Massenunterdrückung geworden sei. Da dieser Angriff aber nebenbei auch den »Staatskapitalismus in der Sowjetunion« berührte, ist es nicht erstaunlich, daß jene Stellungnahmen vom DDR-Establishment voller Mißtrauen betrachtet wurden.[19] Die Kritiker der Linken nahmen aber weniger die Begleiterscheinungen wie den *Song of Joy* ins Visier als vielmehr das gesamte bürgerliche Establishment der klassischen Musik und vor allen Dingen manche hochangesehenen Interpreten, die beispielsweise von Heinz Klaus Metzger angeklagt wurden, »die revolutionäre Funktion« der Musik »zum Kulturgut (zu) neutralisieren«.[20] Indem sie die Abweichungen von der Partitur anprangerte, kündigte diese kritische Haltung eine Erneuerung an – diesmal unabhängig von der marxistischen Ideologie –, welche später von Dirigenten wie Roger Norrington, John Eliot Gardiner oder Nikolaus Harnoncourt umgesetzt wurde. Doch in Erwartung der »korrekten« Interpretation, die Beethoven zur »Negation der herrschenden Kultur« werden ließ, fanden nur die Aufnahmen eines Arturo Toscanini Gnade in den Augen der Kritiker. Deren bevorzugte Zielscheibe war Herbert von Karajan, Leiter der Berliner Philharmoniker und sogenannter »Generalmusikdirektor Europas«, der 1970 Beethovens neun Sinfonien für die komplette Sammlung der Deutschen Grammophon anläßlich der Zweihundertjahrfeier einspielte.

Den wichtigsten »musikalischen Moment« des Films *Ludwig van* von Mauricio Kagel stellt eine Collage dar. Das Werk des Argentiniers Kagel, der 1957 nach Deutschland gekommen war, kann gewissermaßen als die umgekehrte Erwiderung auf die Kantate des Ungarn Franz Liszt verstanden werden, die 1845 als eine künstlerische Überlegung über die soziale Bedeutung der Beethoven-Würdigung geschaffen wurde. Während Liszt aber zu den großen Erbauern des Beethoven-Mythos zählte, inszeniert *Ludwig van* den Verfall des romantischen Ethos – dabei handelt es sich nur um eine *Waldstein-Sonate*, die sich in den *Sacre du Printemps* verwandelt hatte, und um eine über das Klavier wallende Haarpracht, jedoch nicht jene von Liszt, sondern die der Virtuosin und Nazifreundin Elly Ney, die 1968 verstorben war und in besagtem Film von einem Mann dargestellt wird. Es mangelt nicht an systematischen Anspielungen auf den Nationalsozialismus sowie an ironischen Seitenhieben auf den Fetisch Technik und die Ausbeutung des Kulturerbes; alle diese Phänomene waren natürlich eng miteinander verknüpft, zum Beispiel jener Fremdenführer, der die Besucher in ein imaginäres Beethoven-Haus geleitet – wo jede

Installation auf einen anderen Künstler zurückging, unter anderem auf Joseph Beuys – und dessen Gesichtszüge unverwechselbar jenen Hitlers ähneln, jedoch denen eines in aller Ruhe gealterten Hitlers, dem Wächter über einen klassischen Schatz, der ebenso verwest wäre wie die Leichen in den Konzentrationslagern. Und wenn dann die *Ode an die Freude* erklingt, werden nicht etwa alle Menschen, sondern die Tiere in einem Zoo werden Brüder. Die moralische Verzerrung, deren Opfer diese Musik geworden ist, sollte demnach durch das Ausblenden jeglicher Menschlichkeit im Werk des »großen Humanisten« besiegelt werden und so zur Inszenierung des Liedes *In questa tomba oscura lasciatemi reposar* berechtigen.

Trotz dieser makabren Nebenbedeutungen ist im Kagelschen Zoo die gutmütige Bekräftigung herauszuhören: »Alle Tiere werden Brüder.«[21] Gewiß, der Film umfaßt auch Szenen aus besagtem Colloquium, bei dem Metzger seine Angriffe gegen Karajan wiederholt, doch kann man ihn nicht auf ein exakt umschriebenes ideologisches Programm beschränken. Selbst die eindeutige und grundlegende Absicht, die »revolutionäre« Dimension Beethovens verarbeiten zu wollen, hat auf der Leinwand keine klare Umsetzung gefunden.[22] Tatsächlich beginnt *Ludwig van* mit der subjektiven Sequenz eines Beethoven, der zweihundert Jahre nach seiner Geburt per Bahn nach Bonn zurückkehrt, mit dem Ergebnis, daß er in seinem Geburtshaus einen florierenden Souvenirhandel vorfindet und sich daraufhin in einem Schallplattengeschäft das *Scherzo* aus der *Neunten* anhört. Nichts gibt aber zu verstehen, daß diese nicht gezeigte Gestalt von ihren »Bewunderern verteidigt« werden müsse, und genau diese Mehrdeutigkeit könnte die Angriffe von konservativer Seite erklären, die nur so frohlockte, einen »antibeethovenschen Film« ankündigen zu können. Für die einflußreiche *Frankfurter Allgemeine Zeitung* schieden sich bei diesem Film die Geister und die Generationen; die

Journalistin unterstrich, daß die Inspiration der heftigen Kritik moralischer und nicht ästhetischer Natur sei. Der Angriff auf Elly Ney, sagte sie zum Beispiel, nehme die gesamte ältere Generation zur Zielscheibe, und die Zoo-Sequenz sei nur der Beweis der Unmenschlichkeit des ganzen Unterfangens, das Aristoteles, Erasmus und Kant gleicherweise attackiere, somit zwei- bis dreitausend Jahre einer Zivilisation, deren höchsten musikalischen Ausdruck Beethoven verkörpere. Kagel konnte noch so sehr darum flehen, man möge Beethoven in seinem finsteren Grab in Frieden ruhen lassen; er war es schließlich, der jetzt seinen Schlaf störte.[23] Die außerordentlich heftigen Stellungnahmen waren sicher ein antagonistischer Hinweis auf die Stichhaltigkeit von Kagels Kritik an einem gewissen Establishment in der Bundesrepublik, doch muß man zwangsläufig feststellen, daß ebendieses Establishment, anstatt seinen Zusammenhalt noch klarer zu demonstrieren und sich so des Außenseiters zu erwehren, recht unterschiedliche Reaktionen an den Tag legte, die gehörig an den Fundamenten der Kulturindustrie rüttelten; denn noch dazu war *Ludwig van* ja im Auftrag des verschrienen Westdeutschen Fernsehens entstanden, und die Zeitschriften von Rang hatten den Film sehr positiv aufgenommen. In einer Generation, die noch immer vom Nazierbe geplagt wurde, gab es viele, die mit den großen Vertretern der nationalen Kultur kurzen Prozeß machen wollten, unter anderem jene Journalistin des *Spiegel*, die in einem Atemzug mit Kagel und den Sterbas den »Abschied vom Mythos« ankündigte.[24]

Doch die politischen Inhalte eines Werkes wie *Ludwig van* stellten nur einen Teil der Polemik dar, da die moderne Ästhetik ohnehin im Kreuzfeuer der Kritik stand, die sie häufig mit ebendem verknüpfte, was die Avantgardisten an die Öffentlichkeit bringen wollten. Während der Älteste unter Ostdeutschlands Komponisten, Hermann Meyer, Kagels Film als

»Pornographie«[25] bezeichnete, übte sich die DDR-Führung in allgemeiner Beethoven-Kritik gen Westen, ohne auf den Film direkt einzugehen: »Wo die totale Manipulation von Millionen Menschen im Interesse der Aufrechterhaltung der Herrschaft der Millionäre erfolgt, kann Beeethoven keine Heimstätte haben. Daran ändert auch die Tatsache nichts, daß in Westdeutschland repräsentative Konzerte mit namhaften Orchestern veranstaltet ... werden.«[26] Auch in Frankreich, wo die Zeitschrift *Europe* »im großen, schützenden Schatten Romain Rollands« eine Sondernummer herausgab, schimpfte man gegen die Avantgarde: »Die Mode wandelt sich, doch Beethovens Genius wandelt sich nicht«, schrieb Jean de Solliers; »einst gehörte es in bestimmten Kreisen zum guten Ton, ihn zu verachten, doch wußte man nicht so genau warum. Man hatte ein für allemal beschlossen, daß er nicht mehr zeitgemäß war, daß er zum alten Eisen gehörte und man sich nicht mehr für ihn interessieren konnte. Und dann hat sich eine neue Generation von Snobs erhoben und festgestellt, daß Beethoven ein sehr kühner Komponist war, ein Avantgardist, der die allgemein geltenden kompositorischen Regeln über den Haufen geworfen hat. Und dann stand man plötzlich auf du und du mit Beethoven, begann, ihn als einen Forscher zu betrachten, und erließ ihm gnädig die sogenannten Irrtümer, die ihm einst vorgeworfen wurden, weil man ihn nicht verstanden hatte, und die man heute aus Gründen würdigt, die auch nicht besser sind. Der klägliche Preis des Ruhms!«[27]

Einige Mitarbeiter der Zeitschrift wollten dieser Anklage gegen die »neue Generation von Snobs« allerdings nicht beipflichten: »Ich gehöre nicht zu denjenigen, die sich darüber entrüsten, wenn Stockhausen Beethovens Musik als ›Material‹ verwendet. Ganz im Gegenteil. Der Meteorit setzt seine Bahn zu anderen Planeten fort«, hieß es bei Yves Florenne und Béatrice Didier.[28] Die Metapher aus der Astronomie war recht treffend, um das Dilemma ins Bild zu setzen, vor dem die Exegeten standen: War Beethoven eben gerade jener Meteorit, der sich im historischen Raum in ständiger Bewegung befand, oder etwa – da sich die Mode wandelt, und Beethovens Genius nicht – eine Art unbewegliche Sonne? Von dieser Sonne ließen sich zumindest die Konservativen aller Gruppierungen wärmen.

Für einen französischen Beethoven-Anhänger stellte 1970 die »Modernität« der *IX. Sinfonie* die einer »*Marseillaise* im Maßstab der Menschheit« dar.[29] Das Verhältnis zwischen »Beethoven und uns« wurde von allen, die sich darum kümmerten, immer wieder neu empfunden, doch die zu diesem Zweck verwendeten Begriffe beschränkten sich häufig auf ein bereits geheiligtes Repertoire der Bewunderung oder Ablehnung, das sich nur durch die jeweiligen Eigennamen in der jeweiligen Zeit unterschied.

An diesem Punkt des unaufhaltsamen Vormarschs der Gemeinplätze sollten die europäischen Organisationen aus der *Ode an die Freude* eine Staatsmusik machen. Bei diesem Beschluß, der zum Zeitpunkt der Zweihundertjahrfeier erfolgte, ist man fast geneigt, an die zwanziger Jahre zurückzudenken, denn nach einer Phase des übersteigerten Nationalismus wurde das Werk damals erneut zum offiziellen Symbol einer Annäherung der Völker. Die Zeiten hatten sich jedoch geändert, die begeisterte Energie war erlahmt, der »übertriebene Ruhm« des Helden ist noch beunruhigender geworden. Während die Kritiker wie Boulez und Kagel noch mehr Geltung gewannen als ihre Vorgänger, hatten die zeitgenössischen Bewunderer nicht mehr das Format eines Romain Rolland oder Édouard Herriot. Und bei den Feierlichkeiten von 1970 war die Figur Europa noch weniger gegenwärtig als 1927, denn damals war Beethoven das Streitobjekt einer Rivalität zwischen Nationalisten und Internationalisten, wobei letztere vorübergehend die Oberhand behalten sollten. Nach dem Zweiten Weltkrieg stand Beethoven zwischen zwei widersprüchlichen Universalismen, der Freien Welt und der Weltrevolution; während aber in den zwanziger Jahren viele Intellektuelle die europäische Bewegung aktiv unterstützt hatten, betrachtete man diese Ideen 1970 völlig gleichgültig, ja sogar feindlich und setzte mitunter mit Imperialismus und Kolonialismus, ja selbst mit Rassismus gleich. »Der Text, der uns in den Sinn kam, war Jean-Paul Sartres Vorwort zu *Die Verdammten dieser Erde* von Frantz Fanon, in der er sagte, daß jedesmal, wenn jemand in einem Land der Dritten Welt einen Europäer tötete, zwei Fliegen mit einer Klappe geschlagen wurden: Es war ein Unterdrücker, der starb, und ein Unterdrückter weniger«, sagte Maria Antoniette Macciocchi rückschauend.[30] Und auch Claude Lévi-Strauss übte Kritik am Eurozentrismus, wenn auch in abgeschwächter Form. Genau wie die paneuropäische Hymne auf die Euphorie der Jahrhundertfeier gefolgt war, führten die Feierlichkeiten von 1970 letztendlich zur offiziellen Wahl der *Ode an die Freude* zur Europahymne.

Jener Beschluß profitierte vom Interesse an der Gedächtnisfeier und war ebenfalls das Ergebnis eines bereits auf der Ebene mehrerer europäischer Organisationen geltenden Konsens; der Brief von Coudenhove aus dem Jahr 1955 bedeutete nur den ersten Schritt. Die Geschichte der Europahymne geht auf August 1949 zurück, als Jehane-Louis Gaudet, »eine Mutter, die im letzten Krieg alle möglichen Schwierigkeiten hatte, einschließlich ihrer Internierung (von seiten der Deutschen)«, eine Hymne nach Straßburg einschickte, die sie gern als »Gesang der Vereinten Nationen« gesehen hätte: »Das würde einer rechtschaffenen Frau auch Gelegenheit geben, sich bekannt zu machen. So etwas Außergewöhnliches findet ja nicht alle Tage statt«, fügte sie in ihrem Brief an Paul-Henri Spaak, den »Obersten Präsidenten von Europa«, hinzu.[31] Eine feministische Forderung, die von dem anonymen Beamten, der ihr wenigstens danken sollte, aufs bitterste vernachlässigt wurde, denn er adressierte sein Schreiben an »Monsieur le Professeur J. L. Gaudet«.[32] Selbst wenn dieser erste Vorschlag für eine Europahymne nur die traditionellen politischen Musikformen nachahmte, war diese Hymne in gewisser Weise neu, denn sie enthielt die Erfahrungen der jüngsten Vergangenheit. In der Folge sollten ungezählte Musik- und Europafreunde ihren Gesang nach Straßburg senden, wobei jedoch jeder dazu neigte, dem Muster seines eigenen Landes nachzueifern; feierliche Hymnen oder triumphale Märsche, alles war vertreten, beispielsweise folgende Titel: »Marche de l'Europe unie«, »Europa vocata«, »Europa!«, »Hymnus europaeus«, »Vereintes Europa«, »Europe, lève-toi!«, »An Europa«, »La Marseillaise de la paix«, »Paneuropa«, »Inno all'Europa« oder »Européenne«.[33]

»Die Vorschläge und der Ansporn für eine Europahymne kamen aus dem Herzen der Völker«, hieß es in Straßburg, als die Wahl auf die *Ode an die Freude* fiel, um alle eventuellen Vorläufer zu würdigen.[34] Dabei hatten sich die Partituren in den fünfziger Jahren in den Archiven des Europarats nur so gehäuft, und kein Mensch dachte ernsthaft daran, dem Drängen der Urheber Folge zu leisten. Die Beamten waren in einer recht schwierigen Lage: »Einige Sachen sind gar nicht schlecht, aber andere, nein, da stehen selbst einem Glatzkopf die Haare zu Berge!« lautete ein Kommentar aus dem Jahr 1962.[35] Die technischen Mängel dieser einander ohnehin sehr ähnlichen Stücke und Motivationen haben sicher nicht den Ausschlag für ihre generelle Ablehnung gegeben; daneben lagen auch einige professionelle Arbeiten vor, beispielsweise von Michel Roverti, dessen *Hymne des États-Unis d'Europe* von der Garde républicaine eingespielt wurde.[36] Die wirklichen

Gründe für diese abschlägigen Bescheide wurden am Ende in einem Brief des gleichen Beamten im einzelnen erklärt: »Meiner eigenen Ansicht nach sollte man vermeiden, ein neues und x-beliebiges Lied in Umlauf zu bringen, und ich persönlich hielte es für ausgesprochen vorteilhaft, einige Phrasen aus einer bekannten Partitur zu übernehmen, zum Beispiel die ›Hymne an die Freude‹ von Beethoven oder Händels ›Feuerwerkmusik‹. Man könnte den Text anpassen, der ausgesprochen einfach sein müßte, um gewisse Komplikationen zu vermeiden, die unseren europäischen Institutionsmachern sowieso zu oft Kopfzerbrechen bereiten.« Damit war das Problem auf den Punkt gebracht: Die x-beliebigen Vorschläge aus dem Herzen des Volkes vertraten zwar die Gattung der politischen Musik, doch fehlte ihnen leider die historische Verwurzelung; ihre Absicht war, ein neues Identitätskonzept darzustellen, doch taten sie dies in einer althergebrachten Form. Es wurde zudem doppelzüngig argumentiert, denn einerseits lobte man öffentlich die Volksbeteilung, und anderseits wurde dieselbe, im kleinen Kreise, von den »Institutionsmachern« als unpassend erklärt. So versuchte man, die Heuchelei des einen oder anderen Beamten zu vertuschen, und die wirklich heikle Frage nach einer Hymne kam zum Vorschein: der Widerspruch zwischen der demokratischen Ideologie und dem Willen, eine kollektive Identität zu schaffen, indem man die Trägheit der politischen Traditionen durch eine Suche nach dem vortrefflichen Produkt einer Kulturelite überwinden wollte.

So gab es nur eine Lösung: sich dem klassischen Kanon der »bekannten Partitur« zuzuwenden – Händel war zudem kein willkürliches Beispiel, denn damals hatte er bereits die Rundfunk-Erkennungsmelodie des Europarates geliefert, und später griff Eurovision ebenfalls auf einen Klassiker zurück, Marc Antoine Charpentier. Die gleiche Idee war auch schon 1957 aufgetreten, kurz nach der Unterzeichnung der Römischen Verträge, hinsichtlich der von Alfred Max und Jacques Porte komponierten *Cantate de l'Europe*. Die Vorrede zum Konzertprogramm der Uraufführung im Mai im Théâtre des Champs-Élysées stammte von Denis de Rougemont: »Die getrennte Sprache: Wir müssen die Musik als den innigsten Ausdruck des schöpferischen Genies von Europa verstehen.« Im ersten Teil wurde *Der Glorreiche Augenblick* von Beethoven gesungen, unter der Orchesterleitung von Hermann Scherchen. »Der große Unterschied zwischen Beethovens Kantate und der von Alfred Max und Jacques Porte rührt daher, daß die erste ein europäisches Auftragswerk war und die zweite das Europa des Herzens ist«, kommentierte *France-Soir*.[37] Dann dirigierte Pierre Dervaux jene *Cantate de l'Europe*, die die Stimmen der Waisen der verschiedenen europäischen, vom Krieg verwüsteten Nationen darstellte. Im *Figaro* wurde sie von André Maurois hoch gelobt: »Und da meint man, etwas zu hören, das sich in die Ankündigung des vereinten Europa mischen will, Beethovens ›Hymne an die Freude‹ aus der *Neunten Sinfonie* und die edlen Mahnungen Victor Hugos, der in den ärgsten Stunden eines Krieges den Mut hatte, der auch heute, im wiedergefunden Frieden, der unsre sein sollte.«[38] Für Maurois konnte jede zeitgenössische, noch so gelunge Komposition, und vor allem weil sie gelungen war, nur dem gleichkommen, was bereits mit der *Neunten* vollendet wurde. Beethoven ragte als der Komponist aus diesem Konzert hervor, der dazu berufen war, das »vereinte Europa« anzukündigen, unter der Bedingung, eben nicht sein eigentliches Auftragswerk, sondern das »Europa des Herzens« aus der *Neunten* zu wählen.

Entsprechend wurde die *Ode an die Freude* am 21. April 1959 in Straßburg zum zehnten Jahrestag des Europarats gesungen; und 1962 veröffentlichte die belgische Sektion der Europäischen Gemeindekonferenz einen *Chant européen des communes* zu einer Melodie von Beethoven, »eine Europahymne«, die bei den Feierlichkeiten der Städtepartnerschaften »gemeinsam mit den Nationalhymnen vorgetragen werden könnte«.[39] Zwei Jahre später wurde dieser Vorschlag in Rom bei einer Generalversammlung jener Organisation wiederaufgegriffen, verbunden mit dem Wunsch, daß »vom Europarat und den euoropäischen Gemeinden eine Europahymne gewählt werde«; ein Projekt, das Vereinheitlichung forderte und bald sehr dringlich wurde, doch zunächst bis Ende der sechziger Jahre ruhen sollte, selbst wenn die Beratende Versammlung gelegentlich versicherte, daß sie sich »bereits seit geraumer Zeit« mit der Angelegenheit befasse.[40] Der endgültige Anstoß erfolgte erst nach der Zweihundertjahrfeier, im Verlauf einer Diskussionsrunde hinsichtlich des wieder geplanten Europatages, worauf das Anliegen vor den Ausschuß für Raumordnung und Gemeindefragen der Beratenden Versammlung gebracht wurde. »Zu dieser Stunde, die von eigennützigen Berechnungen gekennzeichnet ist, zu dieser Stunde, in der die Zahlen, Tarife und ›Handelsspannen‹ die Debatten über Europa beherrschen, sollte sich die Versammlung mehr denn je bemühen, eben diese Debatte wieder auf die Ebene zurückzuführen, auf der sie vor fünfundzwanzig Jahren begonnen hat«, sagte René Radius, der französische Vorsitzende dieser Kommission.[41] Die Notwendigkeit, das Europa des Herzens, jenseits des Europa der Handelsspannen, in den Vordergrund zu rücken, sollte nun Vorrang vor den Bedenken haben, insbesondere vor der Furcht, einen gewissen »europäischen Chauvinismus« zu wecken, als ob die Sorge um die Symbolik angesichts des technokratischen Argwohns für die Menschlichkeit der europäischen Ziele bürgen könne. Trotz der Proteste von seiten der DDR fand die Anhörung dieses Berichts am 7. und 8. Juli 1971 in West-Berlin vor der ständigen Kommission der Beratenden Versammlung des Europarats statt, und so wurde Beethovens Musik laut Beschluß 492, sozusagen im Schatten der Berliner Mauer, zur Europahymne gewählt.[42]

Die Beschlußvorlage unterbreitete »die Wahl von Seiten der Mitgliedsländer des *Vorspiels zur ›Ode an die Freude‹*, 4. Satz der IX. Sinfonie von Beethoven, zur Europahymne« und empfahl ihre Verwendung »bei allen offiziellen europäischen Veranstaltungen, gegebenenfalls zusammen mit der Nationalhymne des jeweiligen Landes«. Die Begründung dieser Wahl war allerdings merkwürdig kurz: Der Beschluß 492 sagt nichts über Beethoven aus, noch weniger über Schiller, dessen Name nicht einmal fällt. Der Europarat bewies eine solch exegetische Nüchternheit, die nahezu an Stummheit grenzte, mit Ausnahme des folgenden, doch recht bedeutungsvollen Satzes: »Es erscheint angemessen, ein Musikwerk zu wählen, das charakteristisch für das europäische Genie ist und dessen Verwendung bei europäischen Veranstaltungen bereits ansatzweise eine Tradition bildet.« Dieser Satz ist ebenso verschwommen wie unbestreitbar, doch verrät er nichtsdestoweniger die Tatsache, daß sich die Wahl der Europahymne weiterhin am kulturellen Nationalismus orientierte, den die europäische Idee eigentlich überwinden sollte. Darüber hinaus gibt er zu verstehen, daß andere Kompositionen ebenso repräsentativ sein könnten und der einzige Unterschied womöglich jene »ansatzweise Tradition« wäre, ein etwas hochfliegender Ausdruck, um einige vereinzelte Veranstaltungen zu bezeichnen, der aber den Kern der Sache trifft: Die Substanz der Identität des Kulturerbes soll das bei einer politischen Gestaltung der europäischen Identität spürbare Defizit an Traditionen beseitigen, und daß man dem klassischen Repertoire den Vorzug vor einer politischen Musik gab, soll den moralischen Wert des gleichen Erbes unter Beweis stellen. Kurz gesagt, auf der einen Seite ist Europa im

Werden, die Traditionen stecken in ihren Ansätzen; auf der anderen Seite kann sich dieses Werden nur vollenden, weil Europa schon existiert.

Das Paradox dieser Vorgehensweise beruht darauf, daß man sich zum Alten wendete, um das Neue zu schaffen, und ihre Schwachpunkte darin, daß das Alte eben nicht als das angenommen wurde, was es wirklich war. Die Beratende Versammlung wählte weder die *IX. Sinfonie* von Beethoven noch ihren vierten Satz, noch die *Ode an die Freude*, sondern das sogenannte »Vorspiel« zur *Ode an die Freude*. Schillers Gedicht *An die Freude* war von dem Beschluß in keinster Weise betroffen. Wie bei den Debatten der Kommission klar wurde, konnte der Europarat den Wortgehalt nicht in dieser Form übernehmen:

> Was den Text für eine solche Hymne anbelangt, wurden gewisse Vorbehalte, zunächst hinsichtlich des aktuellen Wortlauts der Ode an die Freude, geäußert, der kein spezifisch europäisches Glaubensbekenntnis darstellt, sondern eher ein universelles.[43]

Dies ist ein wesentlicher Punkt, denn zum Zeitpunkt, als man die *Ode an die Freude* zur Europahymne bestimmen wollte, hat man festgestellt, daß sie für die vorgesehene Rolle eigentlich ungeeignet war. Die Verdrehung der universalistischen Deutung der *Neunten* hin zu einer »europäischen«, die in Beethovens Werk ebenso fehlt wie in seiner Rezeption, konnte nur erfolgen, indem man die Verse, die es zum Symbol der demokratischen Werte haben werden lassen und denen sich der Europarat angeblich geweiht hat, vernachlässigte.

Damit verschwand also die menschliche Stimme, und das Unbehagen über diesen stummen Gesang empfanden auch die Parlamentarier selbst, die aber das »universalistische Bekenntnis« durch ein »europäisches« austauschen wollten. Natürlich verschob sich das Problem auch auf andere, ganz konkrete Schwierigkeiten: »Wir haben uns auch gefragt, ob ein als ›europäisch‹ anerkannter Text nicht am Ende vor einer Sprachbarriere stünde und nie in andere Sprachfamilien als die europäischen übersetzt werden könne.«[44] Die Europahymne war demnach weder eine Vokalmusik noch ein Instrumentalwerk, wohl aber ein Lied, dem der Text fehlte und das folglich ein unvollständiges Symbol darstellte, wobei die romantische Doktrin und das demokratische Ideal sehr wohl in dem Gedanken übereinstimmten, daß die kulturellen Traditionen Sache des Volkes und nicht der Staaten waren. So wurde die Verantwortung für die unvollendete Hymne schließlich auf ein kollektives Subjekt abgewälzt und das politische Problem in Gestalt einer abstrakten Wette um die Zukunft aus dem Weg geräumt, was sich im Bericht von René Radius folgendermaßen las:

Wir haben es daher vorgezogen, zunächst [sic] keinen Text vorzulegen, sondern nur die Melodie für eine Europahymne und daraufhin etwas Zeit verstreichen zu lassen. Vielleicht wird es irgendwann einen Text geben, den die Europäer ebenso spontan übernehmen, wie es mit Beethovens unvergänglicher Melodie der Fall war.[45]

Die bewußten »Europäer« haben nicht lange gezögert, um zu handeln. Es war nicht so, daß sie niemand dazu aufgefordert hätte, doch ließ man das Projekt eines Wettbewerbs einstweilen beiseite, und nur in den Schulen sollten derartige Versuche stattfinden.[46] Noch bevor die Hymne öffentlich vorgestellt wurde, bedauerten viele den mangelnden Text und machten sich gleich an die Arbeit. Wie ehedem die Partituren, flatterten nun Texte am Straßburger Sitz der Organisation ein, doch ihnen war kein anderes Schicksal beschieden als zuvor der Musik. Wenigstens auf das Schreiben einer »Dichterin« antwortete der Generalsekretär mit folgender Begründung: »Zu meinem großen Bedauern denke ich, daß wir nicht auf Ihren Vorschlag eingehen können. Einerseits gibt es ja tatsächlich schon den berühmten Text in deutscher Sprache (›Freude holder Götterfunke...‹, Texte von Elysium) [sic], andererseits kann ich mir nur schlecht die Verwendung eines französischen Textes vorstellen, ohne daß zugleich ein Text in allen anderen Sprachen des Europarats existierte, was in dieser Phase außerordentlich schwer zu verwirklichen wäre.«[47] Man kann sich wundern, warum Schillers Gedicht überhaupt als Argument gegen einen anderen Text zur Sprache kam, wo doch feststand, das er nicht verwendet werden würde. Vielleicht hätte Lujo Toncic-Serinj es nicht direkt ausdrücken wollen, doch in seinen Worten liest man das Bewußtsein über das symbolische Gewicht des Werkes, weswegen man es ja gewählt hatte, das aber auch die Grenzen der ganzen Prozedur kennzeichnet, jenseits deren die politische Willkür wieder zum Vorschein kam. So war der Gesang zum Schweigen verurteilt, und zwar bis zum heutigen Tage.

Wenn der Beschluß 492 auch den entscheidenden Schritt in der Wahl der Europahymne darstellt hatte, erfolgte die endgültige amtliche Anerkennung erst am 19. Januar 1972 durch den Straßburger Ministerrat. Bei diesem Anlaß beschloß man, endlich zur Tat zu schreiten, nur daß die bürokratische Abwicklung mit einem Auftrag verbunden sein mußte. Die offizielle Verlautbarung endete mit dem Satz: »Herr Herbert von Karajan wurde mit der musikalischen Gestaltung der Hymne beauftragt.«[48] Im Laufe jener Sitzung erfuhren die Delegierten in der Tat, daß Karajan auf Anfrage des Generalsekretärs die »offizielle Partitur vorbereiten und die Schallplattenaufnahme leiten« sollte. In den Archiven ist kein genauer Hinweis auf diese Initiative erhalten, da sie wahrscheinlich auf die persönlichen Verbindungen zwischen dem Salzburger Dirigenten und Toncic-Serinj als ehemaligem österreichischem Außenminister zurückgingen. Zwischen Februar und März 1972 nahm Karajan sein Arrangement von Beethovens Melodie mit den Berliner Philharmonikern auf, und die von der Deutschen Grammophon produzierte Schallplatte enthielt auch die Hymnen der Mitgliedsländer des Europarats und das gesamte Finale der *Neunten*. Schott & Söhne gaben daraufhin die Partitur heraus, in den Fassungen für sinfonisches Orchester, für Blasinstrumente und Klavier.[49] Am 5. Mai 1972, dem Europatag, stellte Eurovision die neue Hymne vor, begleitet von einer Rede in dreizehn Sprachen, zu Bildern von Karajan und seinem Orchester, überlagert vom Schatten der europäischen Flagge; und am selben Tag wurde die Musik von fünfzig verschiedenen Rundfunksendern übertragen.[50] Die Massenmedien konnten sich zweifellos zu einer erfolgreichen Kampagne beglückwünschen. Karajans Ruf diente der Hymne, und die Flagge mit den zwölf Sternen dem europaweiten Ruf des österreichischen Dirigenten. Auch hinsichtlich der Urheberrechte kam man auf diese Wechselbeziehung zurück, denn Karajan sicherte sich die ausschließliche Urheberschaft, ohne aber eine direkte Entlohnung zu fordern. Der künstlerische Wert seines Arrangements läßt sich anhand seiner zwei grundlegenden Funktionen ermessen, zum einen stellt es das gemeinsame Kulturerbe dar, und zum anderen ist es Symbol einer staatlichen Organisation. Rechtlich betrachtet, und im Unterschied sowohl zu den Nationalhymnen als auch zur *IX. Sinfonie*, die Allgemeingut sind, ist die Europahymne ein Werk von Herbert von Karajan.[51]

Wie aber sieht diese Partitur aus? Was ist die Europahymne? Beethovens Melodie, selbstverständlich, die im Laufe ihrer langen Karriere schon Gegenstand unzähliger Bearbeitungen geworden war – darunter die von Laurent Dalbecq für Blasinstrumente unter dem Titel *Le Drapeau de l'Europe* [Die Fahne Europas], 1968 in Frankreich veröffentlicht.[52] Karajan mußte sich nicht besonders anstrengen, um einfallsreich zu sein. Beethovens und seine Partitur stehen beide in D-Dur, und seine dauert etwa zwei Minuten und fünfzehn Sekunden. Sie wird mit vier Einleitungstakten eröffnet, die zwar nicht direkt dem Original entstammen, aber an die erste *Freudensmelodie* für Holzblasinstrumente erinnern. Die »eigentliche Europahymne« besteht aus den Takten 140–187 des vierten Satzes der Sinfonie, und dabei handelt es sich um die vollständige Melodie, die Beethoven einstimmig angelegt hatte, bevor er sie dreimal variierte und dann, nach einer Koda, wieder in die *Schreckenfanfare* zurückführte. Karajan verwendete die zwei letzten, das heißt die Violinenmelodie und deren feierliche Marsch-Variation. Sein Stück endet mit der Kadenz, die in der *Neunten* jeder Strophe des Textes folgt, hier in geschlossener Form, die ein »ritenuto molto« verstärkt.

Im wesentlichen ist Beethovens Musik ganz einfach in ihrer ursprünglichen Form übernommen worden, dennoch ergeben sich erhebliche Unterschiede: Das Tempo ist merklich langsamer; während Beethoven ein Allegro assai mit der halben Note bei 80 Schlägen in der Minute vorgesehen hatte, legte Karajan die Viertelnote bei 120 fest. Beethovens Anweisung hatte zahlreiche langsame Versionen nicht verhindert; das geschah aber inzwischen immer seltener, da sich die Beachtung der Originalpartitur als Ethik der Interpretation durchgesetzt hatte. Was die Instrumentierung anbelangt, so gingen die Veränderungen allgemein in Richtung einer gleichförmigen Klangverstärkung, allerdings auf Kosten der Vielfalt und Klangfarbe des Originals. Der Gattungstradition gemäß führen diese Veränderungen zu einer typisch zeremoniellen Tonsprache. Eingebettet zwischen linearer Einführung und linearem Schluß – beide entfalten sich durch stufenweise Steigerung aller musikalischen Parameter –, wird die *Freudensmelodie* zu einer einzigen Apotheose, dem eigentlichen Schluß, geführt. Ohne Übertreibung kann man sagen, daß sich auf diese Weise ein radikaler Bedeutungswandel vollzieht, wobei das Ergebnis die gestellte Aufgabe im Grunde genommen überschreitet. Dadurch, daß Karajan ein zweiminütiges Stück aus der Sinfonie herausgezogen hat, und um dieses in die politischen – und daher nicht notwendigerweise ästhetischen – Zusammenhänge zu stellen, kommt es zu einer eindeutigen und unvermeidbaren Reduzierung. Mit einem Wort, der Europarat wollte eine Hymne ohne Text, und die hat er bekommen. Karajan sagt zu seinem Werk: »Die vom Chor gesungenen Partien finden sich in der Orchesterversion der Hymne.«[53] Was soll das heißen? Vielleicht die banale Art, alle Uneingeweihten darüber zu beruhigen, daß es sich wirklich um die *Ode an die Freude* handelt, was aber lediglich zeigt, daß man eine »Übersetzung« braucht, damit sich Musiker und Beamte verständigen können. Oder aber Karajan hat sein Werk nicht als eine Neubearbeitung des Instrumentalteils der *IX. Sinfonie*, sondern als eine Orchesterfassung des Gesangsparts angelegt, und daß er zu diesem Zweck nur einfach eine instrumentale Passage von Beethoven nachahmte, hätte daran nichts geändert – das erinnert an Borges' Figur Pierre Ménard, der behauptete, einen neuen *Don Quichotte* zu erschaffen, nur indem er den gleichen Text unter anderen Umständen abschrieb. Dank dieses »Zaubertricks« wird die Europahymne zu einer Übertragung der *Ode an die Freude* in die universelle Sprache der absoluten Musik, die Stimme des genialen Europa.

»1972 hat der Europarat die Europäer mit einem Mittel ausgestattet, ihren Glauben jenseits der Spracheigenheiten auszudrücken«, sagte der Generalsekretär Lujo Toncic-Serinj, als er seinen Jahresbericht vorlegte.[54] Daß es sich dabei um das Werk eines ehemaligen NSDAP-Mitglieds handelte, war offenbar nur eine nebensächliche Frage angesichts des Ranges eines »Generalmusikdirektors von Europa«, doch beweist dieses stumme Glaubensbekenntnis: Sobald man sich von der Metaphysik lossagt, herrscht nur noch Schweigen.

Die Hymne der Apartheid
und des Mauerfalls

Am 28. August 1974 veröffentlichte die Londoner *Times* einen Leitartikel unter dem Titel »Schillers Schatten in Salisbury«:

Sollte Ihnen irgendwann abends in einer Gasse jemand entgegenkommen, der mit voller Inbrunst das Chor-Thema aus Beethovens *IX. Sinfonie* pfeift, besteht nicht unbedingt Gefahr. Es wurde durch den bemerkenswerten Film *Clockwork Orange* berühmt, und ab und zu hört man noch Jugendliche, die schwere Stiefel tragen und diese Melodie und dazu ein paar Takte von Purcell vor sich hin summen, während sie die Parkbänke demolieren. Aber der Mann im Dunkel kann auch ebensogut einer jener seltenen und eher friedvollen Menschen sein, ein europäischer Patriot, der versucht, sich über die aktuellen Mißstände in der Europäischen Gemeinschaft hinwegzutrösten, indem er genau diese Melodie summt, die kürzlich auf energischen Beschluß der Delegierten zur internationalen Hymne der Gemeinschaft erklärt wurde. Vielleicht ist dieser Mann auch bloß ein Musiker, obwohl die Tatsache, daß er pfeift, diesen Gedanken nicht gerade beruhigend erscheinen läßt.
Es gibt noch eine vierte Möglichkeit: Er könnte Rhodesier sein. Nachdem die Regierung von Mr. Smith fünf Jahre lang nach etwas gesucht hat, das man sich leicht merken kann, hat sie sich für Beethoven entschieden, um das *God save the Queen* zu ersetzen (welches den offiziellen Zeremonien einen leicht ironischen Beigeschmack verliehen hat,

wie man kurz nach der einseitigen Unabhängigkeitserklärung feststellen mußte). Von nun an wird der Präsident die Parlamentssitzungen zu den Klängen jenes labyrinthischen Finales eröffnen, dessen erste Takte die Fanfaren von Salisbury zweifellos auf eine harte Probe stellen werden.[1]

Bei dieser Aufzählung wird einzig der Musiker vom Sarkasmus verschont, denn ihn schützt die allgemeingültige Vorstellung, daß das Pfeifen einer Melodie nicht mit der Beurteilung ihres eigentlichen Werts vereinbar ist und sein Verhältnis zu Beethoven aufrichtig und subjektiv, pazifistisch und vom Staat unabhängig ist. Die anderen drei dagegen haben wenig Gemeinsamkeiten. Nur der Jugendliche mit den schweren Stiefeln aus *Clockwork Orange,* für den individuelles Vergnügen und individualistische Gewalt gleichbedeutend sind, flößt der *Times* Furcht ein. Der »europäische Patriot« und der »sentimentale Rhodesier« haben jedoch offenbar nichts anderes als Spott verdient, da Beethovens Bezug zur Politik in beiden Fällen ins Lächerliche gezogen wird, insbesondere die Idee, die *Ode an die Freude* könne den »Patrioten« als Hymne genauso am Herzen liegen wie die herkömmlichen Nationalhymnen.

Was aber rechtfertigt – abgesehen von der britischen »Euroskepsis« – einen solchen Vergleich? Ist denn der Kontrast zwischen der Willkür eines rassistischen Staates und dem »Ausdruck des europäischen Genies« nicht mehr als deutlich? Allerdings ist diese Gegenüberstellung gar nicht so weit hergeholt, wie man zunächst annehmen könnte, und noch weniger, wie es in dem Zeitungsartikel selbst durchscheint. Das Lächerliche dient an dieser Stelle als Stilmittel, aber sein wahres und ernsthaftes Anliegen besteht darin, daß er das Regime von Ian Smith politisch und moralisch verurteilt. Damals trug das heutige Zimbabwe noch den Namen jenes englischen Abenteurers, der um 1890 die nördlichen Gebiete Südafrikas erobert hatte. Im Jahre 1965 hatte die Krise mit London zu einer einseitigen Unabhängigkeitserklärung geführt, bei der die weiße Minderheit, vier Prozent der Bevölkerung neben sechs Millionen Schwarzen, weiterhin an einer rassistischen Ideologie festhielt, die zum Zeitpunkt der Dekolonisierung nicht mehr zum offiziellen Programm der westlichen Metropolen zählte. Hinzu kam, daß sich diese Weißen, völlig unabhängig von ihrem Geburtsort, als »Europäer« bezeichneten und sie von allen, selbst von ihren Kritikern, als solche anerkannt wurden. Europa war demnach der Eigenname, der zu jedem praktischen Zweck eine politische und soziale, einzig durch die Hautfarbe definierte Vormachtstellung bezeichnete und die Hymne der Europäer Rhodesiens somit zu einer »Europahymne« werden ließ. Zum ersten Mal seit dem Dritten Reich wurde die *Ode an die Freude* wieder zum Instrument eines Staates, der auf der systematischen Ablehnung des Ideals der universellen Brüderlichkeit gegründet war.

Die Hymne Rhodesiens sollte verdeutlichen, welche Folgen eben der Verzicht des Europarats auf das buchstäbliche »Bekennen des universellen Glaubens« nach sich zog, denn einige Tage nachdem Salisbury die Wahl der Hymne bekanntgegeben hatte, erhielt der Generalsekretär einen Protestbrief von der französischen Geschäftsstelle des Europäischen Verbands der ehemaligen Kriegsteilnehmer: Die Europahymne sei die Hymne der Apartheid[2] geworden. Man hatte den rhodesischen Staat weltweit und einstimmig verurteilt, insbesondere die UNO verhängte 1966 ein totales Embargo gegen das Regime. Also durfte man davon ausgehen, daß der Europarat, der unter anderem damit beauftragt war, die Abkommen der Europäischen Kommission für Menschenrechte zu wahren, das moralische Problem berücksichtigen würde, das sich infolge der Verwendung der Europahymne nicht etwa durch irgendeinen Staat, sondern durch den der Apartheid schlechthin stellte.³ In Straßburg dagegen richtete sich die Aufmerksamkeit nicht auf die Frage der Menschenrechte: »Wenn Rhodesien das ›Vorspiel zur Ode an die Freude‹ in der Originalfassung gewählt hat, können wir Rhodesien keinerlei Vorwurf machen, da es sich dabei um Allgemeingut handelt. Wenn Rhodesien jedoch die offizielle Partitur des Europarats gewählt hat, kann nichts ohne die Zustimmung des Urhebers dieser Partitur geschehen, das heißt Herrn von Karajan« – so lautete ein internes Memorandum des Rechtsausschusses. Dann präzisierte der Text, daß selbst wenn Herr von Karajan seine Urheberschaft abträte, damit Straßburg ein gerichtliches Verfahren gegen Rhodesien einleiten könne, keinerlei Handhabe bestünde, da »die Urheberrechte ausländischer Bürger auf diesem Staatsgebiet nicht gelten«.⁴ Die Antwort des Generalsekretärs an die ehemaligen Kriegsteilnehmer lautete folgendermaßen: »Ich verstehe Ihre Gefühle sehr gut, fürchte aber, daß es in dieser Angelegenheit keine internationale Unterstützung geben wird.«⁵ Er fügte noch hinzu, daß »selbst die Vereinten Nationen die Möglichkeit ins Auge fassen, die Hymne an die Freude zur universellen Hymne zu erklären«. Damit bejahte er nur, daß Rhodesien sich für ein Werk entschieden hatte, das ohnehin dem »Allgemeingut und Weltkulturerbe« angehörte, und obendrein besaß die UNO bereits seit 1971 ihre eigene offizielle, von William Auden und Pablo Casals komponierte Hymne. Mit einem Wort, der Europarat behandelte dieses Problem, als sei es ein schlichter Fall von Plagiat, und stellte letztendlich fest, daß jeder mit der *Ode an die Freude*, die ja allen gehöre, machen dürfe, was er wolle – einschließlich rassistische Propaganda.

Diese merkwürdige Verzerrung des Sinngehalts von Beethovens universellem Werk konnte aber der Verzerrung durch die Regierung eines Ian Smith noch lange nicht das Wasser reichen, denn sie war auch weniger naiv. Daß Rhodesien die

Ode an die Freude zur Nationalhymne wählte, hieß nicht, daß man sich dort den symbolischen Gehalt des Komponisten aneignen wollte, sondern war vielmehr Beweis für eine vollkommene Ignoranz. Der Beschluß ging weder auf eine musikliebende Elite zurück, die mehr oder weniger den ästhetischen Idealen von einer perfekten Republik verfallen gewesen wäre, noch auf die Heuchelei eines rassistischen Staates, der sich als Fürsprecher der universellen Brüderlichkeit aufspielen wollte. Nein, er war das Produkt einer Handvoll Menschen, die sich für die letzte Säule der westlichen und christlichen Zivilisation hielten, sich in ihrer Rolle aber nicht als Verfechter des Kulturerbes betrachteten, sondern als Gegner des atheistischen Marxismus, der für sie in gleicher Weise von der schwarzen Bevölkerung Zimbabwes – deren radikalste Gruppen im Nordosten des Landes einen blutigen Guerillakrieg führten – als auch von der weißen Londoner Regierung verkörpert wurde, weil sie diese verdächtigten, den Interessen Moskaus zu dienen. Um nun diesen Feinden entgegenzutreten, wäre eine »original rhodesische Melodie«, die man ja auch seit 1968 vergeblich gesucht hatte, folgerichtig und ideal gewesen. Während aber alle kriegsmüde waren und der internationale Druck und der Guerillakrieg die Regierung schwächten, hörte »das Kabinett am 16. Januar [1974]«, so der *Rhodesian Herald*, »eine Aufnahme des Motivs des Schlußsatzes der Neunten Symphonie in D-Dur von Beethoven«.[6] Nun endlich konnte der Minister für Bildungswesen, Philipp Smith, »eine Hymne« vorschlagen, »die sowohl geeignet ist, den Geist und die Entschlossenheit des rhodesischen Volkes als auch die besonderen Merkmale unserer nationalen Gesinnung und Lebensauffassung zum Ausdruck zu bringen«:

Sie sollte ernst, aber nicht schwermütig, würdevoll, aber nicht hochtrabend sein und gleichzeitig doch gefällig; wobei sie aber vor allem zum Nationalstolz anregen und seinen Ursprung darstellen sollte. Schon seit der Unabhängigkeit war sich die Regierung über diesen Mangel bewußt, doch heute, wo wir an den nordöstlichen Grenzen unseres Landes Krieg führen, ist eine Hymne notwendiger denn je, um unsere Einheit widerzuspiegeln und unsere kämpfenden Truppen anzuspornen.

So hatte die *Ode an die Freude* nicht nur die Aufgabe, die Bevölkerung heiter zu stimmen, sondern auch die Moral der Armee zu stärken, die die Menschenrechte verletzte: Gefangene wurden gefoltert, unter der Zivilbevölkerung wurde gemordet, und ganze Dörfer wurden dem Erdboden gleichgemacht. Da weitere Hinweise fehlen[7], kann nur angenommen werden, daß Beethovens *Neunte* für die rhodesische Regierung ebenjene Musik verkörperte, die nach sechs Jahren unzufriedenen Wartens einmal während einer Sitzung gehört wurde mit dem Ergebnis, daß man endlich eine Nationalhymne gefunden hatte. Das Hauptmerkmal dieser Hymne der Apartheid war also nicht ihre Zynik, sondern vielmehr ihre Banalität.

Am 27. August 1974 wurde die rhodesische Nationalhymne bei der Eröffnung der fünfzigsten Parlamentssitzung in Salisbury gespielt und entsprechend in eine demokratische Tradition gestellt, auf die sich die weiße Minderheit immer berufen wollte. Als Interpreten traten einerseits das Orchester der British South Africa Police auf, eine »gut ausgebildete paramilitärische Organisation«, der auch einige Schwarze angehörten, die zynischerweise die afrikanische Bevölkerung repräsentieren sollten[8], und andererseits das der Rhodesian African Rifles, eine schwarze, von weißen Offizieren kommandierte Truppeneinheit, deren Befehlshaber Ken MacDonald das offizielle, sechzehntaktige Arrangement geschrieben hatte – in keinster Weise mit dem Karajans zu vergleichen. Im *Rhodesian*

Herald las man daraufhin, es habe einige begeisterte Reaktionen gegeben, wobei vor allem ein musizierender Unteroffizier und Mischling geschwärmt haben soll: »Das klingt ja wie *God Save Our Gracious Queen*.« Und nicht nur der Form halber forderte die Zeitung die Rhodesier auf, »die Schlagkraft der Melodie zu beurteilen«, die ja die meisten nur in der Version von Miguel Ríos kannten. Anstatt jedoch einen Triumph zu feiern, mußte die Zeitung festellen, »daß die Wahl der Hymne recht unterschiedliche Meinungen auslöst«.[9] So bedauerten viele, daß man keine Originalmelodie gefunden hatte, und diese Tatsache wurde sogar Beethoven in den Mund gelegt, der dem Journalisten zufolge als Musiker »sich wohl geschmeichelt gefühlt hätte, daß man eine seiner Melodien als würdig und viril genug erachtete, um selbst hundertfünfzig Jahre später noch solchen Zwecken zu dienen«; aber als Mensch »wäre er wahrscheinlich enttäuscht gewesen«, da er doch »sein ganzen Lebens lang bestrebt war, eigene Lösungen zu finden, in musikalischer wie in persönlicher Hinsicht«.[10] Ein anderer Mitarbeiter des *Rhodesian Herald*, der Musikkritiker Rhys Lewis, ging noch weiter, indem er sein »Befremden« über jenes »lokal-nationalistischen Zwecken« dienende »Plagiat« einer Melodie kritisierte, die »untrennbar mit supranationalen Bündnissen« und der »Idee von der verbrüderten Menschheit« verknüpft war. Diese exemplarische Meinung machte die Wahl dieser Melodie geradezu lächerlich und zeigte zugleich, daß wenigstens ein Teil der rhodesischen Elite die Vorwürfe, die man gegen das nationale Projekt vorgebracht hatte, nicht gleichgültig hinnahm.[11]

In den darauffolgenden Tagen häuften sich die Proteste in derselben Zeitung, die den liberalen Stimmen, anders als die offiziellen Rundfunk- und Fernsehsender, einen gewissen Spielraum für Kritik an der Regierung einräumte. Noch sehr viel politischer drückte es ein Schulleiter aus Salisbury aus:

»Die *Ode an die Freude* ist womöglich der Schwanengesang aller derzeitigen Hoffnungen auf ein vereintes Rhodesien. Dieser Beschluß beweist wieder einmal das unerhörte, mangelnde Bewußtsein darüber, daß in diesem Land sechs Millionen Afrikaner leben.«[12] Es wurde sogar ein Schwarzer nach seiner Meinung befragt, Phinias Sithole, Vorsitzender der Afrikanischen Handelsunion, dessen Urteil sehr lapidar formuliert war: »Die von den europäischen Rhodesiern arrangierten Nationalhymnen werden für den afrikanischen Arbeiter, solange es ihm nicht erlaubt ist, im öffentlichen Leben Rhodesiens eine angemessene Rolle zu spielen, wenig Bedeutung haben. Die afrikanischen Arbeiter sind von der Regierung ausgeschlossen. Es handelt sich hier um eine Sache der Regierung. Uns verpflichtet nichts zu dieser Hymne.«[13] Folglich war die Hymne für den liberalen Weißen wie den schwarzen Machthaber nur ein Anzeichen für die Kluft, die Weiße und Schwarze trennte, und die *Ode an die Freude* war nur die radikale Negation jeglicher Brüderlichkeit. Wahrscheinlich hat aber die *Times* zum entscheidenden Schlag gegen jenes »freudige« Symbol des »rebellischen« Kabinetts ausgeholt:

Es sind nicht unbedingt die Passagen, die von freudigem Rausch und Millionen sich umarmender Menschen sprechen, die am peinlichsten wirken, sondern die Bemerkungen über alle Menschen, die zu Brüdern werden und alle sozialen Schranken überwinden. Das Gedicht war zur Zeit seiner Erschaffung politisch sehr gewagt (es heißt, es soll ursprünglich eine Ode an die *Freiheit* und nicht an die *Freude* gewesen sein), und heutzutage dürfte man auf vielen Flecken der Erde Gründe für Einwände finden. Es bleibt jedoch zu hoffen, daß der nun gewählte Text wenigstens ein oder zwei Zeilen des Originals übernimmt –

Gegrüßet seist Du Rhodesien, strahlende Sonn' um und um,
Tochter aus Elysium ...

Es müßte auch sicher sein, daß der Text einen möglichen politischen Umschwung übersteht, denn zum Glück reimt sich auch »Gegrüßet seist Du Zimbabwe ...«.

Also ein weiterer Schwanengesang in der Rezeptionsgeschichte Beethovens, aber diesmal einer für das Regime von Salisbury, das dem internationalen Sarkasmus ausgesetzt war und mit ansehen mußte, wie seine neuerkorene Hymne allem Anschein nach nicht für das Symbol der stolzen Überzeugung der Rhodesier gehalten wurde, sondern für das ihrer Zerrissenheit. Für einen Rückzieher war es nun zu spät. Die Regierung schrieb einen Wettbewerb aus, und zahlreiche Texte wurden angeboten. Die glückliche Gewinnerin hieß Mary Bloom mit folgendem Text:

> Rise, O Voices of Rhodesia, God may we
>   Thy bounty share.
> Give us strength to face all danger and
>   Where challenge is, to dare.
> Guide us, Lord, to wise decision, ever of
>   Thy grace to aware.
> Oh, let our hearts bravely always, for
>   This land within you care.

Wie Peter Goodwin und Ian Hancock treffend feststellten, hatten »die Trivialitäten von Mrs. Bloom zwar eines der größten Werke Beethovens erniedrigt«, jedoch war es nicht ihre Schuld, »wenn diese Hymne, die eigentlich ein Nationalgefühl ausdrücken und inspirieren sollte, kurz vor der Auslöschung derselben Nation entstanden war«.[14] Die *Voices of Rho-*

desia verschwanden spurlos mit dem Niedergang der weißen Republik Rhodesien. Bei den allerersten direkten Wahlen des Landes im März 1980 gewann Robert Mugabe, der Chef der Guerillas, die soeben die Waffen niedergelegt hatten. Da sich London bis zum Schluß geweigert hatte, die Unabhängigkeitserklärung von 1965 anzuerkennen, wurde diese am 18. April 1980 offiziell erneuert und der autonome Staat Zimbabwe ausgerufen. Ungezählte Feste würdigten das Ereignis, an dem auch der Prinz von Wales teilnahm und mit *God Save the Queen* begrüßt wurde; Bob Marley spielte mit seiner Band The Wailers sein Lied *Zimbabwe*.[15] Doch fiel die Wahl der neuen Nationalhymne nicht auf dieses Lied, sondern auf eine religiös geprägte Hymne, die der schwarze Südafrikaner Mankayi Enoch Sontonga zu Beginn des Jahrhunderts geschrieben hatte und die bereits von Tansania und Zambia verwendet wurde.

Die *Voices of Rhodesia* bleiben natürlich ein untergeordnetes Kapitel in der Rezeptionsgeschichte der *Neunten*, und es ist bei weitem nicht das dunkelste, denn die Vereinnahmung Beethovens durch die Nazis stellt unter dem moralischen Gesichtspunkt betrachtet eine viel größere Beleidigung dar und unter dem historischen eine geradezu wohldurchdacht perverse. Allerdings war es in Rhodesien das einzige Mal, daß die *Ode an die Freude* offiziell zur Nationalhymne erklärt wurde, und das von einem Staat, der, jenseits aller Zweifel an seiner politischen und moralischen Berechtigung, rein formal als parlamentarisches System gegründet war. Die Wahl eines klassischen Werkes zum Staatssymbol hat jedoch stets auch ästhetische Folgen, wie der Musikkritiker des *Rhodesian Herald* feststellte:

> Trotz der positiven Ausstrahlung des Beethovenschen Themas entstehen seine Wirkung und sein letztendlich ruhmvoller Glanz nur aufgrund effektvoller Verzierungen, einer

speziellen Modulation und eines massiven Stimmenaufgebots.

All den Ohren, die mit jenen einmaligen Klängen vertraut sind, wird die Fassung in sechzehn Takten enttäuschend erscheinen. Durch die erzwungene Verbindung mit chauvinistischen Parolen, die nichts mit Schillers *Ode an die Freude* gemein haben, wird die Schmach für unsere Sinne auf die Spitze getrieben, ganz zu schweigen davon, daß unser Bild von Beethoven auf diese Weise zwangsläufig zunichte gemacht wird.

Hier wurde also Kritik am Arrangement des sinfonischen Themas geübt, welches das ästhetische Erleben durch eine Art Mechanik ersetzte, die dem Erinnern dienen sollte, sich aber lediglich im Dienste eines politischen Programms, das mit der ursprünglichen Botschaft des Werkes unvereinbar war, öffentlich entfaltete und dementsprechend auch, aufgrund der unbewußten und unkontrollierbaren Logik der »Verknüpfung«, in die Privatsphäre eindrang; die Wahrnehmung des Individuums wurde so »zunichte« gemacht. Und man darf sich tatsächlich getrost darauf verlassen, daß Rhys Lewis Beethovens *IX. Sinfonie* sein Leben lang nicht mehr hören konnte, ohne an die düsteren Fanfaren von Salisbury erinnert zu werden. Es ist ebenso offensichtlich, daß seine Argumentation entscheidend über die Problematik der rhodesischen Hymne hinausging und sich auch auf die Europahymne anwenden ließe – mit Ausnahme der fehlenden chauvinistischen Texte, die die unfreiwilligen Verknüpfungen sicher abschwächten, aber nicht gänzlich ausblenden konnten. Sollte sich die *Ode an die Freude* wirklich als Europahymne durchsetzen, so stellt sich die Frage, wie man Beethovens *Neunte* dann wird hören können, ohne an Europa zu denken. Und hat man in diesem Fall nicht das Recht, eine solche Konditionierung als Angriff des Staates auf einen ebenso privaten wie unantastbaren Bereich, nämlich den ästhetischen Genuß, aufzufassen? Und könnte dann nicht ein Europäer oder selbst ein »Nichteuropäer« die Europäische Kommission für Menschenrechte, also den Europarat, dafür zur Rechenschaft ziehen, daß sein Genuß an Beethovens Musik »zunichte« gemacht wurde?

Jeder genießt Beethovens *IX. Sinfonie* auf seine Weise, so gut er kann und will, einer Dialektik des Gedächtnisses und der Wahrnehmung folgend, die sich gleichermaßen auf die Lebenserfahrung und Sensibilität stützt, indem sie diese mit unendlich vielen möglichen Objekten verbindet – oder mit gar nichts. Natürlich werden diese Verknüpfungen und Wahrnehmungen stets auch von Erwartungen geprägt, die allen gemein sind und nur mit einer einzigen Sprache, die ja auf der Rezeption des Werkes und den gültigen Regeln der Musik beruht, beschrieben werden können, womit ein hermeneutischer Prozeß eingeleitet wird, der sowohl individuell als auch kollektiv ist. Wenn das den Kritikern des »Kulturstaates«[16] auch mißfällt, so hat der Staat aber das Recht, sich für den egalitären Zugang zu diesem ästhetischen Erleben einzusetzen. Der Staat hat jedoch – es sei denn, es handelt sich um einen totalitären Staat – weder ein Interesse daran noch die Möglichkeit, das hermeneutische Schaffen zu lenken. Aus der Sicht einer modernen Demokratie kann die Staatsmusik also nur ungefährlich sein, wenn sie unauffällig bleibt – und das ist ja bei der Europahymne nun wirklich der Fall.

Ein so schwaches Echo in der sozialen Vorstellungswelt war allerdings nicht im Sinne des Europarats, denn die Europahymne sollte die »europäische Idee« als solche vertreten, ein ideologisches Programm, das darauf abzielt, ein gewisses politisches Zugehörigkeitsgefühl auf dem europäischen Kontinent zu fördern und zu legitimieren. Und ein so ehrgeiziges

Ziel kann nur nach größtmöglicher Wirksamkeit hinsichtlich seiner Symbolik streben, denn es galt ja vor allem, sich von den totalitären Systemen abzugrenzen. Dieses Dilemma, das vielleicht untrennbar von jeglicher politischer Symbolik in einem demokratischen Staat ist, sollte im Rahmen der europäischen Entwicklung unweigerlich zu manchen Bedenken und zu Unschlüssigkeit führen. Die Frage nach der Vereinheitlichung der Symbole hatte sich schon 1953 in Straßburg gestellt, als man über eine Flagge beriet, den »gemeinsamer Nenner«, der allen europäischen Institutionen die Möglichkeit bieten sollte, ihr eigenes Emblem entsprechend anzupassen[17] – was jedoch bisweilen die umgekehrte Reaktion hervorrief. Hinsichtlich der Hymne, deren Wahl der Ministerausschuß des Europarats 1972 sehr vorsichtig angekündigt hatte, wollte man zunächst die Reaktionen der Bevölkerungen und der anderen Organisationen der Gemeinschaft abwarten und berücksichtigen. Die Organisationen schien das Problem der Symbole wenig zu berühren, abgesehen von einigen Abgeordneten, die den tatsächlichen Status der Hymne nicht kannten und verschiedentlich die fehlende offizielle Übersetzung der Verse *Freude schöner Götterfunken*[18] bedauerten. In Brüssel ließen die Beamten diesen Text jedoch regelmäßig vom Chor der Europäischen Gemeinschaft *singen*, da sie der Europahymne erklärtermaßen verpflichtet waren. Das erste, 1979 direkt gewählte Europäische Parlament übernahm die Flagge mit den zwölf Sternen, die »der Europäischen Gemeinschaft ein Symbol« verschaffen sollte, »mit dem sich die europäischen Völker identifizieren«[19] konnten, aber bis man sich wirklich mit der Frage der Hymne befaßte, sollten noch Jahre vergehen.

Beim Regierungsantritt von François Mitterrand am 21. Mai 1981 spielte das Orchestre de Paris die *Ode an die Freude* – mit hundertfünfzig Sängern, unter der Leitung von Daniel Barenboim –, während der neugewählte Staatspräsident die Rue Soufflot hinaufging und das Panthéon betrat. Neben der *Marseillaise*, in der Orchesterfassung von Berlioz, war sie das einzige Musikwerk des offiziellen Programms an diesem Tage. Anscheinend hat diese Musik aber wenig Aufmerksamkeit erregt: »Irgendwo, weit weg, jenseits eines Meeres von gereckten Hälsen und Rücken, über denen verwunderte Kinder wie Bergkuppen thronen, geschieht etwas. Die *IX. Sinfonie*? Kaum zu hören, die *Marseillaise* dagegen ganz und gar«, schrieb *Le Monde*.[20] Wenn der Klang im Fernsehen auch besser war, tauchte die *Neunte* dort ebenfalls nur als eine Art Begleitmusik auf, die zu keinem besonderen Kommentar Anlaß gab. Doch in dieser Form, frei von jeglicher Emphase, wurde Beethovens Werk direkt an den Kult der »Großen Männer« geknüpft, dessen ideale Darstellung die Gedenkstätte des Panthéon ist, und trotzdem blieb sie selbstverständlich Teil der Symbolik, die der Weihe des ersten sozialistischen Präsidenten der Fünften Republik galt. Nie zuvor hatte die *Neunte* in Frankreich als Staatsmusik fungiert wie eben bei dieser vom zukünftigen Kulturminister Jack Lang ausgerichteten Zeremonie.[21] Natürlich verwies die *Ode an die Freude* in diesem Rahmen keineswegs auf Europa, das jedoch sehr bald zu einer entscheidenden Linie in der Politik des neuen französischen Staatschefs werden sollte – im Dialog mit dem Präsidenten der Europäischen Kommission, Jacques Delors.[22]

Bevor sich diese Politik auf symbolischer Ebene bemerkbar machen sollte, mußte man feststellen, daß die Organisationen der Gemeinschaft noch keine gemeinsame Hymne gewählt hatten, worauf sich ein Abgeordneter der Parlamentarischen Versammlung des Europarats im Januar 1985 bemühte, die Debatte über die Beethovensche Melodie wiederaufzunehmen; er äußerte seine Zweifel, daß die »Hymne an die Freude«, ein reines Instrumentalwerk ohne Text, das eine spezifisch europäische Botschaft vermitteln soll, der Entwicklung der europäischen Zusammenarbeit angemessen sein kann«. Besagter Abgeordneter Tummers schlug also vor, sie durch eine »zeitgenössische Europahymne« zu ersetzen, die in allen Sprachen der Mitgliedsstaaten gesungen werden könne. Zudem solle sie bei einem »jungen Komponisten« in Auftrag gegeben werden, um so »die zeitgenössische Musik zu fördern«.[23] Sein Projekt blieb ohne Folgen, wenn man davon absieht, daß es dem Stoff des Films *Blau* des polnischen Regisseurs Krzystof Kieslowski ähnelte, denn die von Juliette Binoche gespielte Protagonistin vervollständigte in diesem Film das Auftragswerk, ein *Concerto pour l'Europe*, ihres verstorbenen Mannes, eines berühmten zeitgenössischen Komponisten. Als der Film 1993 anlief, schrieb ein Kritiker der *Cahiers du cinéma*: »Julies Ehemann ist ein Komponist, der uns als Star vorgestellt wird, wenigstens so berühmt wie Jean-Michel Jarre. Der Stil seiner Musik dagegen ist neo-klassizistisch pompös und entspricht überhaupt gar nichts, noch nicht einmal der sehr marginalen zeitgenössischen Musik.«[24] Diese sehr bissige Bemerkung ist trotz allem zutreffend, denn die Vorstellung von einem europäischen Musiksymbol, das die öffentliche Geltung des Komponisten, das politische Projekt der Gemeinschaft und die zeitgenössische Musikästhetik widerspiegeln könnte, müßte die Kluft zwischen der avantgardistischen Tonsprache und dem allgemeinen Geschmack der Bevölkerung überbrücken. Und daher rührt auch die unglaubwürdige Gestalt des Komponisten und die etwas zusammengewürfelt wirkende Musik Zbigniew Preisners, der das imaginäre Werk komponiert hat. Eine zeitgenössische Musik zu Europa ist jedoch nicht ganz unvorstellbar, wie bereits die 1957 geschriebene *Cantate de l'Europe* bewiesen hat, selbst auf die Gefahr hin, daß sie von einer neuromantischen oder neo-klassizistischen Tonsprache geprägt wäre. Die »zeitgenössische Europahymne« könnte aber an der

Tonsprache des beginnenden 21. Jahrhunderts scheitern, da ja die Gattung an sich auf das Ende des 18. Jahrhunderts zurückgeht.

Wenn Tummers Projekt auch verworfen wurde, so entstand es aber genau zur Zeit, als man sich in Brüssel endlich wieder der Frage nach der Hymne zuwendete. Im Juni 1984 trafen sich die verschiedenen Staatschefs in Fontainebleau, um während der dortigen Sitzungen Vertreter zu bestimmen, deren Aufgabe es sein sollte, die Identität und das öffentliche Erscheinungsbild der Europäischen Gemeinschaft zu untersuchen und zu fördern. Es handelte sich um den Ausschuß »Das Europa der Bürger«, besser bekannt unter dem Namen seines Vorsitzenden Pietro Adonnino, der Bettino Craxi vertrat, und dem außerdem folgende Persönlichkeiten angehörten: Max Gallo, stellvertretend für François Mitterrand; Hans Neusel, stellvertretend für Helmut Kohl; David Williamson, stellvertretend für Margaret Thatcher, und Carlo Ripo di Meana, stellvertretend für Jacques Delors. Die Mitglieder dieses Ausschusses untersuchten, wie man aus der Europäischen Gemeinschaft »eine für die Bürger greifbare Realität« machen könne und zugleich ihre Rechte besser vertreten und sie dazu anregen könne, am politischen Leben teilzuhaben. Da sie sich an neue Generationen richten mußten, die den Entstehungsprozeß der europäischen Institutionen nicht miterlebt hatten und auch »die Schrecken und Zerstörungen des Krieges« nicht kannten, konzentrierten sich ihre Untersuchungen vor allem auf Bereiche wie Jugend, Erziehung, Kultur und Sport. Ihnen verdanken wir unter anderem die Empfehlung, die Flagge mit den zwölf Sternen zu übernehmen und den Europatag einzuführen, der auf den 5. Mai festgelegt wurde, den Tag der »Schuman-Erklärung« aus dem Jahre 1950. Ihr abschließender Bericht erklärte auch:

Die Musik der »Hymne an die Freude« aus dem vierten Satz der *IX. Sinfonie* von Beethoven wird in der Tat bei europäischen Veranstaltungen verwendet. Auch für den Europarat ist die Hymne anerkanntermaßen repräsentativ für die europäische Idee.
Der Ausschuß empfiehlt dem Europarat, daß die Hymne anläßlich entsprechender Veranstaltungen und Zeremonien gespielt wird.[25]

Im Mai 1985 stimmte eine neuerliche Versammlung des Europarats in Mailand dem Adonnino-Bericht zu, und so wurde die *Ode an die Freude*, vierzehn Jahre nach dem Beschluß 492 der Beratenden Versammlung des Europarats, endgültig zur Hymne der Europäischen Gemeinschaft gewählt. Wie zuvor galt die Wahl nur der Musik und nicht dem Text; außerdem hat man sich wieder gänzlich über Beethoven ausgeschwiegen, nur daß in diesem Fall der anerkannt repräsentative Charakter der Musik einzig der Straßburger Verwaltung zugeschrieben wurde und man die Erklärung nicht mehr in Form einer Verknüpfung mit dem »europäischen Genie«, sondern nur mit der »europäischen Idee« formulierte. In diesem neuen Beschluß über die Legitimierung der Europahymne verzichtete man auf die nationalistisch wirkenden Worte von 1971. Indem aber auf die Verwendung im Rahmen der Entstehung Europas hingewiesen wurde, gab man zu verstehen, daß der einstige Ansatz einer Tradition nun zu einer echten Tradition geworden sei.

Der Adonnino-Ausschuß hatte auch das Ziel, »eine immer engere Bindung zwischen den Völkern Europas« zu unterstützen – eine geheiligte Formel, die das angestrebte politische Bündnis bekräftigen sollte, sich aber nicht über seine konkrete Form äußerte. Gleichzeitig bezeugten diese Debatten, daß man endlich das »demokratische Defizit« ausgleichen wollte, worauf im Februar 1992 die Bezeichnung des europäischen Bürgers in den Verträgen von Maastricht aufgenommen wurde. Tatsächlich ist die Frage nach den Symbolen nicht unabhängig von der Staatsbürgerschaft zu betrachten, womit man auf die große und heikle Frage stößt, ob und in welchem Maße Europa als Staat verstanden werden kann – ein Staat, der die Vorstellung von einer europäischen Staatsangehörigkeit formal ausschließt und so vom Vorbild des Nationalstaates abweicht, auf das er sich doch beruft. Die Europahymne trägt folglich zur »Verstaatlichung« der Europäischen Gemeinschaft bei, indem sie einer Symbolik gehorcht, die sich zwar von der der Nationalhymnen und auch in Hinblick auf das ihr innewohnende Programm sowie durch die Wahl der *Ode an die Freude* unterscheidet, ihren Impuls aber aus der Symbolik der Nationalstaaten schöpft. Zwar haben sich alle Verfechter der europäischen Identität stets grundsätzlich gegen einen »europäischen Neonationalismus«[26] ausgesprochen, doch bietet die Tatsache, daß Europa kein Nationalstaat ist, eben keine Garantie dafür, daß sich nicht auch hier gewisse rassistische Mechanismen entwickeln können, vor allem im Kontext der Immigration. Dies veranlaßte René Girault zur Frage: »*Verschanzt sich die europäische Idee*, jenseits der bewußt erlebten, wachsenden Solidarität, die aus der gemeinsamen Zivilisation hervorgegangen ist, jenseits einer vergleichbaren wirtschaftlichen Entwicklung und ähnlich gestalteten Gesellschaften, *nicht etwa aufgrund der schweren Zeiten in einer Solidarität, die sich gegen die Außenwelt richtet?*«[27]

Am 29. Mai 1986 wurden die neuen Symbole der Europäischen Gemeinschaft von der Brüsseler Kommission offiziell vorgestellt. Die Zeremonie begann damit, daß die zwölf Nationalflaggen gehißt wurden und Jacques Delors von den »Vätern Europas« sprach, um dann auszurufen: »Möge diese blaugoldene Flagge ein Symbol der Hoffnung für seine Bürger sein, das stetig von unserem Ideal und unserem Kampf aufrechterhalten wird.«[28] Nach den verschiedenen Reden zogen die Kinder der Europa-Schule, mit Unterstützung von Carlo Ripo di Meana, am dreizehnten Mast auf der Esplanade die neue Flagge empor. »Während die Farben Europas gehißt werden, spielt das Orchester ein Arrangement der ›Hymne an die Freude‹«, hieß es im offiziellen Programm, und »nachdem das musikalische Arrangement beendet ist, singt der Chor die Originalfassung der ›Hymne an die Freude‹ (in deutscher Sprache).«[29] Am Ende der Zeremonie ließ man an Schumans Denkmal Luftballons aufsteigen. Innerhalb von zwanzig Minuten schilderte die Zeremonie den ganzen Mythos von Europa, von der Entwicklung über die Verwurzelung im Leben der Nationen bis hin zur Würdigung der Gründer; während die Flagge aber im Mittelpunkt des Geschehens stand, wurde die Europahymne in den Reden mit keinem Wort erwähnt. In diesem zeitlich exakt festgelegten Programm wurde Karajans Partitur als einfaches »Arrangement« der »Originalfassung« bezeichnet, die immer noch die von Schiller blieb. Vielleicht war einem Beamten nur ein kleines Versehen unterlaufen, das sein uneingestandenes Verlangen nach einem Text verriet. Die Presseinformation war jedoch sorgfältiger vorbereitet: »Während der Zeremonie wird ein Orchester die ›Hymne an die Freude‹ von Beethoven spielen, welche die Europahymne ist. Der Chor der Europäischen Gemeinschaft wird darüber hinaus die ›Hymne an die Freude‹ in ihrer deutschen Fassung vortragen.«

Man hatte die beiden Symbole zumindest vorgestellt, und schließlich war es Sache der Bürger, darüber zu urteilen. Die Kommentare ließen zunächst auf sich warten[30], dann aber konnten die Behörden befriedigt feststellen, daß sich die Flagge als sehr beliebt erwies und sogar vor der Verwertung durch die Werbung geschützt werden mußte. Der Hymne war allerdings ein weniger erfreuliches Los beschieden. Sie erklingt, gemäß dem Protokoll und somit gemäß den nationalen Traditionen, bei allen offiziellen europäischen Veranstaltungen; ebenso anläßlich der Feierlichkeiten der Partnerstädte[31] oder am Europatag; man hört sie auch im Rundfunk oder Fernsehen anläßlich der Europawahlen oder ähnlicher Ereignisse. Daneben stellten zahlreiche Künstler ihr Arrangement der »Europahymne«, das heißt der Beethovenschen Melodie, vor: Ein breites Spektrum, vom Chor der Europäischen Gemeinschaft und den singenden, gläubigen Katholiken eines Laurent Grzybowski, über die Fanas de l'accordéon [die Akkordeon-Fanatiker], bis hin zur »Scie musicale« [»Singenden Säge«] eines Jean-Pierre Gautier.[32] In Frankreich wird sie oft von Militärkapellen gespielt, oft jedoch in der Version von Dalbecq und nicht in der von Karajan, um somit ins Repertoire der französischen Staatsmusik und sogar ins »Kulturgut des französischen Militärs« aufgenommen zu werden.[33] Und abgesehen von diesen inoffiziellen Würdigungen, produzierten die Europäische Kommission und der Europarat 1995 eine Schallplatte, die den »lang gehegten Wunsch nach einer endgültigen Aufnahme der Europahymne« erfüllen sollte.[34] Schließlich war die Europahymne doch in die volkstümliche Musik eingegangen, zumindest im weiteren Sinne des Wortes, jedoch glänzte sie bei den bedeutenden kulturellen oder musikalischen Veranstaltungen durch Abwesenheit. Man kann also heute davon ausgehen, daß die *Ode an die Freude* als Symbol Europas nur ein sehr schwaches Echo fand, selbst bei all jenen, die der europäischen Idee wohlwollend gegenüberstehen.

Das Problem des Textes wurde im Laufe der Jahre immer wieder von den Abgeordneten angesprochen, und sie erhielten in schöner Regelmäßigkeit folgende Antwort: »Die Kommission sucht zur Zeit nach einer geeigneten Lösung.«[35] Eine erneute Antwort aus dem Jahre 1989 lautete allerdings etwas anders, da man hinsichtlich der Tatsache, daß es sich um eine Hymne ohne Text handelt, eine positive Bemerkung hinzufügte: »Man sollte im übrigen berücksichtigen, daß Musik die universelle Sprache schlechthin ist.«[36] Die alte Formel von der universellen Sprache und zugleich Grundregel der klassischen Musik diente dieser bürokratischen Erklärung dazu, den semiologischen Status der Europahymne zu überdenken. Es war die Erkenntnis, daß die reine Musik eine eigenständige Sprache war. Warum also nicht ein Symbol, das im Namen der universellen absoluten Musik – dieser ausgesprochen »europäischen« Tradition – eine instrumentale Hymne ist? Eine sehr logische Schlußfolgerung, und man kann sich fragen, warum sie nicht schon mehr Anhänger gefunden hatte. Sie sollte sich natürlich auf eine Melodie beziehen, die ihren außergewöhnlichen historischen Status gerade der Tatsache verdankt, ein Instrumentalwerk zu sein. Die Kommission unternahm jedenfalls nichts, um das Problem zu lösen, und ihre Antwort, die in Wahrheit keine war, konnte das nur bestätigen; die Frage blieb weiterhin offen. Eine mangelnde Stellungnahme stellt bereits eine Stellungnahme dar, die sich ohnehin seit fünfundzwanzig Jahren nicht geändert hatte, als René Radius so innig an die »Spontaneität« der Europäer appellierte. Indessen hat die Erfahrung gezeigt, daß sich die Menschen, einschließlich der Beamten und Abgeordneten, im Fall dieser Hymne hartnäckig weigerten, die alleinige »universelle« Botschaft der Musik anzunehmen. Der Protokollchef der Europäischen Kommission hat den Sachverhalt besser als jeder andere zusammengefaßt:

– Ja, die Europahymne wird nicht gesungen, und ich wüßte nicht, welchen Text man nehmen könnte, entweder irgendwelche Albernheiten oder Auszüge aus irgendwelchen Abkommen. Wir haben keine Tradition ... Im allgemeinen werden in Nationalhymnen stets denkwürdige Taten geschildert, sie erinnern an große historische Augenblicke. Erstens haben wir das nicht, zweitens stellt sich ein Problem, das zunächst nicht wichtig erscheint, aber trotzdem von großem Belang ist, nämlich die Sprache. Tatsache ist, daß ein eventueller Text im Rhythmus, Reim usw. in allen unseren Sprachen, deren Anzahl höchstwahrscheinlich ansteigen wird, angepaßt und sangbar sein müßte. Im Moment also, während wir auf eine sprachliche Vereinfachung warten, die etwa eine oder zwei Sprachen umfassen könnte, und eventuell auf ein großes historisches Ereignis, um den Text der Hymne zu rechtfertigen, weiß ich wirklich nicht, was man nehmen könnte, vielleicht die Zusammenfassung einer Gipfelkonferenz oder ...[37]

Diese Ausführungen darf man gern nostalgisch finden. Das Fehlen »großer historischer Ereignisse« in der europäischen Entwicklung wurde bisweilen schon als »mythologisches Defizit«[38] bezeichnet: das Fehlen eines Epos, das gewöhnlich die Nationalgeschichte durchdringt und die Grundlage zu den Staatshymnen bildet, dabei nicht nur als dichterische Entsprechung, sondern auch als politisches Programm dient. Jenes Defizit konnte weder das Bemühen eines Denis de Rougemont noch das anderer Vordenker der europäischen Idee ausgleichen, um Europa mit einer Art rückwirkendem geschichtsschreibendem Mythos auszustatten, der bis zur Antike zurückgereicht hätte.[39] Das gleiche gilt für die Europahymne, deren bürokratische Entstehungsgeschichte genauso eintönig ist wie die einzelnen Verträge oder die Protokolle der Gipfeltreffen.

Es handelte sich dagegen um ein großes Epos, dessen Protagonist zwar nicht Europa als solches war, sondern die »Freie Welt«, die während des kalten Krieges den Kern der westlichen Ideologie gebildet hatte, bis hin zum Zusammenbruch des sowjetischen Regimes und den entsprechenden Prophezeiungen über das Ende der Geschichte. Die Wirkung des letztgenannten Ereignisses sollte sich auch in einer geplanten Revision der Europahymne niederschlagen, die die Gestalt Europas ins Zentrum des historischen Werdens stellte – eines Europa, das nun auch den ehemaligen Ostblock einbezog, und eben nicht nur Westeuropa, mit dessen Name man es oft genug gleichgesetzt hatte. Im März 1990 legte der Abgeordnete Lyndon Harrison der Brüsseler Kommission folgende schriftliche Anfrage vor:

Weiß die Kommision überhaupt, daß im ursprünglichen Text von Schillers Gedicht, das Beethoven zu seiner *IX. Sinfonie* angeregt hat, von »Freiheit schöner Götterfunken« die Rede war, aber seinerzeit die Zensur diese Worte durch »Freude schöner Götterfunken« ersetzt hat?
Ist die Kommision nicht der Meinung, daß man dieses zwei Jahrhunderte alte Verbot aufheben und Schiller in seinem Recht bestätigen sollte?
In Anbetracht der bedeutsamen Schritte, die Europas Völker, vor allem in den letzten Monaten, auf die Freiheit hin unternommen haben, wäre es da nicht angemessen, den Europäern eine Hymne zu bieten, die schon seit ihrem Ursprung gegen alle despotischen oder diktatorischen Staatsformen aufbegehrt hat?
Muß die Kommission daran erinnert werden, daß Bernstein bei seinem Weihnachtskonzert in Berlin Schillers ursprünglichen Text verwendet hat, um Beethovens *Neunte* zu deuten?[40]

Somit wurde die Europäische Kommission aufgefordert, den einstigen staatlichen Verrat an Schiller aufzudecken und seinen Schöpfungsakt sowie den eigentlichen Gehalt seines

Werkes anzuerkennen, welcher rückblickend die ideale Verkündung des aktuellen historischen Augenblicks darstellte. Die Entwicklung zwischen Beethovens Epoche und dem Ausgang des 20. Jahrhunderts – von Metternichs Europäischem Konzert bis hin zu Jacques Delors' Neuem Europäischem Konzert – äußerte sich in der Haltung der Staatsorgane, zum einen hinsichtlich der Freiheit des künstlerischen Schaffens und zum anderen hinsichtlich des künstlerischen Ausdrucks der Freiheit. So gesehen, bildete eine zur *Ode an die Freiheit* gewordene Europahymne gewissermaßen den dichterischen Ausdruck des erloschenen Kommunismus wie auch die Verheißung eines vereinten demokratischen Europa. Es ist wohl nicht nötig, darauf zurückzukommen, daß die Theorie des Abgeordneten Harrison unhaltbar war, was der Dirigent Bernstein selbstverständlich wußte. Sein gutgemeinter Vorschlag blieb indes verlorene Liebesmüh, und nicht etwa aufgrund der historischen Wahrheit, sondern weil die Europahymne ihr altes Handikap nicht abschütteln konnte. »Die Kommission hat die Ausführungen des ehrenwerten Parlamentariers bezüglich des Textes von Schillers ›Ode an die Freude‹ mit großem Interesse zur Kenntnis genommen«, lautete die freundliche Antwort aus Brüssel, um dann wie folgt abzuschließen: »Die Kommission untersucht das Problem des Textes, hat aber bisher noch nicht dazu Stellung genommen.«[41]

Freiheit schöner Götterfunken als Europahymne: Vielleicht hat diese Idee doch Zukunft, und zwar in ihrer wörtlichen Form oder als Metapher der *Ode an die Freude* – jener »weltliche Choral«, der, wie man kürzlich im Programmheft des Orchestre de Paris lesen konnte, »Europa als Hymne dient und so Beethoven in seiner Rolle als Vorsänger der Freiheit bestätigt«.[42] Allerdings wurde der Abgeordnete direkt vom Fall der Berliner Mauer zu seiner Initiative angeregt, wobei Beethoven ja eigentlich keine »europäische« Bedeutung zukam. Im Jahr 1989 erklang die *Ode an die Freude* im Westen und Osten von Berlin als eine universelle, revolutionäre oder deutsche Hymne – oder allenfalls als eine Hymne der NATO. Zu keiner Zeit setzte sie sich als *die* Europahymne durch, und ohnehin hatte sie sich bis dahin auch in der Rezeption des Komponisten – außer im Rahmen der europäischen Institutionen selbst – kaum bemerkbar gemacht. Im Vorfeld der Wiedervereinigung sollte die Verknüpfung von Beethoven mit dem deutschen Selbstbewußtsein vorübergehend zu neuem Leben erwachen, eine Erscheinung, deren Bedeutung man jedoch in keinster Weise überschätzen sollte. Der Fall der Mauer gab tatsächlich Anlaß zu zahlreichen spontanen Musikveranstaltungen, in deren Rahmen Beethoven aber vor allem den namhaften Persönlichkeiten der internationalen Musikszene vorbehalten war; darunter kein einziger Deutscher, es sei denn die Berichterstatter des Südwestfunks, die den Händedruck zwischen Helmut Kohl und Hans Modrow unter dem Brandenburger Tor zum Klang von Miguel Ríos' *Song of Joy* kommentierten.[43] Nur drei Tage nach dem 9. November 1989 kamen viele Ostberliner in den Westen, um die Berliner Philharmoniker zu hören, die unter Leitung von Daniel Barenboim das *1. Klavierkonzert* und die *VII. Sinfonie* interpretierten. Manche sahen in diesem Konzert ein Zeichen der »Versöhnung des deutschen Volkes«, und andere bedauerten, daß nicht die *Neunte* gespielt wurde.[44] Am 18. und 19. Dezember dirigierte Yehudi Menuhin die Ouvertüre zu *Egmont* und die *IV. Sinfonie*; es spielte die Staatskapelle der Deutschen Staatsoper Unter den Linden, einmal im Westteil der Stadt, im Großen Sendesaal des Sender Freies Berlin, am anderen Tag im Ostteil, auf der Hausbühne des Orchesters. Die Einnahmen des Konzerts sollten dem Wiederaufbau verfallener historischer Stadtzentren in der DDR dienen. Und am 23. und 25. Dezember dirigierte Leonard

Bernstein die *IX. Sinfonie* mit Musikern aus Ost und West: Das Sinfonieorchester des Bayerischen Rundfunks war verstärkt worden durch zwei Dutzend Musiker der Dresdner Staatskapelle, des Leningrader Kirow-Orchesters, des Londoner Symphony Orchestra, des New Yorker Philharmonic Orchestra und des Orchestre de Paris einschließlich Musikern aus den vier verbündeten Staaten/Alliierten. »The Berlin Celebration Concerts«, so der Titel der Doppelveranstaltung unter Bernsteins Leitung, fand einmal in der Westberliner Philharmonie und einmal im Ostberliner Schauspielhaus statt und wurde jeweils direkt über eine Videoleinwand gegenüber der Gedächtniskirche und auf dem Platz der Akademie übertragen sowie über Satellit in sechsunddreißig Länder ausgestrahlt. Bernsteins Konzerte waren wohl die herausragenden unter allen Beethoven gewidmeten Veranstaltungen im Zusammenhang mit dem Mauerfall –, wohl auch im Sinne der Deutschen Grammophon, denn sie produzierte eine CD dieser »historischen Version« der *Ode to Freedom* – mit einem Stückchen Original-Mauerrest als Zugabe.[45]

Bei dieser Gelegenheit ließ Bernstein also *Freiheit* statt *Freude* singen, und durch diese Geste eines jüdischen Amerikaners – aus der gleichen Generation wie der kurz zuvor verstorbene Karajan – bekam die *IX. Sinfonie* den Charakter eines Symbols der deutschen Einheit, aber sicher auch den eines Symbols für den Triumph der westlichen Welt über den Totalitarismus; denn gesetzt den Fall, daß die Emphase direkt auf eine ideologische Dimension verwies, harmonierte die Wiedervereinigung der Deutschen besser mit dem bereits im Schillerschen Original beinhalteten Ideal der Brüderlichkeit. Die politische Bedeutung wurde noch verstärkt durch das, verglichen mit den üblichen Konzertversionen, deutlich langsamere Tempo, das der *Freudensmelodie* auch etwas von der feierlichen Stimmung der Europahymne verlieh. Die große

Wirkung jener Interpretation, noch dazu in einer so außergewöhnlichen Situation, entstand aber in erster Linie dadurch, daß die *IX. Sinfonie* in ihrer vollen Länge gespielt wurde – eine *Neunte*, die man zur Politik »sprechen« lassen wollte, ohne jedoch auf den Anspruch der hohen Musik zu verzichten; als ob es gelte, die historische Verbindung zwischen ästhetischer und politischer Freiheit zu unterstreichen, indem man gegen die Logik der Gattung einer eigentlichen Hymne verstieß, die das Kunstwerk ja in eine politische Funktion zwingt. Jene Konzerte wurden von der nationalen und internationalen Presse hoch gelobt. »An weiterwirkender kommunikativer Gewalt kannten Bernsteins Konzerte nicht ihresgleichen«, schrieb der Berliner Musikkritiker Klaus Geitel.[46]

Die Begeisterung angesichts Bernsteins politischer Geste hinderte aber einige Musikfachleute nicht daran, das musikalische Resultat scharf zu verurteilen: »Als Medienereignis mit symbolischer Tragweite war es ein Triumph. Aber als Interpretation der *IX. Sinfonie* läßt es sehr zu wünschen übrig«, schrieb David Levy.[47] Am heftigsten reagierte sicher der Amerikaner Richard Taruskin, den die Vorstellung empörte, daß man aus Beethoven und der klassischen Musik »Eindringlinge« machte, die über »ein historisches Ereignis« herfielen. »Die wahren musikalischen Sinnbilder dieser glorreichen Stunde waren die Gitarren der jungen Leute in Jeans, die oben auf der Mauer die Musik spielten, deretwegen man sie am Tag zuvor noch ins Gefängnis gesteckt hätte. Nur sie haben die Freiheit symbolisiert. Und Beethoven, ja was symbolisierte er denn? Nur eine konservierte Größe, fürchte ich, mit allem, was das an Selbstgefälligkeit, Langeweile und Ritualen mit sich bringt. Eben genau das, wogegen sich die Aufstände von 1989 gerichtet haben.«[48] Taruskin ging sogar so weit, den klassischen Kanon mit dem sowjetischen System zu vergleichen: Die rituellen Lobreden auf den »großen Ludwig« entsprächen der ebenso veralteten Ehrfucht vor dem großen Lenin. So erhob er seine Forderung nach einer »subversiven Interpretation« der Beethovenschen Werke.

Wohlgemerkt war die politische Geste, symbolisiert durch das Ersetzen des Wortes *Freude* durch *Freiheit*, auch für Bernstein nicht selbstverständlich, der im Programmheft zum Konzert erklärte:

> Es scheint eine Vermutung gegeben zu haben, daß Schiller neben der »Ode an die Freude« einen weiteren Entwurf dieses Gedichts mit dem Titel »An die Freiheit« verfaßt haben soll. Die meisten Forscher sind heute jedoch der Meinung, daß es sich dabei wahrscheinlich um einen Schwindel handelt, dessen Urheber Friedrich Ludwig Jahn gewesen ist.
> Ob wahr oder nicht – ich glaube, dies ist ein Augenblick, den der Himmel gesandt hat, um das Wort »Freiheit« immer dort zu singen, wo in der Partitur von »Freude« die Rede ist. Wenn es je einen historischen Augenblick gegeben hat, in dem man um menschlicher Freude willen eine akademische Theorie-Diskussion vernachlässigen darf – jetzt ist er gekommen, und ich bin sicher, daß Beethoven uns seinen Segen gegeben hätte.
> Es lebe die Freiheit!⁴⁹

So gab die Theorie über *Freiheit schöner Götterfunken* Anlaß zu einer tatsächlichen Änderung der *IX. Sinfonie*, indem ebendas gleiche Argument geltend gemacht wurde, demzufolge die moralische und politische Bedeutung Vorrang vor der Authentizität hatte – oder, wie die Italiener sagen, *se non è vero, è ben trovato*. Und Beethoven selbst sollte dafür bürgen, indem er wie ein Deus ex machina in die Maschinerie seiner eigenen Rezeption eingreift, um einer Fälschung willen, die für wahrer als die Wahrheit gehalten wurde. Wie man sieht, war das Wunschdenken stärker als alle Forderungen nach Autonomie von seiten der Philosophie, der Kunst oder der Geschichtsforschung. Und selbst wenn man jene Freiheiten nicht gerechtfertigt oder stillschweigend hingenommen hätte, müßte man trotz allem diesen beharrlichen Mythos in der Rezeptionsgeschichte der *Ode an die Freude* als eine historische Wahrheit anerkennen. Gleichgültig was Schiller, Beethoven oder die Geschichtsschreibung davon gehalten hätten, war doch in vielen historischen Zusammenhängen – sei es für den Nationalisten Jahn gegen die Franzosen, den liberalen Griepenkerl gegen das europäische Konzert, den Belgier Wilder stellvertretend für die Französische Republik, den Kommunisten Eisler gegen die Nazis, die Londoner *Times* gegen die Apartheid, den Abgeordnete Harrison für ein demokratisches Europa oder Leonard Bernstein beim Fall der Berliner Mauer – unverkennbar, daß die *Ode an die Freude* eine *Ode an die Freiheit* hätte sein sollen, um ihrer politischen Symbolik gerecht zu werden. Der Konditional ist aber durchaus sinnvoll. So mag die kleine Spanne verdeutlicht sein, die Beethovens *IX. Sinfonie* auch heute noch von einer einfachen mechanischen Orange trennt.

Epilog

Kritik und Zukunft eines Traums

Alle sind sich darüber einig, daß Freude etwas Positives ist. Die Gründe, die uns freudig stimmen, können jedoch unendlich verschieden sein. So wird auch Beethovens IX. *Sinfonie* von allen geliebt, aber jeder hat seine ganz persönlichen Gründe daraus herzuleiten, was er als gut und schön empfindet. Das ist nicht verwunderlich, denn ein Kunstwerk hat die Eigenart, stets Raum für widersprüchliche Deutungen zu lassen, und besonders Musik garantiert – mehr als jede andere Kunst – Mehrdeutigkeit. Man akzeptiert die Vorstellung, daß Musik eine Sprache ist, nur selten aber stimmen die Meinungen darin überein, was sie aussagen soll. Und ihr Sinngehalt erschließt sich nicht etwa leichter, wenn ein Gedicht, ein Text den Hintergrund bietet. Von Klängen umgeben, verkünden Schillers Worte schlicht und unumstößlich: »Alle Menschen werden Brüder.« Menschen haben jedoch diverse Motivationen, um sich untereinander als Brüder zu bezeichnen, Motivationen, die sie meist dazu anregen, Edles und Gutes zu vollbringen, sie bisweilen aber auch zum Haß, zur Gewalt, ja zum Mord treiben. Das gleiche gilt für andere große Leitbilder, etwa das Leben oder die Freiheit.

In dieser Hinsicht ähnelt der Werdegang der zu politischen Zwecken verwendeten *Ode an die Freude* dem vieler Ideale, die in die Geschichte der modernen westlichen Welt eingegangen sind. Man könnte anhand dessen versucht sein, ein Exempel oder eine Moral aufzustellen, dennoch ist es sehr heikel, aus der Geschichte eines Symbols das Symbol der Geschichte machen zu wollen. Deshalb möchte vorliegende Studie den instrumentalen Aspekten, die die Herausbildung einer sozialen Vorstellungswelt geprägt haben, auf die Spur kommen. Seit der Romantik hat die Entwicklung der Ästhetik dazu geführt, daß man die Kunstwerke zum idealen Element bestimmte, in dem die Geschichte eines Volkes, einer Nation, einer Kultur zur Entfaltung kommt oder gipfelt, was im Fall von eindeutig politischen, symbolhaften Werken besonders ins Auge fällt.

Wenn die Geschichte der Symbole die Geschichte dessen ist, was sie symbolisieren, sowie die der Methoden zur Symbolisierung, dann bedeutet das nicht – wie es die romantische Tradition will –, daß in ihren bevorzugten Werken eine gewisse metaphysische Essenz des kollektiven Geistes zum Ausdruck käme, sondern vielmehr, daß die öffentliche Funktion jener Werke anhand von Erörterungen und Praktiken definiert wird, die stets bemüht sind, eine Gesamtansicht der Geschichte und der Gesellschaft zu bieten. Hier werden die Grenzen einer solchen Studie erkennbar, denn diese Ziele fixieren die Sehweise der unterschiedlichen Beteiligten auf ihre schematischen, ja ideologischen Aspekte – oder etwa auf die Brüche, die ihre grundlegendsten Begrenzungen zutage bringen. Bei der Gedächtnisfeier zu Beethovens hundertstem Todestag konnte man in Amerika und der Sowjetunion die beiden politischen Kulturen vorfinden, die den Lauf des 20. Jahrhunderts gelenkt haben, doch diese Analyse wird über diese Kulturen nur schwerlich andere Zusammenhänge aufdecken als die, die bereits bekannt sind.

Die Diskussion um die Legitimität der Europahymne kann beispielsweise nur im Rahmen ihrer eigenen Geschichte geführt werden, indem man alle einzelnen Schritte, die zu ihrer besonderen Legitimierung beigetragen haben, untersucht – unabhängig davon, was Europa eigentlich ist oder in mancher Hinsicht nicht ist. Man darf zunächst davon ausgehen, daß ihre Wandlungen die Schwierigkeiten und gar Sackgassen widerspiegeln, die bezeichnend für Europas Entwicklungsphase gewesen sind; daß der stumme Gesang der Europäer der Unbeständigkeit oder dem Ehrgeiz ihres kollektiven Projekts entspricht, ihrem verzweifelten Rückzug auf nationale Werte oder ihrer ungestillten Sehnsucht nach dem Universellen. Zur Stunde hat die Währungsunion konkrete Formen angenommen, womit für viele ein alter »Traum von Brüderlichkeit«[1] in Erfüllung geht, was bei manchen aber eine Art Größenwahn aufrechterhält, in dem der Wunsch nach einer weltweiten, verlorenen Vormachtstellung nachklingt; zur Stunde werden auch rechtsextremistische Stimmen laut, die die »nationalen Vorrechte« auf »europäische«, ebenso verwerfliche »Vorrechte« ausdehnen wollen – und zu ebendieser Stunde könnte die Europahymne, sofern sie irgendeine Bedeutung haben sollte, was allerdings nicht sicher ist, an das demokratische, egalitäre und universalistische Ideal gemahnen, das die Länder Europas für ihr intellektuelles und politisches Aushängeschild halten. Die Legitimierung der Europahymne wäre dementsprechend abhängig von Europas Treue zu den Werten, die die *IX. Sinfonie* im Spiegel der Geschichte darstellt. Europas Bemühen darum, daß »alle Menschen *weltweit* Brüder werden«, könnte dazu beitragen, das Defizit an Legitimität auszugleichen, das durch die partikularistische und allgemein anerkannte Verwertung eines Kulturerbes entsteht, das erklärtermaßen der ganzen Menschheit gehört.

Es ist zumindest sicher, daß die ideologische Bedeutung von Beethovens Werk weit über die Europafrage hinausreicht. Die Rezeption der *Ode an die Freude* gestaltet sich wie eine Fabel über den moralischen Wert der abendländischen Kunst. Alle, die sich auf die *Neunte* berufen haben, sind zunächst vom Erlebnis ihrer Schönheit ausgegangen; weil sie das Schöne erträumt hatten und glaubten, das Gute zu kennen, haben sie aus diesem Schönen das Symbol des Guten gemacht. Dagegen ist nur schwer ersichtlich, warum dieser Syllogismus so beharrlich von Menschen verkündet wurde, die keinesfalls als Inbegriff des Guten gelten können – an erster Stelle selbstverständlich die Nationalsozialisten, die historische Verkörperung des Bösen schlechthin. Wenn Beethovens Werk »das musikalische Symbol einer menschlichen Gemeinschaft, ihrer Bestrebungen, ihrer Revolutionen« darstellt, aber »leider auch die Waffe ihrer Tyrannen«[2], wie André Boucourechliev festgestellt hat, so wird man sich dahingehend immer entrüsten können. Und diese Entrüstung ist sogar eine Art Pflicht, dennoch läßt sie die entscheidende Frage offen, was amoralische Menschen dazu verleiten kann, die moralische Gültigkeit des gleichen ästhetischen Erlebens für sich zu beanspruchen. Worauf soll man also den moralischen Gehalt von Beethovens Musik stützen? Und wie kann man diesen Gehalt erörtern, ohne ständig tugendhafte Klischees zu wiederholen?

Der vorliegende Essay mag gezeigt haben, daß ein solcher moralischer Wert vernünftigerweise nicht allein auf die Tonsprache zurückzuführen ist. Die Tonsprache, die in der *Neunten* verwendet wird, folgt dem Vorbild der platonischen Sophisten, das heißt, sie ist getrennt von der Wahrheit zu betrachten, zu deren Vermittlung sie eventuell dient. Anders ausgedrückt, die Tonsprache ist entweder amoralisch, oder sie bringt einen Moralbegriff zum Ausdruck, der die Tyrannen mit einbezieht – was natürlich auf das gleiche hinausläuft. Wäre das aber nicht der Fall, wären die Tyrannen ganz einfach außerstande, diesen Moralbegriff zu formulieren, weil er für sie keinerlei Sinn hätte. So bleibt die Möglichkeit, jenen moralischen Gehalt aus der ja ausdrücklich der Aufklärung entspringenden Tradition abzuleiten, wo jegliche Formen von Totalitarismus und Rassismus als Abweichung oder Bruch angesehen wurden. So käme man aber in die verzwickte Lage eines Felix Weingartner, den 1927 der Gedanke an eine Welt quälte, die im Lärm der Modernität taub für die Vergangenheit geworden war. Welche Genugtuung kann es denn bereiten, immer wieder auf eine Tradition zu pochen, die nur noch aus den Phrasen einer hochheiligen Musikdoktrin besteht, die selbst die Romantik zu Kitsch hat werden lassen? Würde sich die Tradition als einziges Mittel zum Zweck herausstellen, um die moralische Wahrheit der Musikwerke zu erklären, müßte man daraus nicht folgern, daß die Tradition zwar die Wahrheit spricht, diese Wahrheit aber fortan banal erscheint?

Dennoch bleibt die *IX. Sinfonie* bis zum heutigen Tag das erste Musiksymbol, das einen moralischen Wert der Kunst verkörpert: Die Aufführung in Sarajevo 1996, unter der Leitung von Sir Yehudi Menuhin, ist nur ein Beispiel unter vielen, ebenso wie die für das Jahr 2000 geplante Interpretation zum Gedenken der Holocaust-Opfer in Mauthausen, mit dem Dirigenten Sir Simon Rattle und den Wiener Philharmonikern. Was aber verbirgt sich hinter all diesen Aktionen? Maynard Solomon schrieb 1977: »Wenn wir das Bewußtsein vom transzendenten Reich des Spiels, der Schönheit und Brüderlichkeit verlieren, das uns die großen positiven Werke unserer Kultur darbieten, wenn wir den ›Traum‹ von der *IX. Sinfonie* verlieren, dann bleibt uns nichts mehr, um ein Gegengewicht zum erdrückenden Grauen der modernen Zivilisation zu bilden, nichts mehr, was man Auschwitz und dem Vietnam-Krieg als Paradigma der menschlichen Potentiale entgegensetzen könnte.«[3] Dieses Argument kann man gelten lassen, ja vielleicht muß man es sogar gelten lassen. Trotzdem hat seine Logik etwas Befremdliches, denn »indem Maynard Solomon von der *IX. Sinfonie* wie von einem Traum spricht, riskiert er die Behauptung, daß wir den Glauben an etwas brauchen, selbst wenn wir nicht daran glauben«.[4]

Soll man den Grundsatz wirklich akzeptieren, demzufolge die Kunst die äußerste Garantie der Moralität des menschlichen Handelns ist? Und wenn dies der Fall wäre, soll man Beethoven immer als Zeugen dieser Tatsache heranziehen? Beethoven gegen Auschwitz, gegen den Vietnam-Krieg, gegen die Berliner Mauer, gegen den Krieg im ehemaligen Jugoslawien, gegen die künftigen Massaker ... warum nicht, aber nur dann, wenn die Kritik an der Tradition, die doch die Hauptaufgabe bleibt, fortgesetzt wird, und nur wenn man behauptet, die Botschaft der *IX. Sinfonie*, jenes Überbleibsel aus einer stets ferneren Welt, sei für uns noch immer bedeutungsvoll – oder wenn wir bereit sind zu akzeptieren, daß sie eines Tages verstummen könnte, ohne daß dies unbedingt eine Katastrophe wäre.

Anmerkungen

Einleitung

1 Romain ROLLAND, *Beethoven. Les grandes époques créatrice*, Paris 1980, S.1327.
2 Thomas BERNHARD, *Alte Meister*, Frankfurt 1988, S.125.
3 Richard Wagner an Franz Liszt, 7. Juni 1855, in: Richard WAGNER, *Sämtliche Briefe*, Band 1–7, Leipzig 1979–1988, S.204.
4 Bemerkung aus einem Privatgespräch mit Frau Agnès Heller.

God Save the King und *Marseillaise*

1 »A Discourse of the Fall of the Operas«, in: *Commons Sense, or the Englishman's Journal*, 14. Oktober 1738; zitiert nach Otto DEUTSCH, *Handel – A Documentary Biography*, London 1955, S.469.
2 Jean-Jacques ROUSSEAU, Artikel »Musique«, in: *Dictionnaire de musique, Œuvres complètes*, Paris 1995, S.924.
3 H. DIACK JONSTONE, »Maurice Greene«, in: *New Grove Dictionary of Music and Musicians*, London 1980, S.684.
4 Ruth SMITH, *Handel's Oratorios and Eighteenth-Century Thought*, Cambridge 1995, S.210.
5 Siehe Thurston DART, »Maurice Greene and the National Anthem«, in: *Music and Letters*, XXXVII, Nr. 3, Juli 1956, S.209.
6 Siehe Linda COLLEY, *Britons – Forging the Nation, 1707–1837*, New Haven, London 1992, S.81 und S.286.
7 Die Diskussionen hinsichtlich des Ursprungs dieser Melodie bilden den Hauptteil der Bibliographie zum Thema. Was den Text anbelangt, so läßt sich der skripturale Ursprung mancher Verse feststellen, doch die Herkunft des Gedichts an sich ist gleichfalls unbekannt.
8 *The Daily Advertiser*, September 1745, Faksimile in: Percy SCHOLES, *God save the Queen! The History and Romance of the World's First National Anthem*, Oxford University Press 1956, Abb. 3.

9 COLLEY, op. cit., S. 44.
10 Erst 1933 wurden offizielle Anweisungen zur Aufführung festgelegt, die aber kaum befolgt werden.
11 Siehe Oscar SONNECK, *Report on »The Star-Spangled Banner«, »Hail Columbia«, »America«, »Yankee Doddle«* (1909), New York 1972, sowie SCHOLES, op. cit., S. 190 ff.
12 COLLEY, op. cit., S. 145.
13 Anna SEWARD, »Remonstrance« (1788), zitiert nach Robert James MERRET, »England's Orpheus: Praise of Handel in Eighteenth-Century Poetry«, in: *Mosaic* XX/2, Manitoba 1986, S. 108.
14 James BEATTIE (1780), nach DEUTSCH, op. cit., S. 855.
15 William COWPER, »The Task«, zitiert nach MERRETT, op. cit., S. 107.
16 William WEBER, *The Rise of Musical Classics in Eighteenth-Century England – A Study in Canon, Ritual and Ideology*, Oxford University Press 1992, S. 224.
17 Charles BURNEY, »An Account of the Musical Performances in Westminster Abbey and the Pantheon, May 26th, 27th, 29th; and June the 3rd and the 5th, 1784«, in: *Commemoration of Handel*, London 1785.
18 Jean-Jacques ROUSSEAU, Artikel »Hymne«, in: *Dictionnaire de musique*, op. cit., S. 855.
19 Marcel GAUCHET, *La Révolution des pouvoirs. La souveraineté, le peuple et la représentation, 1789–1799*, Paris 1995, S. 30.
20 *Journal de la Municipalité*, zitiert nach Constant PIERRE, *Les Hymnes et les chansons de la Révolution*, Paris 1904, S. 199.
21 *Chronique de Paris*, 8. Juli 1790, S. 753f.
22 Mona OZOUF, *La Fête révolutionnaire, 1789–1799*, Paris 1976, S. 470; siehe auch Jean STAROBINSKI, »Le serment: David«, in: *Les Emblèmes de la raison*, Paris 1979.
23 *Chronique de Paris*, 12. Juli 1790, S. 769.
24 *Gazette nationale ou le Moniteur universel*, 16. Juli 1790; nach der *Réimpression de l'Ancien Moniteur*, Paris 1847.
25 André-Modeste GRÉTRY, *Mémoires, ou Essais sur la musique*, Paris, Band 3, S. 13.
26 Zitiert nach Julien TIERSOT, *Histoire de la Marseillaise*, Paris 1915, S. 37.
27 Ebenda, S. 46.
28 *Feuille villageoise*, Oktober 1792, zitiert nach Frédéric ROBERT, *La Marseillaise*, Paris 1989, S. 27.
29 *Journal de Paris national*, 10. August 1793.
30 Michel VOVELLE, *Théodore Desorgues ou la désorganisation, Aix – Paris 1763–1808*, Paris 1985, S. 105.

31 Brief des Institut de Musique an den Wohlfahrtsausschuß, zitiert nach TIERSOT, *Les Fêtes et les Chants de la Révolution française*, Paris 1908, S. 151.
32 Chéniers Text ist unter anderem abgedruckt in: *Le Journal de Paris*, Nr. 527, 23. Prairal II (11. Juni 1794), S. 2429 f.
33 Rede des Abgeordneten Veau vor dem Konvent, in: *Moniteur*, 23. Prairal II.
34 Louis FIAUX, *La Marseillaise*, Paris 1918, S. 339.
35 Norbert CORNELISSEN, 6. Pluviose IV (26. Januar 1796), zitiert nach FIAUX, op. cit., S. 367.
36 Hans Jürgen HANSEN, *Heil Dir im Siegerkranz – Die Hymnen der Deutschen*, Oldenburg 1978, S. 7–11.

Die *Ode an die Freude* und die *Kaiserhymne*

1 Friedrich Schiller an Gottfried Körner, 11. Juli 1785, in: *Schillers Briefwechsel mit Körner*, Band 1, Berlin 1847, S. 44–45.
2 Jean-Jacques Rousseau an den Grafen Gregori Grigorjewitsch Orlow, in Wooton, am 28. Februar 1767.
3 Originalfassung des Gedichts *An die Freude* von Friedrich Schiller, erstmals erschienen in: *Rheinische Thalia*, 1785.
4 Siehe Franz SCHULTZ, »Die Göttin Freude. Zur Geistes- und Stilgeschichte des 18. Jahrhunderts«, in: *Jahrbuch des Freien Deutschen Hochstifts*, 1926, S. 31.
5 Siehe Uwe MARTIN, »Freude Freiheit Götterfunken. Über Schillers Schwierigkeiten beim Schreiben von Freiheit«, in: *Cahiers d'études germaniques*, Nr. 8, 1990, S. 9–18.
6 Friedrich SCHILLER, *Don Carlos, Infant von Spanien* (Dritter Akt. Zehnter Auftritt), Frankfurt/M., 1966, S. 443.
7 Christoph Martin WIELAND, »Über Schillers Lied An die Freude. Eine Vorlesung im Zirkel einiger Freunde aus dem Jahr 1793«, in: *Der Neue Teutsche Merkur*, 1793, Band 2, S. 21 ff.; wieder aufgenommen in: *Monatshefte der Comenius-Gesellschaft*, N.F. Band 5, Heft 5, November 1913, S. 179–188.
8 *Die Freundeserinnerungen R. Magenaus*, in: Hölderlin, Stuttgarter Werke, Band 7/I, *Briefe und Dokumente 1770–1793*, S. 396 f.
9 Zitiert nach Rudolf DAU, »Friedrich Schillers Hymne ›An die Freude‹. Zu einigen Problemen ihrer Interpretation und aktuellen Rezeption«,

in: *Weimarer Beiträge. Zeitschrift für Literaturwissenschaft, Ästhetik und Kulturtheorie*, 24. Jg., Heft 10, Weimar 1978, S. 38.
10 Ebenda.
11 SCHILLER, *Zehnter Brief über Don Carlos*, Sämtliche Werke, Band 3, Leipzig 1987, S. 765–766.
12 Bartolomäus Ludwig Fischenich an Charlotte von Schiller, 26. Januar 1793.
13 *Berliner Allgemeine Musikalische Zeitung*, II, Nr. 12, Frühjahr 1806, zitiert nach Max FRIEDLAENDER, *Das deutsche Lied im 18. Jahrhundert*, Stuttgart, 1902, Band 2, S. 394. Siehe auch Joseph MULLER-BLATTAU, »Das Finale der Neunten Sinfonie (Von Formen und Entwicklungsgeschichte)«, in: *Von der Vielfalt der Musik*, Freiburg im Breisgau, 1966.
14 Charles ROSEN, *Der klassische Stil. Haydn, Mozart, Beethoven*. München 1983, S. 377.
15 SCHILLER, *Über Bürgers Gedichte*, Säkular-Ausgabe, Band 16, Berlin und Stuttgart 1905, S. 233
16 Jean PHILIPPON, »Patriotes et patriotisme d'après Joseph von Sonnenfels«, in: *Les Prémices de la Révolution française en Autriche*, Nizza 1990, S. 122.
17 Charles BURNEY, *Monthly Review*, Oktober 1791, zitiert nach H. C. R. LANDON, *Haydn*, op. cit., Band III, S. 103.
18 *Österreichische Monatsschrift*, zitiert nach ebenda, S. 226.
19 Charles INGRAO, *The Habsburg Monarchy 1618–1815*, Cambridge, Cambridge University Press, 1994, S. 225.
20 Ernst WANGERMANN, *From Joseph II. to the Jacobine Trials*, Oxford 1959, S. 112.
21 Siehe Eduard HANSLICK, *Geschichte des Concertwesens in Wien*, Wien 1869; Faksimileausgabe, London 1971, S. 172.
22 Siehe Karl ROIDER, *Baron Thugut and Austria's Response to the French Revolution*, Princeton 1987, S. 223.
23 Thugut an Colloredo, zitiert nach E. WANGERMANN, *From Joseph II. ...*, op. cit., S. 185.
24 Zur Entstehungsgeschichte des *Gott erhalte* siehe das Nachschlagewerk von Franz GRASBERGER, *Die Hymnen Österreichs*, Tutzing 1968; die Dokumente zum *Gott erhalte* sind in diesem Werk abgedruckt.
25 Siehe Otto DEUTSCH, »Haydn's Hymn and Burney's Translation«, in: *Music Review*, VIII, London 1943, S. 158.
26 Siehe H. SCHNEIDER, »Der Formen- und Funktionswandel ...«, op. cit., S. 446.

27 Saurau an die Prager Obrigkeit, 30. Januar 1797, zitiert nach F. GRAS-BERGER, *Die Hymnen* ..., op. cit., S.27f.
28 *Wiener Zeitung*, Heft 15, 22. Februar 1797, zitiert nach F. GRASBERGER, *Die Hymnen* ..., op. cit., S.32.
29 *Die Eipeldauer-Briefe* (Heft 33), zitiert nach F. GRASBERGER, *Die Hymnen* ..., op. cit., S.31
30 *Magazin der Kunst und Literatur*, undatiert, zitiert nach F. GRASBERGER, *Die Hymnen* ..., op. cit. S.31f.
31 33. Siehe Otto BIBA, *Gott erhalte! Joseph Haydns Kaiserhymne*, Faksimile des Erstdrucks von 1797, Wien 1982.
32 C. F. POHL, zitiert nach Fr. GRASBERGER, *Die Hymnen* ..., op. cit, S.29.
33 Saurau an Dietrichstein, 28. Februar 1820, zitiert nach F. GRASBERGER, ebenda, S.29 und 36.
34 Siehe Elaine SISMON, *Haydn and the Classical Variation*, Cambridge, London 1993, S.178.
35 Laszlo SOMFAI, »›Learned Style‹ in Two Late String Quartet Movements by Haydn«, in: *Studia Musicologica*, 28, Budapest, 1986, S.325–349.
36 Cecil GRAY, *The Haydn String Quartet Society*, Band 4, London, 1935, S.15.
37 Zitiert nach Marc VIGNAL, Joseph Haydn, Paris 1988, S.337.
38 Siehe Hanns JÄGER-SUNSTENAU, »Beethoven als Bürger der Stadt Wien«, in: S. KROSS, H. SCHMIDT (Hrsg.), *Colloquium Amicorum. Festschrift Joseph Schmidt-Görg zum 70. Geburtstag*, Beethoven-Haus, Bonn 1967, S.34.
39 H. C. R. LANDON, *Haydn*, op. cit., Band 4, S.344.
40 *Morning Herald*, 29. März 1800, zitiert nach ebenda, S.574.
41 Siehe Theophil ANTONICEK, »›Vergangenheit muß unsre Zukunft bilden‹: die patriotische Musikbewegung in Wien und ihr Vorkämpfer Ignaz von Mosel«, in: *Revue belge de musicologie*, XXVI-XXVII, Brüssel, 1972–1973.
42 M. VIGNAL, op. cit., S.705.

Beethoven und das »Europäische Konzert«

1 Der Text der *Chorfantasie* wurde im allgemeinen dem Dichter und Freund Beethovens Christoph Kuffner zugeschrieben; diese Behauptung hat Gustav Nottebohm allerdings angezweifelt. Siehe A. W. THAYER, E. FORBES, *Thayer's Life of Beethoven*, op cit., S.451.

2 Maynard SOLOMON, *Beethoven*, München 1979, S. 176.
3 Tia DeNORA, *Beethoven*, op. cit., S. 60.
4 Maynard SOLOMON, »The Nobility Pretense«, in: *Beethoven Essays*, Cambridge, London 1988, S. 313.
5 Siehe Julien TIERSOT, »Beethoven, musicien de la Révolution française«, *Revue de Paris*, XVII, Paris 1910; Arnold SCHMITZ, *Das romantische Beethovenbild. Darstellung und Kritik.*, Berlin und Bonn 1927; Claude PALISCA, »French Revolutionary Models for Beethoven's Eroica Funeral March«, in: *Music and Context – Essays for John M. Ward*, Cambridge, Mass. 1985; Ulrich SCHMITT, *Revolution im Konzertsaal*, Mainz 1990.
6 Pfarrer CHRISTMANN, »Einige Ideen über den Geist der französischen Nationallieder«, in: *Allgemeine Musikalische Zeitung*, Nr. 15–16–17, 9., 16., und 23. Januar 1799.
7 Siehe einige zeitgenössische Kritiken/Analysen, in: Stefan KUNZE (Hrsg.), *Ludwig van Beethoven. Die Werke im Spiegel seiner Zeit*, Laaber, 1987, S. 50–68.
8 E. T. A. HOFFMANN, *Schriften über die Musik*, Darmstadt 1979, S. 36.
9 Robin WALLACE, *Beethoven's Critics. Aesthetic Dilemmas and Resolutions During the Composer's Lifetime*, Cambridge 1986, S. 24.
10 Zitiert nach Jean und Brigitte MASSIN, *Beethoven. Materialbiographie, Daten zum Werk und Essay*. München 1970, S. 141f.
11 Zitiert nach ebenda, S. 227.
12 »Concert Anzeige«, Wien, Herbst 1813, zitiert nach Michael LADENBURG, »Der Wiener Kongreß im Spiegel der Musik«, in: H. LÜHNING und S. BRANDENBURG (Hrsg.), *Beethoven zwischen Revolution und Restauration*, Beethoven-Haus, Bonn 1989, S. 276.
13 Siehe Thomas RÖDER, »Beethovens Sieg über die Schlachtenmusik. Opus 91 und die Tradition der Battaglia«, in: *Beethoven zwischen Revolution und Restauration*, op. cit., S. 241.
14 Zelter an Goethe, zitiert nach E. HANSLICK, *Geschichte des Concertwesens in Wien*, op. cit., S. 74.
15 Siehe die Kritiken des opus 91 in: S. KUNZE, *Ludwig van Beethoven ...*, op. cit., S. 267–288.
16 Anton SCHINDLER, *Biographie von Ludwig van Beethoven* (1860), Leipzig 1970, S. 209.
17 Zitiert nach A. W. THAYER, E. FORBES, *Thayer's Life of Beethoven*, op. cit., S. 566.
18 M. SOLOMON, *Beethoven*, op. cit., S. 254.
19 Beethoven an die *Wiener Zeitung*, zitiert nach A. SCHINDLER, *Biographie von Ludwig van Beethoven*, op. cit., S. 207.

20 M. Solomon, Beethovens Tagebuch, hrsg. v. Sieghard Brandenburg, Beethoven-Haus, Reihe 3, Band 6, Bonn 1990, S. 49.
21 Siehe Erich Schenk, »Salieris *Landsturm*-Kantate von 1799 in ihren Beziehungen zu Beethovens *Fidelio*«, in: S. Kross und H. Schmidt (Hrsg.), *Colloquium Amicorum. Festschrift Joseph Schmidt-Görg zum 70. Geburtstag*, Beethoven-Haus, Bonn 1967.
22 Romain Rolland beschränkte sich darauf, das Fehlen jeglicher Anspielung auf die *Marseillaise* im Werke Beethovens zu signalisieren; für J. und B. Massin beweist gerade dieses Fehlen die republikanische Gesinnung des Komponisten. In Röders Augen dagegen erklärt es sich – ganz abgesehen vom nicht akzeptablen offiziellen Status während des Empire – durch die Tatsache, daß die Wiener sie mit »Ambivalenz« aufgenommen hätten. Siehe R. Rolland, *Beethoven*, op. cit., S. 417; J. und B. Massin, op. cit., S. 227 f.; T. Röder, »Beethovens Sieg ...«, op. cit., S. 247.
23 M. Solomon, *Beethoven*, op. cit., S. 256.
24 Siehe A. W. Thayer, E. Forbes, *Thayer's Life of Beethoven*, op. cit., S. 594; M. Ladenburger, »Der Wiener Kongreß ...«, op. cit., S. 288.
25 Zitiert nach G. de Bertier de Sauvigny, »Metternich et l'Europe«, in: *Le Congrès de Vienne et l'Europe – The Congress of Vienna and Europe*, Commission internationale pour l'enseignement de l'histoire, Brüssel, Paris 1966, S. 11 und 14.
26 Zitiert nach ebenda, S. 15.
27 Zitiert nach G. A. Chevallaz, »Le traité de Vienne et la construction de l'Europe«, in: *Le Congrès de Vienne*, op. cit., S. 110.
28 Germaine de Staël, *Über Deutschland*, Frankfurt/M. 1985, S. 42.
29 Antoine de La Garde, *Gemälde des Wiener Kongresses 1814–1815*. Erinnerungen, Feste, Sittenschilderungen, Anekdoten, 2 Bände, München 1912, Band 1, S. 17 f.
30 Siehe Maurice-Henri Weil, *Les Dessous du Congrès de Vienne*, 2 Bände, Paris, Payot, 1917, S. 114 und 372.
31 A. de La Garde, *Gemälde des Wiener Kongresses ...*, op. cit., Band 1, S. 110 f.
32 A. de La Garde, zitiert nach Hilde Spiel (Hrsg.), *Der Wiener Kongreß in Augenzeugenberichten*, München 1978, S. 142.
33 Siehe George L. Mosse, *Die Nationalisierung der Massen*, Frankfurt/M., Berlin, Wien 1976.
34 Zitiert nach Hilde Spiel (Hrsg.), *Der Wiener Kongreß ...*, op. cit., S. 180.
35 A. Schindler, *Biographie von ...*, op. cit., S. 239 f.
36 Drei und achtzig neue aufgefundene Original-Briefe Ludwig van Beet-

hoven's an den Erzherzog Rudolph, Cardinal Erzbischof von Olmütz K.H., hrsg. v. Dr. Ludwig RITTER VON KÖCHEL, Wien 1865, S.29f., ohne Datum.
37 »Der Wiener Kongreß...«, op. cit., S.295. Zum Text von J. K. Bernard, siehe Wilhelm VIRNESEIL, »Kleine Beethoveniana«, in: Dagmar WEISE (Hrsg.), *Festschrift Joseph Schmidt-Görg zum 60. Geburtstag*, Beethoven-Haus, Bonn 1957, S.366.
38 Gustav NOTTEBOHM, »Beethoven und Weißenbach«, *Beethoveniana. Aufsätze und Mitteilungen*, Leipzig und Winterthur 1872, S.145 und 147.
39 Siehe A. W. THAYER, E. FORBES, *Thayer's Life of Beethoven*, op. cit., S.599, und das Tagebuch von Carl Bertuch, zitiert nach H. SPIEL (Hrsg.), *Der Wiener Kongreß...*, op. cit. S.123.
40 *Wiener Zeitung* vom 30. November 1814, zitiert nach M. LADENBURGER, »Der Wiener Kongreß...«, op. cit., S.304.
41 Erinnerungen von Karl von Bursy (1854), zitiert nach J. und B. MASSIN, op. cit., 306.
42 Bericht 938 von X bis Hager, in: M. H. WEIL, *Les Dessous du Congrès de Vienne*, op. cit., Band 1, S.619.

Die IX. Sinfonie

1 Beethoveniana von Gustav NOTTEBOHM, with a New Introduction in English by Paul Henry LANG. Johnson Reprint Corporation New York/London 1970. Reprint der Leipzig and Winterthur edition of 1872. S.40f.
2 Siehe J. und B. MASSIN, op. cit., S.210.
3 A. W. THAYER, E. FORBES, *Thayer's Life of Beethoven*, op. cit., S.597.
4 Haydn war Ehrenbürger der Stadt Wien, wohingegen Beethoven nur das Bürgerrecht und Steuerfreiheit zugestanden wurden. Auch andere Komponisten jener Epoche kamen aus den gleichen Gründen in den Genuß von Ehrenauszeichnungen. Siehe H. JÄGER-SUSTENAU, »Beethoven als Bürger der Stadt Wien«, op. cit.
5 M. SOLOMON, »The Nobility Pretense«, op. cit., S.43.
6 Brief von Schindler an Dehn, 10. März 1846, zitiert nach J. und B. MASSIN, op. cit., S.291.
7 Peter Simrock, zitiert nach A. W. THAYER, E. FORBES, *Thayer's Life of Beethoven*, op. cit., S.647.
8 Bursy, zitiert nach J. und B. MASSIN, op. cit., S.255.

9 *Ludwig van Beethovens Konversationshefte*, 10 Bände, Band 2, Hefte 11–22, hier Heft 22, hrsg. i.A. der Deutschen Staatsbibliothek Berlin von Karl-Heinz KÖHLER und Dagmar BECK unter Mitwirkung von Günter BROSCHE, Leipzig 1976, S. 356.
10 Dietrichstein an Lichnowsky, 23. Februar 1823, zitiert nach A. W. THAYER, E. FORBES, *Thayer's Life of Beethoven*, op. cit., S. 840.
11 *Drei und achtzig neu aufgefundene Originalbriefe ...*, op. cit., o. Dat, S. 54
12 Ebenda, o. Dat., S. 73
13 Anton Felix Schindler an Beethoven, 9. Juli 1823, in: Ludwig van BEETHOVEN, *Briefwechsel Gesamtausgabe*. I. A. des Beethoven-Hauses Bonn hrsg. v. Sieghard BRANDENBURG, 7 Bände, Band 5, München 1996, S. 178.
14 Beethoven an Ferdinand Ries, 20. Dezember 1822, zitiert nach J. und B. MASSIN, op. cit., S. 323f.
15 A. W. THAYER, E. FORBES, op. cit., S. 834.
16 Rochlitz zufolge, zitiert nach J. und B. MASSIN, op. cit., S. 320.
17 A. SCHINDLER, *Biographie von ...*, op. cit., S. 325.
18 Ebenda, S. 325f.; ebenfalls vollständig zitiert nach A. W. THAYER, E. FORBES, *Thayer's Life of Beethoven*, op. cit., S. 273 f.
19 A. SCHINDLER, *Biographie von ...*, op. cit., S. 328f.
20 *Ludwig van Beethovens Konversationshefte*, op. cit., Band 6, Hefte 61–76, hier: Heft 63, Leipzig 1974, S. 98.
21 Beethoven an den Zensor von Sartorius [Franz Sartori], April 1824, *Briefwechsel*, 1823–1824, Gesamtausgabe, Band 5, München 1996, S. 301.
22 Zitiert nach A. W. THAYER, E. FORBES, *Thayer's Life of Beethoven*, op. cit., S. 910.
23 A. SCHINDLER, *Biographie von ...*, op. cit., S. 333.
24 Ebenda, S. 333f.
25 Beethoven an Friedrich Wilhelm III., 28./29. September 1826, in: *Beethoven Briefe*, Band 6, S. 294.
26 Es ist durchaus möglich, daß Beethoven das Gedicht *An die Freude* schon vor seiner Komposition der *Neunten* wenigstens einmal vertont hat. Ein Skizzenbuch aus den Jahren 1798–1799 enthält eine Melodie zu dem Vers »Muß ein lieber Vater wohnen«; 1803 hatte er überdies in einem Brief an Ferdinand Ries auf ein Lied zu einem Gedicht Schillers hingewiesen, das er in den vorangegangenen vier Jahren komponiert haben wollte. Jeder weitere Hinweis auf diese Vertonung ist bis heute verschollen.
27 Beethoven an die Gräfin Marie Erdödy, 19. September 1815, in: Ludwig van Beethoven, *Briefwechsel Gesamtausgabe*, op. cit., Band 3, München 1996, S. 161.

28 Roland BARTHES, »Musica practica«, in: *Beethoven*, Sonderausgabe der Zeitschrift *L'Arc*, Nr. 40, 1970.
29 Robert WINTER, »The Sketches for the ›Ode of Joy‹«, in: R. WINTER und B. CARR (Hrsg.), *Beethoven. Performers and Critics*, Detroit 1980, S. 192.
30 Siehe G. NOTTEBOHM, »Skizzen zur neunten Symphonie«, op. cit.
31 R. ROLLAND, *Beethoven*, op. cit., S. 935.
32 Leo TREITLER, »History, Criticism and Beethoven's Ninth Symphony«, in: *Music and the Historical Imagination*, Cambridge, Mass., 1989, S. 26.
33 James WEBSTER, »The Form of the Finale of Beethoven's Ninth Symphony«, in: *Beethoven Forum*, Band 1, L. LOCKWOOD und J. WEBSTER (Hrsg.), Lincoln 1992, S. 28.
34 Martin COOPER, *Beethoven. The Last Decade 1817–1827*, London, 1985, S. 337f.
35 *Ludwig van Beethovens Konversationshefte*, op. cit., Band 1, Hefte 1–10, hier: Heft 7, Leipzig 1972, S. 235. Bei diesem Zitat handelt es sich um die Umschreibung eines Auszugs aus der *Kritik der praktischen Vernunft*, die Beethoven in dem Artikel »Kosmogologische Betrachtungen« von Joseph Littrow gelesen hatte, der im Januar/Februar 1820 in der *Wiener Zeitung* erschienen war.
36 Immanuel KANT, Werke, hrsg. v. Wilhelm Weischedel, Band 8, Darmstadt 1983, S. 352; zitiert nach Andreas EICHHORN, *Beethovens Neunte Symphonie – Die Geschichte ihrer Aufführung und Rezeption*, Kassel, Basel, London, 1993, S. 226.

Der Kult der Romantiker

1 Siehe »The funeral«, in: O. G. SONNECK (Hrsg.), *Beethoven, Impressions by his Contemporaries*, New York 1967, S. 227; Archive des Obersten Gerichtshofes von Wien; siehe auch den Artikel *Der Sammler*, zitiert nach A. W. THAYER, E. FORBES, op. cit., S. 1052–1055; sowie Gerhard VON BREUNING, *Memories of Beethoven. From the House of Black-Robed Spaniards*, M. SOLOMON (Hrsg.), Cambridge 1992, S. 107–113.
2 Er gehörte zur Begleitmusik für *Leonore Prohaska*, ein Theaterstück, das ein Sekretär des Königs von Preußen geschrieben hatte und das nie zur Aufführung kam; die Geschichte einer Frau, die als Mann verkleidet an den Schlachten gegen Napoleon teilnahm; siehe A. W. THAYER, E. FORBES, op. cit., S. 619.
3 Die deutsche Fassung veröffentlichte unter anderem Franz GRILLPAR-

ZER, »Beethoveniana«, in: *Almanach der deutschen Musikbücherei*, Regensburg 1927.
4 Bettina v. Arnim an Alois Bihler, 9. Juli 1810. In: Walter SCHMITZ und Sybille VON STEINSDORF (Hrsg.), Bettina von Arnim. Goethe's Briefwechsel mit einem Kinde. Frankfurt/M. 1992, S. 860.
5 Zitiert nach Aleida ASSMANN, *Arbeit am nationalen Gedächtnis. Eine kurze Geschichte der deutschen Bildungsidee*, Frankfurt/M., New York 1993, S. 28.
6 Reinhardt KOSELLECK, »Einleitung. Zur anthropologischen und semantischen Struktur der Bildung«, in: R. KOSELLECK (Hrsg.), *Bildungsbürgertum im 19. Jahrhundert*, Stuttgart 1990, S. 29.
7 Siehe Carl DAHLHAUS, »Das deutsche Bildungsbürgertum und die Musik«, in: R. KOSELLECK, op. cit., S. 228.
8 *Allgemeine Musikalische Zeitung*, Band XXVI, Nr. 27, 1. Juli 1824, S. 441.
9 Leon BOTSTEIN, »History, Rhetoric, and the Self: Robert Schumann and Music Making in German-Speaking Europe, 1800–1860«, in: L. Todd (Hrsg.), *Schumann and his World*, Princeton 1994, S. 19.
10 Robert SCHUMANN, »Neue Sinfonien für Orchester«, in: *Gesammelte Schriften über Musik und Musiker*, hrsg. v. Martin KREISIG, Leipzig 1914, 2 Bände, Band 1, S. 424.
11 Robert GRIEPENKERL, *Das Musikfest oder die Beethovener*, Leipzig 1838, S. 206; zitiert nach A. EICHHORN, *Beethovens Neunte Symphonie ...*, op. cit., S. 302–305.
12 Siegfried KROSS, »Heinrich Carl Breidenstein«, in: *Bonner Gelehrte. Beiträge zur Geschichte der Wissenschaften in Bonn*, Band 6, Bonn 1968.
13 »Erinnerung an Beethoven«, in: *Bonner Wochenblatt*, 5. Juli 1832; zitiert nach Willi KAHL, »Zur Geschichte des Bonner Beethovendenkmals«, in: *Beethoven-Jahrbuch*, Neue Serie 2, Nr. 14, Beethoven-Haus, Bonn 1953–1954, S. 69.
14 Siehe Thomas NIPPERDEY, »Nationalidee und Nationaldenkmal in Deutschland im 19. Jahrhundert«, in: *Historische Zeitschrift*, Band 206, Nr. 3, Juni 1968, München, S. 557.
15 Jean-Claude BONNET, »Naissance du Panthéon«, in: *Poétique*, Nr. 33, Paris 1978, S. 59.
16 A. ASSMANN, *Arbeit am nationalen Gedächtnis ...*, op. cit., S. 56.
17 *Les Tablettes de Polymnie*, 2. Jg., Nr. 24, 10. Mai 1811, S. 371.
18 *Le Globe*, Paris, 5. April 1827, S. 10.
19 Der Chronologie von A. JAUFFRET entlehnt, zitiert nach Danièle PISTONE, »Beethoven et Paris. Repères historiques et évocations contemporaines«, in: *Beethoven à Paris*, Sonderausgabe der *Revue internationale de musique française*, Nr. 22, Paris, Genf 1987, S. 10.

20 Antoine-Élie ELWART, *Histoires de la Société des concerts du Conservatoire impérial de musique*, Paris 1860, S. 131.
21 CASTIL-BLAZE, »Chronique musicale. Concerts du Conservatoire«, in: *Le Journal des débats*, 19. März 1828, zitiert nach Jacques-Gabriel PROD'HOMME, *Les Symphonies de Beethoven* (1906), Paris 1909; Reprint New York 1977, S. 124.
22 *Le Correspondant*, Paris, 4. und 11. August und 8. Oktober 1829. Die Schriften von Berlioz über Beethoven wurden im wesentlichen von J.-G. Prod'homme herausgegeben in der Sammlung Hector BERLIOZ, *Beethoven*, Paris 1979. Die Artikel aus *Le Correspondant* erscheinen nicht in dieser Ausgabe.
23 François-Joseph FÉTIS, in: *Revue musicale*, 2. April 1831, Band 11, S. 70, und 1829, Band 5, S. 120.
24 H. BERLIOZ, *Beethoven*, op. cit., S. 70.
25 Chrétien URHAN, in: *Le Temps*, 25. Januar 1838, zitiert nach J.-G. PROD'HOMME, *Les Symphonies...*, op. cit., S. 462.
26 Ralph LOCKE, *Les Saint-simoniens et la musique*, Paris 1992, S. 94 f. und 129.
27 Honoré DE BALZAC, *Massimilla Doni, La Comédie humaine*, zitiert nach Françoise ESCAL, *Contrepoint. Musique et littérature*, Paris 1990, S. 41.
28 »Aufruf an die Verehrer Beethoven's«, unter anderem in: *Bonner Wochenblatt*, Nr. 44, 12. April 1836, Seite 1.
29 Siehe Heinrich Karl BREIDENSTEIN, *Zur Jahresfeier der Inauguration des Beethoven-Monuments. Eine achtenmässige Darstellung dieses Ereignisses, der Wahrheit zur Ehre und den Festgenossen zur Erinnerung*, Bonn 1846, S. 6.
30 »The Beethoven commemoration«, in: *The Musical World*, Band 6, Nr. 71, 21. Juli 1837, S. 91.
31 Hector BERLIOZ, »Deuxième concert du Conservatoire«, in: *Revue et gazette musicale de Paris*, 3. Jg., Nr. 17, 24. April 1836, S. 134.
32 Hector BERLIOZ, *Mémoires* (Paris, 1870), Faksimiledruck, Westmead 1969, S. 461.
33 Hector BERLIOZ, »Deuxième concert du Conservatoire«, in: *Revue et gazette musicale de Paris*, 28. Januar 1841, S. 60–61.
34 Robert SCHUMANN, »Fastnachtsrede von Florestan. Gehalten nach einer Aufführung der letzten Sinfonie von Beethoven«, in: *Gesammelte Schriften über Musik und Musiker*, Band 1, S. 41.
35 R. SCHUMANN, »Monument für Beethoven. Vier Stimmen darüber«, in: *Gesammelte Schriften über Musik und Musiker*, Band 1, S. 131 ff.
36 Charles ROSEN, *Der klassische Stil*, op. cit.

37 Schumann an Clara Wieck, 19. März 1838, zitiert nach Bodo Bischoff, *Monument für Beethoven – Die Entwicklung der Beethoven-Rezeption Robert Schumanns*, Köln 1994, S. 201.
38 Franz Grillparzer, »Klara Wieck und Beethoven«, in: »Beethoveniana«, *Almanach* ..., op. cit., S. 64.
39 Schumann an Clara Wieck, Februar 1838, in: *Briefwechsel*, Band 1, S. 94. Zitiert nach B. Bischoff, *Monument* ..., op. cit., S. 40.
40 B. Bischoff, *Monument* ..., op. cit., S. 201.
41 Alan Walker, *Franz Liszt*, 3 Bände, Ithaca, New York, rev. ed. 1987.
42 Es bleibt festzustellen, daß die von der *Revue et gazette musicale de Paris* (hier die Ausgabe vom 11. April 1839, S. 117) veröffentlichte Liste der Subskribenten in kaum einem Fall mit den Namen der Abonnenten übereinstimmt, die Élisabeth Bernard in »Les abonnés à la Société des concerts du Conservatoire en 1837« aufzählt; in: P. Bloom (Hrsg.), *Music in Paris in the Eighteenth-Thirties / La musique à Paris dans les années mil huit cent trente*, Stuyvesant, New York 1987.
43 *Revue et gazette musicale de Paris*, 6. Jg., Nr. 12, 24. März 1839, S. 89.
44 Franz Liszt; Lipsius Marie. Briefe. Hrsg. v. La Mara (d. i. Marie Lipsius), 8 Bände, Leipzig 1893–1905, Band 1, S. 30.
45 Franz Liszt, »Lettre d'un bachelier ès musique à M. Hector Berlioz«, in: *Revue et gazette musicale de Paris*, 6. Jg., Nr. 53, 24. Oktober 1839, S. 419.
46 Jules Maurel, »Les 424 francs de la souscription pour le monument de Beethoven«, in: *La France musicale*, 2. Jg., Nr. 60, 27. Oktober 1839, S. 559 f.
47 Siehe A. Walker, *Franz Liszt*, op. cit., S. 280.
48 Joseph d'Ortigue, »Études biographiques. I. Franz Litz (sic)«, *Revue et gazette musicale de Paris*, 2. Jg., Nr. 24, 14. Juni 1835, S. 202.
49 Hector Berlioz, »Listz (sic)«, ebenda, 3. Jg., Nr. 24, 12. Juni 1836, S. 200.
50 *Revue et gazette musicale de Paris*, 8. Jg., Nr. 31, 2. Mai 1841.
51 Ebenda, 7. Jg., Nr. 1, 2. Januar 1840, S. 10.

Das Beethoven-Fest in Bonn 1845

1 Henry Fothergill Chorley, »The Beethoven-Festival at Bonn, 1845«, *Modern German Music*, Band 2, London 1854; zitiert nach: *Liszt Saeculum*, Nr. 25, Centre international Liszt pour la musique du XIXe siècle, 1979, S. 112.

2   Siehe W. KAHL, »Zur Geschichte ...«, op. cit., S.72.
3   *Revue et gazette musicale de Paris*, 12. Jg., Nr. 26, 29. Juni 1845, S.216.
4   Ebenda, 12. Jg., Nr. 31, 3. August 1845, S.256.
5   Jules JANIN, »Fêtes en l'honneur de Beethoven«, in: *Le Journal des débats*, Paris, 13. und 18. August 1845.
6   *Revue et gazette musicale de Paris*, 12. Jg., Nr. 31, 3. August 1845, S.256.
7   Antoine-Élie ELWART, Briefe an *La Presse* (1845), abgedruckt in: *Histoire de la Société des concerts...*, op. cit., S.370.
8   *Revue et gazette musicale de Paris*, 12. Jg., Nr. 30, 27. Juli 1845, S.247.
9   Louis KREUTZER, »Grands festivals de Bonn à l'occasion de l'inauguration de la statue de Beethoven«, in: ebenda, 12. Jg., Nr. 33, 17. August 1845, S.266.
10 Berlioz an seine Schwester Adèle Suat, 6. Juni 1845, *Correspondance générale*, Band 3, 1842–1850, Paris 1978, S.254.
11 Hector BERLIOZ, , »Fêtes en l'honneur de Beethoven«, in: *Le Journal des débats*, Paris, 22. August und 3. September 1845; Nachdruck in: *Les Soirées de l'orchestre* (1852), Paris 1968
12 *Le Ménestrel*, 12. Jg., Nr. 36, 5. August 1845.
13 Guido PANNAIN, »La cultura di Beethoven in Italia«, in: *Neues Beethoven-Jahrbuch*, Band 1, Augsburg 1924, S.186.
14 J. JANIN, »Fêtes en l'honneur de Beethoven«, op. cit.
15 Zitiert nach Percy M. YOUNG, *Beethoven. A Victorian Tribute, Based on the Papers of Sir George Smart*, London 1976, S.82.
16 Siehe Raoul GIRARDET, *Le Nationalisme français. Anthologie 1871–1914*, Paris 1983, S.8. Im *Dictionnaire universel* von Pierre Larousse, 1874, wurde Berlioz zitiert, um die negative Bedeutung des Begriffs zu veranschaulichen.
17 Siehe W. M. A. LITTLE, »Mendelssohn and Liszt«, in: *Mendelssohn Studies*, R. L. TODD (Hrsg.), Cambridge 1992, S.125.
18 *Le Ménestrel*, 12. Jg., Nr. 31, 29. Juni 1845.
19 J. W. DAVISON, »Letters on the Bonn Festival«, in: *The Musical World*, Band 20, Nr. 35, 28. August 1845, und Nr. 40, 2. Oktober 1845.
20 Siehe A. WALKER, *Franz Liszt*, op. cit., S.441.
21 Robert SCHUMANN, *Tagebücher*, Band 2, *1836–1854*, G. Nauhaus (Hrsg.), Leipzig 1987, S.393–396; und Schumanns Brief an Liszt vom 1. August 1845, ebenda, Anmerkung Nr. 699.
22 Karl SCHORN, »Das Beethovenfest in Bonn«, in: *Lebenserinnerungen. Ein Beitrag zur Geschichte des Rheinlands im neunzehnten Jahrhundert*, Bonn 1898, S.207.

23 Berlioz an seine Schwester Nanci Pal, 26. Juni 1845, in: *Correspondance*, op. cit., Band 3, S. 277.
24 Louis SPOHR, *Lebenserinnerungen*, Tutzing 1968, S. 180.
25 J. JANIN, »Fêtes en l'honneur de Beethoven«, op. cit.
26 H. BERLIOZ, *Beethoven*, op. cit., S. 163.
27 P. B., »Die Enthüllung des Denkmals für Beethoven zu Bonn«, *Allgemeine Musikalische Zeitung*, Nr. 34, 20. August 1845.
28 A.-É. ELWART, *Histoire de la Société des concerts...*, op. cit., S. 347.
29 H. K. BREIDENSTEIN, *Zur Jahresfeier...*, op. cit., S. 13.
30 U. SCHMITT, *Revolution...*, op. cit., S. 130.
31 J. JANIN, »Fêtes en l'honneur de Beethoven«, op. cit.
32 Siehe H. K. BREIDENSTEIN, *Zur Jahresfeier...*, op. cit., S. 9.
33 Ebenda, S. 10.
34 J. W. DAVISON, »Letters on the Bonn Festival«, op. cit., S. 470.
35 L. KREUTZER, »Grands festivals de Bonn...«, op. cit.
36 J. JANIN, »Fêtes en l'honneur de Beethoven«, op. cit.
37 Zitiert nach J. W. DAVISON, »Letters on the Bonn Festival«, op. cit., S. 458.
38 Zitiert nach P. M. YOUNG, *Beethoven. A Victorian Tribute*, op. cit., S. 70.
39 H. K. BREIDENSTEIN, *Zur Jahresfeier...*, op. cit., S. 16–19.
40 H. BERLIOZ, *Beethoven*, op. cit., S. 171.
41 H. F. CHORLEY, »The Beethoven-Festival at Bonn«, op. cit., S. 111.
42 K. SCHORN, »Das Beethovenfest in Bonn«, op. cit., S. 204.
43 Zitiert von P. M. YOUNG, *Beethoven...*, op. cit., S. 71.
44 Zitiert nach J. W. DAVISON, »Letters on the Bonn Festival«, op. cit., S. 458.
45 L. KREUTZER, »Grands festivals de Bonn...«, op. cit.
46 Siehe W. KAHL, »Zur Geschichte...«, op. cit., S. 71.
47 H. K. BREIDENSTEIN, *Zur Jahresfeier...*, op. cit.
48 Alessandra COMINI, *The Changing Image of Beethoven. A Study in Mythmaking*, New York 1987, S. 332.
49 J. JANIN, »Fêtes en l'honneur de Beethoven«, op. cit.
50 Anton SCHINDLER, in: *Illustrierte Zeitung*, Leipzig, 10. September 1845, und sein Brief vom 22. November 1844, zitiert nach W. KAHL, »Zur Geschichte...«, op. cit., S. 72 und 67; und *Biographie von Ludwig van Beethoven*, op. cit., S. 519.
51 »Männerchor zur Inauguration der Bildsäule Beethovens«, in: H. K. BREIDENSTEIN, »*Festgabe* zu der am 12ten August 1845 stattfindenden Inauguration des Beethoven-Monuments«, *Liszt Saeculum*, Nr. 25, 1979, S. 31f.

52 L. KREUTZER, »Grands festivals de Bonn...«, op. cit.
53 Siehe Carl DAHLHAUS, *Die Musik des 19. Jahrhunderts*, Wiesbaden 1980.
54 *Allgemeine Musikalische Zeitung*, Nr. 34, 20. August 1845, S. 590.
55 *Bonner Beethoven-Kantate (Kantate zur Inauguration des Beethoven-Monuments zu Bonn für Soli, Chor und Orchester)*, Text von Bernhard Wolff, bearbeitet und hrsg. v. Günther MASSENKEIL, Frankfurt, New York, London 1989.
56 Liszt an Lamennais, 28. April 1845, Franz Liszt Briefausgabe, Band 1, S. 59.
57 Günther MASSENKEIL, »Die Bonner Beethoven-Kantate (1845) von Franz Liszt«, in: J. P. FRICKE (Hrsg.), *Die Sprache der Musik. Festschrift Klaus Wolfgang Niemöller zum 60. Geburtstag*, Regensburg 1989, S. 396.
58 L. KREUTZER, »Grands festivals de Bonn...«, op. cit.
59 A.-É. ELWART, *Histoire de la Société des concerts...*, op. cit., S. 365.
60 Ignaz MOSCHELES, *Recent Music and Musicians*, New York 1873, zitiert nach der Ausgabe New York 1970, S. 317.
61 Zitiert nach P. M. YOUNG, *Beethoven...*, op. cit., S. 85.
62 K. SCHORN, »Das Beethovenfest in Bonn«, op. cit., S. 210. Der Lola Montès zugeschriebene Satz erscheint im Originaltext in französischer Sprache.
63 A.-É. ELWART, *Histoire de la Société des concerts...*, op. cit., S. 365.
64 P. M. YOUNG, *Beethoven...*, op. cit., S. 86.
65 H. BERLIOZ, *Beethoven*, op. cit., S. 179.
66 J. JANIN, »Fêtes en l'honneur de Beethoven«, op. cit.
67 H. BERLIOZ, *Beethoven*, op. cit., S. 152.
68 H. K. BREIDENSTEIN, *Zur Jahresfeier...*, op. cit., S. 43.
69 *Revue et gazette musicale de Paris*, 30. November 1845, S. 393.
70 Siehe Eduard HANSLICK, »Robert Schumann in Endenich« (1899), in: L. TODD (Hrsg.), *Schumann and his World*, Princeton 1994; und B. BISCHOFF, *Monument...*, op. cit., S. 414.

Die *Neunte* in der Zeit der nationalistischen Bewegungen

1 Die Partitur erschien 1863 bei den Éditions des Concerts populaires; der französische Liedtext stammt von Jules Ruelle.
2 Zitiert nach D. PISTONE, »Beethoven und Paris...«, op. cit., S. 14.
3 *Revue et gazette musicale de Paris*, 38. Jg., Nr. 37, 8. Oktober 1870–1871, S. 278.

4 Ebenda.
5 Siehe David DENNIS, *Beethoven in German Politics, 1870–1989*, New Haven, London 1996, S. 33.
6 Friedrich Ludwig JAHN, in: *Bremer Sonntagsblatt* (1849), zitiert nach U. MARTIN, »Freude ...«, op. cit., S. 9f.
7 Zitiert nach von U. SCHMITT, *Revolution* ..., op. cit., S. 257.
8 D. DENNIS, *Beethoven* ..., op. cit., S. 37.
9 Siehe Helmut Loos, »Zur Textierung Beethovenscher Instrumentalwerke. Ein Kapitel der Beethoven-Deutung«, in: H. Loos (Hrsg.), *Beethoven und die Nachwelt. Materialien zur Wirkungsgeschichte Beethovens*, Bonn 1986, S. 134.
10 Richard WAGNER, »Beethoven«, in: *Gesammelte Schriften und Dichtungen*, 10 Bände, Leipzig 1907, Band 9, S. 61.
11 Klaus KROPFINGER, *Wagner und Beethoven. Untersuchungen zur Beethoven-Rezeption Richard Wagners*, Regensburg 1975, S. 284.
12 Richard WAGNER, »Beethoven« ..., op. cit, Band 9, S. 113.
13 Ebenda, S. 98
14 Ebenda, S. 101f.
15 Siehe Cosima WAGNER, *Tagebuch 1878–1880*.
16 Ludwig NOHL, *Beethoven's Leben*, 3 Bände, Leipzig 1877, und *Beethoven. Nach den Schilderungen seiner Zeitgenossen*, Stuttgart 1877.
17 Siehe Friedrich NIETZSCHE, *Die Geburt der Tragödie*, Band 1, S. 23 (Friedrich NIETZSCHE. Sämtliche Werke in 15 Einzelbänden. Hrsg. v. Giogio COLLI und Mazzino MONTINARI. München 1988 – Kritische Studienausgabe Berlin, New York 1967–1977).
18 F. NIETZSCHE, *David Strauß, der Apostel und Schriftsteller*, in: *Unzeitgemäße Betrachtungen II*, Band 1, S. 185.
19 F. NIETZSCHE, *Richard Wagner in Bayreuth*, in: *Unzeitgemäße Betrachtungen IV*, Band 1, S. 491.
20 *Revue wagnérienne*, 8. Mai 1885, S. 104ff., und 8. Juni 1885, S. 131.
21 Siehe D. DENNIS, *Beethoven* ..., op. cit., S. 52.
22 Heinrich SCHENKER, *Beethoven. Neunte Symphonie* (1912), Wien 1969.
23 Friedrich Engels an Marie Engels, 8.–11. März 1841, in: MARX/ENGELS Gesamtausgabe (MEGA). Dritte Abteilung. Briefwechsel. Bd. 1, Berlin 1975, S. 218.
24 Kurt EISNER, »Die Heimat der Neunten«, in: *Die neue Gesellschaft*, Nr. 1, 1905, zitiert nach A. EICHHORN, *Beethovens Neunte Symphonie* ..., op. cit., S. 326.
25 L. NOHL, *Beethoven's Leben*, op. cit., Band 3, S. 903.
26 Victor WILDER, *Beethoven. Sa vie et son œuvre*, Paris 1883, S. 458–459.

27 *Le Ménestrel*, 29. Januar 1882, S. 70.
28 Octave Fouque, *Les Révolutionnaires de la musique*, Paris 1882, S. 271–273 und S. 281.
29 Siehe Pascal Ory, »Le centenaire de la Révolution française«, in: P. Nora (Hrsg.), *Les Lieux de mémoire*, Band 1, *La République*, Paris 1984, S. 548.
30 Siehe unter anderem Jules Michelet, *Histoire de la Révolution française*, op. cit., Band 1, S. 122.
31 Mme Edgar Quinet, »Symphonie avec chœurs, de Beethoven« (1885), in: *Ce que dit la musique*, Paris 1893, S. 11 und 403.
32 Julien Tiersot, »Beethoven, musicien de la Révolution française«, in: *Revue de Paris*, XVII, 1910, S. 733ff.
33 *Hymne des temps futurs. Chant de l'ode à la joie*, Paris 1902; Neuauflagen 1935, 1943 und 1985.
34 Christophe Prochasson, *Les Intellectuels, le socialisme et la guerre, 1900–1938*, Paris 1993, S. 71.
35 Romain Rolland, *Ludwig van Beethoven* (1903), Berlin 1952, S. 8.
36 Siehe Georges Pioch, *Beethoven. Portraits d'hier*, Nr. 3, Paris 1909, S. 70, 68, 79, 95.
37 Vincent d'Indy, *Beethoven*, Paris 1911, S. 134.
38 Théodore de Wyzewa, *Beethoven et Wagner. Essais d'histoire et de critique musicales*, Paris 1898.
39 Ricciotto Canudo, *Le Livre de la Genèse. La IXe Symphonie de Beethoven*, Paris 1905.
40 Jacques-Gabriel Prod'homme, *Les Symphonies de Beethoven*, op. cit., S. 471. Siehe auch Jean Chantavoine, *Les Symphonies de Beethoven* (1906), Einführung von A. Goléa, Paris 1970.
41 Augusta Holmès, *Ode triomphale pour le centenaire de 1789*, Partitur für Gesang und Klavier, Paris 1889.
42 Siehe Leo Schrade, *Beethoven in Frankreich. Das Wachsen einer Idee*, Bern, München 1980.
43 Siehe Stéphane Huchet, »Beethoven et l'iconographie française«, in: *Beethoven à Paris*, op. cit., S. 51 und 68.
44 Guillaume Apollinaire, »L'exposition de Düsseldorf« (1902), in: *Chroniques d'art*, Paris 1993, S. 25.
45 Raymond Bouyer, *Le Secret de Beethoven*, Paris 1905, S. 10.
46 Claude Debussy, *Monsieur Croche. Sämtliche Schriften und Interviews*. Hrsg. v. François Lesure. Stuttgart 1974. S. 35.
47 Siehe George Grove, *Beethoven and his Nine Symphonies* (3. Auflage 1898), New York 1962, S. 396; Shaw's music. The complete musical criticism. Hrsg. v. Dan H. Laurence. 3 Bände, London 1981.

48 F. Nietzsche, *Menschliches, Allzumenschliches*, II, Band 1 § 153, S. 147.
49 F. Nietzsche, *Jenseits von Gut und Böse*, Band 5, S. 187.
50 Pierre Lasserre, *Les Idées de Nietzsche sur la musique*, Paris 1907, S. 9.
51 Erik Satie, »Parfait entourage« [»Vollkommene Umgebung«] in: *Revue musicale S.I.M.*, 8. Jg., Nr. 7–8, Juli–August 1912, S. 83, Deutsch von Silke Hass in: *Schriften*, Hofheim 1988, S. 145f.
52 Vladimir Jankélévitch, »Satie et le matin«, in: *La Musique et les heures*, Paris 1988, S. 9.
53 Raymond-Raoul Lambert, *Beethoven rhénan (Reconnaissance à Jean-Christophe)*, Paris 1928, S. 67.
54 Camille Mauclair, »Le bienfait de Beethoven«, in: *La Semaine littéraire*, XXXV, Genf, 19. März 1927. In diesem Artikel aus dem Jahr 1927 wird die Textstelle als das Zitat eines Textes vorgestellt, der während des Krieges verfaßt wurde. Die gleiche Idee formuliert Mauclair etwa 1916 in: *L'Art indépendant français sous la IIIe République*, Paris 1919, S. 155; siehe vom selben Autor »La musique et la douleur« (1915), in: *La Religion de la musique*, Paris 1928.
55 Hermann Hesse, »O Freunde, nicht diese Töne«, in: *Neue Zürcher Zeitung*, 3. November 1914; zitiert nach A. Eichhorn, *Beethovens Neunte Symphonie ...*, op. cit., S. 330.
56 Siehe Romain Rolland, *Der freie Geist*, Berlin 1966.

Der hundertste Todestag 1927

1 Siehe Yano Jun'ichi, »Why is Beethoven's Ninth so well loved in Japan?«, in: *Japanese Quarterly*, 29, 1982, S. 475–478.
2 Aristide Briand, »Frankreich und Beethoven«, in: *Neue Freie Presse*, 26. März 1927, Morgenausgabe.
3 *Festbericht, vorgelegt vom Exekutivkomitee der Feier. Beethoven-Zentenarfeier*, Wien, 26. bis 31. März 1927, Wien 1927.
4 *Le Temps*, 25. März 1927.
5 *The Life and Works of Ludwig van Beethoven. Beethoven Centennial 1827–1927*, Columbia Phonograph Co., 1927.
6 Olga Kamenewa, »Beethoven als Erzieher in Sowjetrußland«, in: *Neue Freie Presse*, 29. März 1927.
7 *New York Times*, 27. März 1927.
8 Verlautbarung des Gouverneurs Smith, in: *New York Times*, 26. März 1927.
9 *Neue Freie Presse*, 29. März 1927.

10 Anatoli LUNATCHARSKI, zitiert nach A. EICHHORN, *Beethovens Neunte Symphonie*..., op. cit., S.319.
11 *Le Courrier musical*, 29. Jahrgang, Nr. 7, 1. April 1927, S.194.
12 Siehe Rede von Hermann ABERT, in: *Internationaler musikhistorischer Kongreß. Beethoven-Zentenarfeier*, Wien 1927, S.66; und vom selben Autor: »Beethoven zum 26. März 1927«, in: *Die Musik*, XIX H. 6, März 1927.
13 Arnold SCHMITZ, *Das romantische Beethovenbild*..., op. cit., S.174.
14 Adolf SANDBERGER, »Das Erbe Beethovens und unsere Zeit«, in: *Neues Beethoven-Jahrbuch*, Band 3, A. SANDBERGER und B. FILSER (Hrsg.), Augsburg 1927, S.29.
15 Hanns EISLER, »Ludwig van Beethoven. Zu seinem 100. Todestage am 26. März«, in: *Musik und Politik. Schriften I, 1924–1948*, München 1973, S.28f.; ursprünglich erschienen in: *Die Rote Fahne*, Berlin, 22. März 1927 und 27. März 1927.
16 Siehe D. DENNIS, *Beethoven*..., op. cit., S.122.
17 Alfred ROSENBERG, »Beethoven«, in: *Völkischer Beobachter*, 26. März 1927, wiederaufgenommen in: *Blut und Ehre. Ein Kampf für deutsche Wiedergeburt. Reden und Aufsätze von 1919–1933*, München 1936, S.226.
18 *Deutsches Beethoven-Fest Bonn*, vom 21. bis 31. März 1927, Bonn 1927, S.5 und 7.
19 Alle offiziellen Reden zur Zentenarfeier in Wien sind in ihrer Originalsprache veröffentlicht in: *Festbericht*..., op. cit.
20 Ebenda, S.46.
21 *Le Courrier musical*, 29. Jahrgang, Nr. 8, 15. April 1927, S.240.
22 *Arbeiter-Zeitung* vom 27. März 1927, zitiert nach D. DENNIS, *Beethoven*..., op. cit., S.104.
23 *Festbericht*..., op. cit., S.83.
24 Siehe *Internationaler musikhistorischer Kongreß*..., op. cit., S.392ff.
25 *New York Times*, 27. März 1927.
26 Siehe den Katalog zur *Ausstellung der Stadt Wien*, »Beethoven und die Wiener Kultur seiner Zeit«. *Beethoven-Zentenarfeier*, Wien 1927.
27 *Festbericht*, op. cit., S.49.
28 Ebenda, S.54.
29 Ebenda, S.56.
30 Ebenda, S.48.
31 Ebenda, S.50.
32 Siehe Édouard HERRIOT, *La Vie de Beethoven*, Paris 1928; und Serge BERSTEIN, *Édouard Herriot ou la République en personne*, Paris 1985.

33 *Gewissen: Unabhängige Zeitung für Volksbildung*, 4. April 1927, zitiert von D. DENNIS, *Beethoven ...*, op. cit., S. 126.
34 *Festbericht*, op. cit., S. 54.
35 Ebenda, S. 57.
36 Ebenda, S. 55.
37 Siehe Helmut GOETZ, »Die Beziehungen zwischen Pietro Mascagni und Benito Mussolini«, in: *Analecta Musicologica*, XVII, 1976, S. 222.
38 *Festbericht*, op. cit., S. 45.
39 Siehe Klemens VON KLEMPERER, *Ignaz Seipel. Christian Statesman in a Time of Crisis*, Princeton 1972, S. 289–290.
40 Siehe L. SCHRADE, *Beethoven in Frankreich ...*, op. cit.
41 *Le Courrier musical*, 15. April 1927, S. 240.
42 *Die Fackel*, Nr. 759–765, Juni 1927, S. 6.
43 Ebenda, op. cit., S. 102.
44 Romain ROLLAND, »*Dank an Beethoven. Eine Rede*«, Esslingen 1951, S. 32 und S. 38.
45 Franz WERFEL, »Der Gefeierte«, in: *Neue Freie Presse*, 27. März 1927.
46 Paul BEKKER, *Beethoven* (1911), Berlin 1921, S. 283. Siehe auch vom selben Autor in: *Neue Musik*, Berlin 1919, S. 75.
47 Siehe Alban BERG, »Die musikalische Impotenz der ›neuen Ästhetik‹ Hans Pfitzners«, in: *Musikblätter des Anbruch*, Wien 1920; Nachdruck in: Willi REICH, *Alban Berg – Leben und Werk*, Zürich 1963, S. 194–206.
48 Zitiert nach A. EICHHORN, *Beethovens Neunte Symphonie ...*, op. cit., S. 301.
49 Siehe Norman DEL MAR, *Richard Strauss*, Philadelphia, New York, London, 1969, Band 2, S. 301–311.
50 Zitiert nach O. VOLTA, in: E. SATIE, *Écrits*, op. cit., S. 304.
51 Siehe D. PISTONE, »Beethoven et Paris...«, op. cit., S. 18.
52 Lionel LANDRY, »Le déclin de Beethoven«, in: *Beethoven. Numéro spécial de la Revue musicale*, Paris, 1. April 1927, S. 114.
53 Zitiert nach Boris SCHWARZ, *Music and Musical Life in Soviet Russia*, Bloomington 1983, S. 53.
54 Zitiert nach Bärbel SCHRADER und Jürgen SCHEBERA, Die »goldenen« zwanziger Jahre – Kunst und Kultur in der Weimarer Republik, Wien, Köln, Graz 1987, S. 182.
55 Siehe Otto KLEMPERER, *Über Musik und Theater – Erinnerungen, Gespräche, Skizzen*, Hrsg. v. Stephan STOMPOR, Wilhelmshaven 1982.
56 L. LANDRY, »Le déclin de Beethoven«, op. cit., S. 115.
57 *Le Courrier musical*, 29. Jahrgang, Nr. 3, 1. Februar 1927, S. 68.
58 *New York Times*, 26. März 1927.

59 Daniel Gregory MASON, »Beethoven after a hundred years«, in: *Beethoven 1827–1927. Centennial Essays for Beethoven Week*, 20. bis 27. März 1927, New York 1927, S. 4.
60 Felix WEINGARTNER im *Berliner Tageblatt* vom 27. März 1927.

Von Bayreuth bis Auschwitz

1 *Hymne supranational*, zur Musik von L. van Beethoven, Liedtext von J.-L. Follin, Gründer der République supranationale, Paris 1928; siehe auch Henry-Léon FOLLIN, *Les Conditions d'un mouvement individualiste et supranational*, Paris 1922, und *A.B.C. du citoyen supranational*, Paris 1925.
2 Zitiert nach L. SCHRADE, *Beethoven in Frankreich* ..., op. cit., S. 252.
3 É. HERRIOT, *La Vie de Beethoven*, op. cit., S. 228.
4 Romain ROLLAND, »Actions de grâces à Beethoven«, op. cit., S. 1498.
5 R. R. LAMBERT, *Beethoven* ..., op. cit., S. 70 f.
6 Siehe Jean-Luc CHABOT, *L'Idée d'Europe unie de 1919 à 1939*, Grenoble 1978, S. 442.
7 Richard N. COUDENHOVE-KALERGI, *Europa erwacht!* Zürich, Wien, Leipzig 1934.
8 *Paneuropa*, Nr. 2, Mai 1924, S. 20.
9 *Paneuropa*, 5. Jg., Nr. 9, November 1929, S. 23.
10 *Paneuropa*, Nr. 3, Juni 1924, S. 7.
11 Alfred ROSENBERG, »Vereinigte Staaten von Europa?« (1925), in: *Blut und Ehre*, op. cit., S. 269.
12 *Paneuropa*, 8. Jg., Nr. 8/9, November 1932, S. 232 ff.
13 Lubar JILEK, »Paneurope dans les années vingt: la réception du projet en Europe centrale et occidentale«, in: *Relations internationales*, 72, Winter 1992, S. 430.
14 Georges DUHAMEL, zitiert nach Élisabeth DU REAU, *L'Idée d'Europe au XXe siècle*, Brüssel 1996, S. 95.
15 Siehe F. SPOTTS, *Bayreuth* ..., op. cit., S. 173.
16 Willi HILLE, »Nationalisierung der deutschen Musik«, in: *Die Musik*, XXVI/9, Juni 1933, S. 666.
17 Fred K. PRIEBERG, *Musik im NS-Staat*, Frankfurt 1982, S. 354.
18 William SHIRER, *Berlin Diary* (1941), zitiert nach D. DENNIS, *Beethoven* ..., op. cit., S. 163.
19 HITLER, 9. November 1939, zitiert nach Heribert SCHRÖDER, »Beethoven im Dritten Reich«, in: *Beethoven und die Nachwelt. Materialien zur Wirkungsgeschichte*, H. Loos (Hrsg.), Bonn 1986, S. 221.

20 Otto KLEMPERER, *Über Musik und Theater*, op. cit.
21 Siehe F. K. PRIEBERG, *Musik im NS-Staat*, op. cit., S. 83.
22 Herbert GERIGK, »Ludwig van Beethoven«, in: H. GERIGK (Hrsg.), *Meister der Musik und ihre Werke*, Berlin 1936.
23 Arnold SCHMITZ, »Zur Frage nach Beethovens Weltanschauung und ihrem musikalischen Ausdruck«, in: A. SCHMITZ (Hrsg.), *Beethoven und die Gegenwart. Festschrift des Beethoven-Hauses Bonn. Ludwig Schiedmair zum 60. Geburtstag*, Berlin, Bonn 1937, S. 274.
24 Herbert BIRTNER, »Zur deutschen Beethoven-Auffassung seit Richard Wagner«, in: *Beethoven und die Gegenwart*, op. cit., S. 40.
25 Walther RAUSCHENBERGER, *Volk und Rasse* (1934), zitiert nach Joseph WULF, *Musik im Dritten Reich. Eine Dokumentation*, Hamburg 1966, S. 240.
26 Arnold SCHERING, *Beethoven und die Dichtung*, Berlin 1936. Siehe H. SCHRÖDER, »Beethoven ...«, op. cit., S. 214.
27 Siehe Erik LEVI, *Music in the Third Reich*, London 1994, S. 35.
28 *Völkischer Beobachter*, 11. November 1934.
29 Laut Kurt GERLACH-BERNAU (1934), zitiert nach Georg RUPPELT, *Schiller im nationalsozialistischen Deutschland. Der Versuch einer Gleichschaltung*, Stuttgart 1979, S. 30.
30 Siehe H. SCHRÖDER, »Beethoven ...«, op. cit., S. 218.
31 Hanns EISLER, »Mit Musik kämpfen« (1938), zitiert nach A. Eichhorn, *Beethovens Neunte Symphonie ...*, op. cit., S. 337f.
32 H. J. MOSER in: *Stuttgarter Neues Tageblatt* (1941), zitiert nach H. Schröder, »Beethoven ...«, op. cit., S. 197.
33 F. K. PRIEBERG, *Musik im NS-Staat*, op. cit., S. 408.
34 Volker KLUGE, *Olympiastadion Berlin – Steine beginnen zu reden*, Berlin 1999, S. 143.
35 Siehe D. DENNIS, *Beethoven ...*, op. cit., S. 162.
36 Zitiert von J. M. BROHM, *Jeux olympiques ...*, op. cit., 85.
37 Elly NEY, »Bekenntnis zu Ludwig van Beethoven« in: A. MORGENROTH (Hrsg.), *Von deutscher Tonkunst. Festschrift zu Peter Raabes 70. Geburtstag*, Leipzig 1942, S. 66.
38 Ansprache des Organisators eines Konzerts in der Universität von Tokio, 1944, zitiert nach Nicholas COOK, *Beethoven: Symphonie n° 9*, Cambridge 1993, S. 97.
39 Waldemar ROSEN, »Deutschland im europäischen Musikaustausch«, in: H. VON HASE (Hrsg.), *Jahrbuch der deutschen Musik*, Berlin 1943.
40 *Völkischer Beobachter*, Wien, 28. März 1938, zitiert nach F. K. PRIEBERG, *Musik im NS-Staat*, op. cit., S. 355.

41 Lucien REBATET, »Mozart à Paris«, in: *Je suis partout*, 21. Juli 1941.
42 Paul VALAYER, »Warum die Franzosen Beethoven verstehen«, in: *Zeitschrift für Politik*, 28, 1938, S. 197.
43 *Comœdia*, 12. Juni 1943.
44 Arthur HOÉRÉE, »Le grand festival Beethoven«, in: *Comœdia*, 19. Juni 1943.
45 Louis BEYDTS, »La musique – La consolatrice«, in: *Je suis partout*, 7. Februar 1941, und Georges DUHAMEL, *La Musique consolatrice* (1944), Paris 1989.
46 Philippe BURRIN, *La France à l'heure allemande, 1940–1944*, Paris 1995, S. 302.
47 Persönliche Mitteilung von Philippe Morin.
48 *Musique et radio. Revue mensuelle de l'industrie et du commerce de musique, radio, machines parlantes, télévision, cinéma*, Nr. 369, Juni 1941, S. 93.
49 Marcel DELANNOY, »Fin d'une époque ou seulement fin d'une année?«, in: *Le Nouveaux temps*, 12. Januar 1941.
50 Brief von Robert BERNARD an Außenminister Glachant, Vichy, 28. Juni 1941; veröffentlicht von Myriam CHIMÈNES, »*L'information musicale*: une ›parenthèse‹ de *La Revue musicale*«, in: *La Revue des revues. Revue internationale d'histoire et de bibliographie*, Nr. 24, »Des revues sous l'occupation«, Paris 1997, S. 91–110.
51 F. K. PRIEBERG, *Musik im NS-Staat*, op. cit., S. 399.
52 Arthur HONEGGER, »Festival Beethoven«, in: *Comœdia*, 21. Juni 1941. Alle Artikel aus *Comœdia* sind ediert in: *Écrits*, H. CALMEL (Hrsg.), Paris 1992.
53 Romain ROLLAND, *Beethoven*..., op. cit., S. 866. Siehe auch *L'Information musicale*, Nr. 112, 16. April 1943.
54 *L'Information musicale*, Nr. 127, 8. Oktober 1943.
55 Dany BRUNSCHWIG, »Hommage de la Société des concerts du Conservatoire au Maréchal Pétain, Chef de l'État«, in: *L'Information musicale*, Nr. 96–97, 22. Dezember 1942.
56 *L'Information musicale*, respektive Armand MACHABEY, in: Nr. 122, 25. Juni 1943, und Robert BERNARD, in: Nr. 117, 21. Mai 1943.
57 *Jeunesses musicales de France. Bulletin officiel*, Nr. 1, 2. November 1943.
58 *Jeunesses musicales de France. Bulletin officiel*, Nr. 22, 11. April 1944.
59 Émile VUILLERMOZ, »Un chef«, in: *Je suis partout*, 2. Juni 1944.
60 J.-L. CRÉMIEUX-BRILHAC (Hrsg.), *Ici Londres, 1940–1944*, Paris 1975, S. 205 und 295.
61 Zitiert nach A. EICHHORN, *Beethovens Neunte Symphonie*..., op. cit., S. 271.
62 *Musical Times*, Juni 1941, S. 216.

63 Fania FÉNELON, *Das Mädchenorchester in Auschwitz*, Frankfurt/M. 1980, S.111.
64 Siehe Joza KARAS, *La Musique à Térézin, 1941–1945*, Paris 1993.
65 Simon LAKS, *Mélodies d'Auschwitz*, Paris 1991, S.31 und 131.
66 Primo LEVI, *Ist das ein Mensch?Die Atempause*, München, Wien, 1988.
67 S. LAKS, *Mélodies ...*, op. cit., S.23.
68 Wilhelm FURTWÄNGLER, »Die Weltgültigkeit Beethovens« (1942), in: Wilhelm FURTWÄNGLER, *Ton und Wort – Aufsätze und Vorträge 1918–1954*, Wiesbaden 1954, S.187.
69 Daniel K., »Singing the Ode ›To Joy‹ in Auschwitz: A Ten-Year-Old's Story«, in: *The Beethoven Journal*, Band 10, Nr. 1, 1995, S.4. Dieser Bericht wurde Otto Dov Kulka zugeschrieben und ist auszugsweise erschienen in: J. KARAS, *La Musique ...*, op. cit., S.166.
70 Zitiert nach Joseph WULF, *Musik im Dritten Reich ...*, op. cit., S.240.
71 Siehe Thomas MANN, *Doktor Faustus*, (1947), Frankfurt/M. 1980.
72 Siehe Thomas MANN, *Die Entstehung des Doktor Faustus*, (1949), Frankfurt/M. 1997.
73 Siehe D. DENNIS, *Beethoven ...*, op. cit., S.74.

Von der Stunde Null bis zur Europahymne

1 Edgar MORIN, *Penser l'Europe*, Paris 1987, S.14.
2 Zitiert nach Charles MELCHIOR DE MOLÈNES, *L'Europe de Strasbourg*, Paris 1971, S.182.
3 Bericht des Generalsekretärs des Europarats (1950), Dokument 85, Anhang II; zitiert nach René RADIUS, »Rapport sur un hymne européen«, Assemblée consultative du Conseil de l'Europe [Beratende Versammlung des Europarats], 10. Juni 1971, Dokument 2978 (im folgenden als »Radius-Rapport« zitiert).
4 Brief von Richard COUDENHOVE-KALERGI, Bern, 3. August 1955, Archive des Europarats.
5 Siehe Aloïs LARCHER, »Le drapeau de l'Europe et l'hymne européen. La genèse de deux symboles«, Straßburg 1995, S.2.
6 Brief des Pressechefs Paul LEVY an Richard Coudenhove-Kalergi, Straßburg, 5. September 1955, Archive des Europarats.
7 In den Archiven der NATO ist kein Hinweis auf diese Initiative erhalten; Brief des Autors an den Leiter der Archivabteilung der NATO, 13. Oktober 1995.

8 *Der Spiegel* vom 30. Oktober 1967, S. 166.
9 Willi STOPH, »Größe und Schönheit Beethovenscher Musik«, in: *Musik und Gesellschaft*, Berlin Mai 1970.
10 J. und B. MASSIN, *Ludwig van Beethoven*, op. cit., S. 618.
11 T. W. ADORNO, *Beethoven. Philosophie der Musik*, Frankfurt 1994, S. 115; siehe Rose Rosengard SUBOTNIK, »Adorno's Diagnosis of Beethoven's Late Style: Early Symptom of a Fatal Condition«, in: *Developing Variations. Style and Ideology in Western Music*, Minneapolis 1991, S. 32.
12 MA TINGHENG, »I Was Poisoned by the Bourgeois Music of the West«, in: *Guangming Ribao*, 4. März 1965; *Chinese Literature* (1967), zitiert nach Richard Curt KRAUS, *Pianos and Politics in China. Middle-Class Ambitions and the Struggle over Western Music*, Oxford und New York 1989, S. 118, 137 und 139.
13 Igor STRAWINSKY, »Beethoven ohne Weltanschauung«, in: *Melos*, Nr. 14, 1947.
14 Richard und Edith STERBA, *Ludwig van Beethoven und sein Neffe. Tragödie eines Genies. Eine psychoanalytische Studie*, München 1964.
15 Antony BURGESS, »A Clockwork Orange Resucked«, Vorwort zur amerikanischen Neuauflage von *The Clockwork Orange* (1962), New York 1986, S. IX.
16 In Burgess' Roman hört der Protagonist die *V. Sinfonie* während seiner Behandlung. Im Film dagegen werden alle symbolischen Inhalte auf die *Neunte* konzentriert. Am Ende des Romans kann derselbe Protagonist die Musik wieder authentisch genießen und verzichtet freiwillig auf die Gewalt, während der Film mit einer erzwungenen und geheuchelten Versöhnung mit der Macht endet. Dieser Unterschied hat bewirkt, daß der zunächst begeisterte Autor den Film schließlich ablehnte.
17 Siehe Jose Luis ALVAREZ, *Miguel Ríos ¿El rock que no termina?*, Gijón 1984, S. 91 und 188; und Alvaro FEITO, *Miguel Ríos*, Madrid 1983, S. 23–24.
18 Ansprache von Kurt VON FISCHER, in: *Beethoven-Symposion, Wien 1970*. Bericht, Wien 1971, S. 21.
19 Siehe unter anderem Frank SCHNEIDER, »Zur Kritik der spätbürgerlichen Beethoven-Deutung«, in: H. A. BROCKHAUS und K. NIEMANN (Hrsg.), *Bericht über den internationalen Beethoven-Kongreß, 10.–12. Dezember 1970 in Berlin*, Berlin 1971, S. 181.
20 Heinz Klaus METZGER, »Zur Beethoven-Interpretation« (1970), in: *Beethoven. Das Problem der Interpretation, Musik-Konzepte*, Nr. 8, München 1979, S. 5.
21 Werner KLÜPPELHOLZ, *Mauricio Kagel, 1970–1980*, Köln 1981, S. 17.

22 Mauricio KAGEL, »Beethovens Erbe ist die moralische Aufrüstung«, Gespräch mit F. SCHMIDT, in: *Der Spiegel* vom 7. September 1970. Siehe auch den Dokumentarfilm von Wilhelm Flues, *Kagels Beethoven. Die Dreharbeiten zu »Ludwig van«*, Westdeutsches Fernsehen, Köln 1970.
23 Hilde SPIEL, »Ludwig van ... Kagels Anti-Beethoven-Film in Wien uraufgeführt«, in: *Frankfurter Allgemeine Zeitung* vom 30. Mai 1970.
24 »Beethoven – Abschied vom Mythos«, in: *Der Spiegel* vom 7. September 1970.
25 Ernst Hermann MEYER, »Das Werk Ludwig van Beethovens und seine Bedeutung für das sozialistisch-realistische Gegenwartsschaffen«, in: *Bericht über den internationalen Beethoven-Kongreß*, op. cit., S. 583.
26 Willi STOPH, »Größe und Schönheit Beethovenscher Musik«, op. cit.
27 Jean DE SOLLIERS, »Le langage musical de Beethoven«, in: *Europe*, Nr. 498, »Bicentennaire de Beethoven«, Oktober 1970, S. 77.
28 Yves FLORENNE und Béatrice DIDIER, »Beethoven et l'imaginaire«, in: ebenda, S. 52.
29 Bernard FOURNIER, »La modernité de Beethoven. Un défi au temps«, in: *Europe*, op. cit., S. 90.
30 Maria Antonietta MACCIOCCHI, »La culture européenne sur le chemin du XXIe siècle«, in: B. BEUTLER (Hrsg.), *Réflexions sur l'Europe*, Brüssel 1993, S. 124f. Siehe auch Jean-Paul SARTRE, »Vorwort« zu Frantz FANON, *Die Verdammten dieser Erde*, Frankfurt/M. 1966.
31 Brief von Jehane-Louis GAUDET an Paul-Henri Spaak, in Lyon, den 26. August 1949, Archive des Europarats.
32 Brief von der Dokumentationsstelle an Jehane-Louis GAUDET, Straßburg, den 7. September 1949.
33 »Marche de l'Europe unie«, M. Clavel, 1951; »An Europa«, Ernst Hohenfeldt und Fritz Schein, 1953; »Marseillaise de la paix«, M. L. Guy, 1953; »Europa vocata«, Hanns Holenia, 1957 ; »Europa!«, Paul Krüger; »Hymnus europaeus«; »Vereintes Europa«, 1957; »Inno all'Europa«, Ferdinando Durand und Adriana Autéri Sivori, 1958; »Europe, lève-toi!«, Léo Alban, 1961 ; »Paneuropa«, Clarus Falk, undatiert; »L'Européenne«, Jean Lafont, undatiert (Archive des Europarats).
34 »Radius-Rapport«, op. cit., S. 2.
35 Brief des Pressechefs Paul LÉVY an den Generalsekretär der Europäischen Bewegung der Niederlande, Straßburg, 3. April 1962, Archive des Europarats.
36 *Hymnes de la Communauté européenne*, Schallplattenaufnahme der Musique de la Garde républicaine unter der Leitung von P. J. Brun, 1958.

37 Nicole Hirsch, »La création de la ›Cantate de l'Europe‹ : une soirée de la foi et du cœur«, *France-Soir*, 3. Mai 1957.
38 Zitiert nach Pressedossier der *Cantate de l'Europe*, Archive des Europarats.
39 Verlautbarung des belgischen Ausschusses für Raumordnung und Gemeindefragen des Europarats, 1962, zitiert im »Radius-Rapport«, op. cit., S. 3.
40 Erklärung des Vorsitzenden der Beratenden Versammlung, Januar 1965, zitiert ebenda, S. 4.
41 »Radius-Rapport«, op. cit., S. 7.
42 Beschluß Nr. 492 (1971) der Beratenden Versammlung des Europarates, 23. ordentliche Sitzung.
43 »Radius-Rapport«, op. cit. S. 6.
44 Ebenda.
45 Ebenda.
46 Siehe den Vorschlag des Pressechefs, der in den Schlußsätzen der 206. Delegiertenversammlung zitiert wurde, 11.–18. Januar 1972; und »Table ronde pour la journée de l'Europe«, Blatt TR (73) 3, 7. Februar 1973.
47 Brief des Generalsekretärs Lujo Toncic-Serinj an Rose Martine Hirsch, 7. Mai 1974, Archive des Europarats.
48 »Hymne Européen«, Pressenachricht des Europarats, 19. Januar 1972, C (72) 1.
49 Respektive ED (Schott) 6488, ED 6489 und ED 5203; und LP Deutsche Grammophon DG 2 530250, Musikkassette 3 300246.
50 DPI Notizen (72) 5 und 11, Europarat, 29. Februar und 22. Juni 1972, Archive des Europarats.
51 Seit dem Tode Herbert von Karajans sieht der Europarat eine Revision dieser Vereinbarung mit den Erben vor. Bis im Januar 2000 hatte sich am bisherigen Wortlaut allerdings noch nichts geändert.
52 Laurent Dalbecq, *Le Drapeau de l'Europe*, Klavierauszug, Charnay-lès-Mâcon 1968.
53 »Hymne européen«, internes Dokument des Ministerausschusses des Europarats, CM (72) 43, Straßburg, 7. März 1972, Archive des Europarats?
54 *Activités du Conseil de l'Europe. Rapport du secrétaire général*, Europarat, Straßburg 1973, S. 9.

Die Hymne der Apartheid und des Mauerfalls

1 *The Times*, London, 28. August 1974.
2 Dieser Brief wurde im Protokoll der Sitzung vom 5. September 1974 zitiert; Sekretariat der Beratenden Versammlung, Dokument AS/Bur (26) PV3, S.16.
3 »Der Begriff Apartheid wird in Rhodesien offiziell nicht verwendet, doch die Parallelen mit der Politik Süd-Afrikas bewirken, daß er außerhalb des Landes oft gebraucht wird.« R. Kent RASMUSSEN, *Historical Dictionnnary of Rhodesia/Zimbabwe*, Metuchen, London 1979, S.22.
4 Memorandum des Rechtsausschusses, 30. September 1974; Archive des Europarats.
5 Brief des Generalsekretärs des Europarats an den Vorsitzenden der französischen Geschäftsstelle des Europäischen Verbands der ehemaligen Kriegsteilnehmer, Straßburg, 16. September 1974; Archive des Europarats.
6 »National anthem is found as last«, in: *The Rhodesian Herold*, Salisbury, 27. August 1974.
7 Die Berichte der Kabinettssitzungen für das Jahr 1974 mußten bis 1999 unter Verschluß bleiben; die Nationalarchive von Zimbabwe verfügen über keinerlei Dokumente hinsichtlich der Nationalhymne von Rhodesien (Brief der National Archives of Zimbabwe an den Autor; Harare, den 12. Oktober 1995).
8 Harold NELSON, *Area Handbook for Southern Rhodesia*, Washington 1975, S.332.
9 *The Rhodesian Harold*, 28. August 1974.
10 Ebenda, 27. August 1974.
11 Ebenda, 28. August 1974.
12 Ebenda, 29. August 1974.
13 Ebenda.
14 Peter GOODWIN und Ian HANCOCK, *»Rhodesians Never Die«: The Impact of War and Political Change in White Rhodesia, 1970–1980*, Oxford, New York 1993, S.146.
15 *The Rhodesian Herald*, 17. und 18. April 1980.
16 Siehe Marc FUMAROLI, *L'État culturel. Essai sur une religion moderne*, Paris 1992.
17 Siehe die Empfehlung 56 (1953) der Beratenden Versammlung an den Ministerausschuß und die Empfehlung 94 (1956) der Beratenden Versammlung an den Generalsekretär, zitiert nach »Radius-Bericht«, op. cit.

18 »Question écrite n° 1462/80 de M. Curry à la Commission des Communautés européennes«, 12. November 1980, in: *Journal officiel des Communautés européennes* (im folgenden bezeichnet als *JO*), Nr. C56/8, 16. März 1981, Office des publications officielles des Communautés européennes, Luxemburg.
19 Siehe A. Larcher, »Le drapeau de l'Europe ...«, op. cit., S. 8 ff.
20 *Le Monde*, 23. Mai 1981.
21 Siehe Pierre Favier und Michel Martin-Roland, *La Décennie Mitterrand*, Band 1, *Les Ruptures*, Paris 1990, S. 59.
22 *Le Monde*, 22. Mai 1981.
23 Abgeordneter Tummers und Mitarbeiter, »Entschließungsvorschlag für eine zeitgenössische Europahymne«, 30. Januar 1985, Archive des Europarats, 352, Dokument 5353.
24 Vincent Ostria, »Le hasard et l'indifférence«, in: *Les Cahiers du cinéma*, Nr. 471, Paris, September 1993.
25 »Rapport du comité ad hoc Europe citoyens«, in: *Bulletin des Communautés européennes* (im folgenden bezeichnet als: *Bull. CE*), Nachtrag 7/85, Office des publications officielles des Communautés européennes, Luxemburg, S. 32.
26 Siehe Robert Picht, »Vers l'assimilation culturelle? Plaidoyer pour une sociologie comparée de l'Europe«, in: B. Beutler (Hrsg.), *Réflexions sur l'Europe*, Brüssel 1993, S. 149.
27 René Girault, »Chronologie d'une conscience européenne au xxe siècle«, in: B. Beutler (Hrsg.), *Identité et conscience européennes au xxe siècle*, Paris 1994, S. 19; kursiv im Original.
28 »Discours de Jacques Delors. Cérémonie du drapeau européen«, 29. Mai 1986, Pressestelle des Präsidenten des Ausschusses.
29 »Programme de la cérémonie«, Anhang zur Presseinformation »Cérémonie consacrant l'adoption du drapeau européen sur l'esplanade du Berlaymont à Bruxelles, le 29 mai 1986«, IP (86) 243, Pressestelle des Präsidenten des Ausschusses.
30 »L'Europe des citoyens. Bilan des travaux de mise en œuvre des deux rapports du comité ad hoc sur l'Europe des citoyens«, in: *Bull. CE*, 11/85, S. 42 und 44.
31 Siehe die Broschüre *L'Art du jumelage*, Conseil des communes et régions d'Europe, undatiert, S. 14.
32 Siehe die CD des Chœur des Communautés européennes, *Choral Mosaic from Europe*, Dirk de Moor, Chorleiter, Pavane Records 1991; Les Petits Chanteurs du monde, Leitung Francis Bardot, 1989; Nationalhymnen, *European Brass Band*, Delta Music, 1986; Europa: donne un

chœur à l'Europe, Leitung Laurent Grzybowski, Paris 1996; Les Fanas de l'accordéon, *Europe 2000*, Milan Musette, 1995; Orchestre de variété, Jean-Pierre Gautier (»scie musicale«); Jean S. Berger, *St.-Denis Musical Force*, Neuilly 1990.

33 Batterie fanfare de la Garde républicaine, *Hymnes nationaux*, Corélia, 1992; Musique de l'Air de Paris, *Marches et sonneries de l'Armée française*, Corélia, 1996; Musique principale des troupes de Marine, *Cérémoniel et tradition*, Corélia, 1995.

34 CD *L'Hymne européen*, Commission européenne/Conseil européen, 1995; »Note for the attention of the Editors«, Direction générale X pour l'audiovisuel, l'information, la communication et la culture, Commission européenne, Brüssel 1995.

35 »Question écrite n° 2108/87 de M. Ernest Glinne (S-B) au Conseil des Communautés européennes«, 28. Januar 1988, 88/C 121/63, in: *JO*, Nr. C121/33, 9. Mai 1988. »Question écrite n° 84/88 de M. Luis Guillermo Perinat Elio (ED-E) à la Commission des Communautés européenes«, 10. Juni 1988, 89/C 180/05, in: *JO, Nr.* C180/3, 17. Juli 1989. »Réponse commune aux questions écrites n° 2107/87 et n° 84/88 donnée par M. Ripo di Meana au nom de la Commission«, 23. September 1988, ebenda.

36 »Question écrite n° 403/89 de M. Ernest Glinne (S) à la Commission des Communautés européennes«, 3. Oktober 1989, 90/C 9/44, in: *JO, Nr.* C9/22, 15. Januar 1990. »Réponse donnée par M. Dondelinger au nom de la Commission«, 20. Oktober 1989, ebenda.

37 Gespräch mit dem Protokollchef Marcello Burattini, Union européenne, Brüssel, 26. Juni 1995.

38 Michael HARTMEIER, »Difficultés allemandes par rapport à la symbolique nationale«, in: *Revue d'Allemagne et des pays de langue allemande*, Band XXVII, Nr. 4, Straßburg, Oktober–Dezember 1996, S. 587.

39 Denis DE ROUGEMONT, *Vingt-huit siècles d'Europe. La conscience européenne à travers les siècles. D'Hésiode à nos jours*, Paris 1961.

40 »Question écrite n° 595/90 de M. Lyndon Harrison (S) à la Commission des Communautés européennes«, 16. März 1990, 91/C115/03, in: *JO*, Nr. C115/2, 29. April 1991.

41 »Réponse donnée par M. Dondelinger au nom de la Commission«, 6. April 1990, in: *JO, Nr.* C115/2, 29. April 1991.

42 Pierre E. BARBIER, Programmnotizen zum Beethoven-Zyklus des Orchestre de Paris, 1994–1998.

43 Siehe U. SCHMITT, *Revolution im Konzertsaal*, op. cit., S. 267.

44 Siehe D. DENNIS, *Beethoven ...*, op. cit., S. 200.

45 *Ode to Freedom, Bernstein in Berlin, Beethoven Symphony Nr. 9*, CD DG 429–861–2.
46 Klaus GEITEL, »Für fünf Stunden wurde Berlin zur Welthauptstadt der Musik«, in: *Berliner Morgenpost*, 28. Dezember 1989.
47 David Benjamin LEVY, *Beethoven. The Ninth Symphony*, New York 1995, S. 195.
48 Richard TARUSKIN, »A Beethoven Season? Like Last Season, The One Before ...«, in: *New York Times*, 10. September 1995.
49 Leonard BERNSTEIN, Konzertprogramm vom 24.–25. Dezember 1989. Ebenfalls abgedruckt im Booklet zur CD *Ode to Freedom*, op. cit.

Epilog

1 *Le Monde*, 2. Mai 1998.
2 André BOUCOURECHLIEV, *Essai sur Beethoven*, Arles 1991, S. 132.
3 M. SOLOMON, *Beethoven*, op. cit., S. 349.
4 N. COOK, *Beethoven ...*, op. cit., S. 102.

Personenregister

ABENDROTH, Hermann 267, 269
ABETZ, Otto 268
ADLER, Guido 234, 236, 244, 248
ADONNINO, Pietro 324 f.
ADORNO, Theodor W. 284 f.
ALBERT von Sachsen-Coburg-Gotha 174, 176
ALBRECHTSBERGER, Johann Georg 235
ALEXANDER I., Zar von Rußland 71, 80, 90, 105
ANSCHÜTZ, Heinrich 130
APOLLINAIRE, Guillaume 214
APPONYI, Anton Georg Graf 51, 91
ARNE, Thomas 23 ff., 27
ARNIM, Bettina von 134
AUBER, Esprit 170
AUDEN, William 312
AURIC, Georges 249
AVERDONCK, Anton 49 f.

BAKUNIN, Michail 12, 196
BALZAC, Honoré de 141
BARENBOIM, Daniel 321 f., 333
BARRÈS, Maurice 220
BARTHES, Roland 116
BARTOLINI, Lorenzo 156, 160
BAUER, Otto 234
BECKER, Carl 231
BEETHOVEN, Johann van 129, 263
BEETHOVEN, Johanna van 99, 129
BEETHOVEN, Karl van 99

BEKKER, Paul 246, 260, 285
BELLINI, Vincenzo 196
BENDER, Erich 266
BENESCH, Edward 257
BERG, Alban 246, 285
BERLIOZ, Hector 67, 142 f., 147 ff., 158 f., 166 ff., 172, 177 f., 185, 188 ff., 255, 322
BERNARD, Joseph Karl 89 f., 101
BERNARD, Robert 271 f.
BERNHARD, Thomas 11
BERNSTEIN, Leonard 329, 333 ff.
BERRY, Chuck 289
BEUYS, Joseph 292
BEYLE, Henri 67
BINOCHE, Juliette 323
BISMARCK, Otto von 193 f., 199
BLOOM, Mary 317
BONAPARTE, Jérôme, König von Westfalen 70, 76
BÖRNE, Ludwig 150
BOUCHOR, Maurice 208
BOUCOURECHLIEV, André 341
BOUILLY, Jean-Nicolas 73
BOULEZ, Pierre 295
BOURDELLE, Antoine 213
BOUYER, Raymond 214
BRAHMS, Johannes 171, 194, 201
BREIDENSTEIN, Heinrich Carl 137 f., 145, 156, 160, 166, 169, 176 ff., 180 f., 184 f., 189, 244
BRIAND, Aristide 222 f., 257

BÜLOW, Hans von 194, 199
BÜLOW-LISZT, Cosima 195, 200
BÜRGER, Gottfried August 48 f.
BURGESS, Anthony 287 f.
BURGSCHMIET, Jakob Daniel 162, 185
BURKE, Edmund 76
BURNEY, Charles 27, 30, 52
BUSCH, Fritz 231
BUSONI, Ferruccio 249

CANUDO, Ricciotto 212
CAPO D'ISTRIA, Jean Graf von 83
CARLOS, Walter 288
CARPANI, Giuseppe 66, 86
CASALS, Pablo 235, 312
CASTIL-BLAZE 141 ff.
CASTLEREAGH, Robert Stewart 83
CHAMBERLAIN, Stewart 200 f., 204
CHANTAVOINE, Jean 212
CHARNOY, José de 212, 228
CHARPENTIER, Marc Antoine 298
CHÉLARD, Hippolyte 167, 185
CHÉNIER, Marie-Joseph 33, 37
CHERUBINI, Luigi 34, 73, 82, 104, 141, 145, 159
CHILSTON, Viscount 240
CHOPIN, Frédéric 170
CHORLEY, Henry 161, 167, 178, 186
CLAUDEL, Paul 272
CLAYDERMAN, Richard 290
COCTEAU, Jean 249
COOLIDGE, Calvin 227
COUBERTIN, Pierre Baron de 266
COUDENHOVE-KALERGI, Richard Graf 256 ff., 282, 296
CRAXI, Bettino 324

DALBECQ, Laurent 328
DALBERG, Herzog von 83, 87
DAMROSCH, Walter 275
DAVID, Félicien 143, 167
DAVID, Jacques Louis 32, 34, 36 ff.
DAVISON, James William 167, 170, 178
DEBUSSY, Claude 214 f., 218, 249, 271
DEGEYTER, Pierre 202
DELANNOY, Marcel 271
DELORS, Jacques 322, 324, 326, 330
DENON, Vivant 67
DERVAUX, Pierre 299
DESORGUES, Théodore 37
DEWEY, John 227
DIDIER, Béatrice 294
DIETRICH (Bürgermeister v. Straßburg) 35
DIETRICH, Madame 35
DIETRICHSTEIN, Moritz Graf von 51, 100, 129
DONIZETTI, Gaetano 196
DORET, Gustave 237 f., 248
DRAGONETTI, Domenico 78, 167
DUCHESNE, Jacques 274
DUHAMEL, Georges 259, 270, 272
DUJARDIN, Édouard 200

EASTMAN, George 227
EICHENAUER, Richard 262
EISLER, Hanns 230, 265, 274 f., 337
EISNER, Kurt 202, 251
ELISABETH, Zarin von Rußland 90

Elwart, Antoine 164f., 167f., 173, 185ff., 219
Engels, Friedrich 201f.
Escudier, Brüder 157

Fanon, Frantz 296
Fénelon, Fania 275f.
Ferdinand, Erzherzog 60f.
Fétis, François-Joseph 142, 167
Florenne, Yves 284
Forkel, Johann Nikolaus 137
Fouque, Octave 205f.
Frank, Hans 265
Franz I., Kaiser von Österreich 56ff., 71f., 80f., 86, 91, 96f., 99f.
Franz II., Kaiser von Österreich 52f., 59, 62f., 65
Freud, Sigmund 286
Friedelberg 55, 72, 261
Friedmann, Ignaz 235
Friedrich Wilhelm II., König von Preußen 40, 71, 201
Friedrich Wilhelm III., König von Preußen 40, 80, 113
Friedrich Wilhelm IV., König von Preußen 138, 145, 160, 162, 174, 178
Furtwängler, Wilhelm 260, 267, 277, 284
Fux, Johann Joseph 235

Gallo, Max 324
Gardiner, John Eliot 291
Gaubert, Philippe 228
Gaudet, Jehane-Louis 296f.
Gautier, Jean-Paul 328
Geitel, Klaus 335
Gentz, Friedrich von 83
Georg II., König von England 22, 24, 27, 29
Georg III., König von England 28ff.
George, Stefan 262
Georgesco, Georges 273f.
Gerigk, Herbert 261, 279
Girault, René 326
Giuliani, Mauro 78
Glasunow, Alexander 227
Gluck, Christoph Willibald 34f., 49, 236
Goebbels, Joseph 261, 264, 270, 274
Goethe, Johann Wolfgang von 77, 104, 133, 138, 182, 235
Goodwin, Peter 317
Göring, Hermann 264
Gossec, François-Joseph 33ff., 37, 73, 207
Gray, Cecil 64
Greene, Maurice 22, 24
Grétry, André Modeste 34
Griepenkerl, Robert 136, 337
Grillparzer, Franz 130, 133f., 153, 224, 236
Grzybowski, Laurent 328

Habeneck, François-Antoine 141f., 159, 170f., 173, 191, 196
Hager, Baron von 86, 90
Hähnel, Ernst Julius 160, 175, 179, 185
Hainisch, Michael 231
Haizinger, Anton 111
Halévy, Jacques Fromental 170
Hancock, Ian 317
Händel, Georg Friedrich 9, 21ff., 29f., 51f., 65f., 87, 93, 101f., 133, 298

Hanslick, Eduard 195, 201, 236
Hardenberg, Karl August von 83
Harnoncourt, Nikolaus 291
Harrison, Lyndon 329f., 337
Haschka, Lorenz Leopold 53, 55, 57, 60, 62
Haydn, Joseph 8, 48f., 51, 54ff., 73, 86f., 98, 101, 117, 141, 236
Heimsoeth, Friedrich 169
Heller, Agnès 13
Herklots, Karl 40
Herriot, Édouard 229, 238ff., 243, 245, 254f., 257f., 281f., 295
Hesse, Hermann 220f., 229
Himmler, Heinrich 276
Hindemith, Paul 251
Hindenburg, Paul von 231f.
Hitler, Adolf 12f., 229, 259f., 264, 268, 280, 292
Hodza, Milan 240
Hoérée, Arthur 269
Hoffmann, E.T.A. 75, 77, 134, 229
Hoffmann, Josef 214
Hoffmann von Fallersleben 68
Hofmannsthal, Hugo von 235
Hogarth, William 167
Hölderlin, Friedrich 46
Holmès, Augusta 213
Holz, Karl 167
Honegger, Arthur 272
Huberman, Bronislaw 235
Hugo, Victor 141, 200, 299
Humboldt, Wilhelm von 83
Hummel, Johann Nepomuk 78f., 81

Indy, Vincent d' 210f., 228

Jahn, Friedrich Ludwig 193, 203f., 337
Janin, Jules 164, 167f., 172f., 179, 184
Jankélévitch, Vladimir 219, 270
Jarre, Jean-Michel 323
Joachim, Joseph 194
Johnson, Ben 24
Joseph II. 28, 41, 49f., 52f., 57, 82

Kagel, Mauricio 291, 293ff.
Kalergis, Marie 188
Kamenewa, Olga 225f.
Kant, Immanuel 84f., 123
Karajan, Herbert von 268, 291f., 304ff., 312, 328
Karl, Erzherzog 54f.
Keudell, Walther von 230ff.
Kieslowski, Krzystof 323
Klemperer, Otto 250, 260f.
Klimt, Gustav 214
Klinger, Max 214
Knappertsbusch, Hans 267
Kohl, Helmut 324, 333
Körner, Christian Gottfried 42f., 46, 48
Kotzebue, August von 54, 72
Kraus, Karl 244f., 247
Krauss, Clemens 267
Krenek, Ernst 249, 251
Kreutzer, Léon 165, 168, 175, 178ff.
Kropfinger, Klaus 196
Kubrick, Stanley 288

La Garde, Comte de 85ff.
Ladenburger, Michael 89

Laks, Simon 277
Lambert, Raoul-Raymond 255
Lamoureux, Charles 205
Lang, Jack 322
Lanzmann, Claude 276
Lasserre, Pierre 217 f.
Laurens, Jean-Paul 213
Lenin, Wladimir I. 227
Leopold II. 50, 52 f., 73
Lesueur, Jean François 34, 156
Levi, Primo 277
Lévi-Strauss, Claude 296
Levy, David 335
Lewis, Rhys 315, 319
Lichnowsky, Moritz Graf 100, 109, 111
Lind, Jenny 167
Liszt, Franz 11, 154 ff., 166 f., 169 ff., 174, 178, 181 ff., 188, 194 f., 224, 291
Lobkowitz, Franz Joseph von 51, 67
Long, Marguerite 273
Longuet, Jean 267
Ludwig I., König von Bayern 138, 145, 173
Ludwig II., König von Bayern 197
Ludwig XVI., König von Frankreich 33, 54, 86, 147
Lunatscharski, Anatoli 227 f.

Macciocchi, Maria Antoinette 296
MacDonald, Ken 314
Magenau, R. 46
Mähler, Willibrod Joseph 179
Mahler, Gustav 214, 246, 251, 275, 285

Mälzel, Johann Nepomuk 78 f.
Mann, Thomas 134, 279 f.
Maria Ludovica, Kaiserin von Österreich 91
Maria Theresia, Kaiserin von Österreich 71
Marley, Bob 318
Marx, Adolph Bernhard 142
Mascagni, Pietro 240 f., 248
Mason, Gregory 251
Massart, Lambert Joseph 167
Massin, Brigitte und Jean 89, 97, 284
Mauclair, Camille 220
Maurois, André 299
Max, Alfred 299
Maximilian Franz, Kurfürst 49
Maximilian I., König von Bayern 40
Maximilian Joseph, König von Bayern 71
Méhul, Étienne 34, 82, 207
Mendelssohn Bartholdy, Felix 169 ff., 181
Mengelberg, Willem 267, 269
Mengele, Joseph 276
Menuhin, Sir Yehudi 342
Metternich, Clemens Fürst von 8 f., 81, 83, 86, 97
Metzger, Heinz Klaus 290, 292
Meyer, Hermann 293 f.
Meyerbeer, Giacomo 78, 167, 188
Michelet, Jules 206
Milton, John 65
Mitterrand, François 13, 321, 324
Modrow, Hans 333
Montès, Lola 167, 186
Mopps, Maurice van 274

Morin, Edgar 281
Moscheles, Ignaz 78, 85, 89, 145f., 167, 178, 185f.
Moser, Hans Joachim 261, 265
Mozart, Wolfgang Amadeus 51, 54, 67f., 73, 81, 86, 117, 138, 141, 236, 268, 270
Mugabe, Robert 318
Müller, Johann Christian 47
Müller-Blattau, Joseph 261
Munch, Charles 271, 273
Mussolini, Benito 241, 258

Napoleon Bonaparte 55, 66, 72, 76, 84
Naumann, Johann Gottlieb 48
Neefe, Christian Gottlieb 47, 235
Nesselrode, Karl Graf von 83
Neukomm, Sigismund von 86
Neusel, Hans 324
Ney, Elly 291, 293
Niedecken-Gebhard, Hanns 266
Niemann, August 28, 41
Nietzsche, Friedrich 17, 200, 216ff., 220, 248f., 257, 262, 264, 275
Nohl, Ludwig 204
Norrington, Roger 291
Nottebohm, Gustav 118, 201

Orlow, Gregori Grigorjewitsch Graf 42
Ortigue, Joseph de 158
Ortigue, Madame de 156

Palestrina, Giovanni Pierluigi da 102
Péguy, Charles 208f.

Pergen, Johann Graf von 51ff.
Pergolesi, Giovanni Battista 236
Pfitzner, Hans 247, 264
Piffl, Friedrich 242
Pioch, Georges 210
Pleyel, Camille 167
Porte, Jacques 299
Pottier, Eugène 202
Prod'homme, Jacques-Gabriel 212
Purcell, Henry 236, 309

Quinet, Edgar 206f.
Quinet, Madame 207

Raabe, Peter 261
Rabaud, Henri 228
Radius, René 303
Rameau, Jean-Philippe 236
Ravel, Maurice 249, 271
Razumowski, Andrej Kirillowitsch Graf 83, 87, 91
Rebatet, Lucien 268, 270
Reichardt, Johann Friedrich 47
Rellstab, Heinrich Friedrich Ludwig 167
Ries, Franz 167
Ríos, Miguel 289, 315, 333
Ríos, Waldo de los 289f.
Ripo di Meana, Carlo 324, 327
Risler, Édouard 228
Robespierre, Maximilian de 36f., 207f.
Rolland, Romain 10, 73, 208f., 213, 217, 219ff., 230f., 244, 254f., 257, 272, 284, 294f.
Rosé, Alma 275f.
Rosen, Charles 152
Rosenberg, Alfred 230f., 259, 264

Rossini, Gioacchino 100, 108, 112, 141, 196, 240
Rougemont, Denis de 299, 328
Rouget de Lisle, Claude Joseph 34f., 56, 59
Rousseau, Jean-Jacques 8, 22, 30, 32, 42, 203, 207, 217, 229
Roverti, Michel 297
Rudolph, Erzherzog 71, 82, 88, 91, 101, 103f.
Rust, Bernhard 264

Saint-Pierre, Abbé de 84f.
Salieri, Antonio 54, 67, 78f., 81, 86
Sand, George 141
Sandberger, Adolf 230, 251, 264
Sartre, Jean-Paul 296
Satie, Erik 218ff., 249
Saurau, Franz Joseph Graf von 53, 55ff., 62ff.
Schalk, Franz 234
Schenker, Heinrich 201
Scherchen, Hermann 299
Schering, Arnold 263
Schiller, Friedrich 42ff., 67, 70, 85, 96f., 114ff., 119ff., 124, 130, 138, 192f., 196, 198, 203ff., 208, 242, 264, 302, 304, 319, 327, 329, 336ff.
Schimon, Ferdinand 179
Schindler, Anton 78, 87f., 90, 105f., 109f., 112, 130, 167, 169, 179
Schirach, Baldur von 264
Schlegel, August Wilhelm 75, 85, 137, 145, 156, 168
Schlegel, Friedrich 75
Schlesinger, Maurice 157, 167
Schmitt, Carl 229

Schmitz, Arnold 262
Schmitz, Richard 232f.
Schneider, Eulogius 49
Schönberg, Arnold 246ff., 251, 285
Schopenhauer, Arthur 197f., 217
Schorn, Karl 178, 186
Schrade, Leo 213, 243
Schumacher, Gerhard Balthasar 40
Schuman, Robert 282
Schumann, Robert 67, 136, 149ff., 155, 169f., 190
Schuppanzigh, Ignaz 78
Schwarzenberg, Joseph Johann Fürst 51, 65
Sedlnitzky, Graf 111
Seipel, Ignaz 234, 241ff., 257
Seitz, Karl 233f.
Seyfried, Ignaz 130
Sithole, Phinias 316
Smart, Sir George 106, 145, 167f., 176, 178, 186f.
Smets, Wilhelm 180, 185
Smith, Ian 309, 312
Smith, Philipp 313f.
Solliers, Jean de 294
Solomon, Maynard 99, 342
Sonnenfels, Joseph von 50
Sontag, Henriette 111
Sontonga, Mankayi Enoch 318
Spaak, Paul-Henri 297
Spohr, Louis 78, 167, 171f., 184f.
Spontini, Gaspare 170
Stadion, Johann Graf von 65f.
Staël, Germaine de 85, 168
Stein, Karl Baron 83

STERBA, Edith und Richard 286 f., 293
STIELER, Josef 179
STOPH, Willi 283
STRAUSS, Richard 235, 248, 259, 261
STRAWINSKY, Igor 251, 286
STRESEMANN, Gustav 230
SÜSSMAYR, Franz Xaver 54
SWIETEN, Gottfried van 51, 53, 65, 100

TALLEYRAND-PÉRIGORD, Charles Maurice de 84, 86
TARUSKIN, Richard 335 f.
THATCHER, Margaret 324
THAYER, Alexander 97, 201
THOMSON, James 23
THUGUT, Franz Baron von 54 f.
TIECK, Ludwig 67, 75
TIERSOT, Julien 207 f.
TOLSTOI, Leo 288
TONCIC-SERINJ, Lujo 304 f., 307 f.
TOSCANINI, Arturo 291
TREITSCHKE, Georg 80 ff.
TROTZKI, Leo 250
TSCHING, Tschiang 285
TUMMERS 323 f.
TWARDOWSKI, Julius von 241

UMLAUF, Michael 111
UNGER, Karoline 111 f.
URHAN, Chrétien 143

VALAYER, Paul 268 f.
VANDERVELDE, Émile 237 ff.
VASS, Josef 240
VIARDOT, Pauline 167

VICTORIA, Königin von England 174 ff., 178, 181, 185, 187, 189
VUILLERMOZ, Émile 274

WACKENRODER, Wilhelm Heinrich 67, 75
WAGNER, Richard 11, 120, 169 ff., 194 ff., 198 ff., 202 ff., 211, 213 ff., 229, 252, 259, 262, 264
WAGNER, Wieland 284
WALDMÜLLER, Ferdinand Georg 179
WALKER, Alan 155
WARHOL, Andy 17, 220
WASHBURN, Albert 238
WEBER, Anselm 130
WEBER, Carl Maria von 181
WEBERN, Anton 246
WEIGL, Joseph 54, 81
WEILL, Kurt 240
WEINGARTNER, Felix 224, 234, 252 f., 258, 342
WEISSENBACH, Alois 89
WELLINGTON, Arthur Wellesley Herzog von 76, 84
WERFEL, Franz 245
WIECK, Clara 153, 155, 170, 194 f.
WIECK, Friedrich 153
WILDER, Victor 204 ff., 337
WILLIAMSON, David 324
WOLFF, Bernhard 167, 182, 185 f.
WYZEWA, Théodore de 200, 211 f.

ZELTER, Carl Friedrich 104
ZUMBUSCH, Kaspar von 195
ZWIRNER, Ernst Friedrich 166